所有者不明土地問題の解決に向けて

所有者不明土地の利用の円滑化等に関する特別措置法 と
今後の諸課題

編著 衆議院議員
盛山 正仁

大成出版社

推薦の言葉

内閣官房長官、衆議院議員

菅　　義偉

　このたび、盛山正仁衆議院議員が、所有者不明土地問題の解決に向け、これまでの研究成果をまとめた著書を出版されることとなり、心よりお慶び申し上げます。

　所有者不明土地は、相続時の未登記などを原因として発生し、土地の円滑な取引や公共事業を進めていく上で大きな支障となるなど、全国の各地で深刻な問題となっています。今後、団塊の世代による相続が多く発生することに伴って、所有者不明土地が拡大すると、国民の経済活動にも悪影響を及ぼしかねず、一刻も早い問題解決が求められています。

　政府としても、関係省庁が一体となって、こうした問題の解決に向けた検討を進めてきました。まず当面の措置として、先の通常国会に、所有者が不明な土地であっても地域の活性化に役立つ施設のために10年間の利用を可能とする新しい法案を提出し、成立したところですが、今後、国と地方が協力して、新しい制度の普及や取組みを積極的に進めていきたいと考えています。

　さらに、こうした当面の対策にとどまらず、所有者不明土地の問題解決にあたっては、所有者不明土地の発生を抑制するための抜本的な解決策が必要となってきます。そのためには、土地所有権や登記制度のあり方など、土地の所有に関する基本制度にまで踏み込んで、期限を切って検討を行っていくことが重要となります。

　こうした根本的な課題について、政府全体として対策を進めていくため、平成29年12月に、私が主宰者となって、所有者不明土地等対策のための関係閣僚会議を設置したところです。この会議の場において、土地に関して多岐にわたる論点について道筋をつけながら、平成30年6月に基本方針を決定し、これに基づいて、今後、土地所有に関する基本制度や民事基本法制の見直しを順次進め、2020年までに、必要な制度改正を行っていくこととしています。

このように、政府一体となって所有者不明土地問題の解決に向けて取り組んでいる中、本書が出版されることは、誠に時宜を得たものであり、多くの関係者の方々にとって有益な内容が盛り込まれておりますが、特に、問題が生じた背景や経緯について制度の歴史を踏まえた分析がされるとともに、各方面における議論や取組の内容を網羅しているなど、国や地方公共団体の政策関係者のみならず、研究者や事業者の方々にとっても、所有者不明土地問題への理解を深める上で、大いに参考になるものと考えております。

　本書を通じて、所有者不明土地問題の重要性が、関係者をはじめ広く一般に理解され、問題解決が進むことを期待して推薦の言葉とさせていただきます。

推薦の言葉

総務大臣、衆議院議員

石田　真敏

　国土は、国家の基盤を構成する要素の一つです。

　私は、常日頃から、国土管理を適切に行うことは、我が国の基盤を維持することと同義であり、そのような強固な基盤なくして、我が国の中長期的な発展、国民生活の向上はありえないと考えてきました。このような観点から、所有者不明土地問題を考えてみると、この問題は、まさに国土管理政策の最重要課題の一つであり、その解決に向けて、国土の最終管理責任者である国が率先して対処する必要があるのではないかと感じていました。

　所有者不明土地については、平成28年度の地籍調査の結果を基に行われた民間の研究会の推計によると、その面積は約410万 ha にも及び、これは九州の総面積（約367万 ha）を超える規模となるとのことでした。また、同研究会が2040年の所有者不明土地の面積を推計したところ、約720万 ha にも及び、これは北海道の総面積（約780万 ha）に匹敵する規模となるとのことでした。この推計値は、我が国の基盤を揺るがしかねない重大な問題が徐々に進行していることを示していると思います。私は国土の最終管理責任者である国の政治に携わる者の一人として、この推計値を見て、今まさにこの問題の解決に向けた第一歩を踏み出す必要があると確信したところです。

　また、国土の最終管理責任は国が担っているとしても、国土に関する行政については、実態として地方自治体も一定の役割を担っています。道路整備、治山・治水、都市開発・土地区画整理など、いずれも地方自治体にとっても極めて重要な事業であり、その成否は住民生活に大きな影響を与えます。所有者不明土地の増加は、これらの地方自治体の事業を執行していく上での阻害要因となりうるものであり、「地方自治の現場」という視点からも、所有者不明土地問題は早急に着手することが必要です。また、このような事業執行上の問題は、民間主体の開発事業においても同様であり、所有者不明土地が我が国の経済成長の阻害要因となる事態は何としてでも避けるべきであるとも考えています。

　以上のような問題意識から、先に成立した「所有者不明土地の利用の円滑化

等に関する特別措置法」は極めて重要な意義を有する法律であると認識しています。例えば、所有者不明土地の公共工事における収用手続の合理化・円滑化、地域住民等のための一定の事業に関する所有者不明土地の利用権の設定は、所有者不明土地を住民生活の向上、地域の発展に役立てていく上で画期的な仕組みと考えられます。また、土地所有者探索のために一定の公的な情報を活用可能とすることについても、土地の公的な利用を促す上で効果を発揮するものと思われます。今後はこの法律が各地域の現場で活用され、この法律が目指した理想が現実のものとなることを期待しています。

また、所有者不明土地問題については、土地所有に関する基本制度の見直し、登記制度・土地所有権のあり方などの残された課題があります。この残された課題には、国民の土地に対する意識を大きく変える可能性がある土地を手放すことができる仕組みのあり方の検討も含まれており、議論の行方を注視していく必要があると思われます。

本書は、このような我が国にとって差し迫った課題である所有者不明土地問題のこれまでとこれからをわかりやすく解説したものです。本書を通じて、多くの国民、国土に係る行政の関係者や民間の事業者の皆さんが、所有者不明土地問題を理解し、危機感を共有し、この問題を共に乗り越えていくためのきっかけとなればと強く期待しています。

推薦の言葉

法務大臣、衆議院議員

山下　貴司

　法務省と国土交通省が一体となって法律案を立案した「所有者不明土地の利用の円滑化等に関する特別措置法」は、平成30年11月15日にその一部が施行されました。

　法務副大臣として所有者不明土地問題に取り組まれ、その後も、自由民主党国土交通部会長として同法の成立に尽力された盛山正仁衆議院議員が、土地政策にも民事基本法制にも通暁した、所有者不明土地問題に関する政界きっての専門家であられることは、つとに知られているとおりです。本書の出版は、誠に時宜を得たものであり、盛山先生に心より敬意を表したいと存じます。

　相続時に登記がされないなどの原因で発生する所有者不明土地は、全国の各地で、土地の取引や公共事業を実施する際の大きな支障となっています。今後、高齢化や人口減少が進むとともに、相続が繰り返される中で、所有者不明土地が拡大していくことになれば、国民の社会経済活動にも更なる悪影響を及ぼしかねません。

　私も、空き家の社会問題化を受けて、平成26年の第187回臨時国会で、「空家等対策の推進に関する特別措置法」の議員立法を実現させましたが、その当時から、所有者不明土地が次の大きな課題になるものと考え、強い問題意識をもって取り組んで参りました。

　本書第二編でも紹介されていますが、平成29年４月、自由民主党政務調査会に「所有者不明土地等に関する特命委員会」（委員長：野田毅衆議院議員）が設置されました。私は、特命委員会の事務局長として、野田委員長の強力なリーダーシップの下、急ピッチで課題の洗い出しと関係省庁間の協力体制の構築を図り、当時の法務副大臣の盛山先生のご指導も得て、同年６月には、政務調査会の中間取りまとめとして結実させるに至りました。その直後に閣議決定された骨太方針2017では、盛山先生のご尽力もあり、所有者不明土地対策が独立した項目として取り上げられるに至ったところです。

　その後、法務省においては、この骨太方針に沿って、相続登記の促進や、複

数の者が共有する私道の工事等を行う場合において、共有者の一部が所在不明であるときの対応ガイドラインの作成、所有者不明土地の利用の円滑化等に関する特別措置法における民法や不動産登記法の特例の立案、さらには、土地所有権や登記制度の在り方に関する民事基本法制の見直しの検討などに取り組んできました。

盛山先生は、その間、自由民主党国土交通部会長及び所有者不明土地等に関する特命委員会の幹部として、政府の取組みについても力強く指導されるとともに、精力的に検討を進められ、平成30年5月には、登記制度の見直しや土地の円滑な利活用を促す仕組みの創設等、幅広い分野にわたる提言を取りまとめられました。政府は、これを受けて、所有者不明土地等対策の推進に関する基本方針及び骨太方針2018において、土地所有に関する基本制度や民事基本法制の見直し等の重要課題につき、期限を区切って着実に対策を推進することとしています。

私は、このたび、法務大臣を拝命しましたが、本書を拝読して、所有者不明土地問題の重大性を改めて確認し、その解決のために、引き続き、政府が一体となって、総合的に取り組んでいく決意を新たにしました。

法務省においては、骨太方針等に基づき、相続登記の義務化や土地所有権の放棄の是非等の登記制度・土地所有権の在り方等につき、2020年までに必要な制度改正を実現するべく、引き続き盛山先生のご指導も賜りながら、関係省庁と連携して、鋭意検討を進めていく所存です。

本書では、政府の動きについても詳細に紹介され、今後の課題が的確に指摘されています。本書が広く味読され、所有者不明土地問題と政府の取組への国民的理解が深められることを願ってやみません。

推薦の言葉

農林水産大臣、衆議院議員

吉川　貴盛

　我が国の国土の約8割を農地及び森林が占めています（農地が12％、森林が66％）。農林水産大臣として、私は、この所有者不明土地の問題は極めて深刻かつ喫緊の問題であると考えています。特に農林地とも、その2割以上が所有者不明であるといわれる中で、農林業の成長産業化を図るためには、これらの土地の利活用を促進することが不可欠です。

　このような中、政府・与党を挙げてこの問題に取り組む上で、農林地については平成30年5月に改正農業経営基盤強化促進法や、森林経営管理法が成立し、利活用という観点からは最大限の措置を行うことができました。

　具体的には、①農地については、共有者の1人でも、簡易な手続（農業委員会の探索・公告）を経て、長期間（20年間）農地中間管理機構に貸付け可能になり、②林地についても同様に、共有者の1人でも、簡易な手続（市町村による探索・公告）を経て長期間（50年間）市町村に経営管理権を設定すること等が可能となりました。これにより、農林地の集積・集約化が大きく進むことが期待できると考えております。

　今般の法改正に当たって、私は自由民主党の農林・食料戦略調査会、農林部会合同会議において、調査会長代理兼幹事長として、取りまとめに携わりました。また、農林部会をはじめ、国土交通部会、法務部会等、関係部会の合同という形で、政務調査会に「所有者不明土地問題等に関する特命委員会」が立ち上がり、野田毅先生を委員長として、盛山正仁先生をはじめとした多くの議員の皆様に御議論いただきました。こうした先生方の御尽力により、党から法案の方向性や今後の中期的な取組についての政府への提言をいただいたことが、今般の所有者不明土地問題の解決に向けた大きな契機になったものと考えております。

　今後、政府では、「所有者不明土地等対策の推進に関する基本方針（平成30年6月1日所有者不明土地等対策の推進のための関係閣僚会議決定）」に従い、

登記制度や土地所有権の在り方、土地所有者の責務といった根本的な問題に取り組んでいくこととなります。農林水産省としても、農地・森林を所管する立場から、積極的に議論に参画してまいりたいと考えております。

　一方で、この所有者不明土地問題は個人の財産権にも関わる問題であり、広く国民的議論を行っていかなければいけません。こうした意味で盛山正仁先生が所有者不明土地問題の解決に向けた昨今の取り組みをまとめられた本著作は、正に時宜を得たものであり、改めて御礼申し上げます。

推薦の言葉

国土交通大臣、衆議院議員

石井　啓一

　この度のご出版、誠におめでとうございます。

　いわゆる所有者不明土地は、人口減少や土地神話の崩壊に象徴される土地に関する国民の意識の変化などを背景に社会経済が変化する中で、利用ニーズが低下する土地がさらに増えることで、益々増加するのではないかと懸念されています。平成29年度に実施した地籍調査（約63万筆）においては、約20％の土地が不動産登記簿上で所有者の所在が確認できない土地、すなわち広い意味での所有者不明土地となっています。これに対し、地方公共団体が追跡調査を行った結果、最終的に所有者の所在が不明な土地は0.44％となっていますが、この所有者の探索に多大な労力が費やされています。

　こうした所有者不明土地は公共事業や民間のまちづくりに際して必要な土地を取得・利用しようとする際の大きな支障となっており、東日本大震災の復興事業に際しても改めて大きな問題であると指摘されました。こうした中で、政府全体の重要課題として、「経済財政運営と改革の基本方針（骨太の方針）2017」において、「所有者を特定することが困難な土地」に関して、「公共的目的のための利用を可能とする新たな仕組み」を構築するための法案の通常国会への提出を目指すことが盛り込まれました。

　このため、国土交通省では、国土審議会土地政策分科会に特別部会（部会長：山野目章夫早稲田大学大学院法務研究科教授）を設置し、所有者不明土地の公共的目的のための円滑な利用を可能にする制度について検討を開始し、平成29年12月に中間とりまとめを公表しました。

　中間とりまとめでは、所有者不明土地の現状と課題を整理した上で、所有者不明土地の円滑な利用を可能にするため、①公共事業のために収用する場合の手続きの合理化、②公園や広場など地域住民のための公共的事業に一定期間利用することを可能とする新たな仕組みの構築、③所有者の探索を合理化する仕組みの構築等に関する提言を頂きました。

　これを受け、国土交通省は、法務省と協力して提言の内容を法案に盛り込み、先の通常国会に提出し、「所有者不明土地の利用の円滑化等に関する特別

措置法（平成30年法律第49号）」（所有者不明土地法）が平成30年6月6日に成立、同月13日に公布されました。

　現在、ガイドライン等の整備や、地方整備局毎に法務局、地方公共団体、関係士業団体等を構成員とする協議会を設置すること等による地方公共団体の支援など、同法の円滑な施行に向けた取組を進めているところです。

　一方、残された課題である所有者不明土地の発生抑制や解消に向けた取組も重要です。所有者不明土地法は、既に所有者不明土地となってしまった土地の利用の円滑化を図るものであり、所有者不明土地を減らすことを直接の目的とするものではありません。

　所有者不明土地の発生抑制や解消に向けた抜本的な対策については、登記制度や土地所有の在り方等と深く関連するため、政府一体となって更に検討することが必要です。このため、所有者不明土地等対策の推進のための関係閣僚会議（主宰：内閣官房長官）を平成30年6月1日に開催し、所有者不明土地問題について、「抜本的な解決策が必要であり、土地の所有に関する基本制度に踏み込んで、期限を区切って検討を行っていく」ことを確認するとともに、「所有者不明土地等対策の推進に関する基本方針」を決定しています。

　この基本方針に沿って、国土交通省としては、同年9月20日に国土審議会土地政策分科会特別部会を再開し、人口減少社会における土地制度の在り方について検討を開始したところであり、法務省など関係省庁とも連携しつつ検討を進めているところです。

　このような中で刊行される本書は、所有者不明土地問題の背景、所有者不明土地法の成立に至るまでの与党・政府における検討の経緯、今後の課題等についてわかりやすくまとめるとともに、所有者不明土地問題に関わる多様な有識者・専門家の寄稿などが盛り込まれており、所有者不明土地問題への理解を深める上で大変有益な内容となっています。

　所有者不明土地法の円滑な施行に向けては、運用に関わる地方公共団体の担当者や関係する専門家の方々に制度への理解を深めて頂くことが重要です。さらに、この問題の抜本解決に向けて、今日の人口減少社会におけるあるべき土地制度を確立し、的確に土地政策を展開していくには、広く国民の理解と協力が欠かせません。

　本書が多くの方々に読まれ、更なる所有者不明土地対策の推進に寄与することを期待します。

推薦の言葉

自由民主党所有者不明土地問題等に関する特命委員会委員長
衆議院議員

野田　　毅

　近年、相続時に土地が未登記となっているなどの原因により、「所有者不明土地」などが急増しており、推計によるとその面積は約410万 ha に相当し、2040年には約720万 ha にもなると見込まれています。土地の管理が不十分で放置されることによって、地域の環境が悪化したり、公共事業の用地取得や民間の土地取引の際に土地の所有者の探索に多くの時間と費用が必要となり、国の経済に著しい損失となっています。今後、超高齢化社会を迎えて、大量の相続の発生が見込まれる中で、所有者不明土地問題等への対応は喫緊の政策課題と思います。

　『自由民主党所有者不明土地問題等に関する特命委員会』において、具体的な法整備を含む「中間とりまとめ」を策定し、政府に早急な施策を申し入れたことによって、第一弾として、今般「所有者不明土地の利用の円滑化等に関する特別措置法（平成30年 6 月13日法律第49号）」が公布されたところです。本委員会では、引き続き所有者不明土地問題の解決のために所有権のあり方や登記制度等の土地所有に関する基本制度そのものの検討が必要となることから、有識者や民間関係団体、関係省庁のヒアリングを行って、精力的に議論を重ねているところです。

　所有者不明土地は、土地の所有権が利用権に比べると保護されて所有者の責任が軽視されていることにも原因があると思われ、国民の権利は、憲法第12条に規定されているように「国民は、これを濫用してはならないのであつて、」と常に公共の福祉のために利用する責任を負っています。今後は、土地に対する公共性や責任を踏まえて、利用重視「土地は利用するためにある」の観点から土地の利用を最大限に進められるよう、制度の根本を見据えた議論を進めていく必要があります。所有者不明土地等の対策について、憲法の趣旨を踏まえながら計画的に法整備を行うことが必要であり、土地所有権や登記制度の在り方など、土地の所有に関する基本制度にまで踏み込んだ政府全体としての総合

的な施策の推進を図ることが重要と考えております。

　本書を通じて、所有者不明土地問題についての現状と課題、今後の議論や施策を少しでも理解して頂けることを期待し、今後、自民党特命委員会をはじめ、議員連盟、関係省庁、関係各団体の皆様と共に、この所有者不明土地問題の解決に向けて、大胆かつ着実に取り組んで行きたいと考えております。本書が所有者不明土地問題の解決に向けての取組みの軌跡となり、関係の方々をはじめ広く国民に理解され、協力が得られ、この問題の解決されることを期待し、推薦の言葉といたします。

推薦の言葉

自由民主党「所有者不明土地問題」に関する議員懇談会事務局長
参議院議員
豊田　俊郎

　土地は、私たちが生存し暮らしていくために必要不可欠なものであり、今この恩恵にあずかっている者として、土地を将来にわたり、次の世代にしっかりと引き継いでいくことは、私たち個人のみならず、国や地方自治体にとっても大きな責務であると思います。

　私は農家で生まれ育ちましたので、田畑を誰が所有し、維持・管理し、そこから果実を得ているかについて、国や地方自治体は、制度として当然しっかり把握していると何の疑問もなく思っておりました。その後、職業を選択する時期に測量士になろうと考え、不動産にかかわる世界に高校を卒業すると同時に入ることになりました。20歳のとき土地家屋調査士の資格を取得し、21歳で豊田俊郎土地家屋調査士事務所を開設いたしました。土地との長い人生がスタートしました。45年前のことです。その後、測量会社を設立して25年、46歳で千葉県議会議員に、そして50歳のときに千葉県八千代市長に就任し、3期11年にわたり行政の立場で土地にかかわることになりました。

　さて、地方から都市への人口移動の進展など社会経済情勢の変化、土地に関する価値観の変動等の中で、不動産登記法は、明治32年の制定以来、全部改正を含め必要な改正が行われてきたものの、その制度そのものに問題が生じております。今回成立した「所有者不明土地の利用の円滑化等に関する特別措置法」（以下「特措法」という。）は、このことに関し、制度的に対処するため制定されたものであると考えられます。特措法の意義・目的としては、地域住民等の共同の福祉又は利便の増進を図るための一定の事業に関し、特定所有者不明土地の利用を可能とする「地域福利増進事業」を創設したこと、所有者不明土地の利用円滑化のための特別措置（地域福利増進事業を含む。）として都道府県知事に一定の権限を付与したこと、特定登記未了土地の相続登記等に関する不動産登記法の特例として登記官の職権の拡大を図ったことなどですが、問題を解決する上で大きな前進となったものと思います。

　しかしながら、近年頻発する震災や豪雨による土地の荒廃、戦後の民法改正

で導入された均分相続制による所有権の細分化などを踏まえ、土地制度の在り方をめぐり、今我が国は大きな岐路にあります。限られた国土を次世代にしっかりと引き継ぐ制度を構築するためには、引き続き、土地所有者の責務、土地所有権の放棄と放棄された土地の受皿、土地の情報基盤の整備、相続人の協議が整わないために共有者の持分が細分化した土地の管理義務と権限などの課題を検討する必要がありますが、これらは個人の財産権や所有権にかかわることから、個人や基礎自治体で解決することは容易ではなく、国がしっかり主導していかなければなりません。そのためにも自由民主党所有者不明土地等に関する特命委員会委員長野田毅先生、本書を編集・出版され、特措法成立に法学博士、商学博士の立場から大きな活躍をされました盛山正仁先生にさらなる御指導・御助言を頂き、次世代に国土をしっかりと引き継ぐための制度の確立に向け、私も微力ではありますが、国会議員として精一杯努力してまいりたいと思います。

所有者不明土地問題の解決に向けて
所有者不明土地の利用の円滑化等に関する特別措置法と今後の諸課題

● 目　次

推薦の言葉

菅　　義偉　　内閣官房長官

石田　真敏　　総務大臣

山下　貴司　　法務大臣

吉川　貴盛　　農林水産大臣

石井　啓一　　国土交通大臣

野田　　毅　　自由民主党所有者不明土地問題等に関する
　　　　　　　特命委員会委員長

豊田　俊郎　　自由民主党「所有者不明土地問題」に関する
　　　　　　　議員懇談会事務局長

第一編　所有者不明土地問題の背景

第1章　民法改正による家制度の廃止、家督
　　　　相続制度の廃止…20

第2章　不動産登記制度、地籍調査…23

第3章　相続と名義変更、固定資産税…28

第4章　高度経済成長、人口流動化、土地収
　　　　用法、土地基本法…31

第5章　土地神話の崩壊、人口減少、地方の
　　　　過疎化…38

第6章　所有者不明土地がもたらす問題…43

第7章　所有者不明土地問題研究会…46

第二編　法改正の概要

第8章　自由民主党「所有者不明土地問題」
　　　　に関する議員懇談会…50

第9章　自由民主党 所有者不明土地等に関
　　　　する特命委員会、政務調査会…52

第10章　政府における取組み…56

第11章　自由民主党国土交通部会、農林部会…62

第12章　第196回国会における法案審議…65

第13章　所有者不明土地の利用の円滑化等
　　　　に関する特別措置法の概要…68

第14章　農業経営基盤強化促進法等の一部
　　　　を改正する法律の概要…76

第15章　森林経営管理法の概要…79

第三編　今後の課題

第16章　当面の課題…88

第17章　土地所有権の放棄、不動産の市町村
　　　　への寄附…92

第18章　真の所有者を反映する登記制度…94

第19章　住民票及び戸籍の附票の除票の保
　　　　存期間…96

第20章　共有不動産の処分に関する合意制度…97

第四編　各分野における課題
―鼎談・対談・寄稿―

第21章　所有者不明土地問題研究会の問題
　　　　提起とインパクト…100

　●鼎談　野田毅 衆議院議員、増田寛也 野村総
　　　　合研究所顧問、東京大学客員教授

第22章　地方公共団体の立場からの課題…121

　●対談　久元喜造 神戸市長

第23章　民事法の見直し…136

　●鼎談　山野目章夫 早稲田大学大学院教授、
　　　　小野瀬厚 法務省民事局長

第24章　司法書士の実務からの課題…158

　●対談　今川嘉典 日本司法書士会連合会会長

第25章　土地家屋調査士の実務からの課題…177

　●鼎談　豊田俊郎 参議院議員、岡田潤一郎 日
　　　　本土地家屋調査士会連合会会長

第26章　測量設計の観点からの課題…185

　●対談　方波見正 全国測量設計業協会連合会
　　　　副会長

第27章　街づくりの観点の関係者からの課題…210

　●対談　藤巻慎一 森ビル都市開発本部開
　　　　発4部部長

第28章　農業・林業の観点からの課題…229

　●鼎談　柚木茂夫 全国農業会議所　専務理
　　　　事、速水亨社長　日本林業経営者協会
　　　　顧問

第29章　弁護士の観点からの課題…253

　●鼎談　菊地裕太郎 日本弁護士連合会会長、
　　　　大坪和敏 日本弁護士連合会事務次長

第30章　行政書士の観点からの課題…272
　　●寄稿　遠田和夫 日本行政書士会連合会会長
第31章　不動産鑑定士の観点からの課題…275
　　●寄稿　稲野邉俊 日本不動産鑑定士協会連合会
　　　　　　副会長
第32章　税理士の観点からの課題…282
　　●寄稿　平井貴昭 日本税理士会連合会
　　　　　　常務理事
第33章　宅地建物取引業の観点からの課題(1)…285
　　●寄稿　坂本　久 全国宅地建物取引業協会連
　　　　　　合会会長
第34章　宅地建物取引業の観点からの課題(2)…287
　　●寄稿　原嶋和利 全日本不動産協会理事長

あとがき…290

参考資料

資料−1 総合土地対策要網
　　昭和63(1988)年…294
資料−2 日本の人口の推移…304
資料−3 所有者不明土地等に関する特命委員
　　会とりまとめ自民党政務調査会提言…305
資料−4 所有者不明土地等対策の推進に関
　　する基本方針…310
資料−5 所有者不明土地等問題対策推進の
　　ための工程表…313
資料−6(衆)所有者不明土地の利用の円滑
　　化等に関する特別措置法 附帯決議…314
資料−7(参)所有者不明土地の利用の円滑
　　化等に関する特別措置法 附帯決議…315
資料−8(衆)農業経営基盤強化促進法等の
　　一部を改正する法律 附帯決議…317
資料−9(参)農業経営基盤強化促進法等の
　　一部を改正する法律 附帯決議…318
資料−10(衆)森林経営管理法 附帯決議…319

資料−11(参)森林経営管理法 附帯決議…322
資料−12 所有者不明土地の〜特別措置法…326
資料−13 所有者不明土地の〜特別措置法施
　　行令について…327
資料−14 所有者不明土地の円滑な運用に向
　　けた地域支援…328
資料−15 農業経営基盤強化促進法等の一
　　部改正…329
資料−16 森林経営管理法の概要…331

関係法令

○所有者不明土地の利用の円滑化等に関す
　る特別措置法…334
○所有者不明土地の利用の円滑化等に関す
　る特別措置法施行令…362
○所有者不明土地の利用の円滑化等に関す
　る特別措置法施行規則…369
○所有者不明土地の利用の円滑化等に関す
　る特別措置法に規定する不動産登記法の
　特例に関する省令…375
○農業経営基盤強化促進法(抄)…378
○農業経営基盤強化促進法施行令(抄)…385
○農業経営基盤強化促進法施行規則(抄)
　…387
○農地法(抄)…392
○農地法施行令(抄)…401
○農地法施行規則(抄)…403
○森林経営管理法…409
○森林経営管理法施行令…429
○森林経営管理法施行規則…431

参考文献…439

第一編
所有者不明土地問題の背景

第一編　所有者不明土地問題の背景

第1章
民法改正による家制度の廃止、
家督相続制度の廃止

　第二次世界大戦敗戦後、昭和20（1945）年9月16日に連合国最高司令官総司令部（GHQ[1]）が東京日比谷の第一生命館に設置され、日本の改革に着手した。GHQの当初の対処方針は「軍事国家の復活を許さない。日本国民の経済上の困難と苦悩は日本の自らの行為の結果であり、連合国は復旧の負担を負わない。」という厳しいものであった。同年10月9日に東久邇宮稔彦内閣は総辞職し、幣原喜重郎内閣が発足した[2]。同月11日にマッカーサー連合国最高司令官を訪問した幣原は、「憲法の自由主義化」といわゆる「五大改革[3]」について指示を受けた。同月13日に憲法調査会が発足し、審議が進められた。

　翌昭和21（1946）年3月5日にGHQとの調整を経た憲法改正草案が閣議決定され、4月10日に旧憲法下で最後となる第22回衆議院総選挙が行われ、5月22日に第一次吉田茂内閣が発足し、6月20日に第90回帝国議会が召集された。日本国憲法案は衆議院、貴族院で審議が行われ、若干の修正が加えられて10月7日に成立し、11月3日に公布され、昭和22（1947）年5月3日に施行された[4]。

　この日本国憲法の制定に伴い法制全般にわたって改正を要する事項を審議するため、昭和21（1946）年7月に内閣に臨時法制調査会が設置された。「民

---

[1] General Headquarters, the Supreme Commander for the Allied Powers
[2] 昭和20（1945）年4月7日に鈴木貫太郎内閣が発足し、8月17日に総辞職して、東久邇宮稔彦内閣が発足した。しかし、同年10月4日にGHQより「政治的、民事的及び宗教的自由に対する制限の撤廃に関する覚書」が指令されたことから、翌5日に東久邇宮内閣は総辞職することを決定し、10月9日に幣原喜重郎内閣が発足した。幣原内閣は昭和21年（1946）5月22日に総辞職して、第一次吉田内閣が発足した。
[3] 婦人参政権の附与、労働組合の結成奨励、教育制度の改革、秘密警察の廃止、経済機構の民主化、の5項目である。
[4] 昭和22（1947）年4月20日（日）に第1回参議院議員通常選挙が行われ、同月25日（金）に第23回衆議院議員総選挙が行われた。5月3日に日本国憲法が施行され、同月20日に第1回特別国会が召集され、同月24日に片山哲内閣（社会党、民主党、国民協同党、緑風会の連立内閣）が発足した。このあたりの経緯については、盛山正仁編著『田村元とその時代―55年体制を生きた政治家―』創英者／三省堂書店、平成27年、p14-29を参照されたい。

法[5]」についても審議され、日本国憲法の施行に間に合わせるため、昭和22（1947）年4月19日に「日本国憲法の施行に伴う民法の應急的措置に関する法律（昭和22年法律第74号）」が公布されて、同法第3条で「戸主、家族その他家に関する規定は、これを適用しない。」とされた。同年12月22日に「民法の一部を改正する法律（昭和22年法律第222号）」が公布された。同法により、第一條（私権の享有）は、第一條ノ三とされ、

「第一條　私権ハ公共ノ福祉ニ遵フ

　　権利ノ行使及ヒ義務ノ履行ハ信義ニ從ヒ誠實ニ之ヲ爲スコトヲ要ス

　　権利ノ濫用ハ之ヲ許サス

　第一條ノ二　本法ハ個人ノ尊厳ト兩性ノ本質的平等トヲ旨トシテ之ヲ解釋スヘシ」

の2条が加えられた。また、民法第四編親族、第五編相続は共に全部改正され、家制度が廃止され、家督相続も廃止された[6]。

　この大改正によって、それまで不動産の相続は家督相続人に対してなされていたものが、配偶者及び女性を含む子に対して行なわれるようになり、相続人が増加することになった。

　また、民法改正により家制度が廃止されたことに伴い、同年12月22日に「戸籍法（昭和22年法律第224号）」が公布され、「戸籍法（大正3年法律第26号）[7]」は全面改正された。

　同法において、戸籍に関する事務は市町村長がこれを管掌する（第一条）、戸籍は市町村の区域内に本籍を定める一の夫婦及びこれと氏を同じくする子ごとにこれを編製する（第六条）、一戸籍内の全員をその戸籍から除いたときは、その戸籍は、これを戸籍簿から除いて別につづり、除籍簿として、これを保存

---

[5] 民法は明治29（1896）年4月27日に「民法（明治29年法律第89号）」として第一編から第三編が公布され、明治31（1898）年6月21日に「民法（明治31年法律第9号）」として第四編・第五編が公布され、翌6月22日に公布された「民法法例戸籍法及競売法施行ノ件（明治31年勅令第123号）」によって、明治29年と明治31年の民法は共に、明治31（1898）年7月16日に施行されることとされた。

[6] 「戸主」「家督相続人」その他の規定が全面改正された。

[7] 明治4（1871）年に「戸籍法（明治4年4月4日太政官布告第170号）」が布告されて、翌年に全国的戸籍を作成することとされたが、この戸籍は明治5（1872」）年の干支に因んで「壬申戸籍」と呼ばれた。その後、旧民法の親族・相続編（明治31年法律第9号）の施行に伴って、旧民法の附属法としての「戸籍法（明治31年法律第12号）」が公布・施行され、さらに、大正3（1914）年に「戸籍法（大正3年法律第26号）」が公布・施行された。

第一編　所有者不明土地問題の背景

する（第十二条第一項)、死亡の届出は、届出義務者が、死亡の事実を知つた日から七日以内にこれをしなければならない（第八十六条第一項）等と規定されている。

第2章　不動産登記制度、地籍調査

第2章
不動産登記制度、地籍調査

1．登記法

　不動産の権利関係を公示するため、明治19（1886）年8月13日に「登記法（明治19年法律第1号）」が公布されたが、その背景にあったのは、第一に国の税収の確保であり、第二に国民の権利の保護の、2つの要請であった。

　慶應3年10月14日（1867年11月9日[8]）の大政奉還によって発足した明治政府は、明治2年3月28日（1869年4月5日）に東京奠都し、同年6月17日（1869年7月25日）に版籍奉還を行い、同年7月8日（1869年8月15日）に二官六省[9]を設置し、明治4年7月14日（1871年8月29日）に廃藩置県を行い、列強に追いつこうと、富国強兵に努め、法治国家の建設を急いだ。明治5年2月15日（1872年3月23日）に公布された「太政官布告第50号」で、土地はこれまで永代売買禁止であったものを、誰でも（どの身分でも）自由に取得することができるようにした。地券を発行し、土地に私的所有権を認め、自由な売買を認め、所有者に地租を課すこととした。

　新政府は地租改正作業に着手し、幕藩体制以来の土地制度を変革し、税収の基礎を固めようとした。まず、明治5（1872）年に東京府が地券を発行したがこれは同年の干支に因んで「壬申地券」と呼ばれた。地券には「現今之代価」が記載され、その2％を地租として毎年課税した。当時の政府の最大の収入は地租であり、政府の財政基盤を固めるために地租改正[10]は不可欠であったので

---

[8] 明治5年11月9日（1872年12月9日）に「太陰暦ヲ廃シ太陽暦ヲ頒行ス（明治5年太政官布告第337号）」が公布され、「來ル十二月三日ヲ以テ明治六年一月一日ト被定候事」と定められ、明治6（1873）年から太陽暦が採用されることになった。

[9] 神祇官、太政官、民部省、大蔵省、兵部省、刑部省、宮内省、外務省。

[10] 明治6（1873）年7月28日に「地租改正法（太政官布告第272号）」が公布され、地価の3％を金納（貨幣で納税すること）することとされた。地租が高すぎるとの反対運動が各地で発生したため、翌明治7（1874）年に2.5％に変更した。その後も、戦費調達等の理由から地租の見直しが行われたが、大きな政治問題となった。昭和6（1931）年3月31日に「地租法（昭和6年法律第28号）」が公布され、同法第十条で「地租ノ税率ハ百分ノ三・ハトス」とされたが、昭和22（1947）年3月31日公布の「特別法人税法の一部を改正する等の法律（昭和22年法律第29号）」第29条によって地租法は廃止された。昭和25（1950）年7月31日に「地方税法（昭和25年法律第226号）」が公布され、同法中に固定資産税が規定されて、現在に至っている。

第一編　所有者不明土地問題の背景

ある。

　地券には、「土地所有権の証明」の私的な機能と、「納税義務者の表示」の公的な機能があり、地租改正によって全国の地籍が明確になり、各筆に地価が付され、土地は取引の客体としての要件を備えた。

　明治20（1887）年4月からの政府の歳入に組み込み、その6か月前に公布して周知期間を設けるために、土地所有について具体的に定める民法[11]を制定する前の明治19（1886）年8月13日に、登記法は公布されたのである。登記事務については、行政部局で扱うことも検討されたが、最終的には旧登記法第三条で原則として治安裁判所が扱い、例外として郡区役所他が扱うとされて、司法部局が扱うこととなった。

　民法には、第176条[12]では意思主義が規定されているが、第177条[13]で登記が不動産物権変動の対抗要件と規定されている。ドイツでは登記が不動産所有権移転の効力要件としているが、我が国はフランスにならって対抗要件主義を採用した。

　明治32（1899）年2月24日に「不動産登記法（明治32年法律第24号）」が公布されて、「地所及ヒ建物」の登記に関する規定は廃止された[14]。同法第三章に「登記ニ関スル帳簿[15]」が規定され、土地登記簿と建物登記簿の二種が、登記所に備えられることとされた。

2．登記簿

　戦前においては、登記は不動産の権利関係のみを公示するものであり、不動産の面積・形状等の現況を明らかにしていたのは、税務署に備え付けられた土地台帳・家屋台帳であった。

　昭和22（1947）年4月16日に「裁判所法（昭和22年法律第59号）」が公布さ

---

[11] 明治23（1890）年に旧民法（ボアソナード民法）が公布されたが、「法典論争」が起こった結果、施行が延期され、穂積陳重らの起草による「民法（明治29年法律第89号）」が制定された。

[12] 「物権ノ設定及ヒ移転ハ当事者ノ意思表示ノミニ因リテ其効力ヲ生ス」

[13] 「不動産ニ関スル物権ノ得喪及ヒ変更ハ登記法ノ定ムル所ニ従ヒ其登記ヲ為スニ非サレハ之ヲ以テ第三者ニ対抗スルコトヲ得ス」

[14] 不動産登記法第161条「明治十九年法律第一號登記法中地所及ヒ建物ノ登記ニ関スル規定ハ本法施行ノ日ヨリ之ヲ廃止ス」

[15] 昭和35（1960）年3月31日に「不動産登記法の一部を改正する等の法律（昭和35年法律第14号）」が公布され、第三章は「登記ニ関スル帳簿及ビ図面」に変更された。

24

れ、それまでの「裁判所構成法（明治23年２月10日法律第６号）」が廃止されて、司法事務局が設置され、登記事務は裁判所から司法事務局において取り扱うこととなった（司法事務から行政事務へ）。同年12月17日公布の「法務庁設置法（昭和22年法律第193号）」他[16]によって、翌昭和23（1948）年２月16日に法務庁が発足した。昭和24（1949）年５月31日公布の「法務庁設置法等の一部を改正する法律（昭和24年第136号）」「法務局及び地方法務局設置に伴う関係法律の整理に関する法律（昭和24年法律第137号）」により、翌６月１日に法務庁は法務府となり、不動産登記事務は「司法事務局又ハ其出張所」から「法務局若クハ地方法務局又ハ其支局若クハ出張所カ管轄登記所トシテ之ヲ掌ル」とされた（司法事務から行政事務へ）。昭和27（1952）年７月31日公布の「法務府設置法等の一部を改正する法律（昭和27年法律第268号）」によって、翌８月１日に法務府は法務省に改組された。

戦後、台帳は権利関係を明らかにする登記と密接な関係を有することから、台帳は登記所に移管された。しかし、登記簿は申請主義である一方、台帳は登記官の職権によって登録することができたことから、登記簿と台帳に離齬が生じることになった。

そのため、昭和35（1960）年３月31日に「不動産登記法の一部を改正する等の法律（昭和35年法律第14号）」が公布されて、登記簿の表題部に台帳に記載の事項を移記することとした。昭和46（1971）年３月31日にこの一元化作業は全国の登記所で完了し、登記は「表示に関する登記」と「権利に関する登記」の両方を表すものとなった。

平成16（2004）年６月18日に「不動産登記法（平成16年法律第123号）」が公布され、旧不動産登記法（明治32年法律第24号）は全部改正された。

3．登録免許税

相続を原因とする所有権の移転などの不動産の権利に関する登記については、登録免許税が課される一方、不動産の表示に関する登記については、所有権の登記のある不動産の表示の変更の登記のうち、土地の分筆又は合筆の登記、建物の分割又は区分若しくは合併の登記のみが登録免許税を課される（「登録免許税法（昭和42年法律35号）」第２条、別表第一）が、それ以外の建物を新築した際などにされる表題登記を含む表示に関する登記は、登記の申請

---

[16] 同日公布の「法務庁設置に伴う法令の整理に関する法律（昭和22年法律第195号）」

第一編　所有者不明土地問題の背景

が義務付けられているものの、登録免許税は課せられない。

4. 地図・公図

　地図とは、土地の区画を明確にし、地番を表示する図面であり、登記所に備え付けられているものである（不動産登記法第14条[17]第1項に規定する図面）。地図が整備されるまでの間、地図ほどの精度を有するものではないものの、各土地の位置、形状及び地番を表示した地図に準ずる図面（いわゆる公図）も登記所に備え付けられており、いずれも閲覧が可能となっている。

　なお、全国の登記所における地図の整備率は、全体の約56％となっている（平成30（2018）年4月現在）。

5. 地籍

　地租改正を契機として作成された土地台帳は、地租（税金）を安くするために実際の面積よりも小さく記載される等、土地の実態と必ずしも一致せず、不正確なものが多かった。そこで、昭和26（1951）年に「国土調査法（昭和26年法律第180号）」が制定された。

　同法第1条には地籍の明確化を図ると規定されているが[18]、地籍とは一筆の土地についての現在及び過去のあらゆる情報を示すものである。

　地籍調査の実施主体は市町村等の地方公共団体と土地改良区等の団体である。地籍調査は、一筆の土地ごとに、所有者、地番、地目を調査するとともに、土地の境界（筆界）と土地の面積（地積）を測量する。地籍図と地籍簿は

---

[17]「第14条
　　登記所には、地図及び建物所在図を備え付けるものとする。
2　前項の地図は、一筆又は二筆以上の土地ごとに作成し、各土地の区画を明確にし、地番を表示するものとする。
3　第一項の建物所在図は、一個又は二個以上の建物ごとに作成し、各建物の位置及び家屋番号を表示するものとする。
4　第一項の規定にかかわらず、登記所には、同項の規定により地図が備え付けられるまでの間、これに代えて地図に準ずる図面を備え付けることができる。
5　前項の地図に準ずる図面は、一筆又は二筆以上の土地ごとに土地の位置、形状及び地番を表示するものとする。
6　第一項の地図及び建物所在図並びに第四項の地図に準ずる図面は、電磁的記録に記録することができる。」
[18]「この法律は、国土の開発及び保全並びにその利用の高度化に資するとともに、あわせて地籍の明確化を図るため、国土の実態を科学的且つ総合的に調査することを目的とする。」

26

第2章　不動産登記制度、地籍調査

登記所（法務局）に送付され、備え付けられる。

　土地の所有者が現地立ち会いに協力せず、境界が確認できない場合には、筆界未定として処理される。

　平成30（2018）年３月末現在、進捗率は約52％（地籍調査等が必要な土地は全国の約48％）と、地籍調査、公図作成は遅れている。特に都市部については遅れており進捗率は約25％であり、林地の進捗率は約45％と低くなっている。

第一編　所有者不明土地問題の背景

第3章
相続と名義変更、固定資産税

1. 死亡届

　人が死亡すると、医師による死亡診断書を付した死亡届書を市役所等に提出し[19]、火葬・埋葬許可証の交付を受けて、（通夜・告別式等を行い、）火葬し、（後日）埋葬する。

　死亡届を受理した市町村は戸籍から死亡した者を除籍し[20]、住民票の記載を消除する。また、死亡した者の印鑑登録もまっ消する。

2. 死亡後の手続きと相続登記

　実務上、銀行等は、被相続人が死亡した情報に接した場合、被相続人名義の預貯金口座を凍結する。そのため、相続人は、被相続人が逝去して落ち着かない中、市町村への死亡届を提出するだけではなく、除籍謄本等を入手し、法務省の法務局が発行する「法定相続情報一覧図の写し」の交付を受ける等の慣れない作業に右往左往する。また、必要に応じて、住民票の写しや戸籍の附票の写し等を入手しないといけない場合もある。いよいよ、銀行口座等の手続きを行う際にも、混雑している銀行等の窓口で待った挙句に、必要とされる書類の不備等の指摘を受けると、再度役所に出向いて書類申請を行う必要がある。

　また、銀行口座等の凍結が解除されても、被相続人が亡くなった日の翌日から10か月以内に被相続人の住所地を所轄する財務省の税務署に相続税の手続をとらなければならない。相続人が複数の場合には、相続人間で遺産分割の協議を行い（どの相続人がどの遺産を相続するかでなかなかまとまらない場合があると伺っている）、被相続人が死亡した年の青色申告等の手続きと被相続人の現金や不動産等の明細・評価等を整理して相続税の手続きをとらなければならない（放っておくと、税務署からお尋ね書が届くことになる）。

---

[19] 「戸籍法（昭和22年12月22日法律第224号）」において、死亡の届出は、届出義務者が、死亡の事実を知つた日から七日以内にこれをしなければならないとされ（第八十六条第一項）、届書には、死亡の年月日時分及び場所のほか、法務省令で定める事項を記載し、診断書又は検案書を添付しなければならない（同条第二項）等と規定されている。

[20] 戸籍法において、戸籍に関する事務は市町村長がこれを管掌する（第一条）、等と規定されている。

第3章　相続と名義変更、固定資産税

　しかし、不動産の登記については、不動産登記法上、相続人が登記の義務を負わないので、必ずしも相続登記がなされない。これが所有者不明土地問題の背景となっている[21]。

３．固定資産税

　固定資産税は、登記簿上の所有者に課税される。所有者が複数人の場合には、「筆頭人他○○人」あてに固定資産税の納付書等が送付される。

　前述の通り、死亡届と不動産の登記はリンクしていないため、市町村は固定資産税の納付書の宛名人が死亡していても、死亡の事実を確認できずそのまま送付されることがある（いわゆる「死亡者課税」）[22]。相続人の多くは、宛名人が死亡していても、変更登記をすることなく、相続人が固定資産税を納付している。場合によっては相続人が死亡して、さらにその次の代の相続人が固定資産税を納付していることもある。

　課税庁にとっても望ましい状況ではないが、固定資産税が納付されている限り、問題は顕在化しない。また、相続人が転居しても、当該地にお住いの方（親族であることが多い）がご負担されたりする等、相続以外の変更についても課税庁が把握できずに放置されるケースが少なくない。

　しかしながら、一定期間経過後、固定資産税納付書が宛先人不明で戻ってくる事例が起こってくる。不動産登記では表示されていない納税義務者をどのようにして捕捉していくかは、課税庁にとっても頭の痛い課題である。特に、当該自治体の外にお住いの所有者の死亡把握が困難であり、海外に居住されている方の場合には一層困難となっている。

---

[21] 筆者の母は平成29（2017）年9月に死亡した。親族で通夜・告別式・火葬を行ったが、その直後の9月28日に衆議院が解散され、10月22日に衆議院議員総選挙、11月1日に特別国会が召集されたため、死亡後の手続きに大わらわとなった。12月に銀行口座等の手続きに何度か足を運び、埋葬を済ませた。死亡後3か月以内に提出しなければならない被相続人の確定申告の手続きは、暮れも押し詰まったギリギリのタイミングで行い、司法書士の先生にお願いした不動産の変更登記等は、年が明けた平成30（2018）年1月に完了し、1月22日には通常国会が召集され、何とか3月に筆者の確定申告を行った。役所の手続きにはそれなりに慣れている筆者ではあるが、一連の手続き（それに選挙も加わったため）をこなすだけで精いっぱいで、悲しみに浸る余裕はなかった。一連の手続きが終わったときには「やれやれ、これで一段落着いた。」と、ホッとした。

[22] 課税庁が納税者の死亡の事実を把握した場合、相続人を探索し、相続人名義で納税通知書、納付書を送付することもある。

第一編　所有者不明土地問題の背景

　また、課税免税点未満[23]又は非課税の土地[24]の場合、納税通知が送られない
ことから、土地所有者が土地所有についての意識が低い場合がある。その土地
が相続された場合には、相続人は土地の存在すら認識しない可能性が高くな
る。課税庁の観点からは、非課税の土地等については、事務処理簡素化、費用
対効果の観点から所有者（相続人を含む）の把握を行っていないことが殆どで
はないかと考えられる。

4．住民基本台帳

　昭和26（1951）年に住民の登録に関する「住民登録法（昭和26年6月8日法
律第218号）」が制定されたが、昭和42（1967）年に「住民基本台帳法（昭和42
年7月25日法律第81号）」（住基法）が制定されて住民登録法は廃止され、住基
法は同年11月10日に施行された。

　住基法は、市町村（特別区を含む）において、住民の居住関係の公証、選挙
人名簿の登録その他の住民に関する事務の処理の基礎とするとともに住民の住
所に関する届出等の簡素化を図り、あわせて住民に関する記録の適正な管理を
図るため、住民に関する記録を正確かつ統一的に行う住民基本台帳の制度を定
め、もつて住民の利便を増進するとともに、国及び地方公共団体の行政の合理
化に資することを目的としている。

　同法によって、市町村長は、住民票を作成する義務（第6条第1項）、戸籍
の附票を作成する義務（第16条第1項）を負っている。

　「住民基本台帳法施行令（昭和42年政令第292号）」によって、市町村長は消
除した住民票、消除した戸籍の附票を、これらを消除した日から5年間保存す
ることとされている（第34条）。また、同条によって、住民票又は戸籍の附票
を改製した場合における改製前の住民票又は戸籍の附票についても、その改製
された日から5年間保存することとされている。

　この5年間の期間について、所有者不明土地の所有者を探す観点等からは短
すぎるのではないかとの声が出ている。

---

[23] 課税標準額が、土地の場合30万円未満、家屋の場合20万円未満の資産に、固定資産税は課
されない。
[24] 例えば宗教法人や学校法人がその本来の用途に供する土地等、固定資産の性格や用途等か
ら非課税とされている資産がある。

30

第4章　高度経済成長、人口流動化、土地収用法、土地基本法

第4章
高度経済成長、人口流動化、
土地収用法、土地基本法

1．人口増加

　第二次世界大戦によって約7,215万人にまで減少した我が国の人口は[25]、平和な世の中を迎え、また経済の復興、生活環境の改善、医療の発達によって、急激に増加した。

　昭和25（1950）年には8,411万人、昭和30（1955）年に9,008万人、昭和45（1970）年に1億467万人、昭和50（1975）年に1億1,194万人、昭和60（1985）年に1億2,105万人、平成7（1995）年に1億2,557万人、平成20（2008）年に1億2,808万人となり[26]、我が国の総人口はピークを打った[27]。

2．高度経済成長

　戦後の不況に喘いでいた我が国であったが、昭和25（1950）年6月25日に勃発した朝鮮戦争[28]による朝鮮特需によって経済は復興した。昭和26（1951）年9月8日にサンフランシスコ講和条約と日米安全保障条約が調印され、昭和27（1952）年4月28日に両条約が発効して、我が国の主権が回復した。「もはや

---

[25] 昭和20（1945）年10月1日現在の人口は72,147,000人（総務省統計局「我が国の推計人口（大正9年〜平成12年）」）。

[26] 「国勢調査結果による補間補正人口」によると、10月1日現在の人口は、平成18（2006）年は127,901千人、平成19（2007）年は128,033千人、平成20（2008）年は128,084千人、平成21（2009）年は128,032千人である（総務省統計局「人口推計　国勢調査結果による補間補正人口—平成17年及び22年国勢調査の結果による補間補正—」平成24年、p1参照）。

[27] 国勢調査によると、10月1日現在の人口は、昭和25（1950）年は84,114,574人、昭和30（1955）年は90,076,594人、昭和35（1960）年は94,301,623人、昭和40（1965）年は99,209,137人、昭和45（1970）年は104,665,171人、昭和50（1975）年は111,939,643人、昭和55（1980）年は117,060,396人、昭和60（1985）年は121,048,923人、平成2（1990）年は123,611,167人、平成7（1995）年は125,570,246人、平成12（2000）年は126,925,843人、平成17（2005）年は127,767,994人、平成22（2010）年は128,057,352人、平成27（2015）年は127,094,745人である（総務省統計局「国勢調査　時系列データ」）。

[28] 昭和26（1951）年4月11日にトルーマン米大統領はマッカーサー連合国軍最高司令官を解任し、同年7月10日に開城で朝鮮戦争の休戦会談が開始され、昭和28（1953）年7月27日に板門店で休戦協定が調印された。

31

戦後ではない。」という記述で有名になった経済白書が発行されたのは昭和31（1956）年のことであるが、我が国は1960年代からいわゆる高度経済成長の時代に移行した。平均経済成長率は、昭和30〜35年度が8.9％、昭和35〜40年度が9.1％、昭和40〜45年度が10.9％で、実質GDP成長率のピークは昭和43（1968）年度の12.4％であった。

第一次産業に従事する15歳以上の就業者数の総人口に対する比率は、昭和25（1950）年が48.6％、昭和30（1955）年が41.2％、昭和35（1960）年が32.7％、昭和40（1965）年が24.7％、昭和45（1970）年が19.3％、昭和50（1975）年が13.9％と減少していった。それに対し、第二次産業に従事する就業者数の比率は、昭和25（1950）年に21.8％であったが、昭和40（1965）年に31.5％、昭和50（1975）年に34.2％と増加した。第三次産業の就業者数の比率は、昭和25（1950）年に29.7％であったが、昭和40（1965）年に43.7％、昭和50（1975）年に50.2％へと増加した[29]。

3．人口の流動化

このように総人口は増加したが、高度経済成長によって第一次産業の就業者は減少し、第二次産業・第三次産業の就業者は増加した。その結果、地方圏[30]で生まれ育った若者が進学や就職のために三大都市圏[31]へ移動したこと等により、地方から大都市圏へ人口が移動した。1970年代半ば以降、大阪圏[32]と名古屋圏[33]の転入超過数はほぼ横ばいとなったが、東京圏[34]においては一時期を除いて引き続き大幅な転入超過が続いている[35]。1980年代半ばのいわゆるバブル経済によって東京への一極集中が進んだが、地方ブロック内においても、その地方における中枢都市（ブロック都市）への集中が進んだ[36]。

さらに、海外への我が国企業の進出によって、日本人の在外居住者が増加

---

[29] 前掲『田村元とその時代—55年体制を生きた政治家—』p487-489参照。

[30] 地方圏とは、三大都市圏以外の地域を指している。

[31] 三大都市圏とは、東京圏、大阪圏、名古屋圏を指している。

[32] 大阪圏とは、大阪府、京都府、兵庫県、奈良県を指している。

[33] 名古屋圏とは、愛知県、岐阜県、三重県を指している。

[34] 東京圏とは、東京都、神奈川県、埼玉県、千葉県を指している。

[35] 東京圏の転入超過数のピークは、昭和37（1962）年の387,874人である（総務省統計局「住民基本台帳人口移動報告」）。

[36] 国土交通省編『国土交通白書2015 平成26年度年次報告』平成27年7月、p9参照。

第4章　高度経済成長、人口流動化、土地収用法、土地基本法

し[37]、また、我が国に滞在する外国人が増加していった[38]。

　家制度、家督制度が崩れ、長男を含めて若い世代が大都市で進学し、就職し、出身地を離れることが当たり前となっている。そのため、親が亡くなると、相続人は都会で働いているため、田舎の土地・建物を活用できず（不在地主になる）、農地・山林は勿論のこと、家屋敷までも草茫々という土地がどんどん増えてきている。そのような土地は、いずれ所有者不明土地になる可能性が非常に高くなっている。

4．土地収用法

　昭和26（1951）年6月9日に公布された「土地収用法（昭和26年法律第219号）」は、旧土地収用法[39]にかえて[40]、「公共の利益となる事業に必要な土地等の収用又は使用に関し、その要件、手続及び効果並びにこれに伴う損失の補償等について規定し、公共の利益の増進と私有財産との調整を図り、もつて国土の適正且つ合理的な利用に寄与すること」を同法の目的としている。

　同法は、公共事業等についての、土地等の収用手続[41]・損失補償等について

---

[37] 平成元（1989）年10月1日現在の在留邦人（海外に3か月以上在留している日本国籍を有する者）は586,972人、うち長期滞在者（海外での生活は一時的なもので、いずれわが国に戻るつもりの邦人）は340,929人、永住者（当該在留国より永住権を認められており、生活の本拠をわが国から海外へ移した邦人）は246,043人であったが、平成29（2017）年10月1日現在の在留邦人は1,351,970人、長期滞在者は867,820人、永住者は484,150人となっている（外務省領事局政策課「海外在留邦人数調査統計　平成30年要約版」平成30年、p13-21参照）。

[38] 在留外国人数は、平成24（2012）年末に2,033,656人であったが、平成29（2017）年末には2,561,848人に増加している（法務省入国管理局資料）。

[39] 明治8（1875）年に「公用土地買上規則（明治8年太政官第132號達）」が制定され、明治22（1889）年「土地収用法（明治22年法律第19号）」が制定されて、公用土地買上規則（明治8年太政官達）が廃止された。明治33（1900）年に「土地収用法（明治33年法律第29号）」が制定されて、土地収用法（明治22年法律第19号）が廃止されて昭和26（1951）年に至っていた。

[40] 昭和26（1951）年6月9日に公布された「土地収用法施行法（昭和26年法律第220号）」によって、旧土地収用法は廃止された。

[41] 都道府県知事の所轄の下に、収用委員会を設置することとされている。千葉県の収用委員会会長は昭和63（1988）年9月21日に成田空港の中核派によって襲撃され、瀕死の重傷を負い、後に後遺症を苦にされて自殺された。中核派は千葉県収用委員会の他の委員に対しても脅迫を行った結果、同年10月に委員全員が辞任し、同委員会は機能停止に陥った。過激派が激減して事態が鎮静化した平成16（2004）年に、千葉県が収用委員会の委員の氏名を非公開として、成田空港問題については扱わないこととして、同委員会を復活させた。昭和63

第一編　所有者不明土地問題の背景

規定しているが、当然のことではあるが、収用の相手方が存在することを主に
想定している。このため、収用の相手方が不明のまま収用裁決に至る不明裁決
の制度は存在するものの、これは相手方が不明である場合を念頭においた特別
の手続ではないため、相手方が不明であり出席の可能性がない場合でも公開で
意見を述べる機会を与える必要があるなどの課題があり、現在増加している所
有者不明土地問題に対応した制度の改善が求められている。

5．土地基本法

　石油ショックを乗り越えて我が国の経済は繁栄し、貿易収支の黒字は増加
し、地価は上昇を続け、「地価は絶対に下がらない」との土地神話が形成され
た。「アメリカ全体の地価よりも日本の地価の方が高くなった。」と言われ、金
融機関は財テクに走る企業や個人に投資を勧め、十分な審査をせずに融資を
行った。特に、不動産を担保とする融資を金融機関は顧客に勧め、1980年代に
入って地価は高騰した。首都圏では国民の平均所得が767万円であった平成2
（1990）年に、一般的なマンションが約6,100万、戸建ての建売住宅が約6,500
万円するような状況[42]になったのである[43]。

　このような地価高騰に対峙するため、昭和61（1986）年12月、関係12省庁の
大臣からなる「地価対策関係閣僚会議」（後に「土地対策関係閣僚会議」）が設

　（1988）年から平成16（2004）年までの16年間にわたって千葉県収用委員会は存在せず、土
地収用法は存在しても同法を執行する委員会が存在しないため、手続きを進めることはでき
なかった。

[42]　国土交通省住宅局住宅政策課編集協力『住宅経済データ集　2013年（平成25年）度版』住
宅産業新聞社、平成25年、p107参照。

[43]　昭和50年代末には、商業地の地価は、東京の中心部において上昇の兆しが現れ、昭和60
（1985）年代に入ってからは、都心部における地価上昇が全国に波及した。商業地、特に業
務集積の大きな都心の中心商業地が著しい地価上昇を示した後、周辺の商業地、さらには住
宅地等の地価が上昇するという傾向がみられた。当初は東京圏において事務所ビル需要の急
激な増大、都心部等の業務地化に伴う住宅地の買換え需要の増大、投機的取引等が金融緩和
状況を背景として複合的に影響して地価上昇が始まった。地価上昇は、土地の割安感や投資
先としての選好などの理由により、周辺地域及び他の主要都市へ波及した。また、昭和60年
代以降の地価高騰の特徴は、地価上昇の地域別格差が著しく大きいことであった。地価公示
でみた場合の昭和48（1973）年、49（1974）年の地価上昇率は、全国平均、三大都市圏とも
ほぼ同程度であったのに対し、昭和60年代の東京圏や大阪圏の地価上昇率は、全国平均をは
るかに上回って推移し、昭和60（1985）年を100とした場合の平成3（1991）年の住宅地・
商業地の地価は全国平均で192.1、211.1に対し、東京圏で240.7、301.8、大阪圏で277.6、
356.4であった（国土交通省編『平成30年版土地白書』、平成30年、p97参照）。

第4章　高度経済成長、人口流動化、土地収用法、土地基本法

けられ、翌62（1987）年3月に「地価対策の検討方針」について申し合わせがなされ、同年6月に国土利用計画法（昭和49年法律第92号）が改正[44]された。また、同年7月に発足した首相の諮問機関である第2次臨時行政改革推進審議会（「新行革審」）の下に「土地対策検討委員会」（通称「土地臨調」）が設けられて対策のとりまとめ・推進が行われ、同年10月に中間報告として「当面の地価等土地対策に関する答申」が行われた。

　これを受けて同年10月、「緊急土地対策要綱」が閣議決定された[45]。また、同年11月には土地対策担当大臣が置かれるとともに、「地価対策関係閣僚会議」を拡大・改組する「土地対策関係閣僚会議」が設置され、対策が実施された。

　地価高騰が収まりをみせないことから、昭和63（1988）年6月に新行革審は、最終答申「地価等土地対策に関する答申」で土地五原則等を示し、これを受けて同月「総合土地対策要綱」が閣議決定された。同要綱の「第1　土地対策の基本的認識」に「①土地の所有には利用の責務が伴うこと。」「②土地の利用に当たっては公共の福祉が優先すること。」等を示した[46]上で、「第2　土地対策の推進」に首都機能、都市・産業機能等の分散等の具体的な施策[47]が記載された[48]。これに並行して、昭和63（1988）年6月に「多極分散型国土形成促進法」（昭和63年法律第83号）が制定された[49]。

---

[44] 制定当時の同法に基づく土地取引規制制度は、全国一般に適用される事前届出制と規制区域における許可制があったが、前者の事前届出制では例えば市街化区域では2,000㎡以上の比較的大規模な土地の取引に限って適用されていた。そのため、より小規模な土地取引についても目が行き届くよう、新たに「監視区域制度」を導入した。

[45] ①土地取引の適正化、②旧国鉄用地、国公有地の処分、③税制上の措置、④都市再開発、住宅・宅地開発の促進等を主な内容としている。

[46] 「政府は、以下の基本認識の下に国民の理解と協力を得つつ土地対策の推進を図るものとする。」として、①土地の所有には利用の責務が伴うこと、②土地の利用に当っては公共の福祉が優先すること、③土地の利用は計画的に行われなければならないこと、④開発利益はその一部を社会に還元し、社会的公平を確保すべきこと、⑤土地の利用と受益に応じて社会的な負担は公平に負うべきものであること、の5項目が記載された。

[47] ①首都機能、都市・産業機能等の分散、②宅地対策等の推進、③住宅対策の推進、④土地利用計画の広域性・詳細性の確保等、⑤都市基盤施設整備の促進、⑥地価形成の適正化、⑦土地税制の活用、⑧国公有地の活用等、⑨土地に関するデータの整備、⑩土地行政の総合調整の推進等、の10項目が掲げられた。

[48] 資料－1参照。

[49] 同法に基づき、同年7月に「国の行政機関等の移転について」が閣議決定され、移転の基本方針と東京23区からの移転の対象となる国の行政機関の官署等が決められた。

第一編　所有者不明土地問題の背景

　この状況を踏まえ、平成元（1989）年12月に、土地についての基本理念を明確にし、国、地方公共団体、事業者及び国民の責務を定めるとともに、土地政策の基本方向を明確化することを目的とする「土地基本法（平成元年法律第84号）」が制定された。

　同法では、前年に閣議決定された総合土地対策要綱の基本的認識を踏まえ、「土地についての基本理念を定め、並びに国、地方公共団体、事業者及び国民の土地についての基本理念に係る責務を明らかにするとともに、土地に関する施策の基本となる事項を定めることにより、適正な土地利用の確保を図りつつ正常な需給関係と適正な地価の形成を図るための土地対策を総合的に推進し、もって国民生活の安定向上と国民経済の健全な発展に寄与すること」を目的としている。具体的には、①土地についての公共の福祉優先[50]、②適正な利用及び計画に従った利用[51]、③投機的取引の抑制[52]、④価値の増加に伴う利益に応じた適切な負担[53]、という土地に関する4つの理念を明確にし、これら基本理念を踏まえた国及び地方公共団体、事業者、国民の責務が規定されている[54]。

　土地基本法で設置されることとなった土地政策審議会の答申を受けて、平成3（1991）年1月25日に「総合土地政策推進要綱」が閣議決定され、①土地神話の打破、②適正な地価水準の実現、③適正かつ合理的な土地利用の確保の3つの目標が掲げられ、これらの目標を実現していくため、土地基本法の理念を

---

[50] 同法第2条「土地は、現在及び将来における国民のための限られた貴重な資源であること、国民の諸活動にとって不可欠の基盤であること、その利用が他の土地の利用と密接な関係を有するものであること、その価値が主として人口及び産業の動向、土地利用の動向、社会資本の整備状況その他の社会的経済的条件により変動するものであること等公共の利害に関係する特性を有していることにかんがみ、土地については、公共の福祉を優先させるものとする。」
[51] 同法第3条「①土地は、その所在する地域の自然的、社会的、経済的及び文化的諸条件に応じて適正に利用されるものとする、②土地は、適正かつ合理的な土地利用を図るため策定された土地利用に関する計画に従って利用されるものとする。」
[52] 同法第4条「土地は、投機的取引の対象とされてはならない。」
[53] 同法第5条「土地の価値がその所在する地域における第2条に規定する社会的経済的条件の変化により増加する場合には、その土地に関する権利を有する者に対し、その価値の増加に伴う利益に応じて適切な負担が求められるものとする。」
[54] 基本理念を具体化するための措置として、①土地利用計画の詳細かつ広域的な策定、②それに基づく規制措置と事業の実施、③土地取引の規制、④開発利益の還元のための措置、⑤税制上の措置、⑥公的土地評価の適正化、⑦土地に関する調査の実施等が基本的施策として掲げられている。

踏まえつつ土地に関する各般の施策を総合的に実施していくものとされた[55]。

　また、この要綱を踏まえ、平成3（1991）年度税制改正において土地税制の総合的な見直しが行われ[56]、新たに「地価税[57]」が導入された。さらに、土地関連融資規制について、平成2（1990）年3月に、当面の措置として不動産業向け貸出について、その増勢を総貸出の増勢以下に抑制するよう金融機関に対し要請（いわゆる総量規制）を行うなどした[58]。

　これらの施策の結果もあり、平成3（1991）年にはバブルがはじけ、山高ければ谷深しで、我が国経済は長期低迷時期に突入したのである。

---

[55] 個別の施策として、①首都機能、都市・産業機能の分散、②土地取引規制等、③土地利用計画の整備・充実、④住宅・宅地の供給の促進等、⑤土地の有効利用の促進等、⑥土地関連融資規制、⑦土地に関する負担の合理化、⑧土地の適正な評価の推進、⑨土地に関する情報の整備・充実、⑩土地に関する基本理念の普及・啓発の10項目が掲げられ、対策が進められた。

[56] 土地譲渡益課税の強化、三大都市圏の特定市における市街化区域農地に係る相続税の納税猶予の特例の見直しや固定資産税等のいわゆる宅地並み課税の本格実施等。

[57] 国内にある土地及び賃借権等を有する個人及び法人を対象に、各年1月1日時点における時価（相続税評価額）を課税標準として、税率0.3%（平成4（1992）年は0.2%）を課税するもので、平成4（1992）年1月1日から実施した。しかし、バブルが崩壊して地価が下落したことを踏まえ、平成10（1998）年度以降は課税が停止されている。

[58] いわゆる不動産業向け融資の総量規制は、地価上昇の地方への波及傾向が一段と強まる状況の中で非常緊急の措置として導入されたものであり、地価の動向も沈静化・下落傾向がかなり定着してきたとみられること、金融機関の土地関連融資の伸びは総じて抑制基調が定着したこと、金融機関における土地関連融資に係る審査・管理体制が充実したこと等のことから、平成3（1991）年12月末日に解除された。代わりに、総量規制の効果的発動の仕組み（いわゆるトリガー制度）が採用されることとなったが、トリガー制度についても、地価動向等を勘案し、平成6（1994）年2月に適用の停止が行われ、さらに平成10（1998）年6月に廃止された。

第一編　所有者不明土地問題の背景

第5章
土地神話の崩壊、人口減少、
地方の過疎化

1．土地神話の崩壊

　平成3（1991）年にバブル経済が崩壊したことに加え、総合土地政策推進要綱、地価税や土地税制の総合的な見直し、土地関連融資規制が功を奏して、同年に地価はピークを打って下落局面に入った。

　地価公示価格は、ピーク時の平成3（1991）年に全国平均の住宅地は306,500円、商業地は2,155,200円であったが、平成12（2000）年に住宅地が148,700円、商業地は412,500円に下落し、住宅地は平成27（2015）年に102,600円、商業地は平成25（2013）年に381,600円となって底を打った。

　最近になってやっと地価は持ち直してきており、全国平均では、商業地は平成28（2016）年から、住宅地は平成30（2018）年から上昇に転じ、平成30（2018）年の住宅地は114,100円、商業地は514,800円となった[59]。

　バブル期にピークを打った地価が3分の1から4分の1に下落したことによって、大多数の国民が有していた、「土地は持っていれば必ず値上がりする」という土地神話が崩壊し、土地や不動産を保有していると固定資産税その他の管理費がかかるということを意識するように変わってきた。

2．人口減少

　平成20（2008）年に1億2,808万人のピークを打った我が国の人口は、平成27（2015）年には1億2,709万人となっており、国立社会保障・人口問題研究所の将来人口の中位推計では、平成52（2040）年に1億1,092万人、平成72（2060）年に9,284万人に減少すると予測されている。年少人口（15歳未満）、生産年齢人口（15〜64歳）共に今後減少すると予測されているのであるが、高齢者人口（65歳以上）については、平成27（2015）年の3,387万人（総人口比26.6％）から、平成52（2040）年に3,921万人（総人口比35.3％）に増加し、

---

[59] 国土交通省地価公示による。毎年1月1日の正常価格を判定し公示するもので、「平均価格」は地点ごとの1平方メートル当たりの価格の合計を総地点数で除して求めたものである。

38

第5章　土地神話の崩壊、人口減少、地方の過疎化

平成72（2060）年に3,540万人（総人口比38.1％）に減少すると予測されている[60]。

高齢者人口の絶対数の増加に伴い、同研究所の死亡中位推計では死亡者数は、平成27（2015）の129万人から、平成42（2030）年に160万人に、平成52（2040）年に168万人に増加し、当面、高齢者人口の死亡者数は高い水準で推移すると予測されている。その後、平成62（2050）年に160万人に、平成72（2060）年に156万人に減少していくと予測されているものの、現時点よりも相続が増えていくことが予見されている[61]。

3. 地方の過疎化

高度経済成長過程においては、地方から大都市への社会移動が増加した。大都市圏の人口は、昭和30（1955）年には、東京圏1,542万人、名古屋圏684万人、大阪圏1,095万人、三大都市圏合計3,321万人であったが、昭和35（1960）年には、東京圏1,786万人、名古屋圏733万人、大阪圏1,219万人、三大都市圏合計3,738万人に、昭和40（1965）年には、東京圏2,102万人、名古屋圏801万人、大阪圏1,390万人、三大都市圏合計4,293万人に増加した。一方、地方圏の人口は、昭和30（1955）年には5,606万人であったが、昭和35（1960）年には5,604万人に、昭和40（1965）年には5,535万人に減少した[62]。

その後、1970年代半ば以降、大阪圏、名古屋圏への社会移動は鈍化してほぼ横ばいとなっているが、東京圏においては一時期を除いて引き続き大幅な転入超過が続いている。平成16（2004）年には三大都市圏の人口が6,401万人となって、地方圏の人口（6,378万人）を超過するようになった。

平成29（2017）年10月1日現在の都道府県別の人口は、東京都が1,372万人で全国（1億2,671万人）の10.8％を占め、鳥取県が57万人（0.5％）で最少となっている。前年に比べて人口が増加したのは、東京都、埼玉県、沖縄県、愛知県、千葉県、神奈川県、福岡県の7県で、沖縄県だけが自然増加・社会減少であり、他の6県は自然減少・社会増加である。人口増減率では、東京都が0.73％で増加のトップであり、秋田県が−1.40％で減少のトップとなってい

---

[60] 資料—2参照。

[61] 総人口に対する死亡率は、平成27（2015）年は1.03％、平成52（2040）年は1.51％、平成72（2060）年に1.68％と上昇していく。

[62] 東京圏への転入は昭和37（1962）年の387,874人がピークで、地方圏の転出超過は昭和36（1961）年の651,115人がピーク（前掲「住民基本台帳人口移動報告」）。

第一編　所有者不明土地問題の背景

る。社会増減率では、東京都0.77％、埼玉県0.43％、千葉県0.37％、神奈川県0.27％、愛知県0.27％、福岡県0.22％、大阪府0.12％の順で増加し、減少は長崎県の0.45％がトップとなっている。このように、東京都を中心とする東京圏への社会移動が続いている[63]。

　平成22（2010）年の東京圏の総人口は3,562万人、年少人口は444万人、生産年齢人口は2,386万人、高齢者人口は732万人であったが、平成27（2015）年には総人口は3,613万人、年少人口は435万人、生産年齢人口は2,312万人、高齢者人口は866万人へと、総人口と高齢者年人口が増加し、年少人口と生産年齢人口は減少した[64]。

　今後、東京圏は、平成42（2030）年には、総人口は3,588万人、年少人口は387万人、生産年齢人口は2,216万人、高齢者人口は985万人になり、平成52（2040）年には、総人口は3,467万人、年少人口は366万人、生産年齢人口は1,987万人、高齢者人口は1,114万人になり、平成57（2045）年には、総人口は3,391万人、年少人口は357万人、生産年齢人口は1,892万人、高齢者人口は1,142万人となる。東京圏でも、高齢者人口以外は減少していく。平成57（2045）年に高齢者人口はピークを迎え、人口の33.7％に増加[65]する[66]。

---

[63] 平成29（2017）年においても、東京圏へは119,779人の転入超過となっている（前掲「住民基本台帳人口移動報告」）。

[64] 東京圏は、平成29（2017）年には総人口は3,644万人、年少人口は432万人、生産年齢人口は2,309万人、高齢者人口は903万人と推計されている。

[65] 平成22（2010）年の名古屋圏の総人口は1,135万人、年少人口は161万人、生産年齢人口は728万人、高齢者人口は246万人であったが、平成27（2015）年には総人口は1,133万人、年少人口は153万人、生産年齢人口は694万人、高齢者人口は286万人へと、高齢者人口だけが増加して、その他は減少した。（平成29（2017）年には総人口は1,133万人、年少人口は149万人、生産年齢人口は688万人、高齢者人口は296万人と推計されている。）

　今後、名古屋圏は、平成42（2030）年には、総人口は1,083万人、年少人口は128万人、生産年齢人口は640万人、高齢者人口は314万人になり、平成52（2040）年には、総人口は1,022万人、年少人口は118万人、生産年齢人口は563万人、高齢者人口は341万人になり、平成57（2045）年には、総人口は989万人、年少人口は114万人、生産年齢人口は531万人、高齢者人口は343万人となって、高齢者人口以外は減少していく。平成57（2045）年に高齢者人口はピークを迎え、人口の34.7％に増加する。

[66] 平成22（2010）年の大阪圏の総人口は1,849万人、年少人口は245万人、生産年齢人口は1,181万人、高齢者人口は423万人であったが、平成27（2015）年には総人口は1,835万人、年少人口は229万人、生産年齢人口は1,112万人、高齢者人口は493万人へと、高齢者人口だけが増加して、その他は減少した。（平成29（2017）年には総人口は1,827万人、年少人口は223万人、生産年齢人口は1,093万人、高齢者人口は511万人と推計されている。）

　今後、大阪圏は、平成42（2030）年には、総人口は1,703万人、年少人口は184万人、生産

第5章　土地神話の崩壊、人口減少、地方の過疎化

　平成22（2010）年の三大都市圏合計の人口は、総人口は6,545万人、年少人口は850万人、生産年齢人口は4,295万人、高齢者人口は1,400万人であったが、平成27（2015）年には総人口は6,581万人、年少人口は817万人、生産年齢人口は4,119万人、高齢者人口は1,645万人へと、総人口と高齢者人口が増加し、年少人口と生産年齢人口は減少した[67]。

　今後、三大都市圏は、平成42（2030）年には、総人口は6,374万人、年少人口は698万人、生産年齢人口は3,847万人、高齢者人口は1,828万人になり、平成52（2040）年には、総人口は6,058万人、年少人口は649万人、生産年齢人口は3,390万人、高齢者人口は2,020万人になり、平成57（2045）年には、総人口は5,880万人、年少人口は627万人、生産年齢人口は3,203万人、高齢者人口は2,050万人となる。三大都市圏も、東京圏と同様に、高齢者人口以外は減少していく。平成57（2045）年に高齢者人口はピークを迎え、人口の34.9％に増加する。

　一方、地方圏では、平成22（2010）年の総人口は6,260万人、年少人口は834万人、生産年齢人口は3,878万人、高齢者人口は1,548万人であったが、平成27（2015）年には総人口は6,128万人、年少人口は778万人、生産年齢人口は3,609万人、高齢者人口は1,742万人へと、高齢者人口だけが増加して、その他は減少した[68]。

　今後、地方圏は、平成42（2030）年には、総人口は5,539万人、年少人口は623万人、生産年齢人口は3,028万人、高齢者人口は1,888万人になり、平成52（2040）年には総人口は5,034万人、年少人口は545万人、生産年齢人口は2,587万人、高齢者人口は1,901万人になり、平成57（2045）年には、総人口は4,762万人、年少人口は512万人、生産年齢人口は2,381万人、高齢者人口は1,870万人となる。高齢者人口以外は減少していくのであるが、平成52（2040）年に高齢者人口はピークを迎え、その後、高齢者人口は減少すると推計されて

年齢人口は991万人、高齢者人口は529万人になり、平成52（2040）年には、総人口は1,570万人、年少人口は164万人、生産年齢人口は840万人、高齢者人口は565万人になり、平成57（2045）年には、総人口は1,500万人、年少人口は156万人、生産年齢人口は780万人、高齢者人口は564万人となる。高齢者人口以外は減少していくのであるが、平成52（2040）年に高齢者人口はピークを迎え、その後、高齢者人口は減少すると推計されている。しかし、高齢者人口の比率は、平成57（2045）年に37.6％に増加する。

[67]　三大都市圏は、平成29（2017）年には総人口は6,604万人、年少人口は804万人、生産年齢人口は4,090万人、高齢者人口は1,710万人と推計されている。

[68]　地方圏は、平成29（2017）年には総人口は6,606万人、年少人口は755万人、生産年齢人口は3,506万人、高齢者人口は1,805万人と推計されている。

41

いる。しかし、高齢者人口の比率は、平成57（2045）年に39.3％に増加する[69]。

社会増によって、東京圏の人口はなお増加し続けると見込まれているが、平成37（2025）年以降は東京圏においても人口減少の局面に移行し、平成52（2040）年以降は東京圏においても高齢者人口比率が30％を超えることが見込まれている。

いずれにせよ、今後の少子高齢化によって、人口減少と急速な高齢化、死亡数の増加に直面することになる[70]。

経済を含めた東京等の大都市圏への一極集中は、地方の過疎化を一層進展させることになる。

---

[69] データの出典は、平成29（2017）年までは、総務省統計局「国勢調査」、同「住民基本台帳人口移動報告」、同「人口推計（平成29年10月1日現在）」平成30年。平成32（2020）年以降は、国立社会保障・人口問題研究所「日本の将来推計人口（平成29年）」平成30年。
[70] 前掲『国土交通白書2015 平成26年度年次報告』p5-10参照。

第6章
所有者不明土地がもたらす問題

　所有者不明土地は、相続が生じても登記がされないことなどを原因として発生し、管理の放置による環境悪化を招くほか、公共事業の用地買収、災害の復旧・復興事業の実施や民間の土地取引の際に、所有者の探索に多大な時間と費用を要する等、国民経済に著しい損失を生じさせている。

　後述する第1回所有者不明土地等対策の推進のための関係閣僚会議において、清原三鷹市長からは、

　「国民にとって、国土及び住まう地域が安全で安心な生活空間であることが不可欠である。しかしながら、所有者不明土地は管理が不適切で生活環境の悪化をもたらすことから適切な対応が必要である。所有者不明土地が山林等である場合、不審者による侵入防止や豪雨等による水害対策上の防災力の欠如が課題である。また、都市部においては、所有者不明で管理不適切な土地等の増加により、環境悪化と治安維持が課題となっている。地理的要件を含めたきめ細かい対応が求められている。近年の所有者不明土地等の増加傾向は、地域及び国土の安全確保と治安維持に問題をもたらし、真の国土強靱化の阻害要因となっている。

　共有地の用地取得を進めた事例で、昭和初期当時は50数名の共有地であったところ、その後相続により約700名の共有地となり、所有者の把握や交渉に多大な時間と費用を要するものがあり、土地収用法手続の簡略化などが求められる。また、ある自治体では、15名の共有林の買収に際し、15名のうち1名の相続関係人が何と30名存在することとなり、所有者不明が顕著になった。所有者不明の土地も特定空き家等と同様に市区町村が利害関係人として、不在者財産管理人等の制度を活用できればと思う。また、所有権登記が特殊な事例では、買収予定地の登記簿において、「所有者代表者外4名」としか記載がなくて、この所有者代表者を調べてみても、所有者不明に行き着く事例があり、相続の際に必ず登記する義務を課すなどの施策が求められる。

　私道管理、空き地管理に関する支障事例については、一般に、私道に対して舗装費用等の助成制度を設けている自治体では、私道の土地所有者全員の同意を助成要件としていることから、所有者不明土地が存在する場合には助成が不

第一編　所有者不明土地問題の背景

可能で荒れていくという実態がある。また、所有者が不明の空き地について、樹木が繁茂し近隣住民や町会・自治会等から、通学路を含めて交通安全や生活環境の安全確保について自治体への相談が増加傾向にある。自治体等が適切な管理ができるように、安全で安心した生活を確保できるよう、市区町村や町会・自治会等による利用権の設定が求められる。

　また、農地利用、森林整備に関する支障事例では、農地中間管理事業において、相続登記がなされていないことにより、その引き受けが困難となり、受け手とのマッチングまで進まないケースが多く発生している。農地を簡易な手続で農地バンクに貸し付け可能とする施策が求められる。また、ある自治体では、100ヘクタール（約500筆）の森林について、集約化を目的として所有者の特定を行ったところ、対象地の所有者が45名と判明したものの、約3割の所有者が相続未登記で相続人調査に多くの時間と費用が必要となったケースがある。国、都道府県や市町村が森林の経営・管理を行うことができる施策が求められている。」

　との趣旨のご発言がなされている。

　「道路や公園等の公共事業においては、土地の手当てが済めば仕事の7割は終わる。」と言われるほど、用地の買収交渉は大変困難なものである。所有者が仕事から帰った夜や休日に、お宅に伺い、何度も交渉を重ねるのが常である。

　用地担当者は土地の登記簿から所有者を探して訪ねていくのであるが、前述の通り、登記は必ずしも現時点の真の所有者を表していないので、書面を送っても宛先不明で戻ってくることが少なくない。相続人が同じ名字で同じ住所にいる場合には、まだ良いのであるが、転居していたりすると、書面が届かないことがある。そのような場合には、用地担当者は問題の土地の周辺に所有者の移転先を知らないか訪ね、切れかかった糸をたどっていくのである。

　しかし、そのような努力を重ねても、所有者が判明しない場合には財産管理制度や土地収用手続を利用することとなり[71]、さらに手間や時間を要することとなる。

　平成23（2011）年3月11日に発生した東日本大震災において、所有者不明土地問題が顕在化した。特に、津波で被害を受けた地域において、道路開設等の

---

[71] 訪問調査でも不明であれば収用等に移行することになる。

第6章　所有者不明土地がもたらす問題

災害復旧等を行う際に、公図も所有者もはっきりとしない土地が少なくなく、
事業が停滞したのである。

　このように、所有者不明土地が公共事業の隘路になることが多い[72]等、所有
者不明土地問題のもたらす問題は大きく深刻である。

---

[72] 国土交通省直轄事業の用地取得業務において、隘路案件となっている要因として「所有者
不明等」の占める割合は、平成18（2006）年の12.2％から平成28（2016）年には22.9％まで
上昇している（「用地あい路調査」（国土交通省土地・建設産業局総務課公共用地室）によ
る）。

45

第一編　所有者不明土地問題の背景

第7章
所有者不明土地問題研究会

　所有者不明土地問題研究会[73]（増田寛也座長）は、平成29（2017）年1月23日に第1回研究会を開催し、その後精力的に検討を重ねられ、同年12月13日に最終報告をまとめて発表された。

　「現在、登記簿上の約2割の土地（ほぼ九州本島の面積）が所有者不明土地と推計され、このままでは、2040年には所有者不明土地の面積は北海道本島の面積となると推計される。」と発表し、所有者不明土地は待ったなしの問題であると、社会に警鐘を鳴らし、大きなインパクトを与えた。

　その概要は以下の通りである

---

(1)　「所有者不明土地問題」について

　　不動産登記簿の情報が必ずしも最新ではない

　　土地所有者の探索に時間・費用がかかる

　　探索しても真の所有者にたどりつけない可能性も

　　必ずしも既存制度が活用されていない

　　弊害は多岐にわたる

(2)　「所有者不明土地」の量的把握

　　平成28（2016）年度の地籍調査において、登記簿上の約20.1％の土地が所有者不明（DID は14.5％、宅地は17.4％、農地は16.9％、林地は25.6％[74]）。

　　平成28（2016）年の所有者不明土地の面積は約410万 ha（九州本島の面積は約367万 ha）と推計される。

　　2040年の所有者不明土地の面積は約720万 ha（北海道本島の面積は約780万 ha）と推計される。

---

[73] 開催の経緯、最終報告等の詳細については、同研究会の事務局を務めた一般財団法人国土計画協会のホームページ（URL：http://www.kok.or.jp/project/fumei.html）で公表されている。

[74] 農林水産省は、農地は国土の12％、森林は66％、合わせて約8割であり、農林地ともその2割以上が所有者不明の可能性があり、所有者不明土地の問題は極めて深刻かつ喫緊の問題であり、農林業の成長産業化を図るためには、これらの土地の利活用を促進することが不可欠であると、認識している。

第7章　所有者不明土地問題研究会

(3)　「所有者不明土地」の経済的損失の試算

　所有者不明土地によるコスト

1．利活用しようとする場合のコスト・損失

　(1)　探索コスト（所有者探索に要する時間、費用）

　(2)　手続コスト（財産管理制度、土地収用法に基づく不明採決制度に基づく所有権取得に要する時間、費用）

　(3)　機会損失（事業を予定通りに行っていれば得られたであろう利益の損失）

　(4)　災害復旧・復興時における潜在的なコスト（大規模災害後の用地取得ニーズが発生した際に要するコスト）

2．管理コスト等・恒常的に発生するコスト・損失

　(1)　管理コスト（外部不経済が生じた際に必要となるコスト）

　(2)　管理不行き届きによるコスト（本来発揮されるべき公益的機能等の損失）

　(3)　税の滞納

　所有者不明土地の経済的損失は少なくとも6兆円（2017-2040年の累積）

1．利活用しようとする場合のコスト・損失

　(1)　探索コスト　　　　　　　　　　　　　　約500億円

　(2)　手続コスト　　　　　　　　　　算出不可（一部(1)に含まれる）

　(3)　機会損失　　　　　　　　　　　　　約2兆2,000億円

　(4)　災害復旧・復興時における潜在的なコスト　　算出不可

2．管理コスト等・恒常的に発生するコスト・損失

　(1)　管理コスト　　　　　　　　　　　　　　算出不可

　(2)　管理不行き届きによるコスト　　　　約3兆6,000億円

　(3)　税の滞納　　　　　　　　　　　　　　約600億円

　合計　　　　　　　　　　　　　約5兆9,100億円（約6兆円）

(4)　今後必要となる施策に関する提言

1．所有者不明土地を円滑に利活用／適切に管理できる社会

　(1)　利活用・管理に係る制度等の見直し・創設、及び所有者探索の円滑化

　(2)　各種制度等の円滑な活用のための環境整備

2．所有者不明土地を増加させない社会

47

第一編　所有者不明土地問題の背景

> (1)　所有権移転の確実な捕捉
> (2)　空地・空家、遊休農地、放置森林の利活用等
> (3)　所有者に責任を課すとともに、所有権を手放すことができる制度の検討
> 3．わが国のすべての土地について真の所有者が分かる社会
> (1)　土地に関する情報基盤の構築等
> (2)　真の所有者が不明である可能性の高い土地についての所有者の確定

　この報告書が発表されて、所有者不明土地問題がこれ程深刻な問題であるのかと、大きな衝撃をもたらした。

第二編
法改正の概要

第二編　法改正の概要

第8章
自由民主党「所有者不明土地問題」
に関する議員懇談会

　所有者不明土地問題について、かねてより問題意識をお持ちであった豊田俊郎参議院議員のご発案で、保岡興治衆議院議員、その他の本問題に関心を有する議員で打ち合わせを行い、議員連盟を発足させて広範囲にわたる関係者の方々と議論を深めていこうということで合意した。

　第192回臨時国会は平成28（2016）年9月26日（月）に召集され、早速議員連盟を発足させることとなった。

　10月18日（火）10時から、第1回「所有者不明土地問題」に関する議員懇談会が開催され、保岡興治元法務大臣を会長に選出し、会長が役員を指名した[1]。総務省、法務省、農林水産省、国土交通省も出席して[2]、吉原祥子東京財団研究員研究員兼プロデューサー[3]からヒアリングを行い、各省から説明を受けた。

　11月9日（水）8時から、第2回懇談会を開催し、増田寛也東京大学公共政策大学院教授、野村総合研究所顧問からヒアリングを行った。

　平成29（2017）年1月20日（金）に第193回通常国会が召集され、早速懇談会を開催することとなった。

　2月9日（木）14時から、第3回懇談会を開催し、山野目章夫早稲田大学大学院法務研究科教授からヒアリングを行い、各省からも説明を受けた。第3回懇談会からは、関係士業団体にも出席して頂いた[4]。

　3月9日（木）14時30分から、第4回懇談会を開催し、根本匠衆議院議員、元復興大臣からヒアリングを行い、各省からも説明を受けた。

　年4月6日（木）15時から、第5回懇談会を開催し、国土交通省から「所有者の所在の把握が難しい土地に関する探索・利活用のためのガイドライン」の

---

[1] 主な役員は、会長：保岡興治、顧問：野田毅他、幹事長：上川陽子、幹事長代理：西村明宏、事務局長：豊田俊郎、事務局次長：宮﨑政久、である。
[2] 法務省からは小川秀樹民事局長以下、国土交通省からは舘逸志政策統括官以下が出席した。
[3] 吉原様にはその後も引き続き懇談会にご出席して頂いた。
[4] 日本土地家屋調査士会連合会、全国土地家屋調査士政治連盟、日本不動産鑑定士協会連合会、日本不動産鑑定士政治連盟、日本行政書士会連合会、日本行政書士政治連盟、日本税理士会連合会、日本税理士政治連盟、日本司法書士会連合会、日本司法書士政治連盟、日本弁護士連合会、日本弁護士政治連盟から会長他幹部に、その後も毎回ご出席頂いた。

50

第8章　自由民主党「所有者不明土地問題」に関する議員懇談会

改定について説明を受け、久元喜造神戸市長と近藤隆則岡山県高梁市副市長からヒアリングを行った。その後、議員懇談会としての提言をまとめた。同提言である「提言～所有者不明土地問題の解決に向けて～」では、「所有者不明土地について法制上の措置も含め早急に対策を講ずる必要がある」ことから、「自由民主党政務調査会にしかるべき組織を立ち上げる」こと等を提言している。

　9月28日（木）に第194回臨時国会が召集され、冒頭に解散された。10月22日に第48回衆議院議員総選挙が投開票され、11月1日に第195回特別国会が召集された。

　保岡興治先生が政界から引退されたため、会長には野田毅先生が就任されることになった。

　平成30年7月3日（火）8時から、第6回「所有者不明土地問題」に関する議員懇談会を開催し、野田会長から会長就任挨拶と議連役員の異動について[5]のご挨拶の後、第196回通常国会で成立した特別措置法他のこれまでの経過報告がなされ、各関係者に今後のご協力をお願いした[6]。

---

[5] 主な役員は、会長：野田毅、特別顧問：保岡興治、幹事長：盛山正仁、幹事長代理：西村明宏、事務局長：豊田俊郎、事務局次長：宮路拓馬、である。

[6] 国土交通省からは田村計土地・建設産業局長他、法務省からは小野瀬厚民事局長他、農林水産省からは大澤誠経営局長、織田央林野庁森林整備部長他、内閣官房からは住澤整内閣審議官他が出席した。関係団体からは、日本土地家屋調査士会連合会、全国土地家屋調査士政治連盟、日本不動産鑑定士協会連合会、日本不動産鑑定士政治連盟、日本行政書士会連合会、日本行政書士政治連盟、日本税理士会連合会、日本司法書士会連合会、日本司法書士政治連盟、日本弁護士連合会、全国測量設計業協会連合会、全国測量設計政治連盟から会長他幹部が出席した。

51

第二編　法改正の概要

第9章
自由民主党　所有者不明土地等に関する特命委員会、政務調査会

1．所有者不明土地等に関する特命委員会

「所有者不明土地問題」に関する議員懇談会の平成29（2017）年4月6日の「提言～所有者不明土地問題の解決に向けて～」を受けて、自由民主党の政務調査会に「所有者不明土地等に関する特命委員会」を設置することになり、同月14日に、野田毅先生が委員長、保岡興治先生が最高顧問に就任された[7]。同月18日（火）15時から、第1回所有者不明土地等に関する特命委員会を開催し、政府等の取組状況についてヒアリングを行い、意見交換を行った。

同月27日（木）8時から、第2回所有者不明土地等に関する特命委員会を開催し、現行制度の課題について、各省からヒアリングを行った。

5月11日（木）8時から、第3回所有者不明土地等に関する特命委員会を開催し、所有者不明土地への対応に係る隘路とこれまでの取組みについて、各省からヒアリングを行い、意見交換を行った。

同月18日（木）8時から、第4回所有者不明土地等に関する特命委員会を開催し、所有者不明土地の現状について、（一社）不動産協会よりヒアリングを行い[8]、論点整理に向けて意見交換を行った。

同月25日（木）8時から、第5回所有者不明土地等に関する特命委員会を開催し、所有者不明土地問題研究会の増田寛也座長よりヒアリングを行い、中間とりまとめに向けて意見交換を行った。

同月31日（水）8時から、第6回所有者不明土地等に関する特命委員会を開催し、所有者不明土地等問題に関して、「政府においては、本中間とりまとめに沿って、速やかに検討を加え、対応について結論を得て、法制上の措置が必要なものについては、次期通常国会への関連法案の提出を目指すとともに、必要な予算の確保・税制上の措置を講ずるべきである。」と記載した、中間とり

---

[7] 主な役員は、委員長　野田毅、最高顧問　保岡興治、顧問　金子一義、委員長代理　上川陽子、幹事長　後藤茂之、事務局長　山下貴司、事務局長代理　宮﨑政久、オブザーバー　豊田俊郎であった。

[8] 不動産協会　内田要　副理事長・専務理事、森ビル（株）　河野雄一郎　取締役常務執行役員、藤巻真一　執行役員・開発事業部開発第5部部長

第9章　自由民主党　所有者不明土地等に関する特命委員会、政務調査会

まとめを行った。

　8月3日（木）に第三次安倍内閣第三次改造内閣が発足し、内閣と自民党の役員が変わったため、9月13日に特命委員会の役員が変更された[9]。

　9月25日（月）18時からの記者会見で、安倍首相は28日（木）に衆議院を解散すると表明した。同日、小池都知事は「希望の党」の結成を発表した[10]。

　9月28日（木）に第194回臨時国会が召集され、12時から開会された衆議院本会議の冒頭に衆議院は解散された[11]。

　10月10日（火）に公示された第48回衆議院議員総選挙は同月22日（日）に投開票され、自公が313議席を獲得して圧勝した。民進党は分裂し、急遽結党された立憲民主党が55議席を獲得して野党第一党となり、希望の党は50議席の野党第二党となった。

　11月1日（水）に第195回特別国会が召集され[12]、同日、第四次安倍内閣（自公連立政権）が発足した。

　総選挙で議員が変わったため、12月4日に野田委員長が最終決裁を行って特命委員会の役員が変更された[13]。

　11月16日（木）16時30分から、第7回所有者不明土地等に関する特命委員会を開催し、所有者不明土地等問題に関しての中間とりまとめをふまえた、政府の検討状況について各省から説明を受け、意見交換を行った。

　12月1日（金）8時から、第8回所有者不明土地等に関する特命委員会を開催し、所有者不明土地等の対応における制度設計について、各省から説明を受け、意見交換を行った。

　平成30（2018）年1月22日に第196回通常国会が召集された。

　同月30日（火）8時から、第9回所有者不明土地等に関する特命委員会を開催し、政府の今後の工程について説明を受け、提出予定法案の概要について関係省庁から説明を聴取し、意見交換を行った。

---

[9] 委員長：野田毅、最高顧問：高村正彦、保岡興治、顧問：金子一義、幹事長：後藤茂之、事務局長：宮﨑政久、事務局長代理：井林辰憲、他である。

[10] 9月27日に、「希望の党」は正式に結党された。

[11] 前原民進党党首は希望の党に公認申請を依頼し、事実上の希望の党への合流を進めることとした。しかし、小池知事は民進党のリベラル議員を排除すると表明し、民進党全体との合流を否定した。小池知事主導の希望の党に反対する枝野幸男は10月2日（月）に「立憲民主党」の結成を宣言し、翌3日（火）に結党を届け出た。

[12] 会期は39日で12月9日まで。

[13] 委員長：野田毅、特別顧問：保岡興治、顧問：山本有二、幹事長：後藤茂之、事務局長：井林辰憲、事務局長代理：豊田俊郎、他である。

第二編　法改正の概要

　３月23日（金）８時から、第10回所有者不明土地等に関する特命委員会を開催し、所有者不明土地問題研究会座長の増田寛也東京大学公共政策大学院客員教授と吉原祥子東京財団研究員・政策プロデューサーからヒアリングを行い、意見交換を行った。

　４月３日（火）15時30分から、第11回所有者不明土地等に関する特命委員会を開催し、日本司法書士会連合会[14]、日本行政書士会連合会[15]、日本土地家屋調査士会連合会[16]、日本不動産鑑定士協会連合会[17]からヒアリングを行い、意見交換を行った。

　同月18日（水）14時30分から、第12回所有者不明土地等に関する特命委員会を開催し、不動産協会[18]、全国住宅産業協会[19]、全国宅地建物取引業協会連合会[20]、全日本不動産協会[21]からヒアリングを行い、意見交換を行った。

　５月10日（木）８時から、第13回所有者不明土地等に関する特命委員会を開催し、取りまとめ骨子案について意見交換を行った。

　同月23日（水）８時30分から、第14回所有者不明土地等に関する特命委員会を開催し、取りまとめ案について意見交換を行い、その後の取り扱いについて野田委員長に一任した。

　同年24日（木）９時からの自由民主党政調審議会に、特命委員会の「「所有者不明土地等に関する特命委員会　とりまとめ」〜所有から利用重視へ理念の転換　『土地は利用するためにある』〜[22]」が報告され、了承された。

２．政務調査会

　政務調査会では、平成30（2018）年５月24日の「所有者不明土地等に関する特命委員会　とりまとめ」をふまえて、平成31年度予算要求に向けて検討を始めた。

　６月７日（木）14時30分から、政調全体会議・経済構造改革に関する特命委

---

[14] 今川嘉典　会長、峯田文雄　副会長、山本一宏　専務理事
[15] 遠田和夫　会長、野田昌利　福岡会会長、杉山久美子　山口会会長
[16] 岡田潤一郎　会長、柳澤尚幸　専務理事
[17] 熊倉隆治　会長、稲野邉俊　副会長、小室淳　業務委員会委員長代理
[18] 内田要　副理事長・専務理事、藤巻慎一　森ビル（株）執行役員
[19] 清水郁夫　専務理事、花沢仁　常務理事・政策委員長
[20] 市川三千雄　専務理事、武田陽介　事業部長
[21] 山田達也　法務税制委員長
[22] 資料—３参照。

第9章　自由民主党　所有者不明土地等に関する特命委員会、政務調査会

員会合同会議が開催され、「経済財政運営と改革の基本方針2018〜少子高齢化
の克服による持続的な成長経路の実現〜（骨太方針2018）」「未来投資戦略2018
―「Society5.0」「データ駆動型社会への変革」―（未来投資戦略2018）」「規
制改革実施計画」の議論が始まった。

　同月12日（火）14時30分から開催された政調全体会議・経済構造改革に関す
る特命委員会合同会議で取りまとめられ、同月14日（木）10時に開催された自
民党政調審議会、翌15日（金）11時に開催された自民党総務会にかけられ、了
承された。

　6月15日（金）18時から開催された臨時閣議において、骨太方針2018、未来
投資戦略2018が閣議決定され、所有者不明土地については、人口減少時代に対
応した制度等の抜本的見直しとして、「所有者不明土地等について、基本方針
等に基づき、期限を区切って対策を推進する。具体的には、土地の管理や利用
に関し所有者が負うべき責務やその担保方策、所有者が不明な場合を含めて地
籍調査を円滑かつ迅速に進めるための措置、相続登記の義務化等を含めて相続
等を登記に反映させるための仕組み、登記簿と戸籍等の連携等による所有者情
報を円滑に把握する仕組み、土地を手放すための仕組み等について検討し、
2018年度中に制度改正の具体的方向性を提示した上で、2020年までに必要な制
度改正の実現を目指す。変則的な登記の解消を図るため、必要となる法案の次
期通常国会への提出を目指すとともに、必要となる体制を速やかに整備する。
また、遺言書保管制度の円滑な導入、登記所備付地図の整備などの取組を進め
るとともに、住民票等の除票の保存期間の延長についても引き続き検討する。」
と盛り込まれた。

第二編　法改正の概要

第10章
政府における取組み

1．国土交通省

　国土交通省では、平成27（2015）年４月に「所有者の所在の把握が難しい土地への対応方策に関する検討会[23]」を発足させ、「所有者の所在の把握が難しい土地に関する探索・利活用のガイドライン」を、平成28（2016）年３月と平成29（2017）年３月に公表している。これは、現行制度の活用のため、所有者不明土地の所有者探索と利活用のための方策を一覧できるようにまとめたものである。

　また、現行制度の活用に加え、制度的対応が求められる状況となったことを踏まえ、平成29（2017）年９月12日より国土審議会土地政策分科会特別部会を開催し、所有者不明土地の利用の円滑化に向けた検討を進め、同年12月12日に中間とりまとめを行い、平成30（2018）年１月からの第196回通常国会に、法務省と共同して「所有者不明土地の利用の円滑化等に関する特別措置法案」を提出する準備を進めた。

　平成30年３月１日（木）の公明党中央幹事会、翌２日（金）の自民党総務会、同日の与党政策責任者会議と与党の了承を得て、３月９日に、法務省と共管の「所有者不明土地の利用の円滑化等に関する特別措置法案」は閣議決定され、同日、国会に提出され、６月６日に成立した。

　土地収用法の事業認定制度について、「使えない」、「使いづらい」という声があることに対して、国土交通省は、「事業認定申請の手引き」を平成30年６月に公表し、今後の土地収用制度の活用に寄与することが期待されている。
　手引きのポイントは下記のとおりである。
・これまで収用の活用が難しいと認識されている事業について、必要に応じて収用を活用できることを、参考事例を用いて解説[24]。
・起業者や認定庁の現場の声から、ポイントとなる事項を、Q&Aや説明事例として、100程度提示。

---

[23] 座長は、山野目章夫　早稲田大学大学院法務研究科教授。
[24] 例えば、少し途切れていて危険な通学路の拡幅等の小規模事業や、被災履歴はないが土砂災害の被害が具体的に想定されている区域の砂防事業について、解説している。

第10章　政府における取組み

・事業認定申請の際、そのまま活用できる申請書類の記載例を20事例提示。
・起業者、認定庁が相談しやすい環境づくりの一環として、事業認定の円滑化に向けた相談窓口を各地方整備局等に設置し、「手引き」に掲載。

2．法務省

　法務省は、所有者不明土地問題の原因の一つとされる相続登記がされないまま放置されることを抑止するため、相続登記の促進に取り組んでいる。

　まず、平成27（2015）年2月から、「未来につなぐ相続登記」とのキャッチフレーズを付して、相続登記の促進に関する記事をホームページに掲載するなどの広報活動を展開し、平成28（2016）年5月からは、日本司法書士会連合会及び日本土地家屋調査士連合会と共同し、三者連名によるリーフレットを作成し、各地の法務局において市区町村の死亡届を受理する窓口へ備え付けて活用してもらうよう呼びかけを行うなど、関係機関と連携して相続登記に関する周知・広報活動を積極的に行っている。

　また、相続人の相続手続における手続的な負担軽減を図るとともに、相続人に対する相続登記の直接的な促しの契機を創出するため、「不動産登記規則（平成17年法務省令第18号）」を改正して、法定相続情報証明制度を創設し、平成29（2017）年5月29日から全国の法務局でその運用を開始した[25]。

　その後、法務省は、国土交通省と共同して所有者不明土地の利用の円滑化等に関する特別措置法案を提出する準備を進め、平成30（2018）年3月9日に、国土交通省と共管の「所有者不明土地の利用の円滑化等に関する特別措置法案」が閣議決定され、同日、第196回通常国会に提出され、6月6日に成立した。

　加えて、「平成30年度税制改正の大綱（平成29年12月22日閣議決定）」に基づき、相続による土地の所有権の移転の登記、具体的には、①相続により土地を取得した者が当該土地の所有権の移転の登記を受けないで死亡し、その者の相続人等が平成30年4月1日から平成33年3月31日までの間に、その死亡した者を登記名義人とするために受ける登記と、②所有者不明土地の利用の円滑化等に関する特別措置法の施行の日から平成33年3月31日までの間に、市街化区域外の土地で市区町村の行政目的のため相続登記の促進を図るものとして法務大

---

[25] 平成30（2018）年4月からは、相続税の申告にも利用することができるように見直しを行った。

臣が指定した土地について、相続による所有権の移転登記を受ける場合において、当該土地の価額が10万円以下であるときの移転登記のそれぞれについて、登録免許税の免税措置を設けることとされた。

また、法務省は、民事基本法制の見直し等にも着手した。まず、いわゆる共有私道につき、補修工事等を行う場合に、私道所有者の一部が所在不明であるときに、民法の解釈が必ずしも明らかでないため、支障が生じているとの指摘を受けて、平成29（2017）年8月に「共有私道の保存・管理等に関する事例研究会[26]」を発足させ、民法の共有に関する解釈の明確化に取り組み、「複数の者が所有する私道の工事において必要な所有者の同意に関する研究報告書〜所有者不明私道への対応ガイドライン〜」を平成30（2018）年1月に公表した。

次いで、平成29（2017）年10月に「登記制度・土地所有権の在り方等に関する研究会[27]」を発足させて検討を進め、平成30（2018）年6月に中間取りまとめが公表された。中間取りまとめにおいては、土地所有権の「強大性・絶対性」が公共的な土地利用を妨げているのではないかとの指摘について、現行法上も、所有権の内容は法令の制限に服することとされており、公共の福祉優先の理念等に基づき公共的に土地を利用するための立法が妨げられることはないことが明確に確認されるとともに、相続登記の義務化等や、土地を手放すことができる仕組み、民事における土地利用の円滑化等について、平成30（2018）年度中の最終取りまとめを目指して引き続き検討を進めることとされている。

特に、変則型登記（表題部所有者の氏名・住所が正確に記録されていない登記）の解消については、上記の研究会において、平成31（2019）年通常国会への提出を目指して、必要な法制度の整備に向けた検討が進められている。

3．農林水産省

農林水産省では、相続未登記農地等の有効活用に向けて、平成29（2017）年9月に「相続未登記農地等の活用検討に関する意見交換会」を設置し、農地制度やこの問題に精通した有識者及び農業関係者等の意見を幅広く聴取し、検討を進めた。

また、規制改革推進会議では、農林ワーキンググループにおいて検討が行われ、平成29（2017）年11月に「新たなニーズに対応した農地制度の見直しに関

---

[26] 座長は、松尾　弘　慶應義塾大学大学院法務研究科教授。
[27] 座長は、山野目章夫　早稲田大学大学院法務研究科教授。

する意見」が取りまとめられ、相続未登記等で所有者が不明な農地について関係法律を見直し、必要な法案を提出すべきであるとの意見が示された。さらに、同月取りまとめられた「規制改革推進に関する第2次答申」の中で、新たな森林管理システムの構築に併せ、所有者不明森林について固定資産税を支払う等の管理費用を負担している相続人が共有者の一部を確知できない場合には、市町村による公示を経て、市町村に対し経営・管理の委託を行えるようにし、所有者不明森林における施業の円滑化を進めるよう検討し、実施することとされた。

また、平成29（2017）年12月8日には農林水産業・地域の活力創造本部が開催され、所有者不明農地について、管理費用（固定資産税、水利費等）を負担している相続人が簡易に農地中間管理機構に農地を預ける仕組みを創設するため、次期通常国会に関連法案を提出することを農林水産業・地域の活力創造プランに追記することを決定した。さらに、所有者不明森林について、固定資産税を支払う等の管理費用を負担している相続人が共有者の一部を確知できない場合には、市町村による公示を経て、市町村に対し経営・管理の委託を行えるようにするため、新たな森林管理システムの構築に向けて、次期通常国会に関連法案を提出することを農林水産業・地域の活力創造プランに追記することを決定した。

平成30（2018）年2月6日（火）の自民党総務会、同日の公明党政調部会長会議、同日の与党政策責任者会議と与党の了承を得て、3月6日に、「農業経営基盤強化促進法等の一部を改正する法律」は閣議決定され、同日、国会に提出され、5月11日に成立した。

同年2月20日（火）の自民党総務会、同月22日（木）の公明党中央幹事会、同日の与党政策責任者会議と与党の了承を得て、3月6日に、「森林経営管理法」は閣議決定され、同日、国会に提出され、平成30年5月25日に成立した。

4．総務省

総務省では、平成29（2017）年11月に「住民生活のグローバル化や家族形態の変化に対応する住民基本台帳制度等のあり方に関する研究会[28]」を発足させ、新たな個人認証の基盤、除票簿の概念や住民票等の除票の保存期間を例えば150年に延長すること等を盛り込んだ、「住民生活のグローバル化や家族形態の

---

[28] 座長は、小幡純子　上智大学大学院法学研究科教授。

第二編　法改正の概要

変化に対応する住民基本台帳制度等のあり方に関する研究会　中間報告」を平成30（2018）年5月に公表した。

その後、同年8月には「住民生活のグローバル化や家族形態の変化に対応する住民基本台帳制度等のあり方に関する研究会　最終報告」が公表され、当該最終報告において、「住民票等の除票の保存期間の延長などについて、制度の早期導入を図るべき」と、されている。

5．所有者不明土地等対策の推進のための関係閣僚会議

⑴　第1回所有者不明土地等対策の推進のための関係閣僚会議

平成30（2018）年1月19日（金）に、所有者不明土地等に係る諸課題について、関係行政機関の緊密な連携の下、政府一体となって総合的な対策を推進するため、「所有者不明土地等対策の推進のための関係閣僚会議」を閣議口頭了解で設置することが決定され[29]、所有者不明土地問題は広範に各省にまたがることから、会議は、内閣官房長官が主宰することとされた[30]。

同日10時05分から、第1回所有者不明土地等対策の推進のための関係閣僚会議が開催され、有識者からのヒアリングを行い[31]、各大臣から取組みについての報告がなされた。まず、当面の措置として、所有者不明の土地であっても公共的目的のためにその利用を可能とする法案を通常国会に提出する準備を進め、土地に関する基本制度についての根本的な検討を行い、骨太方針において今後の取り組みの方向性を示せるよう、政府一体となって検討を進めることとされた。

⑵　第2回所有者不明土地等対策の推進のための関係閣僚会議

6月1日（金）7時45分から、第2回所有者不明土地等対策の推進のための関係閣僚会議が開催され、各大臣から検討状況について報告がなされ、「所有者不明土地等対策推進に関する基本方針[32]」（所有者不明土地等問題対策推進の

---

[29] 構成員は、総務大臣、法務大臣、財務大臣、農林水産大臣、国土交通大臣、復興大臣及び内閣官房長官。

[30] 会議の庶務は、法務省、国土交通省等関係行政機関の協力を得て、内閣官房において処理することとされている。

[31] 山野目章夫　早稲田大学教授、増田寛也　野村総合研究所顧問、清原慶子　三鷹市長

[32] 資料―4参照。

ための工程表[33]を含む）を決定した。

　基本方針には、①第196回国会に提出した国会提出法案[34]の円滑な施行、②土地所有に関する基本制度の見直し、③地籍調査等の着実な実施、登記所備付地図の整備、④変則型登記の解消、⑤登記制度・土地所有権等の在り方、相続登記の促進、⑥所有者不明土地の円滑な利活用、土地収用の活用及び運用、⑦土地所有者情報を円滑に把握する仕組み、⑧関連分野の専門家等との連携協力、が盛り込まれ、所有者不明土地の問題解決に向けて、政府一体となって取り組んでいくこととされた。

---

[33] 資料―5参照。
[34] 「農業経営基盤強化促進法等の一部を改正する法律」と「森林経営管理法」はすでに成立していたが、「所有者不明土地の利用の円滑化等に関する特別措置法」の成立は6月6日となったため、この関係閣僚会議が開催された6月1日時点では、「第196回国会に提出した国会提出法案」と記載された。

第二編　法改正の概要

第11章
自由民主党　国土交通部会、農林部会

1．国土交通部会

　平成30（2018）年１月23日（火）９時30分から開催された国土交通部会で、第196回通常国会に国土交通省が提出する８本の予定法案（「所有者不明土地の利用の円滑化等に関する特別措置法案」も含まれる。）について、概要の説明がなされ、了承された。

　後日、予算関連法案から順に国土交通部会で審議がなされた。

　２月20日（火）８時から国土交通部会[35]を開催し、「所有者不明土地の利用の円滑化等に関する特別措置法案」の骨子について国土交通省から説明を聴取し、審議を行い、了承して頂き、次週に案文審査を行うこととされた。

　同月27日（火）８時から国土交通部会を開催し、「所有者不明土地の利用の円滑化等に関する特別措置法案」の案文について国土交通省から説明を聴取し、審議を行った。この法案で、どの程度の効果があるのか、抜本的な対策が必要ではないかとの意見が出されたが、この法案は当面の課題を解決するためのものであり、次期通常国会以降に必要とされる法案を提出すべく準備していくということで、了承して頂いた。

　３月１日（木）10時からの政調審議会に、国土交通部会長である筆者から「所有者不明土地の利用の円滑化等に関する特別措置法案」の案文について説明し、審議し、了承して頂いた。

　翌２日（金）11時からの総務会に、国土交通部会長である筆者から「所有者不明土地の利用の円滑化等に関する特別措置法案」の案文について説明し、審議し、了承して頂いた。

　同日13時からの与党政策責任者会議に、国土交通省から「所有者不明土地の利用の円滑化等に関する特別措置法案」の案文について説明し、審議し、了承して頂き、これで党内手続きは終了した。

---

[35] 内閣改造・党役員人事で、平成29（2017）年８月22日（火）に国土交通部会の部会長に盛山正仁、部会長代理に岩田和親衆議院議員、津島淳衆議院議員、豊田俊郎参議院議員が就任した。

第11章　自由民主党　国土交通部会、農林部会

２．農林部会

(1)　所有者不明農地

　平成29（2017）年11月７日（火）13時から農業基本政策検討委員会を開催し、所有者不明農地等の実態や利活用を進めるための論点について農林水産省から説明を聴取し審議を行った。

　さらに同月21日（火）７時30分から農業基本政策検討委員会を開催し議論を深めるとともに、同月28日（火）11時30分から農業基本政策検討委員会を、12時15分から農林・食料戦略調査会、農林部会[36]合同会議を開催し、相続未登記農地等を簡易な手続で農地中間管理機構に利用権を設定するために関係法律を見直すこととし、必要な法案を次期通常国会に提出することについて、審議の上、了承していただいた。

　平成30（2018）年１月30日（火）８時から農林・食料戦略調査会、農林部会合同会議を開催し、農業経営基盤強化促進法等の一部を改正する法律案の骨子について農林水産省から説明を聴取し、審議を行い、了承して頂き、法案作成を進めることとされた。

　２月２日（金）８時から農林・食料戦略調査会、農林部会合同会議を開催し、農業経営基盤強化促進法等の一部を改正する法律案の案文について農林水産省から説明を聴取し、審議を行い、了承して頂いた。

　２月６日（火）10時からの政調審議会に、農林部会長である野村哲郎参議院議員から農業経営基盤強化促進法等の一部を改正する法律案の案文について説明し、審議し、了承して頂いた。

　同日11時からの総務会に、農林部会長である野村哲郎参議院議員から農業経営基盤強化促進法等の一部を改正する法律案の案文について説明し、審議し、了承して頂き、これで党内手続は終了した。

(2)　所有者不明森林

　平成29（2017）年９月21日（木）15時から農林部会林政対策委員会を開催し、新たなスキームの検討状況について農林水産省から説明を聴取し、審議を行った。

　さらに、11月２日（木）８時半から同委員会及び農林・食料戦略調査会、農林部会合同会議を開催し、必要な法案を次期通常国会に提出することについ

---

[36]　８月22日（火）に農林部会の部会長に、野村哲郎参議院議員が就任した。

第二編　法改正の概要

て、審議の上、了承して頂いた。

　平成30（2018）年２月８日（金）８時から農林部会が開催され、森林経営管理法案の骨子について農林水産省から説明を聴取し、審議を行い、了承して頂いた。

　同月19日（月）15時半から農林部会が開催され、森林経営管理法案の案文について農林水産省から説明を聴取し、審議を行い、了承して頂いた。

　同月20日（火）10時からの政調審議会で、野村哲郎農林部会長から森林経営管理法案の案文について説明し、審議し、了承して頂いた。

　同日11時から総務会で、野村哲郎農林部会長から森林経営管理法案の案文について説明し、審議し、了承して頂いた。

　同月22日（木）13時から与党政策責任者会議で審議し、了承して頂き、これで党内手続は終了した。

第12章
第196回国会における法案審議

1. 所有者不明土地の利用の円滑化等に関する特別措置法

　衆議院では、平成30（2018）年5月16日（水）9時から開催された国土交通委員会で、石井国土交通大臣から法案の趣旨説明がなされた。

　同月18日（金）9時から開催された国土交通委員会で法案審議、同月22日（火）9時半から開催された国土交通委員会で参考人質疑[37]と法案審議、翌23日（水）9時から開催された国土交通委員会で法案審議後、採決され、賛成多数で可決された。なお、同法案に対する附帯決議が賛成多数で可決された[38]。

　翌24日（木）13時から開催された衆議院本会議で、西村明宏衆議院国土交通委員長から法案審査の経過及び結果が報告され、賛成多数で可決されて、参議院に送付された。

　参議院では、5月29日（水）10時から開催された国土交通委員会で、石井国土交通大臣から法案の趣旨説明がなされた。

　同月31日（木）10時から開催された国土交通委員会で参考人質疑[39]、6月5日（火）10時から開催された国土交通委員会で法案審議後、採決され、賛成多数で可決された。なお、同法案に対する附帯決議が賛成多数で可決された[40]。

　6月6日（水）10時から開催された参議院本会議で、長浜博行参議院国土交通委員長から法案審査の経過及び結果が報告され、賛成多数で可決され、成立し、平成30年6月13日に「所有者不明土地の利用の円滑化等に関する特別措置法（平成30年法律第49号）」は公布された。

2. 農業経営基盤強化促進法等の一部を改正する法律

　衆議院では、平成30（2018）年3月28日（水）9時から開催された農林水産委員会で、齋藤農林水産大臣から法案の趣旨説明がなされた。

---

[37] 山野目章夫　早稲田大学大学院教授と、橋本良仁　公共事業改革市民会議代表の2名。

[38] 資料―6参照。

[39] 吉原祥子　東京財団政策研究所研究員・政策オフィサーと、嶋津暉之　水源開発問題全国連絡会共同代表の2名。

[40] 資料―7参照。

第二編　法改正の概要

　4月4日（水）9時から開催された農林水産委員会で法案審議後、採決され、賛成多数で可決された。なお、同法案に対する附帯決議が賛成多数で可決された[41]。

　翌5日（木）13時から開催された衆議院本会議で、伊東良孝衆議院農林水産委員長から法案審査の経過及び結果が報告され、全会一致で可決されて、参議院に送付された。

　参議院では、4月10日（火）10時から開催された農林水産委員会で、齋藤農林水産大臣から法案の趣旨説明がなされた。

　4月19日（木）10時から開催された農林水産委員会で法案審議、5月10日（木）16時から開催された農林水産委員会で採決され、賛成多数で可決された。なお、同法案に対する附帯決議が賛成多数で可決された[42]。

　翌11日（金）10時から開催された参議院本会議で、岩井茂樹参議院農林水産委員長から法案審査の経過及び結果が報告され、賛成多数で可決され、成立し、5月18日に「農業経営基盤強化促進法等の一部を改正する法律（平成30年法律第23号）」は公布された。

3．森林経営管理法

　衆議院では、平成30（2018）年3月29日（木）13時から開催された衆議院本会議で齋藤農林水産大臣から森林経営管理法案の趣旨説明及び質疑がなされた後、独立行政法人農林漁業信用基金法の一部を改正する法律案とともに農林水産委員会に付託された。

　衆議院農林水産委員会では、森林経営管理法案及び独立行政法人農林漁業信用基金法の一部を改正する法律案の両案が一括審議された。平成30年4月5日（木）9時から開催された農林水産委員会で、齋藤農林水産大臣から両法案の提案理由説明がなされた。

　4月11日（水）9時から開催された農林水産委員会で、両法案審議、翌12日（木）9時から開催された農林水産委員会で両法案について参考人質疑[43]、同月17日（火）から開催された農林水産委員会で両法案審議後、採決され、賛成

---

[41] 資料―8参照。
[42] 資料―9参照。
[43] 前田幸己　八頭中央森林組合代表理事組合長、尾崎正直　高知県知事、青木秀樹　岡山県西粟倉村長、泉　英二　愛媛大学名誉教授の4名。

第12章　第196回国会における法案審議

多数で両法案共に可決された。なお、森林経営管理法案に対する附帯決議が賛成多数で可決された[44]。

同月19日（木）13時から開催された衆議院本会議で、伊東良孝衆議院農林水産委員長から両法案審査の経過及び結果が報告され、賛成多数で可決されて、参議院に送付された。

参議院でも、平成30年5月16日（水）10時から開催された参議院本会議で齋藤農林水産大臣から森林経営管理法案の趣旨説明及び質疑がなされた後、独立行政法人農林漁業信用基金法の一部を改正する法律案とともに農林水産委員会に付託された。

参議院農林水産委員会では、森林経営管理法案及び独立行政法人農林漁業信用基金法の一部を改正する法律案の両案が一括審議された。5月17日（木）10時から開催された農林水産委員会で、齋藤農林水産大臣から両法案の提案理由説明がなされた。

5月22日（火）10時から開催された農林水産委員会で13時まで両法案審議、同日14時から再開された農林水産委員会で両法案について参考人質疑[45]、5月24日（木）13時14分から開催された農林水産委員会で両法案審議後、採決され、賛成多数で両法案共に可決された。なお、森林経営管理法案に対する附帯決議が賛成多数で可決された[46]。

翌25日（金）10時から開催された参議院本会議で、岩井茂樹参議院農林水産委員長から両法案審査の経過及び結果が報告され、賛成多数で可決され、成立し、6月1日に「森林経営管理法（平成30年法律第35号）」は公布された。

---

[44] 資料—10参照。
[45] 辻　一幸　山梨県早川町長、松岡明彦　NPO法人ひむか維森の会代表理事、野口俊邦　信州大学名誉教授の3名。
[46] 資料—11参照。

第二編　法改正の概要

第13章
所有者不明土地の利用の円滑化等に関する特別措置法の概要

　所有者不明土地問題は、全国各地において土地の取引や公共事業を実施する際の大きな支障となっており、地域にとって極めて深刻な問題となっており、今後、大量の相続が発生する中にあって、一刻も早い解決が求められる重要な政策課題であるため、当面の措置として、所有者が不明な土地であっても、公園や購買施設など、地域の活性化に役立つ施設のために、10年間の利用を可能とする新しい制度を盛り込んだものである。

① 　道路などの公共事業においては、所有権を取得する必要があるため、収用手続の特例を設けた。補償額を決定する場合、収用委員会にかわり都道府県知事が審理手続を省略した上で裁決するなど、手続の合理化を行えることとした。（審理手続の省略、裁決の一本化）

② 　利用権の設定を可能とする新たな制度を創設した。具体的には、広場、公園など地域住民のための施設の整備（民間が行う場合を含む）について、都道府県知事が公益性等を確認し、公告を行った上で、10年間を上限とした利用権を設定できることとした。（地域福利増進事業の創設）

③ 　探索を合理化する仕組みにおいて、固定資産課税台帳情報などの有益な所有者情報について行政機関が利用可能となるようにした上で、聞き取り調査の範囲を合理化し、原則として公的書類の調査で足りることとした。（固定資産課税台帳の利用範囲の拡大、聞き取り範囲の限定）

④ 　登記官が、長期間相続登記等がされていない土地について、その旨等を登記記録に記録するとともに、相続人等の所有権の登記名義人となり得る者に対して登記手続を直接的に促すための制度を創設した。（登記手続の促進）

⑤ 　地方公共団体の長等に、不在者財産管理人等の選任申立権を付与する民法の特例を設けた。（不在者財産管理人等の特例）

　具体的には、以下の通りである。

第13章　所有者不明土地の利用の円滑化等に関する特別措置法の概要

1．「所有者不明土地」等の定義（第2条）

　所有者不明土地と言ってもその定義は様々であり、どの程度の所有者探索を行うことを前提とするかによって、その範囲は大きく異なる。

　そこで、「所有者不明土地の利用の円滑化等に関する特別措置法」（以下「所有者不明土地法」という。）においては、対象とする所有者不明土地を「相当な努力が払われたと認められるものとして政令で定める方法により探索を行ってもなおその所有者の全部又は一部を確知することができない一筆の土地」とし、探索の詳細について政令に具体的に規定することで、その範囲を明確にすることとした。政令[47]では、具体的な探索方法として、

- ・登記事項証明書の交付を請求すること
- ・住民票、戸籍、固定資産課税台帳等の書類に記載された情報の提供を求めること
- ・一定範囲の親族等に照会すること

を軸に規定している。

　ポイントは、公簿書類に基づく調査については、「5．土地所有者等関連情報の利用及び提供」に後述する情報の利用も含めて十分な探索を課すこととする一方、地縁・血縁の希薄化等を背景に成果が乏しくなりつつある聞き取り調査については、合理的な範囲に限って行うこととしている点である。これにより、所有者探索が効果的に行われるよう、配慮されている。

　また、所有者不明土地法では、所有者不明土地のうち、その価値の算定が容易な土地について、収用等を行う際の手続の合理化や、一定期間の使用権を設定する制度の創設を行っている。そこで、これらの制度の対象となる土地として、「所有者不明土地のうち、現に建築物（物置その他の政令で定める簡易な構造の建築物で政令で定める規模未満のものを除く。[48]）が存せず、かつ、業務の用その他の特別の用途に供されていない土地」を「特定所有者不明土地」と定義している。

---

[47] 平成30（2018）年11月9日公布、同年11月15日施行「所有者不明土地の利用の円滑化等に関する特別措置法施行令（平成30年政令第308号）」（以下「所有者不明土地法施行令」という。）第1条（土地所有者の探索の方法）参照。

[48] 所有者不明土地施行令第2条（簡易建築物の要件）第1項に「法第二条第二項の政令で定める簡易な構造の建築物は、物置、作業小屋その他これらに類するものとする。」、同条第2項に「法第二条第二項の政令で定める規模は、階数二及び床面積二十平方メートルとする。」（階数は二未満となるため、平屋建てのみとなる）、と規定している。

第二編　法改正の概要

2．地域福利増進事業のための使用権の設定

　所有者不明土地法においては、地域住民のための公共的な事業の実施のため、特定所有者不明土地に使用権を設定し、一定期間利用できることとする新制度「地域福利増進事業」が創設された。以下、この地域福利増進事業について説明する。

⑴　使用権の設定に当たっての考え方

　所有者不明土地に一定期間利用できる使用権を設定することは、本来の土地の所有権を制限することとなる。そのため、使用権の存続期間を最大10年と有限にするとともに、賃料相当の補償金を不明所有者のために事前に供託し、使用権設定期間の終了後には、土地の原状回復を義務づけることで、所有権の侵害の程度を可能な限り抑えつつ、使用権の設定を可能としている。また、使用権の設定に当たっては、申請段階において、公告及び縦覧により事業等について異議の申出を受け付け、反対する権利者がいないことを確認することとしている。

⑵　地域福利増進事業の対象（第２条）

　地域福利増進事業として実施できる事業は、「地域住民その他の者の共同の福祉又は利便の増進を図るために行われるもの」であるが、所有権の制約を行う以上、どのような事業でも認められるわけではない。そこで、所有者不明土地法では、地域住民への敷衍性のほか、使用権が恒久的な権利ではなく時限的な権利であることに鑑み、公園、広場、購買施設等、一時的・暫定的な土地利用が想定される事業を列挙する形で規定している。

⑶　使用権の設定に関する手続

　地域福利増進事業を実施する者（以下「事業者」という。）は、特定所有者不明土地への使用権の設定を希望する場合、以下の手続を踏むこととなる。

　①　裁定申請（第10条）

　事業者は、地域福利増進事業を実施する区域内にある特定所有者不明土地を使用しようとするときは、都道府県知事に対して裁定申請書、事業計画書等を提出し、土地の使用権の取得についての裁定を申請することができることとしている。

② 公告及び縦覧（第11条）

都道府県知事は、①の裁定申請があったときは、まず、当該申請が使用権を設定するにふさわしいものであるか判断するため、裁定申請された事業が地域福利増進事業に該当するか、土地の適正かつ合理的な利用に寄与するものであるか等を確認するとともに、関係市町村長の意見を聴くこととなる。

その上で、都道府県知事は、裁定申請があった旨や当該土地に関する権利者で事業等について異議がある者は6ヶ月以内に申し出る旨等の事項を公告し、裁定申請書等の書類と併せて公衆の縦覧に供する。その際、当該土地の権利者から異議の申出があったときは、裁定申請は却下されることとしており、これにより、反対する権利者がいないことを担保している。

③ 裁定（第13条）

②の公告及び縦覧を行っても権利者から異議がなかった場合には、都道府県知事は、当該土地の土地使用権等の取得についての裁定を行う。その際、使用権の存続期間は10年を上限とするとともに、裁定において定める補償金の額については、あらかじめ、収用委員会の意見を聴くこととしている。これにより、補償金の額の適正性が第三者によって確認される仕組みとなっている。

④ 裁定の効果等（第14条、第15条）

③の裁定を受け、裁定申請をした事業者は使用権を取得する。事業者は、裁定によって定められた使用権の始期までに補償金を供託することとしている。なお、使用権が設定された場合には、事業の安定的な実施を図る観点から、その土地に関する使用権以外の権利は必要な限度においてその行使を制限されることとなる。

⑤ 標識の設置（第20条）

使用権が設定され、使用権を取得した事業者（以下「使用権者」という。）が当該土地を使用している間に不明であった土地の所有者が現れた場合、当該所有者が、なぜ自らの土地を使われているか等を把握できるようになっていなければならない。そのため、使用権者は、使用権が設定された土地の区域内等に、当該土地が地域福利増進事業の用に供されている旨を表示した標識を設けることとしている。

⑥ 使用終了後の原状回復（第24条）

使用権者は、使用権の存続期間が満了したときは、使用していた土地の原状回復をしなければならない。なお、土地の所有者のうち確知できている者の全ての同意が得られた場合には、原状回復をする必要がないこととしている。

第二編　法改正の概要

(4)　使用権の存続期間の延長（第19条）

　地域福利増進事業は、原則として最大10年間に限って行う一時的・暫定的な事業であるが、一方で、地域住民等の共同の福祉又は利便の増進に寄与する事業であることから、裁定で設定された期間後も、引き続き事業を継続していくことが地域にとって望ましい場合もある。そこで、使用権の存続期間が満了する前に、使用権者が都道府県知事に使用権の存続期間の延長に係る裁定を申請することを可能とし、公告及び縦覧、裁定等の一定の手続を経た上で、使用権の延長を可能としている。

(5)　地域福利増進事業の適正な実施のための措置

　①　裁定の取消し（第23条）

　使用権者は、地域の福祉又は利便の増進に寄与する事業を行うと、都道府県知事から認められて特定所有者不明土地を使用できることとされていることから、事前に都道府県知事によって確認された事業計画に沿って事業を行うことが求められる。そのため、仮に使用権者が正当な理由なく事業を実施していないとき等には、都道府県知事は行った裁定を取り消すことができる。

　②　原状回復命令等（第25条）

　土地の使用が終了した場合には、土地の所有者の権利を保護する観点から、(3)⑥のとおり、使用権者に原状回復義務が課されている。それにも関わらず、原状回復義務を果たさない者が現れた場合には、都道府県知事は、当該義務を果たすよう命ずることができる。

　また、原状回復を命じようとする場合において、命令する相手を確知することができず、違反を放置することが著しく公益に反するようなときは、当該原状回復を都道府県知事自ら行うことができる。

3．土地収用法の特例

　公共事業を行う場合に、事業地となっている土地の収用等を可能とする制度として、土地収用法（昭和26年法律第219号）がある。土地収用法では、事業の公益性を審査する事業認定と、土地の収用等に伴う補償金の決定等を行う裁決の二段階の手続を経ることで、土地の収用等を可能としているが、所有者不明土地法では、後者の裁決手続について、特定所有者不明土地に限って特例を設け、収用手続の合理化を図った。以下、この特例制度について説明する。

第13章　所有者不明土地の利用の円滑化等に関する特別措置法の概要

(1)　特例制度の創設に当たっての考え方

　所有者不明土地法の裁定手続においては、土地収用法の裁決手続より、二つの点で合理化が図られている。

　第一に、土地収用法では、土地の収用等に際し、補償の内容等について異議のある権利者等の土地も対象としている。そのため、収用委員会が裁決を行う前には、土地の権利者等が公開の場で自身の意見を述べることができる審理手続を行うこととされている。一方、所有者不明土地法では、事前の公告及び縦覧により、補償の内容に異議のある権利者等がいないことを確認しており、意見を述べる者がいないと見込まれるため、審理手続を省略している。

　第二に、土地収用法では、補償金の算定が難しい土地や、補償の内容等について異議のある権利者等の土地についても裁決を行う必要があることから、裁決は、専門的知見を有し、高度な中立性・公平性をもつ収用委員会が行うこととしている。しかし、収用委員会は有識者等による合議制の組織であり、開催日程が限られることから、裁決手続における一つのボトルネックとなっていた。一方、所有者不明土地法では、裁定対象を特定所有者不明土地に限定していることから補償金の算定が容易であること、また、事前の公告及び縦覧により、補償の内容に異議のある権利者等がいないことを確認していることに着目し、都道府県知事が裁定を行うこととしている。

(2)　土地収用法の特例制度に関する手続

　起業者は、土地収用法の特例制度を利用する場合、以下の手続を踏むこととなる。

　①　裁定申請（第28条）

　起業者は、土地収用法の事業の認定を受けた収用適格事業（土地収用法第3条各号に掲げる事業）について、その起業地内にある特定所有者不明土地の収用等をしようとするときは、都道府県知事に対して裁定申請書等を提出し、収用等についての裁定を申請することができる。

　②　公告及び縦覧（第29条）

　都道府県知事は、①の裁定申請があった場合、申請が相当でない場合を除き、裁定申請があった旨や当該土地に関する権利者等で補償内容等について異議がある者は2週間以内に申し出る旨等の事項を公告し、裁定申請書等の書類と併せて公衆の縦覧に供する。その際、当該土地の権利者等から異議の申出があったときは、裁定申請は却下されることとしており、これにより、反対する

73

第二編　法改正の概要

権利者等がいないことを担保している。

③　裁定（第32条）

②の公告及び縦覧を行っても権利者等から異議が出なかった場合には、都道府県知事は、特定所有者不明土地の収用等についての裁定を行う。その際、裁定において定める補償金の額については、あらかじめ、収用委員会の意見を聴くこととしている。これにより、補償金の額の適正性が第三者によって確認される仕組みになっている。

④　裁定の効果（第34条）

③の裁定があった旨等が公告がされときは、土地収用法の権利取得裁決及び明渡裁決があったものとみなされ、土地の収用等が可能となる。

４．財産管理制度の申立権者に関する民法の特例（第38条）

民法には、所有者の所在が分からない財産や相続人の居ない財産について、利害関係人の請求により家庭裁判所が財産管理人を選任し、当該財産を管理することができる制度（財産管理制度）がある。しかし、例えば，ゴミの不法投棄や雑草の繁茂等により所有者不明土地が周辺に悪影響を与えている場合など，所有者不明土地を適切に管理する必要性が高い場合に，地方公共団体等が利害関係人として財産管理人の選任を請求することができるかは必ずしも明らかではなかった。

そこで、所有者不明土地法では、国の行政機関の長又は地方公共団体の長は、所有者不明土地の適切な管理のために特に必要な場合に、家庭裁判所に対し、財産管理人の選任を請求することができることとした。

５．土地所有者等関連情報の利用及び提供（第39条）

土地の所有者を探索する場合、地方公共団体が保有する公簿書類が有力な情報源となるが、地方税法（昭和25年法律第226号）等の規定による守秘義務のため、所有者等の探索のために利用することは困難であった。そこで、所有者不明土地法では、固定資産課税台帳、地籍調査票等について、都道府県や市町村において内部利用をすることが可能となるよう措置するとともに、地域福利増進事業等を実施しようとする者が、公簿書類に記載された土地所有者の探索に資する情報（土地所有者等関連情報）について、市町村長等に対し、その提供を請求できること等とした。

第13章　所有者不明土地の利用の円滑化等に関する特別措置法の概要

６．特定登記未了土地の相続登記等に関する不動産登記法の特例（第40条））

　所有者不明土地は、多くの場合、相続登記が未了となっていることに起因して発生する。そこで、所有者不明土地法では、長期間相続登記等がされていない[49]土地であって、公共の利益となる事業の円滑な遂行を図るため、当該土地の所有権の登記名義人となり得る者を探索する必要があるものを「特定登記未了土地」と定義し、登記官が自ら当該土地の所有権の登記名義人となり得る者を探索できること等とした。

（資料─12、資料─13、資料─14参照）

---

[49] 所有者不明土地法においては「所有権の登記名義人の死亡後十年以上三十年以内において政令で定める期間を超えて相続登記等がされていないと認めるとき」と規定している。「政令で定める期間」については、所有者不明土地法施行令第10条において「三十年」と規定している。

第二編　法改正の概要

第14章
農業経営基盤強化促進法等の一部を改正する法律の概要

　相続未登記農地については、これまで共有者の過半の同意を集めなければ貸付けができなかったため、円滑に貸付けが進まず、農地の集積・集約化の妨げとなっていた。このことから、簡易な手続で、長期間（20年間）農地バンクに貸付けができる新しい制度を盛り込んだものである[50]。

①　所有者不明農地について、共有者の一人でも判明していれば、農業委員会の探索・公示手続により、その他の不明な所有者の同意を得たとみなして、農地バンクに貸付けできる制度を創設した。

②　さらに、現行制度では不明者の探索範囲が不明確であり、実態として不明者の探索の負担から既存の制度が十分活用されていない現状に鑑み、農業委員会の探索を一定の範囲に限定することとした。

③　共有持分の過半を有する者の同意（①のみなし同意を含む。）を得て、又は、知事裁定を経て設定される利用権の存続期間の上限を「5年」から「20年」に延長することとした。（農業経営基盤強化法、農地法）

　具体的には以下のとおりである。

1．農業経営基盤強化促進法

⑴　利用権の設定期間の延長（第18条）

　これまで、不確知共有者がいる農地の貸借については、過半の同意を得て利用権を設定する必要があった。その場合でも、利用権の上限は5年となっていたことから、5年ごとに同意の取得が必要となり、農地の流動化の阻害要因となっていたところである。このため、過半の同意の場合にも利用権の設定期間を最長20年間に延長することとした。

---

[50] 平成30（2018）年11月9日公布の「農業経営基盤強化促進法等の一部を改正する法律の施行期日を定める政令（平成30年政令第310号）」で、11月16日に施行している。

(2) 共有者不明農用地等に係る農用地利用集積計画の同意手続の特例（第二款（第21条の２～第21条の５）の新設）

これまで、共有者の過半が不明な場合（法定相続人の全体像が不明な場合も含む）の農地については、利用権を設定することが極めて困難であった。このため、公示により不明者の同意があったものとみなす手続を新設し、こうした場合にも、農地の集積・集約化が進むよう措置することとした。具体的な手続については以下の通り。

① 不確知共有者の探索の要請（第21条の２）

所有者不明農地の利用権設定を行おうとする市町村長は、農業委員会に対して、当該農地の所有者の探索を要請する。また、要請を受けた農業委員会は、政令[51]で定める一定の範囲（登記名義人の配偶者と子等）において、所有者探索を行うものとする。

② 共有者不明農地の公示（第21条の３）

①の探索を行っても、過半の共有持分を有する者が不明な場合には、判明している共有者全ての同意を得た上で、農業委員会が６か月間の公示を行う。公示内容は、当該農地の過半の持分を有する者が確知できないこと、農地中間管理機構に最長20年間の利用権設定を行うこと、公示期間内に異議がなかった場合には利用権設定に同意したものとみなすこと等となる。

なお、反対者がいた場合や異議があった場合には本制度による利用権設定を行うことができないが、その反対者自身に営農の意向がない場合には、「遊休農地となるおそれのある農地」として、農地法に基づく裁定に移行することにより、利用権を設定することが可能である。

③ 不確知共有者のみなし同意（第21条の４）

②の公示期間内に異議がなかった場合には、不確知共有者も利用権の設定に同意したものとみなす。このみなし同意をもって、市町村は第18～20条により農用地利用集積計画を作成・公告することにより、所有者不明農地の農地中間管理機構への利用権設定がなされることとなる。

④ 公示の情報提供（第21条の５）

②の公示については、広く周知するため、インターネット上で公開する等の措置を講ずるよう努めることとしている。

---

[51] 平成30（2018）年11月９日公布、同月16日施行「改正農業経営基盤強化促進法施行令（平成30年政令第311号）」で改正された「農業経営基盤強化促進法施行令（昭和55年政令第219号）」第７条（不確知共有者の探索の方法）参照。

第二編　法改正の概要

２．農地法

　農地法上は、所有者不明の遊休農地（遊休農地となるおそれのある農地を含む）については、農業委員会による探索・公示、都道府県知事による裁定を経て農地中間管理機構に利用権を設定することが可能である。本制度について、農業委員会による探索範囲が不明確であったこと、利用権の設定期間が最長５年であったことが制度の活用にあたっての課題となっていたことから、今般の改正で、それぞれ、所有者探索の範囲は政令[52]で定める一定の範囲（登記名義人の配偶者と子等）に明確化するとともに、利用権設定期間も20年に延長することとした。

（資料―15参照）

---

[52] 平成30（2018）年11月９日公布、同月16日施行「改正農地法施行令（平成30年政令第311号）」で改正された「農地法施行令（昭和27年政令第445号）」第18条（不確知所有者の探索の方法）、第20条（準用）参照。

第15章
森林経営管理法の概要

　近年、多くの森林所有者は林業経営への意欲が低下してきている一方で、意欲と能力のある林業経営者の多くが、事業規模拡大のための事業地の確保に悩んでいる。

　このような森林所有者と林業経営者との間の連携を構築するため、市町村が森林所有者から森林の経営管理の委託を受けて、意欲と能力のある林業経営者に再委託をして、森林の経営管理の集積、集約化を進める森林経営管理制度が創設された。

　また、森林所有者の全部又は一部が不明である森林が地域で問題となっており、経営規模の拡大、路網整備、境界の明確化等の森林の経営管理の集約化や効率化を図る上での阻害要因となっていることを踏まえ、森林所有者の全部又は一部が不明な場合であっても森林の経営管理を委託できるようにするための特例を措置した。

　具体的には、これまでも、一部所有者不明の共有林については、残りの共有者自らが行う場合に限り伐採・造林を可能とする仕組みはあったが、共有者から申出があった森林等について、農地と同様に市町村の探索・公告手続を経て市町村に森林の伐採・造林等の経営管理を委託することを可能にするとともに、市町村の探索も一定の範囲に限定した。

　さらに、全ての所有者が不明の森林についても、市町村の探索・公告手続に加えて、都道府県知事による裁定を経て、市町村に森林の伐採・造林等の経営管理を委託することを可能にした。

　森林経営管理法の具体的な内容は以下の通り。

1. 森林経営管理法の目的（第1条）

　森林経営管理法においては、林業経営の効率化及び森林の管理の適正化の一体的な促進を図り、もって林業の持続的発展及び森林の有する多面的機能の発揮に資することを目的としている。この目的の達成のために、後述する通り、市町村が経営管理権集積計画を定めることによって森林所有者から経営管理の

第二編　法改正の概要

委託を受け、経営管理実施権配分計画を定めることによって民間事業者に経営
管理を再委託するための仕組みを措置している。

　ここで、森林経営管理法の中核的な概念である「経営管理」とは、森林とし
て利用することが相当と認められる森林について、自然的経済的社会的諸条件
に応じた適切な経営又は管理を持続的に行うことであり、森林として利用する
ことが相当と認められる森林とは、森林法（昭和26年法律第249号）第5条第
1項の規定により都道府県知事がたてた地域森林計画の対象森林のことであ
る。

2．森林所有者の責務（第2条、第3条）

　森林において経営管理を行うのは、権原に基づき森林の土地の上に木竹を所
有し、及び育成することができる者であり、森林経営管理法ではそのような者
を森林所有者としている。森林所有者が権原に属する森林について経営管理を
行わなければ、風倒木被害や土砂災害等の原因となることで周囲に悪影響を及
ぼし得ることから、森林所有者は、森林を森林として所有し続ける限り経営管
理を行う責務がある。そのため、森林経営管理法においては、森林所有者の責
務として、その権原に属する森林について、適時に伐採、造林及び保育を実施
することにより、経営管理を行わなければならないこととしている。

3．経営管理権集積計画（第4条関係）

　市町村は、経営管理権集積計画を定めることによって森林所有者から経営管
理の委託を受け、経営管理を行う。経営管理権集積計画の作成手続について
は、以下の通りである。

(1)　経営管理権集積計画の作成
　市町村は、その区域内の森林の全部又は一部について、当該森林の経営管理
の状況等を勘案し、森林の経営管理権を当該市町村に集積することが必要かつ
適当であると認める場合には、経営管理権集積計画を定めることとしている。
　ここで、経営管理権とは、森林所有者が行うべき自然的経済的社会的諸条件
に応じた経営又は管理を市町村が行うため、当該森林所有者の委託を受けて立
木の伐採及び木材の販売、造林並びに保育（利益がある場合にはその一部を森
林所有者に支払うことを含む。）を実施するための権利である。そのため、市

80

第15章　森林経営管理法の概要

町村は経営管理権を取得することで当該森林について経営管理を行うことができる。

(2)　関係権利者の同意

　経営管理権集積計画の対象森林における経営管理権の設定に当たっては、

　①　立木の伐採という処分行為について、通常の契約においては所有者の同意が必要であること、

　②　当該森林について現に使用収益権を有する者の権利を制限すること

　を踏まえ、経営管理権集積計画は、当該森林について所有権及び使用収益権を有する者の全部の同意が得られているものでなければならないこととしている。

(3)　経営管理意向調査

　市町村が経営管理権集積計画を定めることにより、森林所有者の権原に属する森林において経営管理権が設定され、立木の伐採等が行われることとなるため、森林所有者が自ら経営管理を行う意思があるか、市町村に経営管理を委託する意思があるかの確認は、市町村が経営管理権集積計画を作成すべきかどうか判断するに当たっての重要な情報となる。このことから、市町村が経営管理権集積計画を定める場合は森林所有者に対して意向を調査することが義務付けられている。

4．森林所有者の一部が不明な森林に係る経営管理権集積計画の作成手続の特例

　森林は、相続が発生しても、相続人の権利意識が希薄なため遺産分割がなされず、かつ数次の相続を経て多数の者による共有状態となっているケースが多い。そのような森林では相続に当たって登記がなされておらず、登記名義人等の戸籍等をたどった結果、推定相続人が膨大になり、当該森林の森林所有者を確知できないことがある。また、確知できた場合であっても、他地域に転出していること等により居所を把握することが困難となっている。このような場合、森林所有者の全部の同意を得ることが困難であり、市町村が経営管理権集積計画を作成できないことが想定される。

　このような所有者不明の森林の存在は、林業経営の効率化及び森林の管理の適正化を進める上での阻害要因となり得るものであるため、森林経営管理法に

81

第二編　法改正の概要

おいては森林所有者の一部を確知できない場合、不明な森林所有者の探索、森林所有者が不明である旨の公告という一定の手続を経ることで経営管理権集積計画を定めることを可能とする特例措置を設けている。

(1)　不明森林共有者の探索（第10条）

　市町村は、経営管理権集積計画を定める場合において、

　①　数人の共有に属する森林であってその森林所有者の一部を確知することができないもの（以下「共有者不明森林」という。）があり、かつ、

　②　当該森林所有者で知れているものの全部が、当該経営管理権集積計画に同意している場合、

　政令[53]で定める一定の範囲（登記名義人の相続人等）において、当該共有者不明森林の森林所有者で確知することができないもの（以下「不明森林共有者」という。）の探索を行うこととしている。

　なお、通常の手続によって定められた経営管理権集積計画により設定された経営管理権の存続期間には上限がないが、当該特例によって設定される経営管理権の存続期間は50年を上限としている。これは、存続期間に上限のない経営管理権を設定することは不明森林共有者の財産権に対する制約の程度が大きいためである。他方で、経営管理権の存続期間の上限が短すぎると、林業経営者が安定した経営を行うことができないことから、伐採、造林及び保育という森林資源の循環が最低限一巡する50年を経営管理権の存続期間の上限としている。

(2)　不明森林共有者が確知できない旨の公告（第11条）

　(1)の探索を行ってもなお不明森林共有者を確知することができないときは、市町村は、定めようとする経営管理権集積計画並びに当該共有者不明森林について当該経営管理権集積計画の定めるところにより市町村が経営管理権の設定を受ける旨及び当該経営管理権に基づいて行われる経営管理の内容等の事項を公告することとしている。これは、共有者不明森林の今後の取扱いと不明森林共有者の地位について公に知らしめ、不明森林共有者が異議の申出をするか否

---

[53] 平成30（2018）年11月21日公布、平成31（2019）年4月1日施行「森林経営管理法施行令（平成30年政令第320号）」第1条（不明森林共有者の探索方法）を参照されたい。なお、同条第2号、第4号及び第5号に規定する「農林水産省令」は、平成30（2018）年12月19日公布、平成31（2019）年4月1日施行「森林経営管理法施行規則（平成30年農林水産省令第78号）」の第8条〜第10条を参照されたい。

かの判断をすることができるようにするためである。

(3) 経営管理権集積計画のみなし同意（第12条）
　(2)の公告の結果、不明森林共有者が6月以内に異議を述べなかったときは、当該不明森林共有者は、公告されている経営管理権集積計画に同意したものとみなされることとしている。

(4) 経営管理権集積計画の取消し（第13条、第14条）
　市町村が共有者不明森林の経営管理権を取得することは、林業経営の効率化及び森林管理の適正化という法目的の達成に資するものである一方、不明森林共有者の財産権を制限するものである。そのため、法目的の達成と不明森林共有者の権利保護との均衡を図るための措置として、一定の条件に該当する場合には、同意したとみなされた不明森林共有者が、経営管理権集積計画の取消しを申し出ることを可能とし、申出を受けた市町村の長は、当該申出の日から起算して2月を経過した日以降速やかに、当該経営管理権集積計画のうち当該申出をした森林所有者に係る部分を取り消すこととしている。
　不明森林共有者が取消しの申出をすることができる条件は、市町村が経営管理権に基づいて経営管理を行っている場合と、経営管理実施権の設定により経営管理の再委託を受けた民間事業者（以下「林業経営者」という。）が経営管理を行っている場合とで異なる条件を定めており、
　①　市町村が経営管理を行っている場合は、当該経営管理権集積計画を取り消すべきことを市町村の長に申し出ることができることとし、
　②　林業経営者が経営管理を行っている場合は、林業経営者の経営管理の安定性を確保する観点から、次のいずれかに該当する場合に、経営管理権集積計画を取り消すべきことを申し出ることができることとしている。
　　ア　経営管理権集積計画の取消しについて、林業経営者の承諾を得た場合
　　イ　予見し難い経済情勢の変化その他やむを得ない事情があり、林業経営者に対し、通常生ずべき損失の補償をする場合
　なお、経営管理権の設定が経営管理権集積計画の公告によって設定されるものであることを踏まえ、市町村は、経営管理権集積計画を取り消したときも同様に、これを公告することとし、当該公告があったときは、経営管理権集積計画のうち、取り消された部分に係る経営管理権に係る委託は、解除されたものとみなすこととしている。

83

第二編　法改正の概要

5．森林所有者の全部が不明な森林に係る経営管理権集積計画の作成手続の特例

　森林所有者の不在村化や相続による世代交代等により、所有者不明の森林が増えている中で、共有者の一部を確知できない森林だけでなく、森林所有者の全部を確知できない森林もあることが見込まれる。

　このような森林では、経営管理が全く行われておらず、市町村に経営管理権を集積することが必要かつ適当である蓋然性が高いことから、森林経営管理法では、所有者不明森林について、不明な森林所有者の探索、森林所有者が不明である旨の公告、都道府県知事の裁定という一定の手続を経て、経営管理権集積計画を定めることを可能とする特例措置を設けている。

(1)　不明森林所有者の探索（第24条）

　市町村は、経営管理権集積計画を定める場合において、その森林所有者の全部を確知できない森林（以下「所有者不明森林」という。）がある場合は、政令で定める方法（政令第2条）により確知することができない森林所有者（以下「不明森林所有者」という。）の探索を行うこととしている。探索の方法は、4．(1)の共有者不明森林における探索の方法と同様により行うこととしている。

(2)　不明森林所有者を確知することができない旨の公告（第25条）

　(1)の探索を行ってもなお不明森林所有者を確知することができないときは、市町村は、定めようとする経営管理権集積計画並びに利益がある場合において供託されるべき金銭の額の算定方法及び当該金銭の供託の時期等の事項を公告する。公告する事項の考え方は4．(2)の共有者不明森林に係る特例における考え方と同様である。

(3)　都道府県知事の裁定（第26条、第27条）

　市町村が(2)の公告をした場合、6月以内に不明森林所有者からの申出がないときは、当該市町村の長は当該期間が経過した日から4月以内に都道府県知事に対して裁定を申請することができる。

　都道府県知事は市町村の長からの申請のあった所有者不明森林について、現に経営管理が行われておらず、当該所有者不明森林の自然的経済的社会的諸条件、その周辺の地域における土地の利用の動向その他の事情を勘案して、当該

所有者不明森林の経営管理権を当該申請をした市町村に集積することが必要かつ適当であると認める場合には、裁定をすることとしている。

なお、裁定により設定される経営管理権の存続期間は50年を上限としており、その考え方は４．(1)の共有者不明森林における経営管理権の存続期間の考え方と同様である。

(4)　都道府県知事の裁定によるみなし同意（第28条）

都道府県知事は(3)の裁定をしたときは、当該申請をした市町村の長に通知することとし、通知を受けた市町村は、速やかに裁定において定められた事項を内容とする経営管理権集積計画を定めることとしている。

(5)　供託（第29条）

裁定により不明森林所有者から経営管理権を取得することは、不明森林所有者の財産権の制限に当たる。当該財産権の制限の程度を合理的な範囲のものとするためには、林業経営者が立木の伐採及び木材の販売をした場合に不明森林所有者が得られる経済的利益に相当する金額を当該不明森林所有者が得られるようにすることが相当である。一方で、不明森林所有者に対しては、金銭の支払ができないため、市町村又は林業経営者は、裁定において定められた金銭の支払が発生した場合には、その金銭を不明森林所有者のために供託しなければならないこととしている。なお、当該金銭の供託は、所有者不明森林の所在地の供託所にすることとしている。

(6)　経営管理権集積計画の取消し（第30条、第31条）

都道府県知事の裁定により同意したとみなされた不明森林所有者は、共有者不明森林に係る特例と同様、林業経営者の承諾を得た場合等、一定の条件に該当する場合には、経営管理権集積計画の取消しを申し出ることが可能とし、申出を受けた市町村の長は、当該申出の日から起算して２月を経過した日以降速やかに、当該経営管理権集積計画のうち当該申出をした森林所有者に係る部分を取り消すこととしている。

ただし、所有者不明森林において不明森林所有者が取消しを申し出ることができる場合は、裁定において定められた事項を内容とする(4)に記述する経営管理権集積計画が定められてから５年を経過したときに限ることとしている。これは、当該所有者森林の裁定の対象となる森林は現に経営管理が行われていな

第二編　法改正の概要

い森林であるため、森林の持つ多面的機能の発揮を回復させるために経営管理を行う期間が必要となるためである。

6．経営管理実施権配分計画の作成（第35条）

　市町村は、経営管理権を有する森林について、民間事業者に経営管理実施権をしようとする場合には、経営管理実施権配分計画を定めることとしている。経営管理実施権は、経営管理権に基づき行うべき立木の伐採及び木材の販売、造林並びに保育（利益がある場合にはその一部を森林所有者に支払うことを含む。）を実施するための権利である。そのため、経営管理実施権が設定された民間事業者は当該森林について経営管理を行うことができる。なお、経営管理実施権は経営管理権に基づき設定されることから、経営管理実施権配分計画の内容は経営管理権集積計画の範囲内である必要がある。

　（資料―16参照）

第三編
今後の課題

第三編　今後の課題

第16章
当面の課題

　平成30（2018）年6月1日（金）に開催された「所有者不明土地等対策の推進のための関係閣僚会議」で、基本方針（所有者不明土地等問題対策推進のための工程表を含む）が決定されたが、基本方針で合意された当面の課題は、以下の通りである。

1．所有者不明土地に関する特別措置法等の円滑な施行

　「所有者不明土地の利用の円滑化等に関する特別措置法」「農業経営基盤強化促進法等の一部を改正する法律」「森林経営管理法」の政省令、ガイドライン（地域福利増進事業や所有者の探索等に係るガイドライン他）の整備等を速やかに進め、新制度の普及啓発を図ること[1]。

　新制度や長期相続登記未了土地の解消事業など必要な事業推進のため、組織・定員を含めた体制の強化や予算要求、税制改正要望を検討すること。

　地方協議会の設置や関係団体との連携、協力を通じ、地方公共団体に対する助言や人的支援を実施すること。

2．土地基本法

　土地所有に関する制度の基本となっている土地基本法は、バブル期の地価高騰等を背景に制定されたため、土地について積極的な利用意向があり、取引がされていくことを前提に、投機的取引等を抑制するため、土地についての基本理念や国等の責務、土地に関する基本的施策などを規定している。

　しかし、土地所有者の責務については、利用・取引に当たっての事業者・国民の責務は規定されているが、利用も取引もされず、単に所有している場合についての特段の規律は規定されていない。

---

[1] 所有者不明土地の利用の円滑化等に関する特別措置法に関する所有者の探索等に関する政省令等については平成30（2018）年11月9日に公布、同月15日に施行済。農業経営基盤強化促進法等に係る政省令については、平成30（2018）年11月9日に政令公布、同月16日に省令公布、同日（11月16日）に政省令とも施行済。森林経営管理法に係る政省令については、平成30（2018）年11月21日に政令公布、同年12月19日に省令公布、平成31（2019）年4月1日に政省令施行。

88

このため、人口減少社会の進展に伴い、土地の価値が下落し、利用意向が低下するという時代背景の変化の中で、今般、土地所有に関する制度の基本となる土地基本法の見直しを検討する必要がある。具体的には、所有者不明土地の発生の抑制や解消に資するよう、土地が適切に管理され、利用されるために、土地所有者が負うべき責務のあり方等について、それを担保するための方策とあわせて検討を行い、平成31（2019）年2月をめどに方向性を取りまとめた上で、2020年に予定されている民事基本法制の見直しとあわせて制度改正を実現することとしている。

3．地籍調査等の着実な実施、登記所備付地図の整備

　地籍調査の実施により土地の境界を明確にすることは、災害後の迅速な復旧・復興、社会資本整備、まちづくり、土地取引の円滑化等に資するものとして、大変重要である。現在、地籍調査は平成22（2010）年に閣議決定された第6次国土調査事業十箇年計画に基づき進められているが、平成30（2018）年3月末時点の全国の面積ベースでの進捗率は約52％である一方、都市部の進捗率が約25％、都市部以外では林地の進捗率が約45％と低くなっている。

　平成32（2020）年度から始まる第7次国土調査事業十箇年計画の策定とあわせ、国土調査法等の見直しが検討されているが、所有者が不明な場合を含めて地籍調査を円滑かつ迅速に進めるための措置や、地籍調査等の過程で得られた情報の利活用の促進策等について検討を行い、平成31（2019）年2月をめどに方向性を取りまとめる。

　あわせて、地籍を明確化するための情報基盤である登記所備付地図についても、筆界特定制度の活用等により整備を推進する。

4．変則型登記の解消

　不動産登記の表題部所有者欄の氏名・住所が正常に記録されていない変則型登記の存在が、円滑な土地の利用を妨げていると指摘されている。

　土地は、所有者の探索の際に極めて多大な労力を要するため、用地取得や適切な土地の管理、筆界確定の際の支障となっているが、今後、少子高齢化の進展により、所有者の調査がますます困難になることが確実視されるため、変則型登記を解消していくための方策について、平成31（2019）年の通常国会への法案提出を目指して検討を進めていくこととされている。

第三編　今後の課題

また、組織・定員を含め必要となる体制を速やかに整備する。

5．登記制度・土地所有権等のあり方、相続登記の促進等の民事基本法制の見直し

　所有者不明土地等への対策を推進するに当たって、民事基本法制及び不動産登記行政は極めて重要な役割を負っている。法務省が発足させた登記制度・土地所有権の在り方等に関する研究会の中間取りまとめにおいては、現行法上も所有権の内容は法令の制限に服することとされており、公共の福祉優先の理念等に基づき公共的に土地を利用するための立法が妨げられることはないことが明確に確認された。

　今後、所有者不明土地の発生の抑制・解消に向けて、相続登記の義務化等については、相続が生じた場合に、これを登記に反映させる仕組みの構築という観点からこれを登記に反映させるための仕組みや、管理不全な土地等について、土地を手放すことができる仕組み（所有権の放棄、その帰属先等）、長期間放置された土地の所有権のみなし放棄の制度のほか、民事における土地利用の円滑化を図る仕組み（相隣関係、共有、財産管理制度等）など、登記制度・土地所有権等の在り方について検討し、平成31（2019）年2月を目途にこれらの仕組みの構築に向けた具体的方向性や検討課題を幅広く提示する。

　その後、法制審議会において、法案要綱の策定に向けた作業を進め、2020年に予定している土地基本法等の見直しとあわせて民事基本法制の見直しを行う。

　また、法定相続情報証明制度の円滑な運用や法務局における遺言書の保管制度の円滑な導入に向けた体制の整備に加え、更なる相続登記に係る国民の負担軽減を図り、相続登記の促進に取り組む。

6．所有者不明土地の円滑な利活用、土地収用の活用及び運用

　所有者不明土地が適切に管理され、円滑に利活用が行われるよう、特措法案の施行状況も踏まえつつ、地域福利増進事業の拡充、供託の活用、共有地の管理等を円滑化するための更なる方策等について、建物の取り扱いや民間の再開発事業等にも配慮しながら検討する。

　また、収用手続きの合理化・迅速化のための新制度の円滑な運用を図るとともに、用地取得の円滑化等、公共事業の迅速な実施に向けた土地収用の的確な活用及び運用に取り組む。

第16章　当面の課題

7．土地所有者情報を円滑に把握する仕組み

　不動産登記を中心にした登記簿と戸籍等の連携により、関係行政機関が土地所有者の情報を円滑に把握できる仕組みを構築することを目指す。このため、平成31（2019）年、戸籍の副本を法務局が管理する戸籍副本データ管理システムの仕組みを利用して、特定の行政機関等に対して戸籍情報を提供するための法整備やシステムの設計、開発等を行う。その上で、2020年に登記簿と戸籍等を連携するために必要な制度の整備を行う。

　こうした制度を構築するまでの間においても、自治体の協力による登記手続の促進や、住民基本台帳等を活用した関係機関から自治体への照会による所有者情報の把握の取組を進め、関係機関の協力による所有者情報の把握を着実に実施する。また、総務省の住民基本台帳制度等のあり方に関する研究会の中間報告も踏まえ、住民票等の除票の保存期間の延長についても引き続き検討する。

　さらに、土地に関する各台帳間の情報連携の高度化のためシステムの整備に向けた検討を進める。

8．関連分野の専門家等との連携協力

　今後の所有者不明土地等問題への対応及び検討にあたっては、関連分野の専門家等と地方公共団体、地域コミュニティ等との連携体制を構築しつつ、これらの意見等を十分踏まえながら対応する。

第三編　今後の課題

第17章
土地所有権の放棄、不動産の市町村への寄附

　現在、九州程の広さの所有者不明土地が存在しており、今後の死亡者数の増加と相続の増加によって、2040年には北海道程の広さになると、所有者不明土地問題研究会（増田研究会）で試算されている。現在、相続放棄は認められているが、これ以上の所有者不明土地の増加を防ぐには、不動産の所有権を放棄する仕組みを構築する必要がある。

　現状においては、公共目的以外で土地の寄附を受け付ける地方公共団体は殆ど存在しない。地方公共団体側からすると、不要な土地・家屋の寄付を受けても、それらの不動産の管理に人手がかかり、費用がかかるため、受けとらないのが実態であろう。

　他方、所有者側からすると、当該不動産を利活用する見込みがなく、経済的にあるいは物理的に現住所から離れているため、または所有者が高齢となり体力的に管理ができず、隣地にご迷惑をかけるので、地方公共団体に受け取って欲しいという、切実な状況になっている方が少なくない。

　今後の我が国の人口動態（高齢化）の変化を予見すると、地方公共団体が所有者からの不動産の寄附を受け付ける仕組みの構築が喫緊の課題となっている。地方公共団体がそれらの土地を受け入れ、管理することが出来るようにするためには、国が地方公共団体に対して支援措置を講じなければならないのではないだろうか？

　増田研究会では、「所有権放棄と新たな組織に管理委託を打診して、そこが国や公共団体にさらに使うかどうかを打診して、使う場合には公有地にするし、そちらで当面使う場合がないというときは、新たな組織が保有して、そこが直接売買する場合もあるし、長期間にわたって所有することが考えられる。土地の準公有化のようなものである。」と提案している。

　筆者は、土地・家屋の受け皿は市町村がふさわしいと考えている。仮に、不動産を受け入れる組織（不動産管理機構）を作っても、現地のことは平素から現場を把握している基礎自治体の市町村にはかなわない。仮に不動産管理機構が所有する場合であっても、管理は市町村が行わなければ機能しないのではな

第17章　土地所有権の放棄、不動産の市町村への寄附

いかと考えている[2]。

　いずれにせよ、地域における管理のあり方、資金調達、助成措置等、今後の早急な検討が必要である。

---

[2] 筆者の両親は共に鹿児島県徳之島の天城町出身であるが、天城町に所在する宅地、山林等については、所在する市町村でなければ把握することは不可能であると思料している。

第三編　今後の課題

第18章
真の所有者を反映する登記制度

1．不動産登記簿を中心とした土地所有者情報を円滑に把握する仕組み

　土地政策の基本を定める土地基本法を改正して、土地の保有状況を明らかにすること等について、土地所有者自身の責務を明確にする必要があることは、当面の課題で既述したが、不動産登記簿の情報が更新されず最新のものではないことによって、土地所有者の探索に多大な時間、費用がかかり、国民経済上大変な損失になっている。また、所有者不明土地について、農地法、森林法、土地収用法などの既存制度は市町村が利用しやすいものとなっていないため、市町村のみでなく、民間事業者や一般市民も所有者不明土地の扱いに苦慮し、課税漏れ、治安悪化、土地利用・取引の停滞等、問題が多岐にわたっている。

　所有者不明土地の発生を予防するためには、土地所有者情報の中で、最も基本となる情報である不動産登記簿を中心として、戸籍等と情報連携することなどにより、関係行政機関等が必要な土地所有者の情報を円滑に把握することができる仕組みを構築しなければならない。

　現在、市町村の戸籍窓口は、死亡の届出がなされた者の不動産の所有について把握する仕組みになっておらず、不動産登記をつかさどる法務局は、登記名義人が死亡しているかどうかを知らないという関係にある。今や、書類で記録する時代から ICT の時代に移行している。世界最先端の ICT 国家を目指し、官民データ活用を推進するため、マイナンバーも活用し、戸籍と登記の連携を図らなければならない。さらに、その他の情報を、個人情報の保護に十分留意をしつつ、情報連携を進め、土地の情報基盤をつくることが望まれている。

2．登記手続の簡素化、登記費用の軽減

　筆者は平成29（2017）年に相続手続をしたが、その必要書類を集めるだけで、相当大変であった。少しは役所の手続に慣れている筆者でも、相当の時間と手間がかかった。法務局への手続は司法書士の先生にお願いしたが、少額とは言えない登録免許税と司法書士の先生への手数料がかかった。

　平成30（2018）年度税制改正においては、限定した場合において、土地の相

続登記に対する登録免許税の免税措置の創設が打ち出されたが、登録免許税の在り方を抜本的に再検討し、さらなる税制上の機動的な対応を講ずることが望まれている。

登記を義務化するのであれば、必要書類の見直し等の登記手続の簡素化と法定費用・専門家の手続費用の登記費用の軽減が必要であると考える。

3．海外の不動産所有者の把握

日本人の海外への進出の結果、住所が海外に所在する方が増えている。変更登記を住所移転ごとになさっておられる方であれば、問題はないが、何回か住所移転が重なると、不動産所有者を把握することが大変困難になる。ある弁護士の先生の経験では、「登記上の米国の住所には連絡がつかず、米国出張の機会に当該住所を訪ねると、そこは日本人の強制収容所跡であった。」と伺ったことがある。このような極端な場合でなくても、在外にお住まいの所有者に連絡を取ることは難しく、海外転出後の異動情報の把握について今後の検討が求められる。

また、外国人による日本の土地の取得が増加しているが、その所有者を把握することは一層困難である。日本人であれば、戸籍や、住民票からたどることが可能である場合があるが、所有者である外国人に日本の戸籍や住民票のような制度がなければ、全くお手上げとなる。今後の大きな課題である。

第三編　今後の課題

第19章
住民票及び戸籍の附票の除票の保存期間

　不動産の登記が任意であり、登記費用が少なからずかかることから、変更登記の手続きがなされていない場合が多い。そのような不動産について、売買や相続等で、変更登記の手続きを進める場合に、登記上の所有名義人と、売買の際の真の所有者、あるいは、相続の場合の新たに登記しようとする相続人、との関係を結ぶために、住所変更の推移、所有名義人と真の所有者・相続人との関係を証明しなければならない。その際に必要となるのが、住所変更であれば、住民票の移転の記録であり、相続人との関係の場合には戸籍の記録である。

　しかし、前述したごとく、住民票及び戸籍の附票の除票の保存期間は５年である。これでは、多くの場合、役に立たない。現実には、市町村がもっと長い期間保存している場合が多いので、何とか手続きが進められるケースが多い。

　総務省では、外部有識者による住民基本台帳制度等のあり方に関する研究会を開催して、検討を進め、平成30（2018）年８月に公表された最終報告では、住民票等の除票の保存期間を、例えば150年に延長することについても言及されている。紙から ICT に時代は変化しているので、住民基本台帳の保存期間のあり方を含め、土地所有者情報を円滑に把握する仕組み、国民にとって手続きが容易になるように、検討することが必要である。

第20章
共有不動産の処分に関する合意制度

　既述したように、不動産所有者が１名でも不明であると、所有権の移転を伴う行為がストップすることが多い。

　現在の法体系は、不動産所有者が分かっていることを前提にして規定されているため、殆どの方が合意しても仮に１名でも所有者不明等によって合意をとることが出来なければ、進まない。長い年月、多くの労力と費用をかけて真の所有者を探しても、徒労に終わるのである。

　区分所有法では、区分所有者及び議決権の各５分の４以上の合意があれば、意思決定が出来るとしているが、所有者不明土地が約２割存在する現状を考慮して、民法や区分所有法等の合意制度を見直すべきであると、筆者は考えている。

　民法第一条には、「私権は、公共の福祉に適合しなければならない。」、「権利の濫用は、これを許さない。」と規定されている。所有権を尊重することは勿論であるが、平成30（2018）年５月24日の自由民主党政調審議会「「所有者不明土地等に関する特命委員会　とりまとめ」〜所有から利用重視へ理念の転換『土地は利用するためにある』〜」にあるように、所有権変更の合意制度の見直しが必要な時期に来ていると考えている。

　所有権の移転には、当然、対価が必要である。例えば、法務局への供託制度の活用を検討すべきではないか。

　また、マンションが建設され始めたのは昭和30年代であり、古いものでは約60年が経過し、昭和44（1969）年に「都市再開発法（昭和44年法律第38号）」が制定されて再開発事業が開始されてから約50年が経過しており、マンションや再開発ビルの老朽化に伴う建て替えが課題となっている現在においては、不動産の処分においての合意制度の見直しが必要となっている。

　所有者不明土地問題とは別の課題であるものの、不明所有者やごく一部の方々の反対に対して、どのようにして合意形成を図っていくのか、また、そのような方々への補償の仕組みをどの様に構築するかを、早急に検討すべきであると考えている。

第四編
各分野における課題
ー鼎談・対談・寄稿ー

第四編　各分野における課題

第21章
所有者不明土地問題研究会の
問題提起とインパクト

【鼎談】

野田　　毅（衆議院議員／自由民主党所有者不明土地等に関する特命委員会委員長）
増田　寛也（㈱野村総合研究所顧問／東京大学公共政策大学院客員教授）

> ### 所有者不明土地の問題の背景、現状と課題

盛山　所有者不明土地問題について、我々は自民党の中で議員連盟、そして特命委員会をつくり、検討してまいりました。また、増田先生におかれては、所有者不明土地問題研究会（増田研究会）をつくられて、いろいろな形で世の中に検討内容を発信していただいているところでございますが、所有者不明土地問題がなぜこの様に大きな問題となってきたかについての背景、現状と課題を紹介させていただきます。

　まず、地籍の調査、地図の作成がなかなか進んでおりません。全国の半分ぐらいしかできていないというのが現状でございます。地籍調査等を進めるに当たっては、今後とも法務省、国土交通省の地籍調査の予算、登記所備付け地図の作成の予算を充実させなければならないのですが、これは地道な作業でございますので、今後、相当時間が必要になるというのが現状です。

　二つ目が土地の境界の画定に係る課題でございます。隣地の所有者全員の合意をとるのが原則でございますが、どのように隣地の所有者全員に集まってもらうのか、現実的にはやはり難しいと思われます。境界画定の合意をどのように得ていくのかということは、所有者不明土地の問題にもつながっていくわけですが、その中で、特に登記上の所有者に連絡をしても、お亡くなりになっている場合もあれば、移転をされている場合もあります。そういった探索をどのようにしていくのか、また、どこまで探索をすればよいのかということになります。これは、大変手間暇や費用がかかることです。そして、相当探索をして

100

第21章　所有者不明土地問題研究会の問題提起とインパクト

も所有者が不明の場合、その土地と隣地との間の境界の画定、あるいは地図の作成をどうしていくのかという課題があります。また、入会共有権では、変則型登記の解消という問題もあります。

　三つ目には、少子高齢化の進展です。増田先生から以前に、これから少子高齢化が進展すると地方が壊滅的な状況になっていくという警鐘を鳴らしていただいているところですが、今後、少子高齢化は、しばらくの間確実に進んでまいりますので、死亡者数が増加していくことが見込まれる状況です。現在でも所有者不明の土地は、九州ほどの面積があるといわれておりますが、これ以上の所有者不明土地の増加を防ぐ必要があります。これからお亡くなりになる方が増える状況の中でどうやって所有者不明土地の増加を食い止め、少しでも所有者を判明させていくかが現状の課題ではないかと思います。

所有者不明土地問題研究会

盛山　早速本題に入りますが、増田先生が所有者不明土地問題研究会で議論され、レポートをまとめてこられました。増田先生は、以前に将来人口の急減、地方の消滅という大きな警鐘を社会に鳴らされたわけでございますが、今回、所有者不明土地問題を取り上げられた理由、背景はどういうことでしょうか。

増田　私が岩手県知事になった1期目のことです。1995年に当選しましたので、1997年か1998年ぐらいだったと思うのですが、ある町長から、県道の買収が遅れているとの話を聞きました。県道の場合、市町村に用地取得を委託しますので、どうなっているのだろうと思って担当部長に聞きましたら、実は所有者がブラジルに移住して、その後行方がわからなくなってしまい、探索のしようがないという話でした。岩手は移民、特にブラジルへの移住者が多かったのです。こんな事例は多いのかと聞きましたら、いや、そんなに数は多くないけれども、そういう土地に行き当たることがあるとのことでした。そこで、どうしようかとかなり議論したのですが、結局、道路の線形を少し振って、県道の整備は行ったのですけれども、他県の知事に聞きましたら、実はうちの方でも時おりそういう話があるという知事もいて、なるほどと思いました。

　ただ、そのときは、それほど深刻に思っていたわけではありません。私が知事を辞めてから東日本大震災があって、住宅等を高台に移転をするときに、ご承知のとおり岩手県は山林が多いのですが、高台の予定地の所有者がわからなくて思うように買収ができない事例がでてきました。そこで、区域を縮めた

101

り、他の地域に場所を求めたりしていくうちに、事業がどんどん遅れてしまいました。それが今にも尾を引いているのです。こういうことがございましたので、これはもっと早い段階で手をつけなければいけなかったのではないか、そして、今後はさら非常に大きな問題になるのではないかとの問題意識を持ちました。

　ちょうど自由民主党では、この所有者不明土地問題について問題意識をお持ちになっている野田先生はじめ、多くの先生方が動いておられたので、我々民間の役割は、まず、日本全体でどのくらいの量があるのか。それが今後どのぐらい増えていくのかをきちんと見える化すると、世の中の多くの皆さん方にも問題意識がしっかりと伝わるなと思ったのです。実は、まずはそういうことを役所自身でやりませんかと役所にいいましたら、どうも国土交通省も法務省も荷が重かったのでしょうか、協力はするけど、主体は民間の研究会でやってくださいよということでした。また、全体の量がわかっても、その後のことは全然整理できてないということでしたが、複数の省にまたがる難しい問題なので、それもそうかなと思っていました。ただ、自由民主党の先生方に早くデータをお示ししたいという思いがあって、民間の研究会として、「所有者不明土地問題研究会」を発足させて、野田先生が代表をされている特命委員会にデータをお示しして世の中を動かしていただいたという、そんな経緯がございました。

盛山　野田先生は、今の増田先生のお話を聞かれて、この増田研究会をどのように見ておられましたか。

野田　しっかりしたデータを用意していただいて、非常にありがたかったです。私が、この問題に深く関心を持つようになったのは、河川改修であったり、農業の基盤整備であったりと、様々な予算をつけるのですが、河川改修で拡幅しようとすると、共同墓地があり、予算をつけても事業ができないわけです。まさに共同墓地ですから、どこに相続人がいて、権利関係はどうなっているか、地権者がわからなければ、用地買収交渉そのものができないので、非常に苦しんでいる話は早くから聞いていました。農地の基盤整備も同じです。

　それから、もう一つは「ごね得」の風潮ですね。地権者はわかっているけど、交渉に応じないから、なかなか収用することができない。とても役所の力だけでは動けないわけです。いずれにしても予算をつけるのですが、つけても流れてしまう。結局、この積み重ねによって、全体に進捗のスピードが上がらないわけです。中国は上がり過ぎるけど、日本はあまりにもひどいと。このま

第21章　所有者不明土地問題研究会の問題提起とインパクト

までは、ますます日本はだめになる。公共事業にしても、そうでないものにしても。だから、用地の確保があらゆる事業を行う場合の大前提になるのです。この大前提には、大きく二つの障害があるということを若い頃から感じていました。私が特に東日本大震災のときに感じたのは、あれだけ広範囲に津波を受けると、地権者はどこにどうしておられるかわかりません。とても土地の面積の画定などできないわけです。復興で高台移転するにしても移転先が林地であれば、その所有者がわからない。結局、何らかの施設をつくるにしても、そのスタートの用地取得が動かないのです。

そこで私は、安倍内閣の最初の予算が終わった後に、総理にお目にかかって申し上げたことがあります。ある程度網をかぶせて何年間か期限を区切って、その間に地権者が出てこなければ事業をやれるようにする。のちに地権者が判明した場合は、適正な補償で対応するという制度を思い切ってつくらなければ、復興はスピードアップできないという話をしたら、全くそうだとおっしゃいました。担当は谷垣法務大臣だから谷垣君にもいってくれというから話をしたら、自分もそう思うので役所にも話をするといわれた。しかし、役所におろしたら全然動かない。2年ほど後に、総理に再度申し上げた時には、総理が、地元のお墓参りに帰られたときに周りが雑草で、誰の所有かわからない。田舎でも困っている、誰かが勝手に入り込んで何かされても、市町村長も何もできないわけだし、治安上もよろしくないという思いを話しておられました。だけど、動かないのですよ。民事局の担当との調整では、最後に訴訟で負けますという話だった。

しかし、このまま放置できないというところに増田先生から衝撃的なレポートをいただいたので、「よし」と、この機会に大きく踏み出すことにしました。そこで議連を立ち上げ、会長の保岡さんと話して、具体的な動きが始まりました。これは勉強ばっかりではなく時間との闘いでもありました。相続多発時代がどんどん来ているし、案件もすごく増えているから、待ったなしの課題です。そこで所有者不明土地の問題を最優先の政治課

野田議員

第四編　各分野における課題

題と位置づけるためにも、議連だけでなく、政調の正規の組織として特命委員会をつくるということになりました。

いろいろ議論いただく中で、最初はなかなか腰が重かったこともありました。具体的な話になると、不明裁決という制度を活用すればよいので、新たなことは慎重にとか、訴訟が起きて負けたらどうするかとかです。しかし、私は、訴訟してくれるということは地権者がわかることだからありがたいと思えといいました。地権者がわからないから時間かかっているのだから。わかれば、後で適正な補償をすればいい。農村地帯で耕作放棄地だったら、あとの管理責任ね。固定資産税も払ってなくて、周りに害虫や草ぼうぼうでいっぱい迷惑かけている。それは価格交渉のときにしん酌して、それでやれば対応できるはずだから、乱暴かもしれんけど、そういう枠組みをまずやる。だから、まずは探索の時間をいかに短くするかということを主眼に置きました。

今回、法改正と一緒に手続的なことで改善しましたので、公共事業も３割ぐらいスピードアップできるようにしました。そんなことがあって、この問題、おかげでご理解を得て、かなり速いスピードで第１弾の法改正までやってこれたと思います。あと具体的に、今、盛山先生からお話があったように、現場の実践編でいくと、筆界確定がどうだとか、技術的な問題がまだいっぱい残っているので、これはこれで対応していかなければ、大局論と、それから現場のミクロのところとどういうふうに連携しながらスピードアップするかということだと思います。

所有者不明土地の利用の円滑化等に関する特別措置法について

盛山　増田先生から、なぜ所有者不明に関心を持たれて、取り組まれるようになったかについてご説明がございました。私もある方から伺ったのですが、「『ある土地の所有者がわからないので、土地の名義変更をお願いしたい。』と依頼されて探しましたら、アメリカにおられることがわかり、そのアメリカの所在地を訪ねたら、何とそこは第二次大戦中の在米日本人収容所跡地でした。つまり、戦争中、米国政府によって収容された方が所有されていたのです。残念ですが、収容所から解放後、どこへ行かれたのかはもうわかりませんでした。」こんな話も聞きました。外国に行かれた方、そして、その後どこへ行かれたのか、わからないといった事例をどうしていくのかが大事ですね。

野田先生がおっしゃったことで感じますのは、法の手当てをしないと、役所

第21章 所有者不明土地問題研究会の問題提起とインパクト

では対処できないことです。公務員は、ルールに従わないと行動できませんから、必要とされるルールをどのように手当てしていくのかという法整備の問題があります。また、土地収用法のように、枠組みとしてはきちんとした制度があっても、実際にはなかなかうまく使えないことがあります。これをどのように使うかという運用の問題と2種類あると思います。

今回、所有者不明土地の利用の円滑化等に関する特別措置法、農業経営基盤強化促進法の一部を改正する法律、森林経営管理法の3本の法律をつくって、大きな一歩を踏み出したと思うのですが、まず野田先生から、この3本の法律についての評価を伺えればと思います。

野田 今は、民有林については、山林経営がとても採算に合わないということで間伐もされず荒れ放題になって、そのことが大きな災害を起こしているもとにもなっています。森林管理は、資源面からも、防災面からも極めて重要ですが、地権者が不明のケースが多く、対応が困難でした。そこで、間伐や造林事業なり、いろいろ森林管理の事業を地権者に代わって市町村などがやれるようにしたわけです。この問題も所有者不明の林地の扱いがスタートとなります。この事業をやるための財源として森林環境税を創設しましたが、その使い道について、より有効に地域で使えるように地方の市町村等が中心になって考えて欲しいと思います。民有林を中心に進めますので、国有林の場合は、林野庁直轄でやってもらいます。森林環境税とセットにして、この制度をつくったのです。いずれにしても、林地は、特にそうですが、昔から入会権的なものが多くて境界画定ができ上がってないのですね。

先ほど移民の話がありましたが、もう一つは、新憲法下によって相続制度が変わり、均分相続になったことです。家督相続であれば、まだ縦で1本で所有者を探索しやすいのでしょうが、均分相続になった結果、枝分かれが拡がっています。今まで放っていること自体が法務省も政治家も怠慢だったといえます。だから、その反省に基づいてやるんだよという話をしているんですよ。今、特に世界の変化のスピードが激しくなっています。今の森林の問題は、防災上においても喫緊の課題なのですね。

土地改良についても、基盤整備やため池の改修など、農業問題全部が絡むのです。そういうことも含めて、セットにして今回一緒に法案を通したということです。

盛山 増田先生は、どのようなご評価ですか。

増田 私は、今年法律が立て続けに3本成立したのは、考えていたよりもずっ

105

第四編　各分野における課題

とスピーディだったと思いました。これは自由民主党で野田先生、盛山先生が大きなお力を発揮されたがゆえに、役所もとうとう腰を上げたなと、私は評価しています。実は内心、もっと手こずると思っていたものですから。「所有者不明土地の利用の円滑化等に関する特別措置法」を見ると、利用権を設定できる期間が10年となっており、これでは短か過ぎるような気もするのですが、それにしても10年間は使える。もし、その間に所有者が出てきたときに金銭で調整しましょうという考え方は、まさにこれから必要な考え方だと思います。まず利用を第一にして、それで、実際にはほとんどは出てこないでしょうが、万が一所有者が出てきたら、事後的に金銭で解決するという考え方をとっていかないと、これからは解決に向かって進んでいけないので、その考え方をこの法律の中に取り込めたというのは非常に大きなことだと思うのです。

　ただ、いずれにしても、今も両先生からお話ありましたとおり、全体がまだまだ第一歩であって、この後きちんと、これに続く必要な法整備であったり、運用の改善をしていくということが必要なので、役所は、今、自治体への説明会を各地でやっておられるようですけど、早く次に続く動きをスタートさせてもらいたいと、期待を込めて、そのように思っています。

土地の所有から管理へ

盛山　増田先生から高い評価をいただきました。確かに10年は短いかもしれません。しかし、所有者の関係とは別にして、利用という観点で一定期間使えることができるようになったこと自体で大きな一歩だろうと思います。ただ、おっしゃるとおり、これから先にもっと大きな課題があると思います。増田先生と私は国土交通省の出身、野田先生は財務省の出身ですが、役所はなかなか自らが動くことができないことがあります。それをどうやって動かすかは、両先生良くご承知のところです。そういった中、自画自賛かもしれませんが、我々自由民主党で、平成28年10月18日に所有者不明土地問題に関する議員懇談会を、保岡先生に会長になっていただいて発足させました。そして翌年、平成29年4月14日には、所有者不明土地等に関する特命委員会を発足させて、この委員長には、野田毅先生にご就任していただいて、議論を進めてまいりました。

　与党が動いたために、渋々役所が従ったと、私自身は感じております。私は以前に法務省で仕事をしていたものですから、法務省も、国土交通省も、ある

106

第21章　所有者不明土地問題研究会の問題提起とインパクト

いは総務省その他の関係省庁も、最初は迷惑だなというような顔をされていま
したが、議論を積み重ねていくに従って、彼らも問題意識を共有してくれて、
積極的な議論を積み重ねることができたのではないかと思います。特に増田先
生には、お世話になりました。平成28年11月の議連の第２回の懇談会、平成29
年５月の第２回の特命委員会でお話をいただいて議論を一層深めることができ
ました。

　そして、今年の５月23日の第14回の特命委員会で「「所有者不明土地等に関
する特命委員会のとりまとめ」～所有から利用重視へ理念の転換『土地は利用
するためにある』～」を公表致しました。この議論をリードされた野田先生
に、所有から管理へということについてのお考えを伺いたいと思います。

野田　まず、土地については、所有より利用の方が優先する。「憲法第12条が
原点だ」と強調しました。第12条には、「この憲法が国民に保障する自由及び
権利は、国民の不断の努力によって、これを保持しなければならない」。そし
て、この権利や自由は、「国民は、これを濫用してはならないのであつて、常
に公共の福祉のためにこれを利用する責任を負ふ」と書いてある。これは、ま
ず大原則です。だから、所有権絶対主義ではないのです。第29条は、「財産権
は、これを侵してはならない。」とあり、「私有財産は、正当な補償の下に、こ
れを公共のために用ひることができる。」とあります。つまり大原則は、所有
権ではないのですよ。今までここの解釈が間違っていたのだと思います。

　要するに土地もそうなのですが、基本的に権利や自由は、公共の福祉と密接
不可分なのです。そういう意味でいうと、所有権絶対主義に少し毒され過ぎて
いるのではないかと思います。憲法解釈をみんな国民レベルで頭の中から変え
てみようじゃないかということです。「土地は利用するためにある」と。そし
て、同時に「管理する責任もある」と。これに関連して、よく安全保障問題の
いろいろな方面から、外国人の土地所有を禁じようという話がある。しかし、
日本人の所有者であっても、完全に中身を外国に支配されていれば同じです
よ。所有権だけで判断するのでなく、やはり管理権なのです。また、管理する
責任もある。ごみ屋敷だとか、自動車放置何とか、みんなそこです。憲法上も
ちゃんとあるんだから、やはり所有することは、管理する責任もあるという原
則を思い起こしてみよう、みんな所有権だけにこだわるから、おかしなことに
なるという話を皆さんにお話ししたということです。

　また、第一歩は所有者不明のところから来るんだけど、その次は所有者の権
利主張が過ぎた場合、「ごね得」への対応も少し検討が必要でしょう。収用に

107

第四編　各分野における課題

関して何のためにあるかと。適正な補償のもとに供託してやっていくという
「供託」制度の活用をもっと進めるとか。さらに、管理できないようなケース
をどうするか、その受け皿をどうするのかという、事実上の所有権放棄的世界
までどうするのかという、ここはこれからまだ次のステップの中でやっていか
なきゃならん課題だとは思います。差し当たって、とりあえず今、急いでやれ
るところからやりたいと思います。

盛山　増田先生は、この管理ということについてはいかがでしょうか。

増田　私は自民党の特命委員会にお招きをいただいて大変光栄なことでありま
したが、その場で野田先生が盛んに、憲法第29条よりも、むしろ第12条の意味
を考えるのが重要だよということをおっしゃっているのを聞きまして、新鮮な
気持ちになりました。それまでは正直、第29条の問題、適正な補償のもとに財
産権を使おうと、こういう世界でいろいろ物事を考えていたんですけど、確か
に第12条の権利の濫用の話がある。もっと広げてこの問題を考えていくという
ことで、まさに雷に打たれたような気がしまして、視野が広がったというか、
とても奥の深い問題であることに気付かされました。さらによくよく考えます
と、入り口は所有者不明土地というところから入ってはいるんですが、管理と
いうことを前面に考えると、今おっしゃったように、所有者はわかっているん
だけれども、ごね得ではないですが、権利の上に寝てしまっているような事
例、しかも、そのことによって公共が大変迷惑をこうむっている事例について
の解決策もこの枠組みの中で考えていけると思ったのです。そういうことに思
い至りまして、実は、私も盛山先生も、国土交通省という役所出身ですが、旧
建設、旧運輸両省とも、所有者を大変大事にして、所有者がはっきりしていな
いと腫れ物にさわるような感じで、収用に持ち込むのは、よほど何かへまを
やってどうしようもなくなったので収用に持ち込むような、そんな行政の流れ
を感じていたんですけれども、そうではなくて、所有者や所有権は、所有でき
ちんと大事にはするんですが、むしろ管理という概念がこれから一番大事にさ
れるべきではないかと、自民党の取りまとめで、ばんと理念の転換を打ち出さ
れたのは大変すばらしいことでありますし、この問題の奥行きをきちんと示さ
れた上でのことだと思いました。私は、現役をやめて大分時間がたちますし、
盛山先生も政治の世界に足を踏み入れられて長くなりますが、そうではなく
て、ずっとお互いに同じ官僚の世界にいたら、盛山先生は本質を理解されたで
しょうが、私は官僚としてこういうことを書けたかどうか。おそらく難しく
て、そこまではまだ無理ですよとしてしまったのではないかと思うので、こう

108

した理念の転換を政治主導でやられたというのはとてもすばらしいことと思いました。

盛山 法務省の民事局が難色を示したということも、立場上当然のことだと思うのですが、そこを我々の政治の力で、役所では動けないところについて、方向性を打ち出すことに意義があると思います。特に今の憲法に変わり、民法が昭和22年に改正され、第1条が追加されて、「私権は、公共の福祉に適合しなければならない。権利の濫用は、これを許さない。」となり、家督相続制度の廃止、子の均分相続、配偶者の相続権の確立がなされました。「所有権は、尊重しなければなりませんが、絶対ではありません。」との民法に規定されている趣旨、我々の訴えてきた大きな転換を図る思いが、この報告書に表されていると自負しております。

▶ 登記の義務化、変則型登記について

盛山 少し個別の論点に入りまして、登記についてお伺いします。登記については、義務化が議論されるようになりました。登記は、対抗要件ということが民法の大原則でございます。一般的に不動産売買の場合は、ご自身の権利をしっかりと確定したいということで登記をされるのですが、相続の場合には義務付けではありませんから、登記の手続をされない場合が多いようです。先ほど申し上げた民法改正による均分相続等によって、そして、それが二代、三代続くと枝分かれして所有者が多くなって、どこの誰に引き継がれたのかがわからないことになりますから、この相続の登記を義務化できるかどうかがポイントです。そして、その実効性を確保する仕組みをどのように考えるかです。仮に義務化するとしても、皆さんがきちんと手続きをとられるかどうかは別問題だと思います。

　次に、変則型登記についてです。昔の入会とか、共有地等で所有者や住所が不明である場合に、どのようにして真の所有者を確定していくことができるか。そして、これから多死社会になるときに、死亡届や戸籍の情報を登記に連携させることができるかどうかということもポイントです。

　先日、総務省の研究会で、住民票の除票や戸籍の附票の保存期間の延長について、5年から150年にということも含めて、紙ベースで保存していた情報をデジタル化して、150年保存することを検討すべきであるとの報告書が提出されました。所有者の探索について、現状を改善していくために、今後、何がで

109

第四編　各分野における課題

きるのかを考えなければなりません。また、法務省においても、「登記制度・土地所有権の在り方等に関する研究会」が検討を進めているところでもございます。この研究会で、できるだけ早く検討を進めていただいて、年明けには法制審議会に諮問してもらいたいと願っているところです。

　そのような動きがあるところですが、不動産物権変動における対抗要件主義についての評価、効力要件主義を採用するかどうかといったこと、変則型登記について、また、登記簿と戸籍等の連携について、まず野田先生、どのようにお考えでございましょうか。

野田　明治以来、登記について対抗要件主義を採ってきていますが、登記が義務化されていないこともあって、登記上の名義と実態が乖離しているわけです。個人的には対抗要件主義は見直す必要があると思います。ただ、改める場合にどういう問題を克服すべきかよく勉強してもらいたいと思います。

　相続の登記について、義務化することも検討すべきですが、相続人が敢えて登記をしなかった場合にどうするか、保護されないとするか、しないのか。相続放棄的な意味合いもなくはないでしょうから、その場合はどうするのか、様々な側面から勉強してもらう必要があります。変則型登記の解消の話は、来年の国会に提出することで決めていますから、そのあたりは、整理できるのではないかと思います。

盛山　増田先生はいかがお考えでしょうか。

増田　民法学者の方にお話を聞くと、日本は100年以上にわたって効力要件主義をとらずに対抗要件主義で来ているわけだから、これを変えるというのは事実上難しいですよという方ばかりで、やはり、そちらの世界の人たちは、皆さん、そういう考えなんだろうなと思うのです。ただ、これは考え方なのですが、今のままだと、戦後に均分相続を採用して、大きく制度が変わっている中で登記簿の意味がどんどん変化していくのではないか。もちろん、学者の方は、登記簿というのは真の所有者をあらわす台帳ではないので、登記簿に真の所有者が全部書かれている必要はないんだとおっしゃるのですが。しかし、今後、団塊世代に大量相続が発生すると、さらに所有者の探索が難しくなり、登記簿というのは一体何のためのものなんだということになりかねない。今のままで制度を放っておくわけにはいかない。私は、ぜひしっかりと検討してもらって、登記の義務化ができれば一番いいと思っています。義務化をどう担保するかの議論は必ずついて回りますが、義務化をした上で、相続の際に、登記しやすいように登記料を軽減し、いろいろ面倒な手続きを司法書士の方とか士

業に携れる皆さん方が協力して、簡単に相続登記ができるような仕組みをつくっていただきたいと思います。近々に、法制審議会でいろんなことを検討されるでしょうけども、ぜひ実現していただきたい。

　今、野田先生がおっしゃったように、変則型登記は来年解決されるようですし、登記簿と戸籍簿の連携など、デジタル化の時代ですから、これからのやり方によっては、いろいろな土地情報の連携の仕組みができるはずですので、そういう仕組みを今後に向けて是非つくっていただきたいと思います。

野田　今まで法務局では、人減らしばっかりになっていましたが、今年は法務局の定員を初めて1人増やしました。今度は初めて積極的に法務局の登記官のほうから、長い間、相続登記が行われてないところをこちらから調査しようということで、攻めの行政にも向かいます。

盛山　私も、法務省にいましたから、申し上げ難いところはありますが、法務省全体の定員削減の一番の受け皿に、法務局がなっていたこともあります。今になって、もう一度登記を見直さないといけない、地図もしっかりと作らないといけないということから、定員も少し増やそうとなりましたので、今後、法務省も法務局の定員を含めて、そのあり方を検討していくことになると思います。

　まず、対抗要件ですが、民法の基本原則をここで修正するかどうかは、大きな議論があるところです。増田先生おっしゃるとおり、早稲田大学の山野目先生も含めて、ここは一番抵抗感が強い、核心部分であると思います。対抗要件主義を維持するとしても、登記を真の所有者を表す形にはどうしたらよいかです。登記の義務付けができるのか、義務付けをしても相続で揉めるケースもあります。うまく決着がつかないと登記ができない事情もありますから、そういったところを含めて、真の所有者をできるだけ早く明確に登記してもらうためのインセンティブをどうすればよいのかも考えていかなければ、ただ単に登記を義務付けして、鞭で叩くだけではうまくいかないと思います。所有者にとっても、「きち

盛山議員

第四編　各分野における課題

んと登記したら、メリットがあるんだね」と感じていただけるような制度をど
うつくるかが大事です。そして、増田先生もおっしゃったとおり、登録免許税
もかかりますし、一般の人では、ご自身で手続きをすることは難しいですか
ら、司法書士の方にお願いしないと登記することができませんので、その費用
もかかります。

　また、先日、林業の方から話を伺いましたら、広大な山林が分筆されてい
て、それぞれの手続きをすることは、「地図の作成も大変ですが、登記の費用
も大変なんです。」とのことでした。そういったところも含めて、どうすれば
うまくいくのか、実態をふまえて考えなければならないと思っています。

所有と管理について

盛山　次に、所有と管理についてですが、ここには大きな課題があると思って
おります。どこまでが所有者の責務であるのかということです。先ほど増田先
生からお話がありましたけれど、公共事業、特に災害に対する復旧・復興の現
場でどのように対処すればよいかがポイントかと思います。国民の皆様、土地
の所有者の皆様は、このまま管理放棄された土地が増えていけば、特にご自身
がお持ちの土地の場合は隣地の方に、雑草とか害獣・害虫が出るだとか、いろ
いろ迷惑をかけることを心配しておられると思います。経済活動にも悪影響を
与えるでしょうし、防災や水源地にも、地球環境保全にも関係すると思いま
す。

　バブルの時代の昭和63年に総合土地対策要綱が閣議決定され、土地の所有に
は利用の責務を伴うということが明示され、平成元年に成立した土地基本法に
は、適正な利用ということも規定されましたが、これには、「土地は持ってい
れば絶対得をする」、「土地の売買で儲けた」という時代背景もあって、高騰し
ている地価をどのように抑えようかという観点で制定されたのが土地基本法で
す。ところが、今や環境は全く変わり、人口が減少し、特に地方では土地の価
格が下がっています。このような時代に、土地の適切な管理、利用、その責務
をどう考えていくのかが難しいところです。この夏には、豪雨、台風、地震の
災害が起こりました。災害時において、所有者がどこまで管理責任を負うのか
という問題もございますので、「所有から管理へ」とうたってはいるものの、
管理責任も含めて、どこまで所有者が責任を有するとするのかが、なかなか難
しいところです。議論が必要である大きなポイントだと思うのですが、これに

第21章　所有者不明土地問題研究会の問題提起とインパクト

つきまして、増田先生はどうお考えですか。

増田　今、土地基本法の話がございましたが、この法律はバブルの時代の地価が高騰することを背景につくられた法律です。私は建設省に昭和52年入省です。盛山先生と同期入省ですけれども、2年目に国土庁の土地局に出向して、そこで真っ先に指示されたのは、その直前まで土地が投機の対象になっており、その後もまだそういう流れは続いていたので、国土利用計画法の規制区域制度の発動を、いよいよせざるを得ない時期が来るのではないか。この制度は、相当な強行の規定だけれども、きちんとした運用ができるようにいろいろ準備するようにということで、それを1〜2年、土地局の土地政策課と土地利用調整課というところでやらされました。したがって、私は、土地は持っていれば必ず将来高騰すると、入り口からそういうことを仕込まれつつ役人生活をスタートさせたわけで、土地を持つことが負担になるなどという昨今の状況には驚くばかりです。土地基本法も、今の時代とは成立時の時代背景が大きく異なってきているのです。

　したがって、法律の規定を見ますと、国、地方公共団体の責務が書いてあります。事業者の責務も書いてあり、一般国民の責務は書いてあるのですが、肝心の土地を持っている人の責務については何も触れてない。また、大きく時代背景が変わっている中で土地基本法の理念も大きく変えていく必要があるだろう。この間、その話を現役の諸君にしたら大分困った顔をしていましたけどね。余り重たいものを背負わさないでくださいと言っていましたが、憲法との関係を踏まえた上で、土地所有者の責務を今回書き込んでもらって、今後の第2弾の改正を、そういう大きな理念のもとに進めてほしいと思います。

盛山　今、お話が出ました土地基本法の改正を含めて、野田先生はいかがですか。

野田　その頃、土地局長は藤原さんだったと思いますが、私が建設大臣の頃かと思います。特にあの頃「土地神話」という言葉がありました。土地は持っていれば値上り益が大きく、当面の利用計画が

増田座長

113

第四編　各分野における課題

ないのに土地取得する仮需がさらに地価を上げる状況でした。だから、空閑地税とか、特別土地保有税だとか、保有課税を強化したりしました。金融面でも、融資規制の必要が叫ばれました。料理屋さんの1年間の営業収益より、土地の値上り益の方が、はるかに利益が大きいという極端な時代でした。そもそも、土地は利用するためにあるのが、土地基本法を制定したときの基本原則なのです。しかし、今は利用するだけではなくて、管理する責任もあるという視点も必要でしょう。まさに増田先生がおっしゃったように、土地基本法の理念を「利用」と「管理」という2本柱を大事にしたいと思います。とりまとめの中でもこの点に言及しております。

盛山　次期国会に向けて、特命委員会で土地基本法の改正も含めて、また議論を重ねていかないといけないと思います。

増田　先生方にぜひその方向でお願いしたいですね。

盛山　ただ、土地基本法は改正するにしても、所有者が土地の管理責任をどこまで負うのかについての議論をしっかりとしなければならないと思います。

野田　法律をつくるためには、特にそこは大事なところですね。

盛山　例えば擁壁があるとして、この擁壁の管理責任は、土地の所有者とすると集中豪雨災害で想定外の土砂崩れが起こった時に、どこまで責任を持つのかということもありますので、一定程度に責任が限定されていないと、そんな土地はとても怖くて持てませんと、なりかねないと思います。

野田　これは民間の所有者の場合もありますが、大体、国も避けたいのは、管理責任を問われたときが一番難しいですから、すぐには引き受けられないのですよ。

盛山　今回の集中豪雨災害ですと、私の選挙区で、山裾で無理な開発をしているところに被害が発生しています。そこは民地、私有地で、道路も私道になっています。そういうところの土地を誰が責任を持って管理するかになると、これは、一工夫していきませんと難しい問題だと思います。

増田　いろいろなケースを見て考えないといけませんね。話は変わりますが、今年、大分県の耶馬渓で雨も全く降ってないのに山が崩れる災害があり、6人の方が亡くなられましたよね。そこの土地の所有関係はどうなっているかわかりませんが、晴れた日でも、そういう災害も間々あるわけで、しかも集中豪雨が頻発しているときに、今おっしゃったように、ここから先は自然災害として個人の責任は問わない。それ以前は所有者の責任を問うとか、そのあたりの区切りをどのようにつけないといけないのか、十分な議論が必要だと感じます。

114

第21章　所有者不明土地問題研究会の問題提起とインパクト

野田　これは大変難しい問題だと思います。今まで、このようなことを議論されてなかったと思うのです。

増田　そうですね。

土地の放棄について

盛山　今回の増田研究会の報告の中の一つのポイントに、土地の放棄があると思います。戦後の高度経済成長に始まって、1960年代以降、人口が地方から大都市へという流れが大きくなって、そして、次の世代に変わり、親御さんの家がある地方に住む人がいなくなってきました。農地、林地だけでなく、家屋敷までも管理ができない状況になりつつあります。相続をされた方に、田舎にある実家の土地を管理しろということは難しく、現実的ではないと思いますし、そういう方に管理を強制するわけにもいきませんから、どうしても受け皿が必要になると思います。

　私はその受け皿は、地方公共団体ではないかと思うのですが、ただ単に土地の放棄を認めることは、地方公共団体の立場からすると、それはとても無理ですよ、となると思います。行政目的がある土地は購入できても、それ以外のところまで無差別に押しつけられても困るということです。当然、費用もかかれば、それを管理する職員も必要になるからです。今後、さらに少子高齢化で多死社会になっていくわけですから、不動産の放棄を議論する場合には、受け皿やそれに対する費用等の問題に対して、地方公共団体だけではなく、国も含めて、そのような状況を踏まえた上で、管理のあり方、放棄のあり方をどうするのかを検討しなければならないと思います。

　長期間放置された土地の所有権のみなし放棄制度も問題になっていますが、今回の法律で、利用を認めることになりました。しかし、とりあえず10年ということですから、10年後には法律の見直しも当然しなくてはなりませんが、そこで所有権をどうするということになるのではないかと思うのです。土地の放棄について、増田先生はどのようにお考えでしょうか。

増田　既に所有者がわからなくなってしまっている土地は、利用権を認めるとか、そういう制度が必要なのですが、大事なことは、これ以上、所有者がわからない土地を増やさないということです。そうしますと、今、先生がお話になったように、間もなく大量相続が始まるときに今のまま放っておくと、今は所有者がわかっていても、しばらくすると所有者がわからなくなる土地が増え

115

第四編　各分野における課題

てしまうというのが目に見えているわけです。私の知り合いも、田舎に残している実家が空家で、息子たちは見たこともないし、相続したくないといっているので本当に困ったと悩んでいます。このケースは世の中に多いと思うのです。したがって、所有者は今わかっているけれども、その人がどう考えても今後使う見込みがないし、その土地を買ってくれる人もいないので、これをどこかで引き取ってもらうということができないか。まさに相続の場合以外に認められてない土地所有権の放棄制度。所有者がいる段階で生前に所有権を放棄する仕組みというのはどうしても必要になってくるのではないかと思うわけです。

　そこで私どもの研究会も、一応、去年で閉じるつもりでしたが、やはりこの問題については、もう少し深掘りをしておこうということで議論を再開し、アメリカのいわゆるランドバンクですね。あのような仕組みをよく勉強して、日本でどう応用できるか考えようということで、日本版のランドバンクはどういう形で可能なのかどうか、検討を始めたところであります。今、盛山先生がおっしゃったように、どういう場合に放棄を認めるのかとか、あるいは引き取るのか。そのときのお金はどうするか、誰が今後管理するのか、という大きな問題があるのは重々承知なんですが、役所ではちょっと荷が重過ぎてできないでしょうから、我々のように、もう少し身軽なところでこの問題を深掘りしたいと思います。考え方は二つあると思っていまして、公共団体、あるいは公共団体そのものというよりは、ランドバンクのような公的な組織で引き受けるとした場合でも、ネガティブリストにするか、ポジティブリストにするか。今はすぐ使えないけども、将来、何か使えそうだなというものを持つということだと、かなりポジティブな形で引き受けるということですが、そうするとあまり量は多くはないと思います。そういう制度もあるでしょうし、一方で、自分で抱えられないという土地を全部引き取るとなると、投機目的で取得したものとか、犯罪に関わるとか、そういうケース以外は引き取るというように、ネガティブリストにすると、今度は、量が増え過ぎるのではないか。結論はこれからということにはなりますが、とにかく公的なところがきちんと持つような仕組みを日本で実現できるようにしようと思います。

　また、ある程度山林も持つことになるだろうと思うので、そうすると、ガチガチの管理の仕組みではなく、粗放的管理というのですかね、必要最低限のお金しかかけずに、自然に近い形で、災害にだけはつながっていかない粗放的管理のような形で置いておくということも、あり得るのかなと思います。

　今の段階の議論は、まだ未成熟なのですが、この問題について、アメリカは

第21章　所有者不明土地問題研究会の問題提起とインパクト

33の州でランドバンクができているようですし、ヨーロッパでも、ざっと調べたところ、ランドバンクという言い方はしていませんが、将来使える可能性があるところを公的なところで持つという仕組みを持っている国、北欧にもあるようですし、ドイツ、フランスもそれに近い仕組みがあるようです。あちらでは州で持っていたりするので、そのあたりも整理して、来年の春ぐらいまでに取りまとめて、機会がございましたら、また特命委員会などでお招きいただいたらご報告したいということで今作業を進めているところであります。

盛山　是非、よろしくお願いします。野田先生はいかがでございますか。

野田　今、お話を伺って、全くそのとおりで、是非よろしくお願い申し上げたいと思います。同時に土地だけでなくて、空家も似たようなことを抱えていまして、これも今、空家バンクとか、いろいろなことがあるわけですが、それも連動させながら、勉強して対応を進められるようにしたいと思います。

盛山　おっしゃるとおりだと思います。家屋がある場合もありますから、それをどうするのか。そして、家屋の状態によっては、解体が必要となりますから、その解体を誰がするのか、費用を誰が負担するかということも課題であると思います。

　増田先生がおっしゃったように、所有する主体をどこにするのかということと、管理する主体をどこにするのかも含めて考えないといけませんから、考え方のバリエーションは、いくつかあろうかと思います。ただ、現状は、地方の土地や家屋を管理できない人が増えています。その実態を踏まえて、対応を考えていかないと今の状況が改善されることにはつながらないと思いますので、是非いろいろなご提言をお願いしたいと思います。

増田　わかりました。

共有する不動産について　（所有の金銭供託、補償）

盛山　私が以前から問題意識を持っておりますのは、共有不動産の処分についての合意制度です。今後、都市において再開発も含めていろいろな課題があると思うのですが、共有マンションの場合で、所有者はわかっていても、野田先生が「ごね得」という話をされましたが、一部の反対をされる方がいたら、再開発等が全く動かなくなってもよいのかということにもなるわけです。所有者不明土地問題の応用として、公的な再開発等を進めていくときには、例えば金銭供託、補償をうまく組み合わせる形で、事業を進められるような、仕組みを

117

第四編　各分野における課題

合わせて考える必要があると思うのですが、野田先生は、いかがお考えでしょうか。

野田　公的セクターが何か事業をやろうとする場合に共有地であったり、そういうのがあるのは、供託してやっていくというのを大いに活用して、いわゆる収用対象事業でもそうなんですね。もっと積極的に供託を活用するべきだろうと思っています。ただ、民間のマンションの所有権のような場合は、民間同士、お互いの利害関係のある場合は、少し違うのかもしれない。そこは公的セクターで何かのことをやろうという場合、まだやりやすい。民間同士の間の共有でお互いの中の利害関係の調整というのは、少し違った切り口が要るのかもしれません。つまり公益的というか、公共の福祉という大前提がある場合のやり方と、公共の福祉という枠組みではない場合の私権の調整という場合の利害調整の仕方というのは、若干、切り口が違ってくる可能性はあるかもしれない。マンションなんか、特に。

盛山　私の選挙区で阪神・淡路大震災後に建て直さないといけないマンションですら、合意が形成されて、マンションが建ち上がるまで20年かかった例があります。どこまで私権を重視して調整を行うかということになるわけですから、工夫の余地があると思います。

野田　全員が合意するまでって、なかなか難しいことですね。民間の調整の場合は、それはそれで、一つの考え方に基づいたルールをつくっておかないといけないと思います。

増田　最近、タワー型マンションが多くなりましたのでね。

野田　特にこれから増えていくからね。今から、それはやるべきだと思いますが、公共的な事業をやろうする場合の問題と少し切り口は、違っていいと思うのです。

増田　タワー型マンションは、将来、40年、50年後に建替えが出てきたときに、それは大変な問題になりますよね。

盛山　マンションや共同ビルが建ってから、50年、60年経っている物件がありますが、これは深刻な課題ですから、検討の必要があると思います。

増田　そうですね。

国や地方公共団体に対する要望等

盛山　最後に、増田先生は、ここまで様々な壁に阻まれながら、いろいろな調

査検討をされたわけですが、国や地方公共団体に対してのご要望やご注文などがございますか。

増田 私は、自民党でこれだけ積極的に土地に関する様々な問題をお取り上げいただいているので、それが物事を進めていく一番大きな力だったと思っています。まさに両先生おっしゃったように、政治判断が伴わないとこの問題は動かないと思います。そして、そのときの我々、民間の役目（役割）は、きちんとしたデータを示すこと、このことが国会での審議につながると思いますので、総務省、法務省、財務省、農林水産省、国土交通省、全国の自治体で、いろいろなデータを個別に持っているので、それらを是非うまく統合しやすい形で公表していただければ、我々の名前でまとめて先生方にお渡しすることができると思います。あとをどうするとか、考えすぎたり、余り尻込みしないで、とにかくきちんと、できるだけ目に見えるような形でデータを出していただきたいというのが各省庁や各自治体に対するお願いです。

　それから、この問題について大事なのは、土地を持っている人と持ってない人で全然受け取り方が違うということです。土地を持っている人は切実なんですが、持ってない方は何のことかさっぱり解らないし、そもそも無関心なんです。ただ、均分相続ですから、権利者がどんどん広がっていって、親族が関係したり、大量相続時代になると、これはすべての国民にかかわってくる問題だと、そのように私は思うので、自民党の特命委員会でいろいろご議論されると思うんですが、是非両先生にはこれからも議論をリードしていっていただきたいと思っております。

第四編　各分野における課題

盛山　最後に、特命委員会の委員長でもいらっしゃいます野田先生から、今後どのように取り組まれるのかについて、お伺いします。

野田　まず、実際、今まで用地取得に奔走してこられた前線の人は、市町村の職員であったり、都道府県の関係者であったり、本当に心からその苦労を思います。私が平成元年に建設大臣になったときに、その問題は、かねてからの経験の中でいかに苦労しているかということですから、「用地取得に当たる人たちの苦労をしっかりみんな頭に置いて対応するように」と、就任のときに訓示したことを覚えています。地味ですが、一番大事なことです。地権者がわからないのを探索するのも大変ですが、わかっていて説得するというのはもっと大変です。地権者は、昼間はそう簡単にいないし、夜は夜で、どれだけみんな苦労しているかなと思います。だけど、その苦労の甲斐があって、事業ができているわけだからという思いがありました。

　それから、土地収用事業の話をしましたが、若い頃、河川改修の事業の際に地域の住民に全員の署名をとって、収用執行のために衆議院で請願の採択をしてもらったんです。やはり署名を集めて請願で採択して、お墨つきがあると行政はやりますよ。だから、地方の公務員の皆さんにだけ負担をかぶせてやらせるだけじゃなくて、やっぱり地域にとって大事なんだというのであれば、地域の住民の署名を集めて、収用の執行について請願という手続をとって、衆議院なり参議院なりで採択するようにすれば、いかに現場がやりやすいかということです。この手法を是非お勧めします。国土交通省の役人や県の役人だけでしたら、それは現実問題として動かないです。あとのリアクションを考えれば、ただ、住民も人任せではだめですよと。本当に必要なら、自分たち自身のためにやってもらうんだという感覚がないと、できませんから。

盛山　今後しっかりと取り組んで、次の通常国会に所有者不明土地問題についての法案を出せるよう準備していきたいと思っております。今日は長時間、誠にありがとうございました。

（平成30年9月5日）

第22章　地方公共団体の立場からの課題

第22章
地方公共団体の立場からの課題

【対談】

久元　喜造（神戸市長）

> ### 地籍調査、地図作成

盛山　今回、所有者不明土地の問題について、特措法がやっと成立したのですけれども、久元市長は、この所有者不明土地の問題について、これまで様々な形で係わってこられました。特に私が法務副大臣在任時に、地方公共団体が空家対策を進める際に空家対策法の不備があり、改正が必要であるので対応してほしいとのご要望や地方公共団体としてどのように取り組むのか、そんなお話も致しました。また、増田研究会にも久元市長はメンバーとして当初から参加されておられます。

　まず、現状について伺いますが、主に法務省、国土交通省の問題ですが、地籍調査、地図の作成については、現在、地籍調査は全国でまだ半分ぐらいしか進んでない。つまり、残りが半分ぐらいあるということです。また、その中でも大都市圏が割合遅れているようですが、大都市圏は、地権者（所有者）の関係が難しいのでしょうね。神戸市としては、どのように見ておられますか。また、所有者不明土地の地籍調査、地図作成とは別の観点ですが、所有者不明で固定資産税が収受できない土地があると思うのですけど、どのようになっていますか。

久元　まず、地籍調査は、昔からやっているのですが、正直、神戸市でも遅々として進んでいないのが実態です。この地籍調査の進捗状況は、大きな差異がありまして、全国的には進んでいるところもありますけれど、神戸市は全体で14％です。総じて大都市は低いですね。進んでいるところでも、横浜市が38％、新潟市が36％。札幌市は3％、大阪市が11％、京都市は1％のようです。大都市があまり進んでいないということです。

　正直、私もこの地籍調査の実務を直接やったことがないのですけれども、担

121

当部局の話では、「とにかく、これは難しいんです。」と聞いています。「境界が画定をしないことには、わからない。」ということです。そのためには、関係者をくまなく調べて境界を画定させる必要があるのですが、この調査にはすごく手間取りますし、財政的にも、人員的にも不十分なので進んでいないと。本来、どんな仕事でも、予算がないからできませんとか、職員の手が足りないからできませんということは、単なる言い訳でしかないと思うのですけれど、ただ、この地籍調査については、神戸市の担当部局だけが言い訳に終始しているのではなくて、全国的に見ても、他の大都市もこういった状況であるということは、やはり根本的に、今のやり方でよいのかどうかを是非考えていただきたいと思います。

　結局は境界画定の問題なのですね。境界画定について、所有者が現にわかっている場合でも、とにかく公図がないとか、登記簿ではわからないとか、未画定のままなので当事者同士の話し合いが進まないとか、あるいは所有者不明土地がそこに介在していると手の打ちようがないということになってしまうので、是非盛山先生のご意見もお伺いしたいと思うのですが、私はやはり今のままでは進まないと思います。それが地籍調査です。

　それから固定資産税については、これは少し状況が違っていて、結論からいうと、所有者不明土地があるから固定資産税の徴収に完全に支障が生じていて、固定資産税の税収に大きな穴があいているということはありません。

　数字だけ申し上げますと、神戸市の納税通知書の送付数は、58万件ですけれども、所有者が不明であるために課税対象から外しているという取り扱い、これは「課税保留」というのですが、平成30年度では約200件です。200件は多いように感じますが、しかし、元々評価が安い土地が多いので、固定資産税全体の影響額は940万円です。固定資産税の総額は、平成28年度で、1,103億です。税収の全体からの940万です。約0.01％というところでしょうか、そんなに大きなものではありません。

盛山　そうですね。0.01％では微々たるものですね。

久元　微々たるものと思います。面積では20haで、課税対象の地積全体では26,900ha あるのですが、そのうちの0.08％です。多いのは、宅地が約４割ですけど、法人が造成をした際の開発の残地とか。こういう残地は、元々そのまま開発で残ったわけですけど、それが相続をされないということで不明になっているとか、そういうところが多いですね。

盛山　わかりました。久元市長の話にもありましたが、公図作成であり、地籍

第22章　地方公共団体の立場からの課題

調査であり、遅れている最大の原因は、土地の境界画定が難しいということではないかと思うのです。今後の取組みを検討しなければという話もありましたが、境界の画定の合意をどのように得ていくのか。そして現在でも、登記上の所有者に連絡をしても、なかなか連絡がつかない。あるいは、3人はわかったけど、1人わからないとか、そのような場合にどこまで探索をしないといけないのか。どこまで隣地との境界の画定を厳密に判断するのかとか、ということになると思います。

　次に、「変則型登記」についてはご存知ですか。

変則型登記

久元　大まかには知っています。

盛山　一人の名前があり、誰々ほか何名となっていて、それ以上は何もわからないような、そういう登記も神戸市内に結構あると思うのです。今、特に街づくり、公共事業を進めるに当たって、事業がうまく進まないとか、手がつけられない事例が多いのではないかと思うのですけれど、そういう場合、神戸市としては、どのような対応をされておられるのでしょうか。

久元　まず変則型登記というのは、これは盛山先生には釈迦に説法かもしれませんが、念のため説明させていただくと、不動産登記の表題部の所有者欄に氏名、住所が正確に記録されていない登記のことで、様々なパターンがあります。例えば氏名だけが記載されているもの、そして住所が記載されていないもの、あるいは、共有地で代表者のみが記載をされていて、某ほか何名というようなもので、何名かの氏名、住所の記録がないというものがあります。これは共有地とか、それから財産区有地とか、あるいは入会地とか、様々なパターンがあるわけです。

　これが発生する大きな原因には、境界画定がきちんとできてないということが多いと思うので、境界画定の話は、新しい仕組みを是非法務省を中心に考えていただけないかと思います。つまり、先程盛山先生がいわれた、境界画定で協議をしようと思っても、所有者不明土地があると出てこないので話がそれ以上進まないということです。これは、境界画定を裁定する、例えば第三者機関というものを法務局につくるか、あるいは自治体につくるかということを考えていかないといけないのではないかと思います。第三者機関には、弁護士とか、ほかの専門の士業の方が委員として入って、それで所有者が不明であって

123

第四編　各分野における課題

も、これを何らかの方法で合理的な境界、とりあえず仮の境界の案をつくる。これをネットで公告して、不満がある者は何日以内に申し出をするようにということをして、何らかの方法で一定の期間に申し出が出なければ画定させるということが考えられます。そうでもしなければ、これはいつまで経っても境界画定できないし、地籍調査も進まないし、変則型登記も解消しないということになると思います。

　これは、私見ですが、自治体の事務というよりは国の役割に関することと思いますので、法務局でやっていただくか、あるいは自治体でやるとしたら、これは法定受託事務として、法務省所管の国の役割に関する仕事を自治体の事務としてやるということになるのではないでしょうか。より専門的な見地から法務省で考えていただければありがたいなと思います。

　それから、所有者不明土地で事業が進まないということはあるわけですが、それによって神戸市の街づくりが致命的に遅れていることはないと思います。例えば地方に行きますと、過疎の市町村とか離島では大量に所有者不明土地が発生していて、実際に道路が通らないとか、圃場整備ができないとか、災害の予防工事ができないことが発生していて、これは農山漁村、中山間地では深刻な問題になっています。

　神戸市については、そこまではいっていません。しかし、散発的に事業が進まない場合がでてきています。例えば、公園整備後、公園管理者に土地を引渡し、残地を処分したくても、隣接地に所有者不明土地があって、土地の境界が画定できず、管理者への土地の引渡しができないし、残地の処分もできない。因みに、ここの所有者不明土地に老朽化した文化住宅がありまして、その隣には人が住んでいる一戸建ての家があるのですけれども、おそらくかなりの迷惑をかけているのではないかなと思います。

　もう一つ、これは民間の土地ですけれども、神戸は山間部にかなり老朽化した住宅がありまして、これが空家になって、擁壁をきちんと管理していないために崩れかけてきている。これに対しては、宅地造成等規制法に基づく改善勧告をして直してもらうということなのですけれども、そもそも名宛て人がいないので、これに対して勧告はできないという例があります。それから、急傾斜地崩壊対策事業をやりたいという土地があるのですけど、ここに所有者不明土地があるということで、そもそも急傾斜地崩壊危険区域の指定もできない、事業もできないというところがあります。

　それから、神戸市にはかなり私道があって、私道については、例えばこの前

124

の豪雨災害のときも、土砂災害が起きると、これは民地ですから、住民のみなさんに対応してもらわないといけない。これを神戸市が公道として買収すれば、あるいは寄附を受ければ、災害が起きても神戸市としては事業はできますが、ここに所有者不明土地があるために、公道化の申請ができないということがあります。そういったことが代表的なところです。

盛山 久元市長がご紹介されたように、7月の西日本豪雨災害、こういう場合に所有者がわかっていても、緊急対策を打つのもなかなか困難であることがあると思います。さらに、その土地が所有者不明土地であれば、もっと難しいことになりますね。それは六甲山の上の家屋、あるいは六甲山の麓の急傾斜地の宅地、あるいは私道、こういったところにも大きな問題が出てくる場合もあるということですね。

久元 はい。

所有者不明土地の特別措置法

盛山 所有者不明の土地があることによる致命的な公共事業の遅れはないけれども、個別の案件では、それなりにご苦労されておられる。多分、市の職員の方が、可能な限り所有者を探すという作業でご苦労しておられる、こういうことだと私も理解しているところです。

今回、所有者不明土地の特別措置法、農林水産省が所管の農業経営基盤強化促進法の一部改正法と森林経営管理法の3本の法律を、やっと制定しまして、宅地だけではなく、農地、林地についても一歩進めることができたと我々は考えています。これらの法律について、久元市長からの評価はどのようなものでしょうか。

久元 これは大変高く評価しておりますし、感謝しております。先ほど盛山先生はやっとといわれましたが、私も長く霞が関に身を置いた立場からすれば、これは極めて迅速に対応していただいたと思います。指定都市市長会が所有者不明土地に対する提言をまとめました。すぐにこれを受けて、骨太の方針の中に所要の法案の提出を検討するとまで書いていただいて、そして今度の通常国会、これは相当難しい国会だったと思うのですが、そういう中で成立していただきました。その前提として、国土交通省や法務省が中心になって、関係省庁が連携して法案を取りまとめいただいたことは大変ありがたいと思っております。

第四編　各分野における課題

指定都市市長会として要望したものが、かなり盛り込まれています。特に所有者不明土地の管理のために必要がある場合には、地方自治体が家庭裁判所に財産管理人の選任を申し立てる制度があり、今までは債権を持っているとか、利害関係人に当たるという場合しか申し立てができなかったわけですけれども、公益上必要がある場合に地方自治体が申し立てをすることができる制度が創設されました。これは盛山先生が法務副大臣のときに直接お願いをいたしましたが、取り入れていただいたということで非常にありがたいと思っております。是非これを活用して、神戸市としても所有者不明土地対策を進めていきたいと思います。

盛山　高い評価をいただいて誠にありがたいと思います。久元神戸市長ご自身が、長く自治省、総務省を通して行政官として問題意識を常にお持ちであったからこそ、空家法ができても、空家法においての神戸市、あるいは地方公共団体としての役割を発揮するために、様々な案件に対し意見をおっしゃることができたのであり、また、指定都市市長会として、神戸市長が議論をリードされることができたのだろうと思います。

戦後、家制度、家督相続制度がなくなって、長子が相続をすることがなくなり、配偶者を含めて子供の均等相続になって相続人が増えてきました。そして、高度経済成長で社会的な移動も増えてきました。つまり、その地域にいない不在地主化する人（土地）が多くなった。それが戦後70年を経て課題が大きくなったことで、平成28年に自民党の中に所有者不明土地問題の議連をつくり、その後、特命委員会をつくり、その結果、平成29年の夏の骨太方針を受けて、この通常国会での特措法の成立となりました。そういう点では、私も霞が関におりましたが、霞が関の常識から考えると、かなり迅速に成立に至ったと思うのです。ただ、70年間手をつけなかった結果、今、所有者不明土地問題は大変深刻になっています。

特に、我々の少し上のベビーブーマーの世代がもうしばらくすると、後期高齢者になって、多死社会に入っていくことが予見されています。そうなると、一層、相続、登記をどうしていくのかが、大きな懸案となっています。今回、この特措法を成立させることができたことは、大変大きな一歩であると私たち自身も自負しています。ただ、これは、まだ最初の一歩にすぎません。小さな一山を越してみると、その目の前には、すごく大きな山がそびえ立っていると感じています。それに対して、これからどう取り組んでいくのかというのが我々の率直な実感なのです。

126

その関係で伺いたいのですが、今、登記は義務付けをされていないのですね。相続税は、税務署がしっかり捕捉しておりますので、相続税の手続は、皆さんされても、登記は、登記手続きに費用もかかりますし、書面を探したり、そろえるのにも手間暇かかるので、相続があったからといって登記手続きをすることには必ずしもつながっておりません。今後、死亡者数が多くなってくることが見込まれている現状の中で、死亡届、そして戸籍、登記の変更をどのようにリンクさせていくのか。場合によれば、登記の義務付けを含めて土地の所有者を正確に把握していくという必要性などについて、久元市長はどのようにお考えでしょうか。

登記簿と戸籍の連動について

久元 登記を義務付けるという意見は、自治体の関係者の中にもあります。指定都市市長会の提言の中でも、そこに触れています。しかし、それが現実的なのかどうか。義務付けたとしても、義務の履行をどう担保するのかを考えると、お願いをしながら申し訳ないのですけれど、そこは、相当な議論が要るだろうと思います。民法制定以来、登記が対抗要件だという考え方で、きているわけですから、これをさらに進んで効力発生要件にするとか、あるいは義務付けるということが現実に可能なのかと思います。例えば義務付けたとしても、これを担保するのが、非常に少額の罰金とか、あるいは過料ということは、果たしてそれで登記をするのかということになります。そもそも、そういう法律違反が広範に発生したときに罰金が本当に課せられるのかという実効性の問題があると思うのです。そういうことを考えれば、まず、市町村が死亡情報を受け付け、死亡届を迅速にネット上で送信し、死亡者が発生したときには、法務局から早期に相続登記を促すということは、実務上は可能と思います。

　さらに進めばマイナンバーを活用して、死亡者情報のみならず、所有者、あるいは、これに関連する情報を法務局と市町村が共有する。場合によっては、課税当局も共有する。これは法律改正が必要ですけれども、登記の義務付けよりはハードルは低いのではないかと感じています。実際に登記を促していくための一種の、例えば税制上の措置とかもあるかもしれません。

盛山 私の場合、昨年、母が亡くなり、自分である程度まで書面を準備したのですが、戸籍の流れを拾うのですら結構な手間がかかります。自分の親が名義人であれば、まだよいけれど、祖父が名義人かもしれないから大変です。それ

から、住民票も戸籍の附票も削除された後、最低限置いておかないといけない義務付けの年限は5年ですね。5年なら十分かというと、実務上は、多分、不十分だということになると思います。デジタルの情報で150年残そうかとの議論もあるわけですから、そういうところの改善も必要です。

　先ほど久元市長がいわれた地図、これも登記だけであれば地図と直接関係がないのですけれども、この際訂正しようかということもあり得るわけだし、なかなか難しいですね。登録免許税は、国税ですが、どう安くしていくか、それと同時に、ご自身で手続きをとられるという方は限られていると思いますから、司法書士の方その他のお手伝いが必要になって、それはそれでそれなりの費用がかかってくると思います。そういうこともあって、なかなか相続があっても名義人が変わらないことになったのだろうと思うのです。

　さらに、複数名相続人がいる場合には、財産の分割の問題がすんなりとまとまる場合だけではないと聞いています。そういう点でもなかなか難しいのですけど、これから、お亡くなりになる方が増えていくことを考えると、何らかの措置をとっていかないと、所有者不明の土地が不明のままで、真の所有者を探索することが一層難しくなっていくと思うのです。ですから、不動産登記法の改正、あるいは民法の登記は所要の対抗要件という、民法の一番の基本原則の見直しも含めて検討すべきではないかということを法務省に話しているところです。

久元市長

　難しいことは、我々も承知しています。仮に登記は対抗要件ではない、例えばドイツ風に効力用件にするとか、そういうことになると、木に竹をついだような制度になるものですから、そのあたりも慎重に議論しないといけないと私自身も思っています。だからといって、5年も10年もかけて議論する時間はないと思っています。ある程度の短期間のスケジュールを我々は考えています。まず、来年の通常国会に何が提出できるのか。例えば法務省には、法制審議会にできるだけ速やかに提出いただいて、法制審議会の審議も3年、5年ではなくて、1年

第22章 地方公共団体の立場からの課題

とか、短期間でご議論いただいて、可能であれば、再来年の通常国会に法案を提出できるように準備をしていただきたいと考えています。

不動産（土地）の放棄

盛山 是非伺いたいことは、久元市長は、増田研究会に委員として参加されて、そこでも議論があったかと思いますが、不動産の放棄とか、市（自治体）への寄附について、最近、要請が多くなっていると感じられるのですがいかがですか。それは山林原野であって、山の中で何年も入ったことがないとか、どこにあるかわからないという土地はもちろんですが、地域によっては、宅地ですら、よくわからなくなっているということです。神戸市のように地価が高く、人が多く住むところでは、それほど多くないと思いますが、地方の方からは、農地、林地だけではなく、宅地まで含めて管理できないから、つまり子供たちは地方から都市に出て住んでいて帰れないから寄附をしたいと、そういう声が高まっていると聞いているのです。他方、市町村の立場からすると、何でもかんでも受け入れるということはなかなか難しい。仮に受け入れた場合、市町村として、今度は管理の責任なども出てまいります。不動産の放棄とか寄附に対してはどのようにお考えでしょうか。

久元 この不動産の寄附をどうするかの前提として、この所有者不明土地問題が内政上の大問題だという認識の共有が必要だと思います。この問題の原因を探り、これを国家的な課題として大きな意思を持って、これに立ち向かうかどうかという姿勢をとるのか、とらないかが問われています。私はとるべきだと思います。

増田研究会では、九州に匹敵するぐらいの面積の所有者不明土地が既に発生しているという恐るべき実態が明らかになりました。このような実態がなぜ生まれたのかというと、盛山先生がいわれた伝統的な村落共同体、あるいは家父長制度というものが戦前から長い時間をかけて

盛山議員

第四編　各分野における課題

解体してきたということに加えて、ここ10年ぐらいの間に起こってきた二つの要因があると思うのです。

　一つは、東京一極集中です。東京一極集中によって、東京などに移り住む地方の人たちが大量に出てきた。それによって、地方都市の駅前なども含めて資産価値が暴落しているということです。つまり地方の土地を持っていても意味がないと。管理コストも払えないということです。そして、人もいなくなっているということです。

　もう一つは、伝統的家父長制度に加えて家族そのもの、先祖代々という意識そのものが、まだ行き渡っているとはいえ、かなり希薄になっているという傾向があります。実際に自治体の現場での問題というのは、所有者不明土地だけではないのです。

　例えば、孤独死の問題です。身寄りがない、または、実の娘か息子に「お父様が亡くなられましたよ」と連絡をしても、「一切係わりたくない」とそんな返事が返ってきます。残念なことですが、これが現実です。それから、「墓じまい」です。「墓じまい」をしたいという声が結構あります。この前、初めて神戸市で合葬墓をつくったのですけれども、オープニング式典を開催し、内覧会を行いましたら想像を超える申し込みがあり、みなさんが墓じまいに大きな関心を持っていることがわかりました。家庭や家族ということ、あるいは先祖意識というものが、ここ10年ぐらいの間にかなり変わってきているということなのです。先祖意識、ふるさと意識が希薄になり、土地も家もお墓も放置されるようになってきたのです。

　そういうことを考えると、この問題は相当根深い問題であると思います。そういう根深い問題を背景に大量の所有者不明土地が発生しているということですから、これを一体、誰が管理するのかということは、難しい問題だけれども避けて通れないと思います。管理の仕組みというものを考えざるを得ないのです。管理をする仕組みを考えなければ国土が荒廃する、災害が発生する原因になる、周辺にも悪影響を及ぼす、こういうことになるわけです。その有力な方法として、増田研究会では全国で一つの法人をつくって対応することが挙げられています。自治体の立場からすれば、それをやっていただければありがたいのですが、それが現実的かということなのです。

　所有者不明土地は、大量に発生していますが、その問題は、全国に散らばっている大量の一つひとつの土地をどうするのかということに帰着します。この一つひとつの土地は、地域の問題なので、一つの法人がこれを解決できるの

第22章　地方公共団体の立場からの課題

か。やはり、これは自治体が介在せざるを得ないと思うのです。そうすると、自治体が寄附の主体になるか、あるいは全国の法人をつくって、各都道府県や市町村に支部を置いたとしても、現実的に自治体がその支部の役割を果たさざるを得ないことになる。そうすると、やはり自治体に対する寄附、あるいは地域単位の法人の支部に対する寄附を考えざるを得ないと思うのです。

　現実には、神戸市でもかなりの寄附の申し込みがありますが、かなり断っています。どうして断っているのかというと、資産価値がないし、活用のしようもないし、管理コストもかかるからです。ですから、寄附を受けて管理する仕組みを自治体が自分達で考えろというのは無理です。国家的課題として、国において仕組みをつくってもらう必要があります。例えば自治体が寄附を受けたら、寄附の面積とか、あるいは客観的な資産価値に応じて、管理する費用を何らかの形で国が交付金として手当てするという方法が現実的だろうと思います。

　その際にその財源は、どこからくるのかということです。現在は、最終的に所有者が不明の不動産、あるいは動産は、最終的には国庫に帰属するということになっています。国庫に帰属して、これは財産的価値がある不動産もあって、売却することも可能なのです。そのようなところに財源を見出してもらって、これを管理費用に充てるということが考えられます。あるいは、諸外国の法制の中には、無主物が生じたときに、国ではなくて地方自治体に帰属させるという仕組みもあるようです。そういう制度を参考にして、今、国家に帰属をしている財産的価値がある不動産を活用する。あるいは、休眠預金についても、これは活用する法律というのが最近できたようですけれども、所有者不明土地の管理費用にも活用するとか、いずれにしても、国家財政も非常に危機的状況ですから、何でもかんでも国にお願いするということも心苦しい面はありますけれど、何らかの方法で財源を見つけて管理費用を捻出することが求められます。そして、その管理の主体は、やはり自治体を中心に考えていかざるを得ないだろうと思います。当然、自治体が一人でやるのではなくて、専門家、士業の方々、あるいは地域の自治会などの地域団体、あるいは、こういう問題に関心を持つNPO、これを活用して地域に貢献したいという企業との協力も必要と思います。こういう幅広い分野の方々に協力を求めることが必要ですが、コーディネート役は、やはり自治体が担うことが現実的ではないかなと思います。

盛山　ありがとうございます。私も全く同感です。増田さんと自民党の委員会

で議論をしたときに、増田さんの提案の組織というのは非現実的ですよと私自身が申し上げたところです。というのも、私の両親の田舎、鹿児島の奄美諸島の徳之島なのですが、仮に全国一つの管理団体をつくっても、そういうところの土地のことがわかるはずがありません。そういうところに出先をつくっても、組織が肥大化する一方です。やはり小さな単位の自治体である市町村に管理をしてもらうことです。市町村にお任せをしなければ、それは無理だと私も思います。

ただ、現に市町村がなぜ寄附を受け入れてないかというと、管理コスト、予算と、それから、それに充てる人員の確保ではないかと思います。これは今後の課題として、そういったものに対する財源というか、国の予算、どのような形で予算措置をしていくのかを考えるべきだろうと私も思います。

そして、一番基礎にある自治体である市町村が受け入れられる施策によって、必要である換地をうまく組合せたり、公園とか、別の公共の用途の土地にうまくまとめて使うとか、そのような工夫ができないかなと、私自身も期待をしているところです。

境界の画定が難しいという点で、現実に一番苦労しているのは、境界の画定をどうするかということであると思うのです。国でその仕組みを何かつくるべきではないかということなのです。どういうような形にすればいいのか。今でもみなしの制度だとか、そういうものは、ある程度のものはないわけではないのですが、それをもう少し弾力的に、こういうところまで、ここまでやれば、あるいは、このような条件が整えば、画定しましょうということを考えるべきであると思います。境界を画定するためのルールを明確化すべきと思います。

根本的な問題なのですが、私がずっと問題意識を持っておりますのは、所有権がどこまで絶対かということです。昭和22年に民法を改正したときに、それまでの1条を1条の3にして、1条と1条の2を加えて、公共の福祉に遵うという規定を追加しています。管理をどういうふうにしていくのか。所有から管理ということも一つの大きなキーワードだと思いますし、公共の福祉に従うことをどのように活かしていくのかが大事だと思っています。一筆の土地の所有者、あるいは、そこの家の何人かの所有者がわからないからという理由で、全体がストップしない仕組みをどうつくっていくのか。つまり合意形成をどのようにしていくのか。そして、これは所有者不明の問題からは少し外れるかもしれませんが、そのうちの1人、あるいは2人、反対をする方がいたとしても何らかの合意形成をして、供託等の仕組みをつくって、都市計画や様々な条件が

整った上でですが、事業が進められるとか、所有権の売買とか、買い上げができるようにするとかの仕組みを検討することが必要であると思います。

所有者不明土地の問題の解決に向けて

盛山 今回の特別措置法で5年、あるいは10年という形での利用を認めるところで、まず一歩踏み出しました。将来的には、所有も同時に考えていかないといつまでも曖昧なままで、管理だけ続けるわけにもいかないと思います。そういった土地であり、建物であり、不動産に対して、俗な言葉になりますが、お金で解決できるところは解決する。何らかの形、金銭で所有権の移動も含めて行うことができるようにする。所有者不明の方に対して、法務局なり、どこかに金銭を供託するとか、そういうような考え方についてのお考えがありますでしょうか。

久元 事業を実施する主体が、一定の金額を供託するという方法もあり得るとは思いますが、今後の検討課題ですね。

盛山 例えば、一筆の公有土地があったとして10人の共有だとしましょう。最初は、一人の所有であったのが、その後相続して10人の共有となり、その内6人は住所、氏名が判明している。しかし、4人が判明しないという場合であれば、10分の6は合意をしても、10分の4が所有者不明で合意のとりようがない。こういう場合、どうするのかということも考える必要があると思うのですね。

第四編　各分野における課題

久元　今度の特措法では、所有者不明土地については、都道府県知事が認定すれば事業を進めることができる仕組みが導入されたので、これを上手に活用するということですね。そうすると、この仕組みを使えば、例えば所有者不明土地であっても道路に利用することができるとか、公園に利用することができるわけです。それ以外に、この仕組みでカバーできない範囲がどういうものがあるのかということではないかなと思うのです。

盛山　そのあたりは、今後詰めないといけない部分だろうとは思うのですけれども、所有者不明の方であっても、どういうふうにしてやっていくのかを今後考えていく必要があると思います。それから、今の制度であっても、どこまで調べないといけないのか。そこへいくまでに大変な手間暇、時間がかかるわけですから、そのあたりも含めて弾力的に対応していく必要があると思います。

　今ある所有者不明の土地をさらに増やさないためには、何が必要であるかということ。そして、今の制度でどこまでできるかであり、今後の所有者の探索などを含めて簡単にしていく、弾力的にしていく。それについては何があるのか。そのようなことを考えていく必要があると思います。

国等に対する要望

盛山　最後に、久元市長の立場として、本案件についての総務省、法務省、国土交通省等に対するご要望、ご注文はございませんでしょうか。

久元　繰り返しになりますが、登記の義務化は、ハードルが高いと思いますが、とにかく登記が促進されるように、特に相続登記がきちんとなされるような仕組みを是非構築していただきたいと思います。それから、やはり情報連携は、非常に必要ですから、マイナンバーの活用ということも是非関係省庁、特に総務省、法務省、国土交通省との間で協議を進めていただきたいと思います。

　今までは、土地に財産的価値があったから、きちんと登記をして、自ら管理していましたが、そうではない時代になってきました。所有する価値、管理するメリットや必要性を所有者が感じない土地が大量に出てきたということが根本的な問題と思います。管理されないことに伴う外部不経済に伴うコストは、社会全体で負担していくということが不可欠ですから、社会全体で誰がどのように負担していくのかという仕組みを是非財務省、総務省も含めて検討していただきたいと思います。

134

盛山　久元市長から具体的なことを含めて、いろいろとお話をいただきまして、誠にありがとうございました。今後、久元市長のご意見等を踏まえて、引き続き検討を進めていきたいと思っております。

久元　ありがとうございました。

（平成30年8月3日）

第四編　各分野における課題

第23章
民事法の見直し

【鼎談】

山野目章夫（早稲田大学大学院教授）

小野瀬　厚（法務省民事局局長）

> ### 地籍調査、公図作成

盛山　お忙しい中、ご足労を賜りまして、誠にありがとうございます。心から感謝申し上げます。

　小野瀬局長からお伺いしたいと思います。地籍調査や地図作成が、まだ半分程度という状況で、まずは予算の話からですが、法務省の予算並びに国土交通省や地方公共団体の地籍調査の予算、登記所備付地図の予算、こういった予算を充実させなければならないと思います。また、土地家屋調査士会、その他の関係者からも、そういうご要望があるかと思いますが、予算の充実について、現在の取組みなどについてお話しいただければと思います。

小野瀬　公図は、明治時代の地租改正の時に多くつくられましたが、現地で復元するほどの正確性を持っていないということもあり、公図と現況が異なっている地域もございます。このような地域の土地が公共的なインフラの整備や開発、さらには災害の被災地の復興に際して非常に大きな妨げになっており、登記所備付地図の整備は非常に重要な課題です。

　平成15年のいわゆる平成地籍整備のときから、国土交通省の地籍調査とも連携をとりながら、各法務局で地図作成作業を非常に拡大して進めています。都市部における公図と現況とのずれが大きい地域について、これは従来型といっておりますが、直近では、平成27年から10カ年で約200㎡の面積の地図作成作業を行っています。それに加えまして、平成27年からは、特に地図整備が大都市部において遅れているという実情を踏まえ、大都市型の地図整備に取り組むとともに、東日本大震災の被災地の復興のための地図整備も進めています。

　法務局における登記所備付地図作成作業を推進するためには、その予算を

しっかりと確保することが重要でございまして、今年度の予算は、約42億円となっています。平成15年は、約3億円であったことから比べますと、諸先生方のご尽力もいただき、相応の予算措置をいただいているところでございます。地図作成は、社会経済活動の基盤を整備する重要な案件ですので、引き続きしっかりと取り組んで参りたいと思っております。

盛山　私も去年の夏まで、副大臣として、小野瀬局長と同じ法務省に在職しておりましたので、なかなか物をいいにくいところがありますが、現在、予算はそれなりに増えつつあるところだろうと思います。それでも決して、これで十分だとはとてもいえない予算額ですし、小野瀬局長からのお話のように、地籍調査や地図作成は全国の約半分程度しか進んでいない状況ですから、これから作業を加速化させていく必要がありますね。

　小野瀬局長から全国の中でも地域によって特性があり、特に都市部において遅れている状況であるとのことでした。私は、その理由として、土地の筆界の確定が難しいことが背景にあるのだろうと思います。また資産価値の点では、地方に比べて都市の土地の地価が高くて資産価値が高い分、関係者の方が、本当にこの地点なのか、いや違う、もう少しこちらの地点ではないかといったように合意を得ることが大変難しいのではないかと思います。

　さらには、本題の所有者不明土地の問題で、所有者がうまく見つからない、あるいは所有者のところまで、たどり着けないことがありますし、そういう所有者不明の土地がある場合の隣地の確定、地図の作成などで困ったり、ご苦労しておられると思います。そのあたりについて、小野瀬局長は、どのように考えておられますか。

小野瀬　登記所備付地図の作成作業には、原則として、所有者等の方の立ち会いを求めて、現地において筆界案を示して確認しています。立ち合いを求めるにあたっては、一般的には住民説明会を行って、それで個々の所有者の方々に立ち会いの通知をして日程調整をします。その際、通知する相手方については、登記記録や戸籍謄本等を基に探索するわけですが、探索がなかなかできないということになりますと、地図作成作業がスムーズにいかないという問題になってくるわけです。もちろん、筆界の特定につきましては、必ずしも所有者による確認ができなくても、客観的な資料によって確認できれば、筆界を特定することができるということはありますが、そうはいっても、先ほど申し上げました手続などの関係では、やはり所有者が特定しているというのは、作業の円滑化という点でも望ましいと思います。

第四編　各分野における課題

盛山　小野瀬局長から、筆界の特定の制度があり、また、所有者が全員わかることが望ましいとも述べられました。現実の運用として、ある程度調べることができる範囲で調べて、合意を確実なものにしていくことが基本にあります。また、逆に制度があってもうまく使うことができなかったり、場所によって、Ａという場所では大体認めてもらえても、別の担当官のおられるＢという場所では、扱いが違うという話も聞くことがありました。制度としての運用の部分になるのでしょうが、全国どこであっても、ばらつきなく運用ができて、所有者全員がわかることが望ましいと私も思います。ある程度のところで、みんなで合意をして、地域によって差がないようにしていくことが必要ではないかと思います。これから実際の現場に立ち会う、担当官の方々に対して、是非指導していただければと要望します。

　今回、所有者不明土地問題の解決に向けて、特措法ができたことには、いろいろな背景があると考えています。私の理解では、敗戦後、昭和22年に民法の改正があり、家制度、家督相続制度がなくなりました。それまでは基本的には長子が相続をすることで、土地は代々一人の者に引き継いでいてわかりやすかったわけですが、配偶者を含めて子供が均等に相続をするようになり、その結果、相続人が増えてきました。そして、高度経済成長等で人の流れが地方から東京などの大都市へ集中することとなった。生まれ育った土地ではない、別の場所に住んで、地方の土地にお住まいの方が不在になったり、相続が２代、３代と続いていくに従って、ますますわかりにくくなっていきます。何しろ制度ができてもう70年が経ちます。さらには、海外へ勤務される方だって増えています。そういうことが今回、特措法をつくらなければならなくなった大きな背景ではないかと私は思っております。

　そのような中で、人口につきましても、第二次世界大戦で、かなり減った人口が、ベビーブーマー（昭和22年から25年に生まれた方々）の当時は、毎年240万人から250万人は生まれたと思います。その後、2010年に１億2,808万人のピークを打ち、今や、減少の局面に入っています。近い将来には、このベビーブーマーの世代がお亡くなりになって参ります。少しネガティブな表現になりますが、「多死社会」となっていくのだろうと思います。このような時期に手をこまねいていると、所有者不明の土地がもっと多くなっていくのではないか。だからこそ、まずは、特措法をつくって、所有の部分はある程度絶対なのですが、利用の部分から弾力的に施行していこうということで、今回、法務省と国土交通省の共管の特措法だけではなく、農林水産省所管の法律も二本つ

くり、農地、林地を含め三本の法律を制定することになったのです。

　そこで、今後、多死社会になるであろうことも踏まえて、山野目先生が中心になって、法務省で登記制度・土地所有権の在り方等に関する研究会を進めておられますが、その研究会についてお話していただけませんでしょうか。

登記制度・土地所有権の在り方等

小野瀬　まず、私からアウトラインを説明いたします。所有者不明土地問題が発生する大きな原因の一つとして、相続登記が適正にされないことがございます。今後、高齢化の進展により、人口減少とともに相続が繰り返されていくと、さらに複雑化、深刻化していくことが想定されますので、今後、所有者不明土地をいかに発生させないようにするかが、喫緊の課題です。その点で、民事基本法制、それから不動産登記行政を所管しております法務省の役割は極めて重要であると考えています。

　昨年の10月に、「登記制度・土地所有権の在り方等に関する研究会」を立ち上げ、山野目先生に座長に就任いただいて研究を進めております。相続登記の義務化の是非や土地所有権の放棄の可否等を含め、登記制度や土地所有権の在り方等につきまして、平成30年度中の法制審議会への諮問を目指して鋭意検討を進めているところです。

　今年の６月１日には、これまでの研究会における議論を踏まえて、登記制度や土地所有権の在り方をめぐる多くの論点について、現時点における検討の方向性を示す中間取りまとめが行われたところです。

　先ほど申し上げましたとおり、平成30年度の法制審議会への諮問を目指していますので、来年の２月を目標に、研究会としての具体的な方向性や検討課題を幅広く提示する取りまとめをお願いしているところです。また、同じく今年の６月の関係閣僚会議においても、研究会の中間とりまとめの内容を踏まえて基本方針が示されたという状況です。

盛山　山野目先生から何か補足していただくことはございませんか。

山野目　小野瀬局長にお話しいただいたとおりです。盛山先生がご指摘されましたように、本年の６月の通常国会において特別措置法が成立をみました。しかし、非常に重要な法律ではありますが、どうしても所有者がわからない事例につきまして、一定の公益性、公共性がある局面においては土地の使用を認めるというものの、抜本的な所有者不明土地問題に対する解決ということではご

第四編　各分野における課題

ざいません。今、小野瀬局長からお話しのとおり、改めて、土地所有権の在り方、不動産登記の手続などについて、基本的な事項の見直しをしようと研究会が始まっているところです。

　研究会の名称が少し長いのですが、「登記制度」と「土地所有権」との間を「・」でつないであって、実はここが勘どころでありまして、この問題は、一方では不動産登記手続という、かなり技術的な問題がたくさんあるという側面があります。確かにそのとおりですが、しかし、それのみではなく、土地所有権の本来的、本質的な在り方と常に連携させて考えていかなければいけないという部分もありますから、ナカグロでつなぎ、実体と申しますか、所有権の在り方そのものと、それから登記手続等、これらが常にばらばらにならないような仕方で一所懸命検討しようとしています。先日も研究会があり、鋭意、調査研究を進めているところです。

盛山　ありがとうございます。大変お疲れさまでございます。山野目先生からも、今回の特措法はそれなりの成果であるが、まだ最初の目標を越えたところであり、その後ろに本丸が控えているというお話がありました。今回の三つの法律について、山野目先生からどのようにご覧になっておられるか、評価はありますでしょうか。

所有者不明土地の利用の円滑化等に関する特別措置法

山野目　既に皆様ご案内のとおり、所有者不明土地の利用の円滑化等に関する特別措置法については、いろいろメニューが盛り込まれておりますけれども、大変に新しいところとしては、都道府県知事が定める10年を限度とする存続期間で、一定の公共性、公益性がある事例について土地の使用を認めるという制度を導入いたしました。そのほかにも、土地収用法が定めている不明裁決の制度の合理化、運用の円滑化を図るということなどが盛り込まれております。さらには、法務省所管事項としては、定められた局面におきまして、登記官が権利関係を調査しまして、それで把握できたところに基づいて必要な登記の手続を勧告することができるという制度も入りました。

　権利に関する登記につきましては、我が国の不動産登記の制度の歴史上初めて、「登記官からお勧めします」という制度が入りました。今までは、権利に関する登記は、当事者が申請し、それを登記官が審査する、登記官は法務局の建物の中で待っているという立場で専ら仕事をしていました。今回は全国一般

140

の制度ではございませんが、ある局面では登記官から積極的に、「あなた、この登記をされたらどうでしょうか。」と述べてよいという場面が法律上認められましたから、そのような意味でも、大変革新的なメニューが盛り込まれております。

これは今後、施行期日を定め、その実施の状況を見ていかなければなりません。始まってみれば、おそらくいろいろな課題が当初想像したのとは異なる仕方で出てくることも予想されます。この法律自体に、見直しの規定も附則のところに設けられておりますから、運用をしっかりと始め、そしてその後の状況を見て、明らかになってきた課題に対しても、国土交通省、法務省が連携して見ていかなければいけないのではないかと感じます。

農地と森林についても、初めての制度というよりは、今まであった制度をさらに進めるものが多いですが、それぞれ農地行政、森林行政に固有の事項について、同じ問題意識から様々な制度の改良が図られたことは意義があるものではないかと感じます。

盛山 ありがとうございました。これからがいよいよ本番ということでございますが、山野目先生からも小野瀬局長からもお話いただきましたけれども、登記制度の一番の根幹のところの不動産物権変動における対抗要件主義は、民法が明治に制定されて以来の基礎の部分だと思います。国によっては登記が所有権移転の必要条件になっているところもありますが、効力要件とするのかというところも含めて、今後、どうしていくべきなのか、議論は進んでいるのでしょうか。

不動産物権変動と対抗要件主義

小野瀬 中間取りまとめで示された検討状況のアウトラインを申しますと、売買等の場面では、現行の対抗要件主義の下でも、買主は、自分が取得した権利を確実なものにするために、積極的に登記をするでしょう。その点では、売買等の場合には登記へのインセンティブが働いていると考えられます。対抗要件主義の下で登記がされないのは、そういうインセンティブが働かない相続等の場面ではないかという議論がされています。ただ、相続の場合には、登記をしないと相続の効果が発生しないとすることが果たしてできるのかという問題がありますので、効力要件主義を採用したとしても、相続の場合にはやはり登記のインセンティブが働きにくいとの指摘もあるところです。

141

第四編　各分野における課題

　また、効力要件主義を、例えば土地、不動産について採用した場合でも、民法一般の問題としては、動産、債権をどうするかという問題もあります。また、これはやや技術的な話ですが、例えば不法占有者に対して、今は登記がなくても所有権を主張できるわけですが、効力要件主義にすると、登記をしない限り所有権を取得できないわけですから、登記がないと不法占有者に対しても所有権を対抗できないのかという議論もされているところです。

　対抗要件主義の見直しや効力要件主義の採用の是非は、相続の事実をいかにして登記につなげるかということが議論の中心です。一方、相続登記の義務化というのも、やはり相続の事実について登記がされるようにする一つの方策についての議論です。今後は、これらの論点について、相続等の発生を登記に反映させるための仕組みの在り方という観点から、総合的に検討していこうとしている状況だと理解しております。

盛山　ありがとうございました。対抗要件主義が基本であり、そこを変えることはないということかと思います。また、司法試験の問題に出てきそうな事例のご紹介がありましたが、そういうところまで考えつかなかったものですから、なるほどと思いました。

　相続登記の義務化を含めていろいろ課題があると思います。相続人が複数名おられるときに、簡単に合意がなされているケースもあれば、財産の分割について、現実にはなかなかうまく合意ができないことがあるのも事実だろうと思います。そういう中で、登記だけやれと強制しても、合意ができていないのに登記のしようがないということになろうかと思います。

　他方、税務署は厳しいですから、相続税については、被相続人が亡くなってから10カ月以内に手続きをとらなければなりません。放置していると、お尋ね書が送られてくるわけです。登記については、義務付けの制度が不動産登記法上はありませんから、「登記は、やらなくていいから先延ばしにしようか」ということになるわけです。

　小野瀬局長からお話しがありましたが、売買の場合には、これは価値があるから、あるいは自分の権利をきちんと守らないといけないとお考えになるから登記がなされるのですが、特に地方の土地、これは農地、林地だけではなくて、いわゆる家屋敷の宅地であっても、管理にも金がかかります。そして、売買しようにも値がつかない。そんな状況に今はなりつつあるものですから、余計に登記のインセンティブが働きにくくなっているわけですね。

142

第23章　民事法の見直し

相続登記の義務化の是非

盛山　今でも九州ぐらいの面積の所有者不明の土地があるといわれている中で、これ以上増やさないようにするためには、どうすればいいのだろうか。あるいは、これから多死社会に突入していくというときに、皆さんがきちんと手続をとってくださればいいですが、なかなか手続をとってくださらない。土地が地方にあって、相続人が東京などの大都市に住んでいて不在地主となっている場合、農地や山林のどこが境界か、どこまで区域か、「おやじからよく聞いていないからわからない」とか、あるいは地方の宅地であって、「あんなに古くなった家屋敷はもう要らないよ」とか、「誰かもらってくれ」といった、そんな声まで出るようになりつつあります。そういう点で、対抗要件主義を維持することはわかりましたが、テクニカルな分野になりますが、では、登記をどのように考えていけばよいのでしょうか。あるいは所有者をどのようにして、わかるようにしていくのだろうかということについて、これからどうすればよいのでしょうか。

小野瀬　登記と所有権の両輪がある中で、登記の部分のみを取り上げて今後の方策を考えることは難しいところがあります。おっしゃるとおり、本当に価値がない土地になれば、土地所有権の放棄の問題とか、あるいは非常に多くの共有者がいる場合や、所有者がいない場合に、どのようにして管理・処分できるのか、そういうことにも絡んできますけれども、登記制度に焦点を当てたときには、相続登記の義務化は非常に大きい論点だろうと思います。

　研究会でも、相続登記の義務化の是非について具体的に突っ込んだ議論をしていただいています。一定期間内に登記申請することを義務付けた上で、これに違反した場合には何らかのサンクションを科す、例えば過料の制裁を科すといったようなことも考えられるわけですが、どういった形でこの義務違反の事実を登記官が発見していくのかなど、実効性の確保の観点から議論がされています。

　また、あわせて、例えば登記官が相続登記を職権ですることとしてはどうかという議論もされています。これも今までの考え方によると、少なくとも権利に関する登記を登記官の職権でするということはあまり議論されてこなかった話であり、制度の根本に関わってきます。また、具体的に相続登記をスムーズに進めていくためには、死亡したという情報をどうやって不動産登記と結びつ

143

第四編　各分野における課題

けていくのかということも、あわせて検討しなければいけないと思っております。

盛山　小野瀬局長がいわれたことの中には論点がいくつもあったと思います。一番簡単かどうかは別にして、最後にいわれた死亡届、これは市町村に提出するわけですが、住民票、戸籍の情報と法務局の登記をどのようにリンクさせるのか。除籍その他の関係で、市町村がその情報（データ）を何年間保存するのか。今は、5年が義務ですが、登記を行う際に先祖代々の相続を拾っていく必要がある場合を考えると、もっと期間を長くしていかなければならない。総務省の研究会では、150年に延長する考えが示されていますが、今後デジタルデータ化とうまくかみ合わせて考えればよいのではないか、と考えられます。

　ここは総務省との関係が一番深い点ですが、どこまで登記の実効性が上がるかは別にして、情報（データ）をうまくつかむためにも、住民票、戸籍の情報の把握については、是非取り組んでほしいと思います。個人的な話で恐縮なのですが、私の母が昨年亡くなり、戸籍の附票などの書類を揃えなければならなかったのですが、普段請求することがない手続で苦労をいたしました。相続の関係では、被相続人のさらにその前がどうだったかを調べなければならないとなると、もう何十年も遡りますから、現在の住民票、戸籍の情報ではつながらないところも出てきたりします。もし今後150年といった、今より長い期間の情報（データ）化ができ、各市町村に書面の提出や問い合わせをネット上でできるようになれば、これは手数のことだけを考えても相当程度改善するのではないかと思います。

　先程小野瀬局長がいわれた中で登記の義務化の話なのですが、コストをどう考えるかは大切な話だと思います。登録免許税は国税ですが、これだけで済むわけではなくて、一般人が相続手続をするのはなかなか難しいですね。司法書士の方とか、専門家の方のお力を借りないと一般的には難しいと思います。そうすると当然費用もかかります。所有者、あるいは相続人の数が多ければ多いほど手数料などが嵩んだり、書類を探したりするのも含めて費用がかかります。そのあたりも考えないと、ただ単に義務付けをするだけでは、うまく動かないと思うのです。現実的に相続、あるいは相続の場合の変更登記の手続を行うためには何をなすべきか、何が課題かは、法務省の問題でもあり、また、総務省の問題でもあろうかと思いますので、一般の法律のことに詳しくない素人の方にとってどうすればわかりやすいのか、相談窓口を含めて是非考えていただきたいと思います。

変則型登記

盛山 変則型登記の話が出ました。今、現に法務省が取り組んでおられるところです。表題部のところに名前だけがあって、誰々他何名と表記がされている。昔でいう入会の土地とか、ため池でもそういうことがあるとも聞いています。これは取り組まないといけない問題ですが、所有権も含めてきちんと整理することは難しいだろうと思うのです。どのようにしていくか、何か名案はありますか。

小野瀬 変則型登記は、土地台帳の時代から名前しか記載がなくて、住所が書いてないとか、「Ａ他何名」といった所有者がきちんと記載されていないものがそのまま台帳の一元化のときに登記に引き継がれてしまったものです。自治体等の事業に当たって、これが非常に支障になっているとご指摘をいただいているところです。戸籍等の公的記録からだけでは所有者の特定がかなり困難で、歴史的な経緯、現実の管理状況などを調べていかなければ所有者を特定することができませんので、手続的にも非常に大きな負担がかかるという状況です。

　何とかこれを解決するために、次期通常国会に必要な法案を提出することが、関係閣僚会議の基本方針で決定されているところです。具体的な方策はまだ固まっておらず、山野目先生の研究会でも詰めているところでして、まさに先日もご議論いただいたところです。基本的な方向性としましては、登記官が職権で表題部所有者として記録されるべきものを調査特定していく、その者を登記するための新しい法制度を整備する方向で検討を進めております。

　登記官が調査するに当たり、関係行政機関から必要な限度で情報の提供を求めることができるようにするなど、調査権限を拡充することと合わせて、こういった問題についての外部の専門家の知見も活用できるような仕組みも検討していき

盛山議員

145

たいと考えているところです。

盛山 専門家といっても、法務省で制度設計をされる専門家とは別に、実際の現地の状況に詳しい、例えば市町村とか、しかも今の市町村の職員さんでも20年前、30年前のことがわかるわけではないのですから、現場の方のお知恵ですとか、昔はこう使っていたとか、そのようなことまでうまくご協力を賜らないとなかなか難しいと思います。ただ、ここである程度線引きをして解決をしていかないと、難しいからといって先送りしていては、解決ができなくなるような問題ではないかと思います。次の通常国会に出す準備をなさっておられるわけですが、是非ご検討を進めていただければと願う次第です。

外国人の所有者の把握

盛山 変則型登記ではないのですが、私が問題だと感じておりますのは外国人所有の場合です。今、所有者不明の土地で名前と住所は書いてあっても現実には違っていることが問題となっています。所有者が外国人である場合にも同様の問題が起こっています。売買その他で登記をする際には、その時点の名前と住所が当然書かれるわけですが、それから10年、20年経って、転居をされたり、あるいは相続されたり、あるいは法人名義であって、法人が倒産したなどのいろいろなケースがあるだろうと思うのです。今後、土地の利用、公共的な利用等を含めて、外国人の方の名前、住所や外国の法人が倒産した場合の扱い方はどうするべきでしょうか。

小野瀬局長

小野瀬 相続登記をどのようにして促進するかという観点から、自然人の所有者の名義人を中心に考えて検討が進んでいるのですけれども、法人の場合にどういう問題があるかに加え、今先生がいわれたような外国人の場合はどうなのかという、さらに難しい問題が確かにあろうかと思います。そのあたりにつきましては、まだ具体的に詰めて検討しているというわけではありませんが、今後もきちんと考えていかなければいけないと思い

ます。

盛山 例えばニセコといった、リゾートにおけるマンションなど、外国人の方の所有は相当増えています。さらに問題視されているものでは、水源林や水源地などには外国人所有を認めるべきではないのではないか、との議論もあります。また、国境離島等における防衛省の施設及びその隣地、その他周辺の土地の所有を外国人に認めるべきなのかどうか、そのような意見をお持ちの方もいるわけです。安全保障は、別の議論だとしても、例えば公共事業を行う際に、どうすれば把握できるかという観点を含めて、外国人の場合の所有者の把握方法を、法務省、政府あるいは地方公共団体が把握するための方策もお考えいただく必要があるのではないかと思います。

小野瀬 外国人の土地取得については、水源地の問題、防衛上の問題といった、様々な観点からどうしていくべきかという議論がありますので、そのような議論も踏まえて、法務省としても必要な検討をしていきたいと思っております。

不動産（土地）の放棄

盛山 ありがとうございます。よろしくお願いします。

　先ほどの話題に出ました、不動産の放棄、あるいは寄附、このようなご要望がかなり増えてきました。現実には、「もう持ちたくない、管理がとても大変だから寄附したい」という方は多いのですが、他方、市町村にとっては、何でも持ち込まれるのでは困ると思います。行政財産として使う必要がある場合には市町村は買うけれども、使用目的のない、利用価値のないものまで全部押しつけられては困る、こういったやりとりが多いような気がいたします。

　また、増田研究会では、そういう所有者不明の土地を管理する組織をつくるというアイデアも出ているのですが、「所有」と「利用」について、一体的に考えなくてはならない段階になったということも含めて検討することが必要です。私は市町村が受け皿になるべきだと思います。特別の組織、機構をつくるよりは、最も現地、現場に詳しい市町村の方がよいのではないかと思います。

　そこで、地域（自治体）の代表として、久元神戸市長とも話をいたしました。久元神戸市長自身が総務省（自治省）の出身で、長く行政局長もなさっていましたので、お話を伺ったのですが、市町村が受け皿になることが一番ふさわしいだろうと、久元市長自身もおっしゃっていました。ただし、そのために

第四編　各分野における課題

は、特別措置を国で考えてもらわないと、市町村としても簡単に受け入れるわけにはいかない。その理由は、まずはお金（予算）です。管理費がかかる。行政財産として、これは使いたいという思いがある土地以外の土地・建物を、「はい。そうですか」と受け取るには、それなりの管理費（予算）をどういう財源で賄うのかが課題となります。

　管理をすることは、手間がかかるわけですから、管理をする職員が必要であり、あるいは、それをどのように管理するのか（例えば草刈り）ということ検討しなければなりません。場合によっては、外注もあるのでしょうけれど、そのようなことを含めてどう考えていくのか。

　それから、なぜそのようになっているのかという背景についても是非考えてほしいという指摘がありました。つまり、資産価値があるのであれば、通常、放棄という判断には至らないわけです。管理費がかかっても、都心の一等地を手放す人は、通常はいないわけです。所有することにかかる管理コストやその他のバランスが合わないからこうなっているのです。これだけ過疎化が進んでしまったことで、地方の土地の資産価値がなくなっています。それは、東京などの都市への集中が進んだ結果といえます。そのあたりも含めて、国として、国土全体をどのようにしていくのか。そして、土地を放棄したい方がいるのであれば、市町村が受けることにして、それはどのような条件で受け取り、それに対して、国も含めてどういう財政的な協力をしていくのかを考えていかなければなりません。

　現行法制上、誰も所有者がいない、無主物の場合には国が所有するということになっています。無主物との関係をどのように考えていくのか、そういうところを国で整理してほしいという話があります。土地の放棄について、どのようにお考えでしょうか。

小野瀬　盛山先生のお話しのとおり、少子・高齢化に伴って土地の需要が減少しているということもあります。現実に都市部の一部を除いて地価が下落傾向にある。適切な管理が行われない土地が増加している背景には、やはりこうした事情があると思っております。今後、所有者不明土地の発生を防止していく観点から、所有者が土地を手放して、公的機関による管理、利用を可能とする仕組みを設ける必要性があるのではないか、こんな議論がされているところです。ただ、無差別に放棄できることになりますと、例えば、ずっと土地を所有していたが、コストがかかるから、もう放棄したいといったように、いわば管理責任を帰属先に押しつける、このようなことが自由にできることはいかがな

第23章　民事法の見直し

ものかという議論もあります。どういう要件の下で放棄を認めるのか、あるいは放棄の効果をどうするのかといったような問題が一つあります。

　それからもう一つは、大きい問題として、帰属先をどうするのかということがあります。これにつきましては、放棄された土地を継続的に管理し、適正に利活用していく、そのためには一体どういった機関がいいのか、こういう観点も含めて、議論されています。

　帰属先については、国とか、地方自治体とか、いわゆるランドバンク等の様々な意見があるところですが、先ほどの観点も含めて、研究会では、これから具体的に議論がされていくものと思っております。

盛山　小野瀬局長がいわれたとおりだろうと思いますが、ただ、そこでのハードルを少し低くして頂きたい。ハードルが高いままですと、なかなか進まないと思うのです。山林だけではなく、宅地であっても放りっ放しになって問題になっている空家が、「ごみ屋敷」、「猫屋敷」になることもあり得るわけですから、そのような問題も含むのかもしれませんが、放棄か、寄附については、ある程度は仕方がないというように、現実を踏まえての制度設計が求められるのではないかと思います。

　山野目先生は、この土地（不動産）の放棄についてどのように感じていらっしゃいますか。

山野目　お話の法務省の研究会におきまして、土地の所有権放棄の在り方という、主に理論面からの検討がされているところです。そのことは検討を進めなければいけませんし、やがて民法を典型とする民事基本法制の中で一定のルールを明らかにしていくということが要請されるものであろうと感じます。

　それとともに、放棄が仮に一定の要件でできるということになったときの帰属先であるとか、受け皿づくりであるとか、あるいはどのような要件で放棄をしていただくかといった事柄は、なかなか民事基本法制や、法務省系統の法制、制度のみで決めることができない部分があります。この秋頃より、国土交通大臣の

山野目教授

149

第四編　各分野における課題

諮問機関である国土審議会が、またこの所有者不明土地問題を含む関連する問題の調査審議を再開するという見通しになってきております。農地については農林水産省ですし、森林については林野庁が引き続き取り組みますけれども、国土一般ということになったときに、行き場を失った土地をどのように受け止めていきますか、ということは、そこでも考えていかなければいけないものもありましょう。そのときに、いろいろな意味でハードルを低くしていかないと、土地を手放したいという需要に対し、受ける側も簡単に受けることはできないという状況があるものであろうと想像します。

　今まで我が国の国有財産、地方公共団体が管理する公有財産の管理の在り方というものが、昭和の高度経済成長から平成のバブルの間、とにかく経済がずうっと右方上がりの時代をイメージしてつくられてきたものですから、公の側は土地を取得すると全力投球で最大の収益が得られるようにするという発想が見られます。処分をするときには、なるべく高く売るということでありましょう。お役人は一般的には真面目ですから、そのような原則で長くしてきたからには、とにかく手抜きはできないという見立てになるものです。逆に申しますと、土地の管理処分に求められるハードルも高過ぎて、国であれ、市町村であれ、受け取ってくださいというと「いや、すこし困ります。それを受け取っても最適管理、最適処分はいたしかねます」という部分があるものではないかと想像します。

　ご指摘のように、これからどうしても我が国の人口が変動する、社会の在り方も変わってくることを考えたときに、何がなんでも最適管理、最適処分という全力疾走の扱いをしなければいけないであろうかと考え込むものがございます。その土地が例えば土砂崩れとか、いろいろ危険を積極的にもたらすようなことは、起こらないように抑えておく必要がありますけれども、そこさえ抑えておけば、それ以上別に何か一所懸命にならなくてもそれはいいですよ、という感覚もあってよいものではないでしょうか。いわれるとおり、行政財産として用いるというものでもありませんから、そのあたりの管理の在り方を少し、哲学の転換というと大げさかもしれませんけれども、そういうことをお願いしていかなければならないし、それはどちらかというと国土政策、土地政策の話であろうとも考えます。

盛山　ありがとうございます。つい先日、豪雨災害が起こり、これは元々の造成その他に問題があるところも多いわけですが、高台の上の方にお住まいのお宅（私有地）の擁壁が大雨で崩れかけて、今にも下のお宅に落ちようとしてい

第23章　民事法の見直し

る。こういう場合、その土地の所有者が「もうこの家は嫌だ。ただでいいから、造成をするよりはこのまま逃げていきたい」といっている。そのようなところを押しつけられても、市町村としても土地の価格以上のお金が擁壁の補強等にかかるから、それは簡単に受けられないとか、色々な事例が起こり得ると思うのです。そういう部分も含めてルールというのはやはり必要ではないかと考えます。

共有の見直し、供託の活用

盛山　今回の特措法でも、ある程度対応できているのですが、共有者の一部が不明の場合ですね。ある土地があったとして、共有者10名のうち5人はわかっているけれども、残りの5人がわからないといったところの処置をどのようにしていくか。今回の特措法では、まずは利用の部分を主に法制化したわけですが、10年間の利用でも、長いようで、意外に短いかもしれません。その後どうするか、不明者の場合の対処をどのようにしていくのか。

　小野瀬局長には、区分所有の建物において一部反対する人がいる場合の建て直しの要件を一般的にどうすれば下げることができるだろうかということについて、以前、検討をお願いしました。そこに所有者不明の方がいたりすると、どのように考えていくことができるのでしょうか。その合意形成を進めるために、所有者不明の部分の方の議決権をどのようにしていくのか。また、金銭供託を活用しても完全に合意が得られない場合、もちろん一定の条件でということですけれども、法務局かどこかへ供託をすることで、明示的に合意されない方がいても処分することができるとか、合意制度の在り方、合意制度の変更も、これからの大きな課題と思うのですが、そのあたりはいかがお考えでしょうか。

小野瀬　今は共有地の処分ということになりますと、民法上、共有者全員の同意を得ることが必要ですし、また、共有地を分割することについても、共有者全員の同意の上で行うことが必要になってくるわけです。よって、共有者の中に所在が不明である方がいる場合には、結局、全員の合意を得ることができませんから、非常に困ってしまうことはご指摘のとおりです。こういった場合には、不明者の方の利益にも配慮しながら共有地の処分を円滑にできるようにしていく、不明の共有者の同意がなくても、共有者の方々の利益に配慮しながら分割できるようにしていくことが、所有者不明土地問題の解決にとっても非常

151

第四編　各分野における課題

に大切なことと思っております。

　研究会での議論ですが、持分に相当する額を供託した上で、その持分を買い取る制度とか、あるいは買い取らなくても、例えば利用料の相当額を供託した上で利用できるような制度の創設について検討してはどうかといった議論がされています。

　また、区分所有につきましては、例えば建物の建替えについては、民法上は共有物の処分に当たり、全員同意が必要になるのですが、区分所有法では、全員ではなくても、区分所有者及び議決権の５分の４の特別多数決で可能としております。それでも、５分の４は必要となっていますので、不明の方が相当数あると、その５分の４が得られないこともあり得るわけです。

　先ほど申し上げました民法の共有規律の見直しの議論を踏まえつつ、区分所有関係につきましても、区分所有者の財産上の利益に配慮しながら、建物を建て替えしやすくするためにはどのような方策が考えられるのかということも検討課題になるのかと思っております。

盛山　区分建物の場合、区分所有法で５分の４の多数決になっていますが、私の選挙区の神戸において阪神・淡路大震災によって被害を受けた建物で、マンションの建替えに一番時間が長くかかった事例では、この場合には不明の所有者はいらっしゃらなかったのですが、20年かかっています。それだけ合意を得るのは難しいということです。再開発ビルについても、昭和44（1969）年に都市再開発法ができてから、古いものでは50年近く経っているのです。昭和40年代後半に建ったビルがもうすぐ築50年になり、耐用年数が近づいたり、経済的観点から建て直さなければならない時期がきているビルも少なくありません。都市再開発議員連盟の事務局長である私の観点からは、これは今後の大きな課題だと思うのです。

　あともう一つは、供託制度ですね。本人との実際の契約書、合意が確実にとれない場合、供託を使っていかないとうまく進まないと思います。このあたりについて何かお考えはございますか。

小野瀬　先ほど触れましたが、共有者の中に所在不明の方がおられる場合に、そのような方々の持分を買い取ることを可能としようとすると、対価をどうするのかという問題が当然出てきます。所有者不明で行方がわからないので、対価を払えないじゃないか、そうすると買い取れない、そのような場面に、まさに供託というものが使えないか。供託した上で、不明の方の持分を他の方がもらってしまうという仕組みが考えられないか。このように考えてくると、供託

制度は、所有者不明土地の解決において非常に重要な手段になり得るのではないかと思います。

盛山 供託だけではないかもしれませんが、事業を進めるための観点を是非考えていただければと思います。例えば土地収用法は、制度上はある程度うまく機能する制度になっているのですが、実際にはなかなかうまく動いていない例もあります。成田国際空港が一番の典型ですが、理屈としては良い制度でも、現実には使い勝手が悪いということもあると思います。時間も私たちにとっては大事な要素ですから、30年かかるといわれると、一般の方はやる気をなくすと思います。例えば林業の方の場合には、30年は短くて、50年、100年という感覚であるかもしれませんが、人によって時間という物差しも大切だと思いますので、山野目先生からもお話しいただきましたが、制度としての精緻さ、公平さと合わせて、使いやすさを考えていく必要があるのではないかと思うのです。

土地の所有と管理

盛山 次の論点ですけれども、冒頭に申し上げたところとも絡むのですが、所有と管理ということです。これまで私たちは、「所有権は絶対」ということで考えてきたわけですが、他方、「私権は公共の福祉に遵う」という民法の昭和22年の改正との関係です。所有で権利だけを主張されるのではうまくないのではないでしょうか。所有には、当然責任もありますから、適切な土地あるいは建物、不動産の管理の責務をどのようにお考えでしょうか。また、国土交通省からは、バブル時に制定された法律である土地基本法の改正も合わせて考えてもらわないといけないといわれています。このあたりはいかがでしょうか。

小野瀬 国土交通省の考えについては、山野目先生がお詳しいと思いますが、登記制度の在り方、それから土地所有権の在り方を検討するにあたっては、土地所有者が負う責務がどういうものなのか、責務の有無、その内容が非常に密接に係わってくると思います。例えば、相続登記義務化の検討においても、なぜ相続登記をしなければいけないのかという義務付けの根拠を考えていく上で、土地所有者の責務についての議論を踏まえる必要があると思います。公共の福祉との関係で土地所有権の在り方を考える中でも、やはり土地所有者が負う責務の内容が係わってくるでしょう。その意味では、私どもの検討においても、国土交通省の検討状況を踏まえつつ、連携を取りながら取り組んでいく必

第四編　各分野における課題

要があると考えております。

盛山　ありがとうございます。山野目先生からはいかがですか。

山野目　本年6月の法務省の研究会の中間取りまとめにおきましては、所有権は民法に規定されているところであるものの、土地の所有権に関し、所有者に対して責務を要求していくという法制を、各府省が工夫してお考えいただくことは大いに大切なことであるということを確認する記述を入れてございます。ある意味で当たり前のことですが、なぜそのように書かなければいけないかと申しますと、実際はそんなことはなかったと思うのですが、各府省が土地の所有者に対し、責務というか、負担、制約を設ける法制を考えると、所有権が規定されている民法を所管している法務省が何かとうるさいのではないかと思う向きがあったようです。そういうことが何か都市伝説のようになってしまって、そういうふうに受け取る向きもあったものですから、この度、研究会の報告の中には、「いや、そんなことはありません。土地の所有権は公共の福祉に遵うものです」とはっきり書き入れてございます。

　ただそれだけですと、「都市伝説はウソですよ、法務省は邪魔しませんよ」といっているだけの話であって、積極的に何か理念を提示しているというところまではいっておりません。ここは、土地基本法、これは所管が国土交通省であり、審議会の場としては法制審議会ではなくて国土審議会になりますが、そこで審議をしていって、それを睨みながらおそらく民法のほうもきちんと考え方を整えるという話となると予想します。土地基本法ももう少し積極的に新しい理念を打ち出していくという話です。時期的には閣議決定された日程でいきますと、2020年の国会に提出の予定となると思われますが、その準備を鋭意進めていくに当たって、小野瀬局長もいわれたように、法制審議会と国土審議会が十分な連携をとりながら検討を進めていかなければならないと感じます。

▶ 国に対する要望

盛山　ありがとうございます。いろいろ論ずるべき点、解決すべき点が山積していますが、山野目先生から、法務省だけでなく、国土交通省や各省庁にご注文とかご要望とか、こう変えた方がよいというアドバイスなどはございませんか。

山野目　各省に注文（アドバイス）というようなことを申し上げる立場にはありませんが、しかし、今までいろいろ政府の取組みを拝見し、お手伝いしてい

る立場から、「こういう形になっていくといいだろうな」ということを申し上げると、法務省は、既に再々話題になりましたように、所有権と関連させながら不動産登記制度の見直しを進めてまいります。最近、不動産登記制度は、うまくいっていないではないかというような批判をいただくこともありますが、欧米先進諸国と比べても、またアジアの中でも、これほど精緻な不動産登記制度を運用している国は、おそらく他にないといってよいであろうと思います。明治の先輩たちが残した非常に大きな宝物でございます。

　もちろん課題もありますが、我々の時代に、後世のためにも不動産登記制度をダメにするわけにはまいりません。いわれたように相続登記の義務化の是非の検討も含めた相続登記の推進、変則型登記の解消などの問題があります。変則型登記の解消は、おそらく来年の国会になりましょうか。もっと抜本的な不動産登記制度の見直しは、2020年の国会の予定となっております。これを進めていっていただきたいし、進めていかなければならないものであると考えます。

　それから、国土交通省では、その所掌事項の調査審議を担っている国土審議会において、先ほど話題に出た土地基本法の改正という理念の問題、それから同時に、理念のみでは進みませんから、新しい時代の所有とともに土地管理の在り方という、実質というか、現場の問題も含め、いろいろ事例なども収集し、情報を分析した上で、今後の政策を力強く立案していくことが求められましょう。その過程の中では、所有者不明土地の問題もありますけれども、いわゆる放棄ということが話題になっているような、行き場を失った土地の問題全般を見渡して解決を考えていかなければなりません。私も一所懸命お手伝いをしてまいりたいと考えております。

盛山　ありがとうございます。地方公共団体、総務省に対しての何かアドバイスその他はございますか。

山野目　今までも市町村の役割が重要であるということが、国土審議会などの場で散発的には議論として出ております。市町村長の方々の中には、これからは市町村がやるのだし、主体性を持ってやるし、任せてほしいということをいわれる方もたくさんいらっしゃいます。今日、あげられた市町村をはじめ、個人的にお話しするとそういう方もおられる反面、いろんな場面で市町村のお話を伺うと、またそれとは異なる議論もあって、市町村は今、財政も非常に厳しいし、人員も非常に限られてきているというお話もないものではありません。しかも、地域で高齢化、子育て、貧困、様々な問題が出てきて、それに対処す

るのに手いっぱいである。また気安く市町村が主体であるというようなことをいってくれるなというお声もあって、寄附という言葉を使うといろんな話が出てまいりますから、少し神経を張り詰めてお話ししなくてはいけない領域ではあります。

　しかし、今日、盛山先生からご指摘いただいたように、国も制度を整備し、また必要な財政上の支援の用意もしなければいけないことはもちろんであって、支援をしていく覚悟をきっとお持ちいただけるだろうと思いますので、地域に密着した基礎自治体としての市町村、それをいろいろ支援していく都道府県、その役割が非常に大きいことは、これからも申し上げていかなければいけないことと思います。

　総務省は、地方自治行政を束ねるという立場で、このあたりのところも市町村に共通する悩みを集約していただいて、必要な制度改善とか、地方交付税の在り方とか、悩み込んでいただければありがたいと感じます。話題にありましたように、住民票の除票の問題、5年という余りにも短い期間のそこを見直そうという動きが始まっているという具体的な動きもございますので、是非今後、いろんな施策を検討してほしいと感ずるところでございます。

盛山　ありがとうございました。長時間、様々なアドバイスを頂戴しました。お話を伺っていますと、国土交通省が主に所管する地籍調査、法務省が関係する登記所備付地図作成ですね。昔の台帳の古いものが残っていることもあり、そして、それをどのように落とし込んでいくのか、新しいものにしていくのか。その土地の価格、流通に大きな影響が出るだけじゃなく、建替えなどを行

うときに、敷地の筆界、面積がはっきりしないと、どの程度の建物、ビルが建てられるかということになります。まずはここから、取り組んでいただくのかなと思います。

そして、いよいよこの所有者不明土地の関係でいくと、山野目先生が進めておられる研究会での検討と議論を精力的に進めていただきまして、来年の通常国会に提出予定の法案を政府で準備して頂きたいと思います。

そして、相続登記の義務化その他の議論に踏み込んでいただきながら、来年の2月頃の目標で、法制審議会でご議論を開始していただくことになるのかと思います。法制審の一般的なルールに比べると大変短く、タイトな日程かと思いますけれども、ここでのご議論を2020年の国会に提出する法案作成に間に合わせていただければと思います。

さらに、所有者不明だけではないのですが、共有不動産その他についての合意の制度をどのようにしていくか。また、不動産の寄附、これは地方公共団体を含めて国も避けて通れない問題であると思います。みんながうまく合意をしていけるのか。

所有がもちろん重要で尊重しなければらなないのですが、権利の主張だけではなく管理の点での義務ということも、同じように重要であると認識していただいて、所有と管理についてご検討いただければと思った次第です。

最初の大きなひと山は越したとはいうものの、これからがいよいよ本当の本番になろうかと思います。山野目先生に、今後ともご指導賜りますことを心からお願いしまして、この鼎談を終わらせていただきます。

山野目　ぜひどうぞよろしくお願いいたします。

盛山　今日は、本当にありがとうございました。

（平成30年8月3日）

第四編　各分野における課題

第24章
司法書士の実務からの課題

【対談】

今川　嘉典（日本司法書士会連合会会長）

> ### 変則型登記について

盛山　このたびは所有者不明土地の特別措置法の制定に当たりまして、今川会長はじめ日本司法書士連合会の先生方には何かと大変お世話になりまして、誠にありがとうございました。

　まずは、変則型登記について少し伺いたいと思います。昔の土地台帳からの名残かと思うのですが、所有者誰々ほか何名といったような形で、それ以外についてはっきり記述されていない変則型登記があります。そのような土地について、司法書士の方へ権利の登記の申請依頼などがあるのではないかと思うのですが、どのように対処されるのでしょうか。

今川　先生がおっしゃった変則型登記は、土地の表題部にAほか何名という記録しかないというもので、これを記名共有地といっています。所有実態は様々あると思うのですが、一例を挙げますと、自治体が道路用地として買収したい土地がある。そこが記名共有地であり、実はXという人が占有、使用していて、どうもXは時効で取得しているようだと。道路買収をするには、自治体はXを相手に対応しなければいけません。つまり、Xには時効取得によって所有権を取得していただかねばならないという状況が発生します。そうすると、まずXに協力をお願いしなければいけないので、そこが一つの課題になります。協力が得られるとすると、Xが今現在の名義人に対して訴訟を起こして、所有権を確認してXの名義にし、そしてXの名義から自治体の名義に移すという作業が必要となります。その際、建前からすると、名義人がAほか20名となっていれば、Aと20名全員を相手にしなければならないというのが本則です。

　その20名は誰かを調べる方法として、閉鎖登記簿や、旧土地台帳、聞き取りが挙げられますが、20名全員について全くわからないと行き詰まってしまい、

誰を相手にしてよいかわからない状況になります。この場合に本則を貫くと全く動かなくなってしまうので、記名共有地に限定されますが、Aに対して所有権確認訴訟をして勝訴した場合で判決理由中に当該土地がXの所有に属することが証拠に基づいて認定されているときは、この判決を不動産登記法74条第1項2号にいう判決として、Xの名義の所有権の保存の登記をできるという法務省通達が平成10年に出ていますので、Aを相手に訴訟していくこととなります。

　ところが、次に、Aが生きているのか、死んでいるのか、どこにいるのかがわからないという問題が発生します。この場合は、裁判所に対してAの不在者財産管理人の選任を申し立て、選任された不在者財産管理人に対して、Xに訴訟を起こしてもらいます。もちろん時効ということを証明する必要がありますが、勝訴判決をもってX名義の所有権の保存の登記をして、Xから自治体へ所有権の移転の登記をするという例があります。

　手続きとして、これはうまくいった例ですが、問題は、先ほど申し上げたXの協力とXの手間、あるいは訴訟費用等を誰が負担するのかということと、それから不在者財産管理人を選任しますので、裁判所に対して予納金を納めなければいけないのですが、それを誰が負担するかということです。本来は、申立人であるXが予納を求められるのですが、Xとすると、「何で自分が負担しなきゃいけないんだ」という話になります。その土地の価値が高ければよいですが、安い場合、どこから費用を捻出するかという課題です。

盛山　確かに、例えば都心の価値のあるところであればよいのですが、こういう変則型登記になっているところは、共有地や入会地であり、地方が多いでしょうからコストの点でも難しいですね。

今川　よって、自治体が予算措置をせざるを得ない状況だと思います。

盛山　法務省では、変則型登記の解消に関して、来年の通常国会に法案を提出するべく準備を進めているところですので、ご協力をお願いしたいと思います。また、現在進めている検討に向けて、今川会長から、こういうところに気をつけたほうがよいなど、ご意見、アドバイスがあれば伺えませんか。

今川　「登記制度・土地所有権の在り方等に関する検討会」では、所有者調査を一般人や自治体の方がやると、多大なコスト（費用）がかかり、時間もかかりますから、「登記官が職権で更正登記をしていく、その前提として職権で所有者調査をしていく」ということが考えられているようです。やはりプロが行うことで、コスト面で非常に有利だと考えますのでこれには大賛成です。た

第四編　各分野における課題

だ、登記官がすべてをやるのは無理ですから、おそらく、そこで我々司法書士や土地家屋調査士等の専門家がお手伝いをしていくことになりますので、我々を是非ご利用いただきたいと思っております。

盛山　登記の担当官もその道のプロであると思いますが、実際に個別の案件を扱っておられるのは司法書士や、土地家屋調査士の先生方といった、専門職の方々だろうと思いますから、そういう方々のご協力がないとうまくいかないと思います。そうすると、予算措置をどうするかを合わせて考える必要があるということですね。

今川　はい。是非、ご尽力いただきたいと思っております。

盛山　それは私といたしましても法務省とも相談していきたいと思っています。

今川　よろしくお願いいたします。

所有者不明土地の特措法

盛山　今回、所有者不明土地の特措法と農林水産関係の２本の法律が成立しましたが、この３本の法律について、今川会長はどのように評価をされておられますか。

今川　その前に所有者不明土地についての前提を少しお話しさせていただきますと、「所有者不明」には二つの意味があります。一つは、相続登記がされておらず、登記記録から所有者がわからないという意味です。もう一つは、所有者は変わっていないが、住所や氏名が変わって、それがわからないという意味です。住所や氏名は、住民票と戸籍でたどることができます。ただ、住民票の除票の問題はありますがこれについては後ほどでお話します。住所や氏名の追求ができることについては問題ないのですが、相続登記の場合は調査のためにかなり時間がかかります。

　相続登記がされていない要因は、三つ考えられます。一つは、登記をしなくても不都合がないことです。例えば、両親が住んでいて、一方が死亡し、もう一方が住んでいるときに、登記しなくても父親または母親が住んでいるから問題ないという場合などです。二つ目は、登記したいが分割協議がうまくいかないという場合です。そして三つ目が最大の問題ですが、「不動産は要らない」、「持ちたくない」という状態です。最初の二つ、不都合がない、遺産分割協議が調わないということについては、実はある程度占有も管理もされています。

第24章　司法書士の実務からの課題

ただし、「要らない」という場合は、管理放棄になっています。相続未登記の対応方法はそれぞれの状況に応じて考えなければいけません。これらを前提として我々も考えていく必要がありますし、先生方にも施策を考えていただきたいと思っておる次第でございます。

それでは、今回成立しました法律についてですが、まず、農業経営基盤強化促進法と森林経営管理法はどちらも管理の必要があるということで、利用権の設定をしやすくしたことですね。そして、所有者不明土地の特措法は四つ大きな項目がありまして、公共的な土地について、まずは利用権の設定をしやすくするというのが一点、収用をしやすくするというのが一点。もう一点は、自治体の首長に財産管理人の選任申立権を付与したということ。さらに、実はこちらが我々に最も関係が深い部分となりますが、登記官が職権で相続人調査をしていくことです。登記官が長期相続登記等未了土地物件について相続人調査をし、そして、相続が発生して長期間登記が未了である付記登記を職権にて行い、さらには相続人に登記を促すという制度です。こちらは先ほどの利用権設定とは違って、根本的に所有者不明を解消する点において、評価しています。もちろん維持管理も大切なので利用権を設定することは重要ですが、所有者不明自体は残ったままとなってしまいます。

盛山　おっしゃるとおり、残ったままです。

今川　特措法は、現在の所有者不明状態を根本的に解消していくという意味において、非常に有効な手立てであると考えております。

盛山　今回の特措法は、現時点できる手立ての実行を可能にするためにつくった法律ですから、我々としても、これで一山越すことができたと思っておりますが、一山を越してみれば、その先にはもっと大きな山が聳えていたというように感じております。

まず、所有だけではなく、利用するということで、手のつけやすいところから手を打ったことになりますが、今川会長がおっしゃったように、九州ぐらいの面積の所有者不明の土地をこれ以上増やさないようにするには、どうしたらよいか。そして、それを少なくしていくためにどうすればよいか。これらの課題について、自民党の特命委員会で考えているわけです。

今川　おっしゃるとおり、その両面でやらないといけないということでしょうね。

161

第四編　各分野における課題

土地の放棄、寄附について

盛山　先ほど今川会長がおっしゃった、所有者不明土地の三つ問題について、そのうちの最後が一番難点だといわれたのが、土地の寄附や放棄の問題です。今、待ったなしの課題になっていると思っております。東京をはじめ大都市圏への人口集中が進んだ結果、地方では地価が下がりました。価値が低くなってきましたから、農地、林地だけではなく、宅地についても、なかなか値がつかないというとオーバーかもしれませんが、維持管理のコストに見合うほどの宅地の価格になっていないということもあります。また、就職で都市に出られて、そこで結婚され、家庭を持たれます。出身の地域でお住まいの親御さんが亡くなって、農地や林地だけではなく、家屋敷も管理できないとか、要らないといった土地が増えつつあるのが現状ではないかと思うのです。

　市町村は、基本的に土地の寄附を受け付けないことが一般的ですが、そういう状況を変えていかざるを得ないのではないでしょうか。所有者からも声が上がっていますし、少子化が進んでこれから多死社会になる状況では、地方においては、土地の所有者がはっきりしていても、その土地を管理できないという方はますます増えていくことになると思います。そこを解消していくにはどうしていったらいいのかが難しい問題です。土地の寄附や放棄については、どのようにお考えですか。

今川　確かに地方に行きますと、宅地でも寄附をしたいとおっしゃる方がいらっしゃいます。山林や農地ですと、どなたかにもらってもらえないかという方が、もちろんおられます。一般の方は、所有権放棄という概念自体ご存知ないので、土地が要らないから役所で引き取ってほしいという依頼は、相続登記の依頼を受けたとき、司法書士であればほぼ100％経験していると思います。ですから、これはやはり何とかしなければいけないということを常々考えております。

盛山　今年５月に自民党の所有者不明土地等に関する特命委員会で、「所有から利用重視へ理念の転換」をうたう報告書をまとめました。所有権は、もちろん、大事なものではあるのですけれど、「権利の上に眠る者は保護に値せず」と申しますが、ただ所有しているからということで権利を主張されても困るわけです。管理することが大事なのです。

　例えば、雑草などが伸び放題になっているとお隣の方も困りますから、そう

162

いうところをどうしますかということから始まると思いますが、管理にしても、それなりに手間暇や費用もかかります。ですから、土地を放棄したい、市町村に寄附をしたいという方がいらっしゃっても、市町村でも、その管理費を税金で負担するのかとか、その土地を管理する職員をどうやって手当てするのか等の問題もあり、簡単には受け入れられない状況であると思います。この土地の放棄の議論をこれからしていかなければなりません。

今川 これまで土地というのは、財産、権利というプラス面だけが強調されましたけれども、やはり所有者として維持管理をする責務があるという意識を国民全体に醸成させていただきたいと思います。維持管理も当然ですが、その管理の一環として、登記名義もきちんとしておく必要がある。そうなると、相続登記もしなければなりません。それが責務だというふうに国民の意識が変われば、随分変わってくるのではないでしょうか。

盛山 よくご存じのように、土地基本法はバブル期に成立した法律ですから、土地の売買その他を制限するといったことを念頭に置いて制定した法律です。これからのことを考えると、土地基本法の改正も含めて、管理を法体系の中に位置付けする必要があると思っているところです。

登記の義務付け

盛山 真の所有者をどのようにして表していくのかが問題であると考えています。売買等の場合には、一般的にご自身の所有権を守るために、対抗要件である登記をなさる方が一般的ですが、相続の場合には、不動産登記法では登記が義務付けられておらず、罰則もありませんので、必ずしも皆さんが登記をなさる状況にありません。このあたりをどのようにしていくのかということで、死亡届とリンクをさせて、死亡届が提出された際に登記を義務付けるべきではないかという議論もありますが、どのようにお感じですか。

今川 死亡届の提出は義務付けられていますので、おそらくほとんどの方が守っているでしょう。相続登記がされない要因の一つである「遺産分割が整わない」という場合に、単に登記を義務化しますと、遺産分割協議、意思表示を早くしなさいという強制力が働くと少し無理がかかります。そうすると、法定相続でとりあえず登記をするかという状況になるのですが、それでは登記名義人が増えるだけになります。そこで、例えば、死亡届出と同時に法務局へ死亡の旨の申請をすることが考えられると思います。今回の特措法と同じように、

第四編 各分野における課題

この物件は相続登記が発生しているというフラグを立ててるわけです。そして、一定期間過ぎたら登記官が相続登記を促すという、今回できた特措法による措置を一般化していくのも一つの方法かなと考えております。

盛山 死亡届の提出は、義務であり、受理してもらわないと火葬・埋葬もできませんので、遺族の方は必ず死亡届を提出されています。しかし、相続登記をしなくても相続人にはほとんどデメリットがありません。また、地方公共団体の課税課にとっても、亡くなった方宛に固定資産税の通知を送っても、払ってもらっている限り、痛痒を感じません。この状況を打開するために、登記の義務付けを考えているのですが、法律で義務付けをしても、「登記はしたいのだけれど、遺産相続の協議が調わないから無理です」という方もいらっしゃると思います。あるいは、義務付けを行うにしても、厳しい罰則を規定できるのかということにもなります。国民の皆様に、「登記が大事ですよ」「登記をしないといけませんよ」ということをいかに理解してもらうかが重要なポイントです。登記をすることによって、メリットを感じていただけるようにしないと現実には進まないのではないかと考えています。

今川 あとは、登録免許税のインセンティブをつけていくとかですね。

盛山 それは、例えば死亡届を提出された後で1年もしくは2年以内といった、限られた期間内にきちんと相続登記の手続をとられたらというイメージですか。

今川 はい。例えばそのようなインセンティブをつけ、自然とその方向へ向かうようにしていくということと、これは教育にもなるかと思いますが、先ほどもお話が出ました所有者としての責務をきちんと醸成して、それと一緒に進めていくのがいいのかなと思います。義務とすることは理解できますが、単に義務であることを条文に明記するだけでなく、それを実効性のあるものにしていく必要があると思います。

盛山 そこが難しいところだと思うのです。

今川 一番難しいところですね。

不動産登記制度

盛山 今、法務省でも検討していますが、不動産登記制度についてどのようなところを変えていけばいいのか、あるいは、不動産の登記記録が真の土地所有者を表すようにしていくためには何が必要か、についてお考えやご意見はござ

164

第24章 司法書士の実務からの課題

いますか。

今川 今検討されているのは戸籍との連動です。戸籍というのは、本籍が編製の基準となっていますし、自然人の登記情報は住所氏名ですので、おそらく戸籍と登記情報をつなぐためには、住民票の情報を間に入れて行っていくことになるかと思います。これから登記名義を取得する者についてはそれでいけるのでしょうが、今ある不動産登記を全部戸籍と連動させていくのは、少々厳しいと思われますので、今から少しずつ連動させていく道を探ることになるでしょう。

将来、戸籍と登記情報の連動が完備され、自動的に法定相続で登記してしまうとなると、これまた技術的に難しいし、権利関係が非常に錯綜します。よって、戸籍と連動させた上で、この不動産の所有者は死亡していますというフラグを立てていって、登記を促していくというのが一つの方法とは思いますが、そこへ至るまでの策として、先ほど申し上げた死亡届出と死亡の旨の申請により、相続が発生しているフラグを立てられないだろうかと考えております。

盛山 なかなか名案が出にくい状況だろうと思います。現在、九州ぐらいの面積となっている所有者不明の土地をこれ以上どうやって増やさないようにするかということと、既に沢山ある土地をどうやって減らしていくのかということ、この二つを両方とも解決しないといけないという悩みがあります。

連携ということですが、それぞれ担当の職員の方は、法律に規定された法の目的に従って、具体的な作業をなさっておられます。例えば同じ市町村の中でも、住民票を担当している部署と、固定資産税を担当している部署は別になります。そして、それぞれの根拠とする法体系も違いますから、そういう情報を両方の間で共有することは法体系上難しいわけです。その結果、所有者不明の土地がこれだけ増えているのですから、法的な手当てが必要となってきますが、まず行政における横の連携をこれからどのように円滑に進められるかを考えていかなくてはなりません。

例えば死亡届が出て住民票を直す、戸

今川会長

165

籍を直す、このときに市町村から法務局へ連絡が行くようにする。こういうことは、絶対に考えなければならないところだと思いますが、それを受けて法務局が機械的に登記を修正できるのかという点は、相続の協議がどうなるかもあり、慎重に考える必要があります。

　また、登記官がフラグを立てられるといわれましたが、この土地については、登記の変更が必要であることを対外的に明らかにして、今後、実際に所有される方の手続きを促すというインセンティブをつけることは、良い方法ではないかと思います。

今川　そこまでは何とかできるのではないでしょうか。

盛山　さらに、もう一歩進んで、登記をするほうがよいというメリットを感じられるような措置がないとやはり実際には進まないですね。

今川　今回の相続法改正でも、法定相続以外の相続登記の場合は登記しないと対抗力がないことを明示するということなので、少しは登記した方がよいと考えるようになるのではないかと予想していますが、決定的ではないですね。

盛山　私は昨年、母を亡くし、相続手続きと登記もしたのですけれど、これは一般の方が誰でもできる手続きではないと感じました。私は、一般の方より、少しはこのような手続きに慣れていると思うのですが、それでも、自分で登記手続きをすることは難しい。しかも、司法書士の先生に相続関係の所有権変更登記等をお願いするにしても、その事前の準備もなかなか大変なのです。単純に私の親から私へということだけであればまだ簡単ですが、それ以前の数次にわたり相続登記をしてない場合には、被相続人から次の相続人、また次の相続人へとつないでいかなければなりませんから、戸籍や戸籍の附票をうまくつなげるかということになります。こうした書類を揃える手間暇も相続登記が進まない理由の一つではないかと思いますが、そのあたりはどのように思われますか。

今川　司法書士からすると、先生がおっしゃった部分は、さほど難しくはありません。それよりも財産調査ですごく時間がかかる人がいらっしゃいます。預金や

盛山議員

第24章 司法書士の実務からの課題

不動産がどこにあるかわからないということです。これは個人情報と表裏一体になることもあり、また、行政の縦割りによって、様々な情報がそれぞれ独立しているため、簡単に名寄せで調べられる仕組みがありません。それらの情報をつないで、相続人等の利害関係人は名寄せができるようになりますと、遺産調査は早く行うことができると思います。そして、司法書士であれば、相続人調査については意外とすんなりと行うことができるのではないかと思います。もちろん司法書士も無料というわけにはいきませんので、手数料がかかる点は我々も考えていかなければならないことだろうとは思います。

あとは、今、政府でも相続ワンストップを考えておられますが、一般の方にとっては各種手続も煩雑に思われていて、それを全部ひっくるめて、相続って大変だと思っておられると思います。その中で、どうしても先立つものは費用ですから、預金だけは先に手をつけてしまおうかと考えるわけです。そして、貯金以外はそのままにしておかれるという場合がありますので、それを政府で考えておられるワンストップで行うことが可能ならば、随分楽になるでしょう。ただ、相続登記についてはワンストップとは別になると思います。

盛山 今川会長がおっしゃった中で資産調査ですが、例えば登記については、管轄が違うと法務局も誰がどこに土地家屋を持っているか、よくわからないのが現状です。ですから、名寄せをいかにできるか、その人が法務局にどのような登記をしているのかがひと目でわかるような仕組みをつくることが、今後望まれている課題の一つです。

今川 一つのあり方だろうと思います。個人情報との関係は十分気をつけなければいけませんが、それがわかれば随分早く登記ができる点もあるかなと思います。

盛山 政府では、様々なワンストップサービスを進めようとしていますが、登記の場合には、そこがわからないことにはワンストップサービスの進めようがないということになります。

今川 はい。先ほどから、お話いただいております相続登記の義務化ですが、義務といわれても、「親の不動産がどこにあるかわからない。住宅はわかるけど、ほかにもあるようだけど、どこかわからない」というのは今も同じです。相続登記をしなさいといっても、どこに物件があるかわからない事案はかなり出てくると思います。その遺産調査と把握をデータ化してわかりやすくしておくことは、慎重にやらなければなれませんが、必要なことかとは思います。

盛山 土地家屋調査士の方の分野かもしれませんが、司法書士の方が、そのよ

167

第四編　各分野における課題

うな相続登記の依頼を受けたときに、実際の広さと公簿上の違いとかが問題になることはないのですか。

今川　司法書士の業務上は、あまりないですね。もちろん名義を変えた後、売却する際に境界や面積の相違があるのかということは問題になると認識していますが、相続の段階ではあまりないかと思います。名義を変えるのが目的ですので。

盛山　名前をかえて、その人の住所がどこか、持ち分がどれだけあるのかを表すのが登記ですからね。つまり、権利をどうあらわしていくのか、そこがポイントですね。

所有者不明と共有について

盛山　共有者がいる土地家屋の場合、一部の所有者が不明であるといったようなことはございませんでしたか。

今川　私はそれほど多く扱ってはないですが、そういったケースはやはりあります。相続が発生している状態自体がすでに共有の状態ですから、それを売りたいのだけど、どうしたらいいだろうとか、あるいは分筆したいとか、分割して売却したいとか、様々なケースがあります。結局は、相続登記をどうするかと同じ作業で、共有者がいて、たまたまその人がどこへ行ったかわからないということは同様にあります。

盛山　そういう場合、どの程度探索され、どのような対応をしておられるのですか。

今川　司法書士が探すのは、公簿のみです。登記簿を確認して、その住所氏名から住民票を取り、それでもわからなければ除票を取ります。本籍地がわかれば戸籍を取ります。日本の住民票制度と戸籍制度というのは、本当に精度がいいですから、わからないことはないので必ず行き着きます。もちろん除籍が廃棄されていたり、住民票の除票が５年で出てこなかったりというのはありますが、それがなければまずつかめます。

　我々がやるのはそこまででして、実際に住民票の住所にお住まいでない方は、追跡のしようがありません。その場合は、裁判所に不在者財産管理人を選任してもらいます。ここで一つ、問題が起こります。例えばある不動産をABCが共有している場合、Cの所在地が不明なので不在者財産管理人を選任します。そうすると、不在者財産管理人は、不動産の管理人ではなくて、Cの

第24章　司法書士の実務からの課題

管理人になるので、Cの全財産を管理するという建前になりますから、管理すべきはこの不動産だけではありません。つまり、資産調べから全部行う必要があるのです。ここがネックとなります。

盛山　現実には無理でしょうね。

今川　はい。たまたま預貯金等がありますと、その預貯金も管理する必要があります。未来永劫、管理しなければならない状況にもなり得ます。今、研究会でも考えられているのは、Cが持ち分を持っている不動産の管理人を選任し、Cの持ち分について処分が終われば、この管理人の仕事は終わるという流れです。このような流れについても検討していくことが現実的かと思います。ただし、民法上はそうではないので、これも大きな法改正が必要となります。

盛山　課題の一つですね。

今川　はい。先生方の御尽力をいただいてこそ、民法の改正につながります。これらは大きな問題になるだろうと思います。

盛山　私が問題意識を持っておりますのは、特にマンションやビルの共有の場合に、ごく一部反対される方がいたら建替えなどの処分がストップしてしまうことです。所有者不明であっても、あるいは所有者がわかっていて反対されている場合でも、一定の比率以下であり、多くの方々が合意をしていれば、金銭供託など、何らかの形で不動産の処分について合意形成をすることができるようにしたいと思っています。そのような考え方に対しては、何かお考えはありますか。

今川　マンションではなくて、土地の共有ということでしょうか。

盛山　例えば共有者が10名として、1名が不明で、1名が反対されていて、8名が合意されている場合の対応については、いかがお考えでしょうか。

今川　不明の場合は管理人を立て、管理人が財産を管理、処分すればよいですが、不明ではなく反対している共有者がいて、反対されると処分できなくなるというときに供託なり何なりして、一定程度強制的に処分させるということでしょうか。

　もちろん私は司法書士ですから、個人の権利を奪う点については、金銭で補償はするにしても慎重になるべきであると考えます。しかし、すべてを否定するわけではありません。協力しない人がいるために、管理もできない。処分、分割しましょうと言っても、知らないといって、はんこを押さない人については、それは、盛山先生がおっしゃったように、みなし放棄にもつながるかと思います。ただし、放棄したものとみなして単に取り上げてしまう。のではな

169

第四編　各分野における課題

く、先生が提案されている、補償という代替的な価値を与えるという方法も一つの大きな解決策であると考えます。

　というのは、マンションは、空家よりも深刻で、法律上は5分の4の同意があれば建替えができるのですが、確かに5分の4といっても、高齢の方は「自分は死亡するまでここに住んでいればよいのだから建替えの必要はない」と考える方が多いでしょう。建て替えると新たに価値が生まれますが、「子どもたちが不動産を要らないといっているから」という理由で、建替えに賛成しない人もいます。老朽マンションがこのまま増え続けるという重大な問題に対しては、やはり対策が必要です。ポイントは、決議には、「取壊し決議」はなく、「建替え決議」しかないということですね。必ず建て替えなければいけないということですから、建替えを望まない人にとっては、金銭的に補償する制度をもっと充実させてほしいところです。盛山先生はさらにその先について考えていらっしゃるのですね。賛成しない人が1人でもいて、その1人のために対応の可否が変わるという問題に対しては、繰り返しますが慎重に対応しなければいけないと思います。そうはいっても、私はすべてを否定する立場ではありません。

盛山　私の選挙区は神戸市ですので、阪神・淡路大震災でいろいろ被害を受けました。建替えに一番時間がかかった事例では、被災マンションを建替えなければならなくなったものの、地権者、住民の方々の合意をとるのが難しくて、最終的に建て替えるまでに20年かかったものがあります。こういう事例をどのように改めていくのかも大事だと思いますし、今川会長が否定されないとおっしゃったように、所有者がわかっていて反対される方がいらっしゃっても、比率は5分の4がよいかどうかはさておき、ある程度の方々が望まれてこうしようということになった場合、金銭供託で補償すること等の方法で、全体を動かせることになるのであれば、所有者不明の方がいる場合も同様にできるのではないかと思うのです。つまり、登記上の所有者に金銭供託をすることができれば、真の所有者が出てきた場合には、その供託金で補償することもできるのではないかと考えています。

今川　はい。今、不明の方については財産管理人を選任するしかありません。例えば、土地がうまく売却できたとして、不明所有者の金銭や資産ができたら、ずっと財産管理人が管理をしなければなりません。そうすると、財産管理人の報酬がいきなり高くなります。そこで、供託をしておいて、いつでも取りに来てくださいという状況にしてしまうと、財産管理人の仕事は終結しますの

で、それも一つの方法かと思います。

　繰り返しになりますが、何もしたくない、管理もしない、処分に協力もしないという人の権利を大切に守っていくのと、その土地の新たな利用に向けて検討していくことのバランスを考える必要があると考えておりますので、私は全面否定はできません。

盛山　マンション、共同ビルは、管理費や経費がいろいろとかかります。それを払えない方がいて、そこをどうするのかも問題になっています。測量設計業の方から伺った話では、農地、畑を土地改良したところは管理費用がかかるので、その費用を払いたくないといって、一定の金額まで滞納額を大きくして、わざと払わずに土地収用してもらう方がいるようです。今、地方においては、土地の価格が下がっていますから、売買しようにも値がつかない。ならば、登記手続きを含めて、土地収用ですべて処理してもらえてよいのではないかという考え方もあるようです。

　所有から管理へということを打ち出しましたが、実際にその管理については、どこまでを所有者に管理をしてもらうのかが課題です。

　今年の７月の集中豪雨により各地で土砂崩れが起こりました。また、擁壁などの問題について、所有者として管理をすべきなのですが、責任はどこまであるとすべきなのだろうかとも思います。お隣や崖の下のお宅に何らかの被害を起こした場合、本来発生させた原因者の方が補償するのが原則ですが、想定外の土砂崩れが起こった時に、どこまで対応しなければならないのかと考えています。これまでは、管理責任の範囲については、あまり検討されていませんでした。

今川　不動産に対する考え方がずいぶんと変わったということですよね。

盛山　地価が右肩上がりの時代ではなくなりました。最近、やっと底を打って上昇し出してはおりますけれど、それは都市の地価ですから、地方の地価は、相変わらず底堅いというような状況では決してないと思います。

今川　かつて、土地は持っていれば必ず資産になるものでしたが、今の若い人たちはそういう感覚は全く持っていませんね。

盛山　そうでしょうね。特に、地方出身の方で、田舎の土地は農地や林地だけではなく、家屋敷であっても放棄したい、そういう時代に変わってきたということですね。

第四編　各分野における課題

住民票、戸籍の附票の保存期間について

盛山　住民票、戸籍の附票の保存期間について、総務省の委員会でその保存期間を150年に延長することを盛り込んだ報告書が出ました。これまで日本司法書士会連合会の先生方が、こういう困るところがあるとか、こういうところを何とかしないといけないということをご指摘されてこられた成果が今回の報告書にあらわれていると思います。そのあたり、いかがお考えでしょうか。

今川　ご理解をいただき、先生方にもご尽力いただいた結果、提言が出たことに大変感謝しております。住民票の除票の保存期間については、空家が問題となる何年も前から問題視しておりました。司法書士が住所変更登記をする際に、住所の変更を追跡できないケースがあったためです。そして、最近、相続人調査において、住民票の除票の問題が再浮上してきました。登記されているのはあくまで住所であり、戸籍を取得するためには、本籍が必要です。本籍は、住民票に記載されています。そうすると、除票等を取得しなければ本籍がわからない、戸籍も取得できないということを一所懸命説明させていただきました。当初はご理解いただくことに苦労しましたが、結果、提言としてまとまったことについて、大変うれしく思います。今後は、自治体の費用やプライバシーの問題があるかと思いますが、保存期間150年を是非実現していただけるようにお願いしたいと考えております。

盛山　総務省でも、これをどのように具体化していくのかについて、検討を始めたところだろうと思います。

　そこで次のステップとして、これまで紙で保存する仕組みが、デジタルデータで保存する仕組みに変わりつつあるところだと思います。それをどのように転換していくのかです。そしてデータになったところで、住民票、戸籍というデータと、固定資産税の課税台帳のデータと、法務局にある不動産の現状、所有権をあらわすデータと、これらの連携をどのようにうまくリンクさせていくのかというところが課題です。

今川　大きな制度設計ですよね。

盛山　保存期間を５年から150年にというところだけでも大きな改正のポイントだと思いますが、それだけに留まらずに、他のところとも、どう連携を図っていけるのかがこれからの大きな課題だと思います。

今川　とにかくデータをどう利用するかというのが、これからの日本の課題な

172

のでしょうね。やはり人口も減っていきますから、人の力に頼れなくなってきていますので、データをどう扱うかということは、非常に重要だと思います。

　それと除票についてですが、これは先生方や総務省へのお願いになるのですが、保存期間が150年になったとしても今からだと思います。今除かれたものは、150年ということだろうと思います。現に今、除票があり、実は5年以上保存されているものもたくさんあります。ただ、保存期間が5年ですから、それを証明として発行するには、やはり自治体のコストがかかります。発行できないのもありますので、現状の制度で5年を経過してしまっていますが、まだデータや情報として存在しているものについては、証明として出していただくということです。これは運用で定めていただくこととなるかと思いますが、是非お願いしたいと思います。

　仕事をしているといつも感じますが、5年を経過したので証明できませんという回答が来ます。データが残っているのであれば、それを証明として出していただけるよう、運用で定めていただきたいと思っております。

盛山　そういう点こそ、今川会長をはじめとする司法書士会の方々の現場の声を聞かせていただき、制度設計をする総務省の担当者にわかってもらいたい部分だと思います。これからもそういう点でもご指導、アドバイスを頂戴したいと思います。

　先ほど今川会長がおっしゃった中で、登記の所有者の名寄せの話がありました。これからデータをどのようにリンクして、名寄せをしていくのか。一般的には、同じ姓名の人がいたとしても、住所まで同じであれば、別人ということはないと思います。どのようにうまく名寄せし、実効性を挙げていくかがポイントになってます。マイナンバーとリンクさせることは難しいと思いますが、いろいろなデータをいかに結びつけるかについて、どのようにお考えでしょうか。

今川　一定程度、必要だとは理解しています。ただ、マイナンバーとリンクさせるにしても、それぞれ個別、必要な情報だけをリンクさせるのですよね。マイナンバーによってすべての情報が明らかになってしまうのは非常に危険ですから、内部で個別に番号をふっている仕組みになっていますから。私は、リンクさせるのは、マイナンバーでも住民票コードでもよいと考えています。個人にふられている番号が登記情報に入ることで、名寄せのようなものができます。そのような流れは今後やむを得ないですし、時代として仕方がないと思います。昔は番号と情報が直接リンクするのは危険であるとされていましたが、

第四編　各分野における課題

これからは、プライバシーの侵害に配慮した上で情報を利用する時代に変わっていくと思います。

盛山　メリットを感じていただける制度設計をしないと、なかなか進まないと思うのです。ただ、各法務局で扱っているデータを連携させるには、申請者がご自身で「私はここに、こういう不動産がありますが、他の法務局にこういう不動産もあります」と自発的に申請をしていただかないと、登記官が勝手にリンクすることはできません。

　そのようなことも含めて、今回の総務省の報告で5年を150年にすることは、一つの前進です。さらに、どのようにうまく使っていくことができるのかが大事です。実際に市町村は、紙の情報としては、5年よりも長く保管していると思いますが、それを証明書として出していないところも含めて改善や検討、工夫をしていくところはあるように感じます。

今川　登記情報の場合は、膨大な数の筆個数がありますので、現在の登記に1個1個紐付けしていく作業は無理です。今から新たに登記されたものに紐付けしていくとなると全筆個数について完備するには1回転しないとだめということになるので、住民票除票を150年って、すごく長いという声もあるんですが、実はそのスパンぐらいで考えて、除票もしっかりと残ってないとだめですよということなので、将来のためにも、そういう制度設計はしておかなければいけないのかなと思います。

国や地方公共団体に対する要望等

盛山　最後に、今川会長から国や地方公共団体に対してのご注文とか、ご要望がございますでしょうか。

今川　不在者財産管理人は、不動産のための管理人だけでなく、人のための管理人として存在します。例えばある不動産について、所有者が10人いて、そのうち9人が不明である場合、財産管理人を9人選任しなければいけません。この制度について、大きな改正ですが、一つの不動産については、まとめて1人の管理人とすることができるよう、検討いただきたいと思っております。

盛山　承りました。

今川　それから、先ほどの放棄や寄附で、受け皿機関が必要であるということを常々強く主張されていると思います。ただ、民間企業が受け皿機関となると、利益の出ないものは受けないのではないかと考えます。結局、放棄や寄附

174

第24章 司法書士の実務からの課題

のあった土地を国として管理していくことが必要なのではないでしょうか。最終的には、国土として考えることが必要だと思います。そのための予算措置も必要になりますし、我々の納める税金に、そういうものが影響することを覚悟しなければならないということも考えております。また、特措法で示されている市町村の役割の部分ですが、専門家をつなぐ、あっせんをすることについても明記されておりますので、我々司法書士は、自ら自治体と連携させていただきますが、所有者不明に関してお困りの市民の方がおられたら、司法書士会の窓口へ相談に行くようおつなぎいただきたい。自治体の職員の方も、いつでも司法書士会へ相談していただければと思います。ご相談くださいというだけでなく、司法書士からも働きかけてホットラインのようなものもつくらせていただきたいと考えております。特措法は、3年で見直しということになっていますので、この3年間、しっかり予算づけしていただきまして、実績を上げられるよう、我々司法書士も一生懸命応援させていただきますので、よろしくお願いしたいと思っております。

盛山 今川会長がおっしゃった所有と管理ですが、増田研究会の増田座長に、管理をするのは基礎自治体の市町村でないと無理ですと申し上げました。例えば、私の両親の出身は、鹿児島の奄美諸島の徳之島ですが、そこの土地や農地や林地の状況を東京に所在する国や第三者機関では、分かるはずがないのです。ですから、やはり管理は市町村にお願いするしかないと思います。一方、所有については、国、あるいは第三者機関が持って、管理を地方自治体にお願いするという手段もあると思います。しかしながら、管理を市町村がするとい

第四編　各分野における課題

うことであれば、所有も市町村に合わせる方が現実的じゃないですかということを申し上げました。

　現在、市町村が簡単には不動産の寄附を受けないのは、管理にかかる費用と管理を担当する職員体制に課題があるから受けられないのですから、予算等の手当を国と地方公共団体と一緒に協議しながら、考えていく必要があると思っております。予算等の措置を講ずることができれば、市町村に所有と管理を合わせて見てもらうのがよいのではないかと個人的には考えております。

今川　そのとおりだと思います。寄附や放棄をする人についても、一定の管理費や手続費用を負担するというルールも必要であると考えます。

盛山　おっしゃるとおりで、お金を持っている人と経済的に苦しい人とがいらっしゃいます。また、家屋敷の場合、建物を撤去するかということもありますので、そこはそこで、条件、区分など、十分な議論が必要になってくると思います。課題は、山ほどあります。

今川　本当に山ほどあると思います。これらについては、我々司法書士自身の課題であると考えておりますので、またご指導のほど、よろしくお願いしたいと思っております。

盛山　今日は、お忙しい中、誠にありがとうございました。今川会長をはじめ、司法書士の先生方がいろいろとお困りの課題について、アドバイスしていただかないと良い制度設計はできないと思いますので、今後ともどうぞよろしくお願いします。

今川　こちらこそ、よろしくお願いいたします。

（平成30年8月24日）

176

第25章　土地家屋調査士の実務からの課題

第25章
土地家屋調査士の実務からの課題

【鼎談】

豊田　俊郎（参議院議員）
（所有者不明土地問題に関する議員懇談会事務局長）

岡田潤一郎（日本土地家屋調査士会連合会会長）

> ### 地籍調査、地図作成

盛山　今日は、お忙しい中、お時間をとっていただいてありがとうございます。

　ご承知のとおり、所有者不明土地特別措置法（所有者不明土地の利用の円滑化等に関する特別措置法）が平成30年6月に成立しましたが、その関係で、日本土地家屋調査士会連合会の岡田会長と土地家屋調査士でもあり、八千代市長として地方行政のご経験もある豊田参議院議員とともに、今日は、この特措法の制定を振り返ってと今後の課題について、いろいろなお話しを伺えればと思っております。

　最初に、現在の地籍調査や登記所備付地図作成の関係からお話をしていただきたいと思います。必要性が大変高いにもかかわらず、地籍調査や登記所備付地図の作成が遅れていて、まだ全国の半分程度の進捗です。ということは、これから残りの半分程度の地籍調査を行い、地図を作っていかないといけない。それには土地家屋調査士の方々がいらっしゃらないと何も進まない、こういうことでございます。

　豊田先生とともに予算の充実その他の施策をこれまでも行ってきましたが、こういう予算その他、まず法務省や国土交通省他に対して、岡田会長からのご要望というか、今後何をどのような取組みをしなければならないか等のお考えがあればお伺いしたいと思います。

岡田　まず、私どもにとって、地図の作成、登記所備付地図の作成が、この分野では主たる業務になるわけですが、これはご存じのとおり法務省の所管で

177

第四編　各分野における課題

す。こちらについては、平成13年度に9,000万円ぐらいの予算だったものが、諸先生方のおかげもあって、現在、42億円まで伸ばしていただけました。これで十分かというと、もちろんそうではなくて、この３年間だけでも約２倍に増やしていただいておりますけれども、法務省の登記所備付地図作成作業の予算に関しては、これからも拡充していただけると助かるなというのが一点です。こちらについては、災害の復興型、大都市型、従来型というふうに法務省も分けて考えてくれておりますので、私ども土地家屋調査士が主に関与させていただいているところです。

　他方、地籍調査は国土交通省の所管でございますが、こちらにつきましては、測量設計業界（測量業者）が主たる受注先になります。地籍調査の作業手順の中に、Ｅ工程という作業工程があり、要は一筆地の立ち会いの工程（Ｅ１、Ｅ２）ですが、その工程に関して各地域で私ども土地家屋調査士に依頼が来ております。

盛山　ありがとうございます。豊田先生、今、岡田会長から予算を増やしていただき、ありがたいというお褒めの言葉をいただいたものの、全国でまだ半分ですね。今のペースで進めていると、あと何十年かかるかわかりません。もっと予算額の増加も含めて、ペースを上げないといけないと思います。豊田先生御自身、市長をされていましたので、地図や地籍調査、このあたりをどのように感じておられますか。

豊田　不動産登記法でいう14条１項地図ですが、ここでは地図を備え付けるものと書いてあります。この14条１項地図は、不動産登記規則の定義がありますので、実際、不動産登記法に基づいて、いろいろな手続きをする上で公図上では不具合が生じることがあります。その不具合を解消するために、14条１項地図の整備をするのが、法務局が発注している地図作成、つまり14条１項地図の作成ということになります。

　一方、国土交通省で進めているのは、あくまでも日本の国全体の土地の把握という意味での地籍調査です。この地籍調査が済んだ成果品が、先ほどの14条１項地図として登記所に備え付けられるという手続きですね。ですから、もともと目的が違ったかたちでスタートしています。今のところ、地籍調査の国土交通省の予算は、毎年度の当初予算で約100億円が計上されております。これも増えていることも事実ですが、微増であるためこのまま進めても数十年かかるのではないかといわれております。

　また、国土交通省で行っている地籍調査が、岡田会長がいわれたように、一

第25章　土地家屋調査士の実務からの課題

部の土地で境界、筆界の特定が確定されないまま成果として納付されているところに課題があるわけです。お話のとおり、境界の特定、境界の画定ということになりますと、これは相対ということですから、現行の仕様書だけでは解決できないということもあります。ここを何とか新たな枠組みの中で、境界の未画定部分についても第三者機関を通じて仮点の設定等をして、成果に近い形で仕上げていくこと。こういうことをしていけば、国土交通省で行っている地籍調査も進むでしょうし、不動産登記法で規定している14条１項地図の整備に向かって進んでいくと私は考えております。

　現状は、現行法の中ではなかなか思いどおりには進まないのです。予算についても、日本の国土全てを網羅するだけのものは短期間では組めないということも承知していますし、仕組みも含めて、ここは見直す時期ではないかと思っております。まさに100年、200年も待てないのです。

盛山　おっしゃるとおりです。とにかく日本の経済発展のためにも、100年、200年待たないと何もできないというのでは話になりません。そこは豊田先生や私どもで各省と協力しながら、予算をもっと確保していくのかということですね。

豊田　自治体の話もつけ加えますと、自治体の立場からすれば、もちろん、自分たちの地域の財産ですから早く進めたいのです。現行の予算の仕組みにおいて、市町村が実施主体であれば、２分の１が国の負担金、４分の１が県の負担金、残りの４分の１に対して80％が特別交付税として措置されることとなっています。したがって、実質的には地元負担、自治体負担は５％となります。ただし、特別交付税部分も将来負担につながってくることを考えると、自治体の長とすれば優先順位がどうしても後回しになってしまうというのが、予算面からいっても避けて通れないということです。そのあたりは、国にもう少し理解を示していただいた中での予算編成をして頂ければと思います。私も今は国の立場におりますので、これからも意見を申し上げていきたいと思っています。

盛山　豊田先生は、衆参の国会議員で、現在唯一の土地家屋調査士でいらっしゃいますから、先生を中心にして予算の確保を頑張りましょう。

豊田　はい、ありがとうございます。

境界画定

盛山　豊田先生のお話の中にありました、境界の画定については、岡田会長を

179

はじめ土地家屋調査士の先生方が常日頃一番苦労されているのではないかと思います。どのようにして隣地の所有者全員を集めて承諾を得るかが課題です。そのためには、誰が所有者なのかということを把握する必要がありますから、まず登記上の所有者は誰か、そしてどうすれば連絡がつくのか、というところでご苦労されているのではないかと思います。なかなかそう簡単にはわからない。そういったところをどのようにお調べになっておられるのか、どのようなご苦労をされているのかについて、岡田会長からお伺いできますか。

岡田 まず境界の画定をしていくに当たっては、私どもが扱うのは「境界」ではなく「筆界」で、これは明治時代に地租改正のときに決められたものが大前提なわけです。ですから、もともとあるものを所有者の皆さんやお隣の皆さんと一緒に探し出すお手伝いをさせてもらっているというのが正式なところです。私どもがここですとか、あそこですと決められるわけでもなく、所有者の皆さんがここだ、あそこだと決められるわけでもなく、もともとあるものを探すお手伝いをさせてもらっているというのが大前提なわけですけれども、その中で、私どもは依頼者の方のお隣の方にどうしても会う必要があるわけです。依頼者の方がわからないというパターンはほとんどありません。依頼していただけているわけですから、息子さんであれ、ご本人であれ、しかし、お隣の方がわからないということはよくあります。登記簿上の住所の地名は現存しないぞというのがまずあります。そのようなお隣の方の所在がわからない場合には、依頼者にお隣の方の所在とかお名前とか御存じないですかとお聞きすることから始まって、いろいろな古い資料であるとか、地域の慣習であるとか、また、地域の古いお世話をされている方などにお尋ねしながらたどっていくという作業をさせていただいております。

盛山 そこでうまく判明すればよいのでしょうけれども、現在、所有者不明土地の問題が大きくなっている背景には、なかなか登記簿上のものだけでは所有者がわからないことがあります。そして、それをどこまでどうやってたどっていくことができるのか、やはりそこが大きな課

盛山議員

第25章　土地家屋調査士の実務からの課題

題だと思います。そういう方がわからないと、お隣の土地、隣地との画定や地図の作成作業ができなくなるのではないかと思うのですが、いかがでしょうか？

豊田　今回、国では所有者の所在の把握が難しい土地に関する探索・利活用のためのガイドラインが第1版、第2版が作成されました。これによって、課題を処理するための方策というのが少しは前進できたのかと思っております。また、個人情報保護の観点から、個人情報をどこまで第三者、利害関係人に公表できるかが、実は大変難しい問題です。利害関係人であればこのガイドラインを利用しての探索ができますけれども、果たしてこの地籍調査とか14条1項地図作成という作業の中で、利害関係人としてどこまで踏み込んで作業ができるかという探索については、是非しっかりとした位置づけを考えていただければと思います。探索が進まない土地については、また別の角度で検討していくということになろうかと思います。

ADR 法

豊田　また、平成16年12月に成立したADR法[1]によって、裁判外紛争解決手続がクローズアップされました。裁判を要せず、訴訟を起こさずに、いわゆる調停に近い形で境界を画定することが容易にできる仕組みとなりました。

岡田　また、平成17年に土地家屋調査士法が改正され、一定の能力担保措置を講じた土地家屋調査士が、このような裁判外紛争解決手続について、弁護士との共同受託に係る事件について代理を業とすることができるように変わりました。

豊田　これは全国的にも相当利用されているようです。土地家屋調査士会の実績数も土地家屋調査士の白書に記載されていますが、土地家屋調査士会のADRセンターの実績数ですと、多い年で相談件数が約1,000件、少ない年でも約700件

岡田会長

[1] 裁判外紛争解決手続の利用の促進に関する法律（平成16年12月1日法律第151号）

第四編　各分野における課題

ありまして、そのうち約50件から60件ぐらいが実際に調停を行って境界画定しているというデータを土地家屋調査士会では把握しています。数はそれほど多くはないのですが、着実に成果を上げているということを、先ほどのガイドラインの利用と合わせて進めていく必要があると思います。もちろん裁判で解決しているところもあると思います。

岡田　全国50の土地家屋調査士会すべてに設置してあるというのがとても大きなところで、全国津々浦々です。

豊田　そのあたりで土地家屋調査士の果たす役割は、大変大きなものがあると思いますので、こういうことにおいては引き続きしっかりやってもらえればと思います。

盛山　公的役割を果たしていただいていると思います。ADR[2]というのは裁判外紛争解決手続きですね。これはこれで利用されて、1件でも2件でも合意が早く形成できるというのは大変結構なことだと思います。

ガイドライン

盛山　豊田先生がおっしゃったガイドラインは、これまでともすると窓口の担当官が厳しく扱っていたところをもう少し弾力的に、そして、場所によって扱いが違うというのではなく、全国一律に同じ扱いをしてもらうということが、まず一歩前進だと思います。

豊田　そうなんです。元首長の立場からいいますと、例えば、地図整備作業をしているのはA市ですが、土地を所有している人がB市に住んでいる場合、所有者の探索はB市で行うことになります。利害関係人の位置づけ、要するに競争入札で仕事が発注されておりますから、代理人が行って探索をするわけですが、今いった自治体によって扱いが違うということのないようにこのガイドラインがあります。これについて周知を進めていただければ少しはやり易くなります。まして固定資産課税台帳、これは地方税法という法律がありますけれども、この目的外使用ということの中で、実は今まで理解が示されていなかったのも事実ですから、このガイドラインも含めて全国一律な扱いをお願いしたいところです。

盛山　そうですね。やはり運用面で改善できるところは、是非改善して、ばらつきがないようにしてほしいと思います。それだけではなくて、抜本的に何を

[2]　裁判外紛争解決手続き（ADR：Alternative Dispute Resolution）

第25章　土地家屋調査士の実務からの課題

どうしないといけないのか。所有者不明土地問題では、現時点で改正できるところを今回の法律に盛り込んだ、ということになりますね。

岡田　そうですね。今、豊田先生におっしゃっていた分野は、まさに所有者不明土地の利用の円滑化等に関する特別措置法の中で固定資産課税台帳や地籍調査の調査票については省庁内で、自治体の中で利用することができると踏み込んでいただけましたから。

豊田　ここは大きいですよね。

岡田　今までは市役所の部署間でも出せないという部分の資料だったそうなので。

盛山　どうしても法律は、一般的にどちらが上、どちらが下というのがないものですから、一つの法でこうだと決めているものを他の法体系でそれを流用することが認められません。今回の特別措置法をつくったことによって、それができるようになったことは、大きな前進だと我々は考えています。

豊田　多分そうだと思います。国も、ガイドラインを平成28年３月に公表して、その１年後には改定版を出しているのです。通常、ガイドラインを出して１年後に、また新しいガイドラインというのはなかなか考えられないのですが、今までこういうことに対して明確にきちんと検討されていなかったのではないかと思います。

盛山　それぞれの役所は、それぞれの法体系に則っとった行動をしていますので、他の法体系に手を出すことはできませんから、役所の縦割りというものはあると思います。

豊田　特措法の成立の前にこれが示されたので、私はびっくりしました。特措法ができて、このガイドラインを出すのが順番だと考えますが、今回はガイドラインが先に公表されたのです。

盛山　そうですね。そちらの提言を受けて、つくってくれということなのですね。それだけ土地家屋調査士の先生方をはじめ現場の皆さんから、何とかならないのかという悲鳴に近い声が上がっていたということですね。

岡田　役所の方とかが困っていたみたいです。

豊田　そういうことですね。

▶ 特別措置法に対する評価

盛山　岡田会長は、今回の特措法についてどのように評価をしておられるので

しょうか。この特措法をつくるに当たり、土地家屋調査士の先生方と法案作成の段階からいろいろご協議してアドバイスを頂戴したところでございますけれども、岡田会長はどのように評価されていますか。

岡田 今お話ししたように、お隣の方、所有者がわからない方の資料を、役所内ではありますけれども協力しましょうというところ、これはすごく大きな風穴が一つあいたと思います。それからもう一点、これは私どもと直接的ではないのですが、長期相続登記未了土地に関して不動産登記法の特例ができました。これは司法書士の方々の主たる分野ですけれども、法務局の登記官が、30年間相続登記が未了である土地に関して、所有権の登記に長期間相続登記が未了である旨の付記を入れることができるという制度が創設されました。これによって、いってみれば旗が立つわけです。この土地は長い間相続がされていないということは、所有者がたくさんいるか、さっぱりわからないか、どちらかだということに旗が立ってくるわけです。その部分でとても大きな前進だろうと思っておりますし、また、所有者不明土地を増やさないための仕組みというのにも踏み込んでいただいたと思います。

それから、私どもに関しましては、所有者不明土地の境界を明らかにするための措置に関する助言等を、専門家の者、特別の知識経験を有する者が援助を行って努めるようにしなさいということですから、所有者がわからない、わからないだけではなくて、土地の境界、筆界をはっきりさせることも必要だということを法律の中で定めていただけたことは、私どもがお手伝いをさせていただくことになるという部分でございます。

盛山 そうですね。土地家屋調査士の方々がいないと進みませんね。

豊田 それに加えて、未利用地や管理放棄地を含めた土地が、地域の中に点在しております。管理者がわからないという土地の利用権について、これを自治体にその権限を与えたことは、大変意義があると思います。もちろん期間限定ですし、所有者があらわれたときの対応についても、すぐに明け渡すことなく、ある一定期間は使用できるということであり

豊田議員

ます。このあたりはこれまででは考えられなかった対応だと思っております。所有権はもちろん重要なのですが、国土を効率的、効果的に公共のために使用していくことも大切です。これは憲法29条の基本に立った判断ではなかったかと私は思っております。

　あわせて山林や農地については、これは別建ての法律の中で利用を優先させていくこと、そこに理解を示したということは、今までの法制の中では、画期的な法律ではないかと私は感じております。

所有から利用へ

盛山　これまで所有権が絶対である、特に不動産、土地に対しては、地価が右肩上がりの時期が長かったこともあり、土地神話もあり、土地の所有権は絶対だという感じが強かったのですが、今回の議論の中で、特に野田毅先生が、「権利の上に眠るものを許さない、利用が大事である。」ということをおっしゃいました。今回、地方公共団体が行う事業について、利用を5年、そして10年という形で弾力的にした。そこはそこで大きな一歩だと思います。ただ、そうはいっても、それはあくまで利用権に過ぎないわけですから、本来、所有の部分についてはどのように扱っていくのかということが、私はこれからの大きな課題になっていくと考えています。

豊田　そうですね。

盛山　所有権をないがしろにしての利用だけの議論では、中途半端です。究極的にはその所有をどうしていくのかということを考える必要があります。

不動産の放棄

盛山　その関係で、林千年先生が土地家屋調査士会会長でいらっしゃった時に、林会長から伺って深刻だなと感じましたのは、今、土地を放棄したいという方が増えてきたことです。「原野、山林はそうでしょうね。」と私が申し上げましたら、「いや、違うんだよ。お屋敷であっても放棄したいという人が相当増えているんだよ。親御さんの代は地方の都市でお住まいだった。でも、お子さんが東京や都市に出ていって、もう戻ってこれない。そして、その原野、山林、あるいは農地だけではなくて屋敷まで、とても管理できないから放棄したいということなんだ。」とおっしゃいました。このような声が相当増えている

185

と聞いているのですが、岡田会長はどのように考えておられますか。

岡田 山林、原野だけではなくて、古くから続いている家屋敷もです。もう誰も住んでいない、要は空家、空き地になっているという。地方でも中核都市でないところは本当に深刻な状態だと思います。

　この対策というのは、一朝一夕にはできないと思いますけれども、俗っぽい言い方をさせていただけるとすれば、それぞれの里山、里村をもっと魅力的なものにして、やはり人が集うような場所にしていかなければいけない。だから、国土という観点から見ていかないと、モグラたたきのような対策では、なかなか難しいと思います。いつも私がいろいろなところでお話しさせていただくのは、学校教育の場面についてです。中学生、高校生は、何年か後には大人になると、親から譲られるか、自分が取得するかはわかりませんけれども、財産を取得する可能性はかなり高いと思うのです。けれども、私もそうであったように学校教育の場面では、親から財産を譲られたら相続しなさいとか、登記が必要ですよとか、お隣の人から頼まれたら境界の立ち会いに行きましょうね、ということは一言も聞いたことがありませんでした。やはり学校教育の中で、義務とはいいませんけれども、登記とか、相続とか、立ち会いとか、そういうキーワードを学校の先生方からお伝えていただける場面が必要ではないかと思っています。それですべて解消するとは思いませんが、それこそ中学生ぐらいのときには、選挙権を持ったら選挙には行きなさいと学校の先生にはいわれました。だけど、選挙に行くか行かないかというのは、国民の三大義務ではないですよね。国民の三大義務は勤労と教育と納税ですから。だけれども、選挙権を取得したら選挙に行きましょうというのと同じぐらいのレベルで、親に財産を譲られたら登記をしましょうというのは大切なことだろうと私は思っています。

盛山 相続の場合、税務署がなかなか厳しいものですから、相続税を払わないというわけにはいきませんね。

豊田 いわゆる非課税のところみたいですね。

盛山 登記には、罰則や義務づけがないですからね。

岡田 もう一つは、これも思いつきみたいな話で申しわけないのですが、相続が発生する前、つまり、お父さん、お母さんが元気なうちに贈与しておくこと。今、すごく贈与税が高いイメージが強いために、皆さんが敬遠されているのだと思うのです。生前贈与をもっとしやすい税制措置とかも含めて、そういった仕組みがあれば、親を大切にすることにもつながるような気がするので

す。

盛山 今後、我が国は少子・高齢化で、もう少し経つと団塊の世代の方がだんだんと鬼籍に入られるという時代も遠からずやって参ります。そうすると多死社会になりますから、相続もそこから増えてくるということになります。今でも九州ぐらいの面積が所有者不明の土地だと増田委員会で指摘されているわけですから、所有者不明の土地をこれ以上増やさないようにする、そのためには何をどうするのかということが大変重要な課題であると考えております。

　今、岡田会長がいわれたように、場合によっては学校で教育をする、これはこれで大事だろうと思うのですが、どうすれば国民の皆さんに意識を持って頂き、土地の所有、誰が持っているかを明らかにできるようにしていけるか、これは難しい大きな課題ですね。

　豊田先生、そのあたりで何かお考えはありますか。

豊田 そうですね。私が首長をやっているときに、所有権の放棄をしたいので、ぜひ市役所で受け取ってくれないかという案件は、少なからずありました。行政側では、利用価値あるものについては実際に寄附を受けています。ただし、空家、空き地も含めた利用価値のないもの、特に維持管理に費用を要する、利用しにくい土地の寄付を受けることは難しいのです。土地の寄付を受けても、行政というのは計画行政ですから、土地をもらいました、はい、次、そこで何をやりますかとは簡単にまいりません。やはり中長期的な計画の中で土地というものを取得していくことがその責務です。いくら土地を放棄しますから、市町村で受け取ってくれといわれても、実際の対応というのは難しいと思います。もしも所有権放棄を認めるのであれば、今の法律とは違った受け皿の法的整備をどうしていくかだと思います。しかしながら、価値のある土地は自分で管理しますよ、価値のない土地だけ放棄しますよという主張に対して、放棄する人に責任を何も課さないで、放棄する手続に入っていくことについて、私はあり得ないだろうと思います。そのあたりも含めて制度の構築は、本当に喫緊の課題だと思いますので、ここは法律でしっかりとそれの位置づけしていくことが大切だと思っております。

盛山 今の豊田先生がいわれた点については、国会だけではなく、広く関係者の皆様、国民の皆様全員とこれから議論していかないといけない大きなポイントだろうと思います。市町村の立場からは、要らない土地をもらうわけにはいかない、コストもかかる。他方、個人からすれば、もうとても持ち切れないということになってまいります。

第四編　各分野における課題

豊田　それが第三者に不利益をもたらしていますからね。

盛山　例えば、空家に雑草が生えるくらいのことから始まって、管理が不行き届きで泥棒などの犯罪が増えるといった問題にもなりかねませんし、火事が起こったときに、仮に上屋があれば、そこでの延焼ということにもなりかねませんからね。

豊田　そうですね。盛山先生がいわれた多死社会という中で、戦後、新法が制定されて70数年ですが、相続は均分相続ですから、年数が経てば経つほど相続人が増えるということ、これは周知の事実です。複数の者が所有する土地というのを放っておいたら、これはネズミ算といえば例えは悪いのですが、増えていくことは火を見るより明らかですね。だから、ここで一つの歯止めをかけていかないと、管理が特定できない土地は増えるし、相続登記が義務化されていないために、どんどん相続人の数が増えていくことになります。このまま今の法律だけで事を進めていくとすれば、国にとっても大きな禍根を残すことになると思いますので、ここが一つの法改正のしどころかなと思います。

> ## 変則型登記

盛山　今、豊田先生がいわれたことは、大事なポイントで、今の登記を見ても変則型登記というのがあります。誰々ほか何名、これはもうさっぱりわからない。これをどうやって解消するのかというのも問題ですよね。それから、家督相続制度がなくなり、戦後、今の日本国憲法ができて、民法も変わり、配偶者の相続が認められ、子どもが均分に相続をする形になり、さらには、高度経済成長もあり、地方から東京を中心とする都市へ人が動いていますし、また、海外へも出ていく状況です。

豊田　枠組みもありますね、まだこれから海外からの人も入ってくるでしょう。

盛山　それもあります。外国人の所有については、海外の住所が記載されているけれども、現在はどこに連絡すれば連絡がつくのかという課題もあります。日本人の所有についても、所有者をどのようにうまく捕捉することができるのかが、大きな問題となっています。豊田先生がいわれるように、これからの大きな課題です。民法や不動産登記法をどう見直していくのか、変えていくのか、についての検討が必要です。岡田会長から、土地家屋調査士の観点でのご要望とか、こういうふうにしなければならないという問題意識はございません

188

か。

岡田 おかげさまで、6月に発表された骨太の方針の中に変則型登記の解消について、次期通常国会において法整備をしなさいという表現がされました。この変則型登記というのは、国民の皆さんにはよくわからないとは思うのですが。

豊田 造語ですから、最近です。

岡田 今まさに盛山先生がいわれた不動産登記の表題部に「何とか左衛門他何名」とか、「何とか左衛門と書いてあるだけ」とか、「住所がない」とか、あとは「何々村持」とか書いてあるような、そういう土地が不動産登記としてあるわけです。これについて初めて骨太の方針に記載をいただいて、解消していく方策をとろうということになりました。こういう土地もすべて所有者がわからない土地です。何とか左衛門他何名って、見るからに江戸時代の人たちの名前で、もう亡くなっている人たちの名前です。そういうことを法務省もこれから本気になって取り組んでいきますから、私どもは、そのお手伝いをさせていただく形になろうかと思います。

　また、もう一歩踏み込んで、民法を初めとする民事基本法の改正というのが今叫ばれておりますけれども、もしそれが叶うのであれば、今は、お隣の方から要請をされて境界立ち会いに行く協力なんてどこにも書いてないわけです。ただ、私どもが日々お願いに上がると、「何で隣の人のために私が時間を割いて行かなければいかんのや」といわれる場面も実際にあるのです。そういうことを、これも義務とはいかないまでも、お互いに土地の所有者あるいは管理者が協力し合うことということを表現いただけるとかなり違うなと感じております。この民事基本法の改正の分野においても何らか声を届けていきたいなと思っているところです。

　私ども土地家屋調査士会の強みといえるかどうかわかりませんが、全国に50の単位会があり、全国に1万6,800人の会員がおり、全国津々浦々、割と小さな市町にもいてくれています。なので、先ほど先生方がご議論いただいた受け皿という分野でも、何かしらお役に立つことができないかなということを、今、私どもの担当部署で検討させているところでもあります。

盛山 個人的な話でいうと、私の田舎の土地ですが、山林の境界確定に行きましたけれども、どこが境界かわかりませんでした。普段そこに住んでいなければ不在地主ですから、ここがこの境界、ここでよいですねといわれても判断できません。石か何か朽ちないようなものでもあれば別ですが、棒か何かを立て

第四編　各分野における課題

ていても、時間がたったら朽ちてしまいます。豪雨があれば流されるかもしれません。また、義母の田舎の土地が、変則型登記で、表題部だけで誰々他何名となっておりますので、「放棄をしたいと思っても、誰とどう相談すればいいのかわからない、どうすればよいか。」という相談を受けました。各地域で皆様がお困りではないかと思います。

民事法制の見直し

盛山　民事法制の基本的な部分の見直しについては、これから法務省を中心に進めていくのですが、不動産登記法上の登記と、例えば相続、死亡届その他の連携や、あるいは将来的には登記は所有権の対抗要件という、基本的な部分の見直しについて、ご意見はございませんでしょうか。

豊田　もちろん対抗要件は、これは円滑に取引を進めていく上での一つのツールですから、やはり対抗要件は対抗要件として、さらにそこに公信力をどう持たせていくかというところだと思います。これもやはりこの建てつけ、いろいろな国の法律を参考にして、日本の国の所有のあり方を考えていただきたい。

　先ほどの放棄の話ですけれども、相続を放棄する権利というのは、これは現行の法律でもありますよね。「相続を放棄する」そのかわり全財産を放棄しなさいということですから、その場合に財産は、すべて国庫に帰属するということです。先ほどの話は、必要なものは相続しますよ、必要でないものを放棄していきたいということですから、ここで同じ放棄でも随分範囲が広いということだろうと思います。

　ですから、翻って所有者のいない土地はないという原則において、最終的には国だという考えの上で事が進んでいたわけなのですけれども、今日、土地に対する価値観の意識で、人それぞれの価値観が随分多様化していますので、そこを一律的に型にはめる法律が果たしてできるかどうかは、なかなか難しい問題です。少なくとも国が成長していく上での弊害になるような案件、事柄については、これはやはり整理をしていく必要があるだろうと思っております。先ほど、私からすれば所有者のいない土地はないという前提の中で、なおかつ、それでも不要な土地については別な枠組みで維持管理をしていく。国民の税金でということに最終的にはなるかもしれませんけれども、そのことによって利益を得る人たちの負担もあわせて、国民の理解しやすい落としどころをどう模索していくかということだろうと思います。

第25章　土地家屋調査士の実務からの課題

盛山　これから大変だと思いますね。

豊田　大変ですよ。

盛山　国によって登記が義務づけになっているところとなっていないところと両方あります。増田委員会で心配していることは、今のまま放っておくと、現在、九州ぐらいの面積がさらに一層広がっていくのではないか。所有者不明土地をこれ以上増加させないために何を考えないといけないのかということです。

豊田　まずは止めることだと思います。私はこの間も話したのですが、今回の手続というのは応急処置だと思っています。これからどう手術をするなり、薬を投与するなりという、今度は、改善に向けての方策が必要になってくるだろうと思いますので、これ以上増やさないことが第一条件ではないかと思います。

盛山　先ほど岡田会長がいわれましたが、その登記というものに対しての理解がまだまだ足りていないと思います。それから、登記にはお金がかかるのも事実です。また、そのための書類を整えるのが大変ですから、面倒で先送り、後回しになっているのだろうと思います。このあたりを含めてもう少し、登記をしなければならないと変えていくには、税金、手数料の問題を含め、いろいろと検討すべきことがあります。

豊田　現在、土地を所有していない人も随分いらっしゃいますね。ただ、今いった相続人という潜在的な相続が発生していない相続人ということになれば、いつかは実家なり、親なり、その先祖なり、また子どもがいない場合は、兄弟姉妹まで所有権が及びますから、果たしてこの世の中に潜在所有者も含めて、土地所有の可能性がゼロという人はいないと思うのです。実際、この時点で登記簿上の所有者はある一定の限られたというよりも、例えば何割になるかわかりませんが、おそらく3割、4割ぐらいの数字に、そのあたりはデータとしてはないのですが、一度調べてみたいとは思っています。ですから、一般に周知できないというのは、自分のこと、自分は関係ない、自分には直接影響はないという土地に対する国民の意識は、そういったところにあるのではないかと思っています。でも、潜在的にいえば、ないという人は多分ほとんどいないと思うのです。

191

第四編　各分野における課題

これから取り組むべき課題

盛山　「今回、とりあえず最初の一歩は踏み出した。これから、もっと大きな高い山に向かっていかなければならない。」という感じがいたします。最後に、岡田会長の方から、ご提案、ご注文、ご意見があれば伺わせてください。

岡田　私どもの観点からいうと、やはり第一義的には、土地の所有者もそうなのですけれども、境界（筆界）をまず確定してほしいということです。そして、確定していく分野において、私どもの知見を活用いただきたい。また、不動産登記法の中に筆界特定制度というのがございます。これを利用していただけると、お隣の方が例えば所在不明でも何とか筆界を明確化することができますので、筆界特定手続についての活用は、これからも増えてくるだろうと思っております。

　こんなことをいえば、また青臭いのですが、親から相続した土地も、こういう何とか左衛門ほか何名も、全部含めて日本の国土なのです。日本の国土は国民みんな一人ひとりで守るべきものであって、外国からどうこういわれる前に、そういう観点からの国土を美しいままで次の世代に渡すというのが、やはり日本人の大事な部分だと思うので、ここは本当に抽象的な表現になってしまいますが、そういう観点と知恵も必要だろうと思います。

　小さなところでは、それこそ最初の話題に戻りますけれども、地籍調査や地図づくりの場面においては、自分の土地を意識するすごく大事な場面なんです。通知が来て初めて、「えっ、俺ってそんなところに土地を持っていたのか」という方もたくさんおられます。そういう場面を各省連携して、もっと利用されるべきだと思います。私どもも相談ブースを設けたり、司法書士会にも呼びかけをしておりますし、地籍調査とか登記所備付地図作成作業の地元説明会といった場面では、とても大事なきっかけになるのではないかと思っているところです。

盛山　ありがとうございました。豊田先生は、如何ですか。

豊田　これだけ高度成長を続けなければならない日本の置かれている立場の中で、やはりスピード感は何事にも大切だと思います。そういう意味で、空港建設、また、災害への対応において、所有者がわからないとか、なかなか境界の同意がもらえないという理由で、事業の遅延はあってはならないと思っております。今回の特措法を最大限に活用するとともに、公共事業の事業認定手続の

第25章 土地家屋調査士の実務からの課題

手引として事業認定の円滑化を推進する中で、国土交通省から新たな手引が提出されております。これはご案内のとおり、用地買収も含めて防災事業等の中で、今まで手続が非常に煩雑で時間を要したという点について、簡素化、簡略化するものです。まさにスピードアップしていこうというところまで踏み込んだ手引（ガイドライン）が提出されたことは、自治体にとって大変大きな力になると思います。さらに拡大、進化させて、あくまで権利は、公共の上に立つという原点に立ち、憲法の趣旨に沿った利活用の形を整えていくことが大切だと思います。

　何回か話をしたのですが、私がなぜ着目したかといいますと、成田空港建設の反対運動の中で一坪地主、要するに土地を分散化させることによって、先ほどの対抗要件を最大限に利用して、空港建設を阻止するために所有権が使われました。実は区画整理法があり、この区画整理法も同意要件があります。区画整理では、広い地域だと100％の同意がなかなかそろいません。同意要件には、8割とか何％とかという要件がありますから、このときも面積に対する比率ではなく、所有者の数に対する比率で示されました。分割して反対している人たちの所有者を増やすことによって、分母が広がり、パーセンテージが下がりますから、これによりトラブルになったケースも経験しております。これは本当に権利の濫用に当たり、歯止めも必要だろうと考えましたので、このような土地の問題について興味を持って今日まで取り組んで来たのです。是非、国会で取り上げていただき、所有者不明土地の解明も含めて、所有の在り方、ひいて

193

第四編　各分野における課題

は不動産登記法の手続の在り方というところまで整理していただきたいと思いますし、盛山先生にも一緒にご尽力をいただければと思っています。

盛山　ありがとうございました。今、豊田先生がいわれたことは、所有者不明ではなくて、所有者がわかっている場合であっても、こんなに苦労しているという大変大切な事例であると思います。土地の区画整理、あるいは今後の再開発において、これは大変重要な課題だと私自身も思っておりますし、かねてから法務省と国土交通省の担当部局には検討を開始してほしいと話をしていたところです。それは、今後の大変大きな課題として、検討していかなければならないと考えています。

　いずれにせよ、今回のこの所有者不明土地特別措置法が成立した背景には、豊田先生が旗振りをされて、一昨年にこの所有者不明土地問題の議連をつくられたことがあります。これが一番大きなきっかけとなったと考えています。それから約2年かかりましたが、法律を新たにつくることまで、第一歩を進めることができました。これは大変大きな成果だと思います。

　これから取り組むべき課題について、今日、様々なお話をさせていただきました。一つの山は越えました。越えたけれども、越えてみたら、もっと大きな山がまだまだそびえているということであり、これに対してどのように、これから取り組んでいくのか、この大きな山を攻略していくのかについて、引き続きご協力を賜りますようお願い申し上げまして、今日の鼎談を終了させていただきます。誠にありがとうございました。

（平成30年7月27日）

第26章
測量設計の観点からの課題

【対談】

方波見　正（全国測量設計業協会連合会副会長）

地籍調査、地図作成について

盛山　今回の所有者不明土地特措法の成立にあたり、方波見副会長をはじめ全国測量設計業協会連合会の先生方には大変お世話になり、誠にありがとうございました。

　まず、現状では、地籍調査、地図作成が全国の半分程度しか進んでいないということです。今後、国土交通省、法務省の予算を確保して整備をしていかないといけないことになるのですが、その予算をこれからどの程度確保し、充実させて、実際の調査に当たることができるかということになると思います。測量をされるに当たってのご苦労があると思います。立入調査の同意を得るには、どうしたらいいかとか、もちろん境界の画定その他、登記上の所有者にいろいろな形で連絡されると思うのですけれども、なかなか連絡がつかないというケースがあると思います。死亡されていることもあれば、移転されていることもあり、そのような場合に所有者をどの程度、ご苦労されながら探索されているかについて伺わせていただけますか。

方波見　まず、国土調査（地籍調査）が進まない原因の一つに、筆界の確認に非常に時間がかかる問題があります。国土調査（地籍調査）の前提でいきますと、国の骨格をつくるという条件はありますが、一方、地権者から見ると、国土調査（地籍調査）って何だろうという疑問が多いのです。一般的にいえば、役所が測量調査に入ることにより道路ができ、河川が改修され、または街が整備できるという期待があります。しかし国土調査（地籍調査）というのは「住民にとってメリットがあるのか」よく聞く問題として、国土調査（地籍調査）が終わったら、面積が増えて税金が増える。財源確保のためかという、不安を消すために10年間ぐらい先送りする市町村があります。それでも、反対運動も

195

第四編　各分野における課題

あり、なかなか取り組めない一因となっているように聞いております。また、もう一つとして地方では後継者の方々が大都会に就職先を求めて転出しています。管理するにも、親が亡くなった段階で、筆界の確認をお願いしますよといわれても、わからないのが現状です。そうした理由で筆界未定地が非常に増えてしまうのです。筆界未定地が多くなることで、国土調査（地籍調査）をやっても仕方ないと考える自治体もあるように聞いております。

　どこの県でも国土調査（地籍調査）は進めようとしております。ところが、一般的な地方での農地、山林などはどうにか進みますが、俗にいう市街地部分は進みにくい。この市街地における筆界画定が、今後の国土調査（地籍調査）を進めるための鍵だと思います。

　それでも、最近災害が多く起きていますので、災害が起きたときに国土調査（地籍調査）が進んでいれば、境界復元などに対応できるといった利点が明らかになれば住民の理解は増えてきていますが、最初は「何のために」と思う方々が多くいるということです。

　また、耕作放棄地も影響しているのですが、その一因は土地の価格がかなり下落しているのが理由の一つです。

盛山　地方の土地の価格ですね。

方波見　ここからは、全測連の測量・設計という業務から逸脱するかも知れませんので、私の経験した私見として、また、地方の意見が多くなりますが、お話させていただきます。一例ですが、地方の市街地といわれている地域で、ある駅前の土地がバブルのときに坪400万円でした。その区域は、現在、建築物等の開発が進んでおらず、しかしその奥側は坪10万円〜20万円の取引になっていますけど、当時400万円であった値段が今でも半分ぐらいあるのではないかという気持ちが所有者に強くあり、整地、開発されない現状があると聞いております。現在、土地の値段がどのぐらいかといいますと、私が以前、土地改良区の理事長のときの田の価格は、最終的に1㎡1円を提示しました。

盛山　要は値段をつけただけということですね。ゼロではないということですね。

方波見　登記するためにです。でも「ゼロでも要りません」といわれました。ゼロでも要らないという理由は、土地改良区では賦課金を取られるわけです。土地の値段が下落し米の価格も安いという理由で、耕作も所有する気もないという例でありました。私は土地の所有の有無の、原因の一つは地価下落の問題だと思います。しかしながら、大都会では単価が高いので、少しでも面積が欲

しがって、境界が決まらないことが多いというエゴを感じます。

　また、地方の方々の意見として、都会に人が集中することになり、北海道では札幌に仕事と住まいを求める人が多いようです。そして、親は、例えば、1時間ぐらい通い農地を耕作していますが、後継者は札幌で仕事を持ち生活しています。親が亡くなったらどうするのかと聞くと、「農地は捨てておきます」といいます。捨てておくと時間が経てば、いずれ耕作放棄地になります。そして隣の人も耕作をやめれば、連続で耕作放棄地になり、筆界未定地の原因となる可能性が大きくなりますが、「責任を持てない」といっておりました。この問題は、北海道と札幌のだけではなく、多くの地域であるように聞いております。それが現状と思います。

盛山　そうなると、筆界を確認しようにも、親の代は、その地域に住んでいても、子供は、就職で都市に出て行き、孫の世帯になっていますから、親が亡くなったときに、田畑、山林のどこが筆界か聞いたこともないわけですからわかりません。ましてや、親が住んでいた家屋敷であっても、もう要らない、管理ができないから放棄したい、こういう話が多く出ています。

　まず、測量をされるに当たって、所有者の所在をうまく捉えて、「ここですね」という筆界の確認をどういうふうにして測量をなさっているのですか。そのあたりのお話を伺わせていただきたいのです。

方波見　説得ですね。地方の土地は安いので、「孫、子の時代まで土地の筆界を不明にすることになるなら、少し境界線を譲っても、土地は安いのだから気にしなくていいんじゃないの」といった説得して、筆界を確認して測量を終了することがあります。

　もう一つは、筆界そのものがわからないケースです。そのような場合は、大きな地域、道路等に囲まれた土地をまず画定して、そのあとは比例配分で説得します。実測量面積に対する公簿上の面積比率で配分したり、また古い公図等があれば、その形状に合わせ図上画定を行います。その成果に基づいて、「杭をおろす」という作業を行い、土地所有者に確認をし、最終的に承諾いただきます。

盛山　大きな土地（地域）から、小さい土地に画定させていくのですね。

方波見　最終的に承諾させる環境作りが必要だと思います。

盛山　地価が安くなっているからできることかもしれません。地価が安くなっているから、皆さんが納得してくださるということかもしれませんね。

方波見　私どもで扱った例ですが、所有者が約7 ha の土地を持っていました

第四編　各分野における課題

が、戦後の農地解放で数人の方の農地が名義変更になりました。その後、この農地はきちんと管理、耕作されていましたが、農地以外の土地は、旧地主が地元に住んでいないため、自分の土地の管理をそれぞれの農地の管理、耕作者に任す中で、山林から畑に根が伸びてきて、根切りをすると境界が動くことで不確定となり、国土調査（地籍調査）等で境界画定の時に畑の面積が増歩となりました。また、農地の税金対策で、農地解放時の分筆時に面積を少なく登記したということも聞いております。

盛山　税金を安くするために、土地台帳の面積を実測よりも故意に小さくすることが多かったようですね。

方波見　面積を小さく登記した農地解放の土地は、分筆によって名義が移動しますから、元の土地からすれば、分筆面積を小さくしたから公簿上の面積の方が大きくなるわけです。ところが、実測すると残地となった方の面積が小さいことになります。そのような理由で、地主さんが納得するまでに多くの時間を要しました。もう一つの理由として、当時はバブル期で土地の価格も上がっていたのも要因です。

盛山　土地の価格が上がっていったのですね。

方波見　その土地に新しくバイパス道路や拡幅が実施されると、狭い道路が広い道路になり、地価の上昇が見込まれるため、その土地の画定に多くの時間がかかりました。完了したのは、国土調査（地籍調査）のやり直しと農地解放時点での測量の甘さ、過去の経緯など説明し了解をいただきましたが、20年以上の時間が過ぎてしまいました。なぜ説得ができたかというと、最終的にその時点で土地が安くなっていたからです。

盛山　今度は、土地の価格が下落したからですね。

方波見　ただ、役所は買収する段階で、その時点の土地の価格ではなくて、「交渉に入ったときの価格で買収します」ということで、現在の価格の３倍ぐらいで了承したように聞いております。その時、私は、戦後の農地解放の後始末がきちんとできていなかったことも一因にあると思いました。

盛山　それはおっしゃるとおりですね。第二次世界大戦後、今の憲法になり、昭和22年に民法の大改正で家督相続や家制度をなくして、基本的に長子が相続して、分筆されなかった遺産が配偶者や子供に均等に相続されるようになったからですね。

方波見　そうです。戦後、民法改正や農地解放等によって土地が細分化され、土地所有者が増えたため、土地の不画定が多くなったことが理由の一つにある

と思われます。境界画定の未定の部分をどう整理画定するかがあります。そして数多くの不画定の土地があります。国土調査（地籍調査）が終了した地区の筆界未定地も数々あります。これを比例配分方法などにより解決策を考えてはいかがでしょうか。これを画定するには、補助金もありませんから、多くの費用がかかります。確かに土地の画定が完了すれば固定資産税を確定できますが、すべての費用は市町村の負担ですから、実際は確定されないままとなっています。よって、筆界未定地には、国や県からの補助によって、整理画定できればよいと思うのです。もし補助金が出れば、手を挙げる市町村も増えることと思います。戦後から既に73年経ち、所有者も二代、三代、多くは四代ぐらいになっていますから、ますます筆界未定地が増えますので、一考をお願いしたいと思います。

　私の近隣で土地を相続した方が神戸の方でした。その方のお子さんが相続することになりましたが、土地がどこにあるかを知らないにもかかわらず、税金などは支払っているそうです。

盛山　それは固定資産税のことですか。

方波見　それ以外もあります。それは土地改良区の賦課金です。耕作に必要な費用ですが、使ってないけれど払っているのです。

盛山　良い人ですね。

方波見　でも今、その土地が荒廃地になっています。管理する人がいないのです。だからといって、周辺の耕作者からクレームは出ていません。土地改良済みですから、面積が確定して図面もあるからです。また、別の問題として、平地林でも全く境界がわからない人が増えているのが現状です。このような問題点の改善策として、現状を理解できる方々がいるうちに特例の補助金等によって、国土調査（地籍調査）や他の法律によって進められる事業を活用して、土地の画定をする機会を増やす必要を感じます。特に災害復旧の場合には、土地の画定が解決していることが重要となると思います。そうすれば沿岸部だけでなく、すべての土地の利用や活用が増えることになると思うのです。

盛山　山合いのほうの土地ですね。

方波見　現在の高速道路の多くは、山合いに計画されています。現状は筆界未定地が多いので、計画前にそれらの土地の画定を半分だけでも、先行して画定することを進めれば時間が短縮されるのではないかと強く感じます。

第四編　各分野における課題

所有者不明土地特措法について

盛山　今回、国土交通省と法務省の共管の所有者不明土地特措法と、農林水産省が所管する農業経営基盤強化促進法等の改正法と森林経営管理法の３本が成立したのですが、方波見副会長から、この３本の法律についての評価はどのように感じておられますか。

方波見　私は、土地の利用推進するために非常に良いと思います。これまで、所有者不明土地の場合、相続関係人の調査を途中で止めてしまうことがありました。地権者から相続人確定要請を受けることがありますと、開発事業者は、未確定で時系列的な調査、相続関係等の調査をしますが、その調査を計画の段階から、実施できるようにと強く思っています。

盛山　方波見副会長がおっしゃった時系列的な相続というのは、具体的にはどういうことですか。それが、真の所有者を把握するためにはどうすればいいのかにつながるのではないかと思います。

方波見　私は、この法律ができた段階では、やはり複数の考えを持ちました。
　一つは、時間と費用はかかりますが最終権利者の調査を実施することです。一方では、相続が未了で数代にわたり所有者が不明だった場合は、強制的に国有地にするということです。土地の管理もせずに放棄し、利用もしてないのですから、国の土地として開発ができる状態に持っていくことが必要と感じております。
　相反する二つの状況として、極端な例ですが、古くからの村落共有地の土地があります。茨城県で北関東自動車道の計画地にこの共有地があり、共有者が600人位いました。

盛山　変則型登記ですね。

方波見　共有地の買収と登記が必要となりますから、すべての所有者の調査を行って、最終的には３万6,000人位になったと聞いております。最後には、海外にいる方に書類を日本まで持って来てもらいました。中には、先祖という理由で土地代3,000円のためにブラジルから来た方もいらっしゃいました。そのような土地の調査確定には、莫大な費用がかかります。当時の橋本知事が、「そういう共有地に無駄な費用をかけることは止めましょう」「事前に調査してそのような土地の計画を止めましょう」との話もあったと聞いておりました。しかし、私はそういう共有地こそ国有地等にすべきだと考えております。

200

第26章　測量設計の観点からの課題

土地の放棄、寄附について

盛山　利用に着目した形ですけれども、一歩進んだことは本当にありがたいと思います。ただ、方波見副会長からご指摘されたとおり、最終的には所有権をどう整理していくかになります。放棄、寄附を含め、これからどうしていくのか、増田研究会でも、ここが大きな論点になっているわけです。

　国有地にしたらというお話もありましたが、地元で住民に近い基礎的な自治体である市町村が所有して管理をする方が適切ではないかと、私は思います。所有は国、特別な機関などがして、管理を誰かに分けるという考え方もありますが、現地にいる人でないとわからないと思いますから、最低限、管理は市町村にお願いするのが良いと思います。農地、林地だけでなく、宅地でも放棄したいという話も出ているとのことですが、土地の放棄や寄附の仕組みについては、方波見副会長は、どのようにしていくべきとお考えでしょうか。

方波見　端的にいいますと、所有者がわかっていての寄附は、それほど難しくない状況ですね。

盛山　それでも、市町村は受けませんね。

方波見　それは、管理の責任が出るからです。宅地の場合の状況でいいますと、市町村が受けない理由は、その土地に付いている建物に利用価値がないことです。また、土地所有者が不明、相続人はいますが、自分は相続したくないという方がいるわけです。それは建築物の処分費用が大きいからです。地方にはこういう方が、結構おります。

盛山　いらっしゃいますね。

方波見　地元の市町村では、所有者が確定されていない不動産についての一番の問題は、廃屋を解体しなければならず解体費用がかかるからです。そして、その費用が回収できません。これが、1軒、2軒はいいとしても、集団的になる状況もあります。

　例えば、私どもの鉾田の飛行場跡地に戦後開拓で入った方々の多くは、満州等から引き揚げてきた長野県出身の方々が入植し、農業を営み、地元の方と交流して根づいた人もいました。ところが、30年ぐらい前、故郷の長野県に工場などができて、自分の子供たちが働く場所ができたので、集団で長野県に帰ってしまいました。そこで、残った不動産を継いだ方々がいました。農地だけ受けた方が多いのですが、宅地・建物がそのまま残りました。そして、建物が廃

201

屋になり、相続する人がいなくなりました。建物を処分するにしても費用がかかりますから、今は、固定資産税を払わないことを理由として、競売になるのを待っているのです。

盛山 少しでも必要となる費用を下げるということですね。

方波見 そうです。問題は、土地の価値が低いために余計な宅地は要らないわけです。土地の価格がどのくらいかの例として、私の住んでいる地域では、畑だと10a当たりで10万円〜30万円位です。メロン農家が多いのですが、メロンの栽培は集約的農業ですから面積が多くても稼げるわけではないのです。

盛山 そうですね。自分の手がどこまで回るかを考えるとそうなるのですね。

方波見 そのような理由で土地は要らない方が多いのです。売ろうにも売れないし、買い手もいないのです。

盛山 価格がつきませんね。

方波見 そうなると、必然的に農地は、耕作放棄地になり、宅地は廃虚になり、時間が経てば所有者不明の土地になります。そして、子供も少なくなる時代ですから、その子供が死亡等で直系の相続人がいなくなれば、相続がますます複雑になります。

　このような相続未了や共同名義人になった土地を利用するにしても、今回の法律によって一時的に救済されることはよいと思います。しかし、農家の方の心配は、自分の時代は所有者がわかっているが、自分の子孫が利用する際に、「この土地の所有者は自分ではなく、借りている」となっていると農業の意欲がなくなることと聞いております。よって、所有者不明土地の特措法も利用できる期間を長くするとか、いずれは所有権を取得できるようにできないかと思っております。

　一つ提案したいのは、例えば所有権の告知です。民有地なら、所有者の死亡届をもって何年か告知をしたり、国有地であれば、公共用地以外の土地は20年で時効取得になるとか、そういう制度が考えられないでしょうか。利用する土地の借地料相当額を供託するわけです。ある一

方波見副会長

第26章 測量設計の観点からの課題

定の供託の期間で供託金の受領がなければ、利用権だけでなく、所有権を持てる形にしていただければと思っております。

盛山 わかりました。土地の放棄も、私たちが考えている事例以外に、税金を払わずに競売になるのを待つという場合もあるということは理解していませんでした。

方波見 ただ、今回の所有者不明土地の特措法の中で、我々の測量の状況でいいますと、国土調査（地籍調査）でも基準点の測量です。道路や公共施設に基準点を設置しますが、民有地に設置する場合

盛山議員

は、所有者の承諾が必要です。今回はそれができるという利点は大きいと思います。

　私としては、利用権だけだと農業後継者の判断が大きいと思います。今回の土地利用は、公園等の公共・公益施設に限定されますが、管理者が市町村であれば問題は少なくなると思います。中でも一番の問題は、農地という感じがしました。農業後継者の意欲は、権利を取得するという権利意識が強いからです。

盛山 そうでしょうね。自分の土地だから頑張って耕そう、いい収穫ができるように土を改良していこう、となるわけですからね。

方波見 地元のメロン農家では、息子さんに一つのハウスを、「おまえがここをやれ。上がった収入はお前に任せる」といえば意欲も出るのです。やはり親の手伝いではなく、収入の管理も任せることが大切なのだと思います。

測量等について

盛山 農家に限らず、権限と責任を持つと、やる気につながっていくと思います。

　土地の放棄も含めてなのですが、方波見副会長の場合には、測量をされていますから、近隣の所有者との関係で、測量するに当たって困っている点とか、

第四編　各分野における課題

こういうふうになると、今後、境界の確認その他の測量がしやすくなるとか、そのあたりについてはいかがでしょうか。

方波見　測量では、所有者不明の土地であっても、測量するために木の枝を切らないといけない場合があります。枝を切るときは、所有者に承諾を得ないといけませんから、承諾を得るために所有者を探します。相続人未確定や所有者不明の土地があった場合、地元の縁者等の協力を得て処理します。

　別の問題としては、土地が高かった時代に道路の法面を買収しない時代がありました。路面部だけ買収し、法面の除草等は、自治体が管理していました。しかし、現在は個人名義の土地であるため、所有者に承諾を得なければならない場合があります。

盛山　私有地ですからね。

方波見　そうです。所有者が承諾する際に、もっと奥まで伐採してほしいなどの話が出ることがありますが、その場合は、管理者の責任で常に伐採対応をすべきと思っています。

盛山　そこを承諾するということが基本にあるということですね。

方波見　管理者は、自分の所有権よりも管理を重荷に思う方が多いと感じています。そして、長期間放置された土地の所有権のみなし放棄は、いずれの土地においても最大限、何かの手段をもって活用すべきだと感じております。なぜなら、他人の土地には、黙って立ち入るわけにいかないからです。

所有から管理へ

盛山　今回、我々自民党の提言として、所有から管理へということを打ち出しました。所有権を尊重することは、もちろん大事ですが、管理を一切されない方がある場合には、やはり管理責任を問う必要があるのではないかと思っています。市街地関連では空家対策の推進に関する特別措置法をつくり、ごみ屋敷、猫屋敷とか、お隣に塀が崩れかけているような場合の対策をとれるようになりました。そのような家屋敷だけでなく、道路に関わるいろいろなものが課題になりますし、農地や林地であっても課題があるということですね。

方波見　そうです。

盛山　管理にもかなりの費用がかかります。地価が高いのであれば、土地を管理する意欲も出てきますし、管理する費用も出せるということですね。今は地方において、地価が下落して、売買したくても値がつきません。そういう中で

第26章　測量設計の観点からの課題

管理を押しつけられると「管理だけいわれても困っちゃうよ」となってしまうのではないかと思うのです。

方波見　地域の方に山林の土地利活用をお願いする中で、竹林については利用が多いとの理由で整備され、また、灌木類の山林は木を切って炭を作っていましたが、炭の需要が減るとシイタケの原木として活用されてるようになりました。そして、そのような土地を管理・利用する人たちでシイタケの原木の出荷が進みました。ところが、3・11の原発事故の放射性物質による汚染でシイタケの原木は売れなくなり、タケノコも山菜も売れなくなりました。その結果、一気に土地が荒れてしまいました。このように土地は自然を相手しなければならない状況があります。よって、利用権のみの効果を期待しても根本的な解決にはならないと思います。

盛山　「利用しよう」、「きちんと管理しよう」と思わせるインセンティブが要るということですね。

方波見　そういう形だと思います。

盛山　インセンティブが湧くような土地であればよいのですが、そういう土地ばかりではなく、うまく使えない土地もかなりあるのでしょうね。そういう土地を国か市町村かは別にして、誰かが所有し、それを管理していかざるを得ないと思います。

戸籍と登記の連携

盛山　所有者を探される際にご苦労されていることについて伺いたいのですが、戸籍と登記簿の連携についてです。今回、総務省の委員会で戸籍の附票の除票や住民票の除票について、保存義務の期間を現在の5年から150年にしたらどうかと提言がなされました。これは大変良いご提言であると思います。死亡届や戸籍と登記簿とのリンクとか、所有者を探すに当たって、真の所有者をうまく把握できるようにするために、どのような制度にすればよいとお考えでしょうか。

方波見　所有者を特定する中で、一つは、死亡届を市役所に出すと市役所で持っている固定資産関係の課税台帳等の名義は、自動的に変えることはできますが、亡くなった段階で死亡の特定をするのみです。そして、相続が確定すれば、名義人を整理できることになります。しかし、住所地でない市町村に土地を所有している不動産の扱いは、相続が確定し、登記することによって名義変

205

更されます。相続の不動産を把握するには、市町村内部の情報は、その市町村でしかわからないし、他の市町村に所有している不動産はわからないこともあります。登記簿はデータ化されていますから、相続の不動産を住所のみで調べることができないかといったことがありました。

盛山 難しいですね。法務局ごとになっていますから。

方波見 それを法人登記のように一元化できないかという話をしましたら、ホストコンピュータの差の状況でしょうねということです。

盛山 ホストコンピュータかもしれませんし、これからデジタル化を進めるに当たって、情報をどううまく連携させていくかということだと思います。死亡届との連携もそうですし、固定資産税のところもそうですし、法務局との連携もそうですし、場合によればマイナンバーと連携させるというアイデアもあります。それはこれから工夫していかないといけない点だろうと思います。それがうまく連携するようにできれば、ワンストップサービスで、１カ所ですべての手続きができるとか、測量設計業協会の方々や関係の方々が真の所有者を把握する作業がスピーディになると思います。今のように手間暇がかかり、コストもかかるという状況が解消されていくのではないかと期待されています。

方波見 我々が登記簿と戸籍の関係の業務で必要なのは、用地測量業務ですが、測量よりも所有者の特定と境界の特定に時間がかかってしまい、本来の測量の部分が先送りになる状況もあります。業務を一定期間で行うには、事業前に相続調査をして、所有権や管理者権限の特定をすることが必要という感じがします。

所有者不明の土地を増やさないために

盛山 今後の課題は、いろいろあると思いますが、今、所有者不明土地は九州ぐらいの面積の土地があるといわれています。我々は、これ以上増えないようにするにはどうしていったらよいかと思っていますし、これを少しでも解消して少なくしていかなければならないとも思っています。測量設計の立場ではどのようにするとよいと思われますか。また、ご要望はございますか。

方波見 防ぐ方法としては、何らかのアクションを起こすことです。アクションを起こすことにより、初めて土地が所有者不明とわかることが多いと思います。

アクションとして、一つは先ほどの国土調査（地籍調査）の推進です。ま

第26章　測量設計の観点からの課題

ず、登記簿等の調査によって、土地の所有者の確定が必要になり、確定できない所有者不明の土地が出てきますから、区分ができます。筆界未定地も、なぜ筆界未定地になったかは、現状に所有者の不明がありますから、何らかのアクションを起こすことにより不明者を一部でも解決できることになると思います。そのアクションとして国土調査（地籍調査）と地図整備推進は、解決策の一つではないかと強く思っています。

盛山　つまり地籍調査、地図の作成に協力することは、所有者にとってメリットがありますよと理解してもらえるようにしないと、この所有者不明の土地は解消されないということですね。

方波見　そうです。非常に難しい問題と思いますが、先ほど申し上げました市町村における固定資産税の課税は、土地を特定することになっておりますが、一部には特定せずに税金を徴収しているものがあります。また、国土調査（地籍調査）終了して面積が確定して、その土地の権利者が、税金を払っているか、払っていないか、または不明者なのか、その情報は市町村がデータを持っていると思います。そのデータを一定の条件で抽出することで、ある地域に不明者の土地があれば、そこにアクションを起こすことができるのではないかと思っております。

盛山　役所の担当者は、所管する法律、法体系の目的に従った仕事をしていますから、それ以外の仕事をする権限がないわけです。ご自身が責任を有する仕事以外のことで問題があることをわかっていてもできないということではないかと思うのです。しかし、ご自身が責任を有する仕事以外の分野で困っていることがあれば何とかしなければならないという問題意識も合わせて持ってもらいたいですね。固定資産税の場合、誰が真の所有者かはわからないけれども、きちんと税金は払ってもらっているからいいやということではなくて、これは今、誰が所有しているのかと考えていただきたい。あるいは、何らかの理由で税金が払われなくなった場合、それはなぜ払われなくなったのか、つまり、本当の所有者はどこに行ったのか。そのようなことも含めて問題意識を持っていただき、課税、住民票、登記の部門等が、それぞれに横の連携もとっていただきたいということです。

　税収の基本が地租だった明治政府の時代は、公図とか、土地台帳の上の土地をできるだけ小さくして、税金を安くしようとしていたようです。それが今となっては、地方の価格が低い土地の場合には、公図を現実の土地に改製しても何ら問題がないのではないかと思います。そうすることにより、土地の面積が

確定しますので、今後の売買や例えば建物を建てたりするときに大きなメリットがありますとか、そのようなことも含めて、所有者の方々、関係者の皆様によくお話をしていかないと何も進まないということなのでしょうね。

方波見 そうですね。そういう意味では、現在の法律とか、条例とかを利用して進めていただきたいと思います。市町村では、所有者の調査関係を固定資産税の情報で調査を実施していました。その時に宅地の税金の中に道路用地が含まれていたという例もありました。調査を定期的にすることによって、常に現状の把握ができるのではないかと思っております。

盛山 昔、ここが道路だったとか、里道や小さい道路がなくなり、どうなっているかわからないとか、私有地に道路が走っているとか、現実にはいろいろな例があるようです。そのあたりも含めて、整理できるところは整理をしないといけませんね。

方波見 地目については、不動産登記法が優先します。また利用形態では、建築基準法です。実際の利用として法律制定以前の私道であっても、家が建っていれば、道路は公道扱いです。認定道路もあり、扱いが複雑なのです。権利関係は、明確にすべきと思いますが、私道で農地の中に家がある場合があり、その方は家を建て替えることができないし、朽ちても壊せないなどの法律の解釈論になるわけです。ですから、そのようなものを含め、既存宅地の問題などが、民法や不動産登記法や建築基準法の解釈によって違う状況があるあたりを整理できればと思いますし、それらの理由の一つが地方の過疎の原因にもなっていると思います。

第26章　測量設計の観点からの課題

国、地方公共団体に対する要望

盛山　最後に、国や地方公共団体に対するご要望、ご注文はございますか。

方波見　土地の境界に関して、法務局によっては、共有地との境界を画定する時に確認同意書が必要になります。その際に「共有名義人全員の同意書を要求される」、「そのうちの1人でもよい」あるいは、「共有名義人ではなく、その土地の管理人でもよい」など法務局によって対応が異なることがありますから、処理方法を一元化して、業務が軽減化できるようお願いしたいと思います。

盛山　それは大変ですね。

方波見　大変です。省略できるものは、簡易化してほしいと思います。

盛山　それはおっしゃるとおりです。確かに局や担当官で対応の違いがあってはいけませんね。

方波見　市町村道の境界立ち会い（官民の立ち会い）について、国の管理は、国道でも河川敷でも境界標が設置してあります。県も改良されたところに境界標がほぼ設置してあります。しかし、市町村道で改良されていない道路は、官民の境界の所有者不明土地の境界立ち会いが非常に面倒です。

盛山　どういうふうに面倒なのですか。

方波見　立ち合いの申請のときに「反対側の地主さんも呼んでください」や「隣の地主さんも呼んでください」という状況で、直線で10m程度の境界を2点決めるのに、周りの地主さんを申請者（測量業者）が呼ばなければならず、時間も費用もかかる状況です。その部分の立ち合いを確定できることは、市町村道の境界にもなるわけですから、市町村の責任で権利者を集めることをお願いしたいと思います。

　そして、全測連が提言しています「公共物官民確定事業」を一つのアクションとして事業化すれば、このような問題も解決すると思いますので、是非先生方にもご協力をお願いいたします。

盛山　わざわざお出ましをいただき、長時間にわたり、いろいろと具体的なお話を伺うことができまして、誠にありがとうございました。

（平成30年8月24日）

209

第四編　各分野における課題

第27章
街づくりの観点の関係者からの課題

【対談】

藤巻　慎一（森ビル㈱都市開発本部開発事業部開発４部部長）

> ### 地籍調査、地図作成、土地の境界画定について

盛山　今日は、お忙しいところ、お運びいただきまして、誠にありがとうございました。地籍、地図作成については、国土交通省、法務省が所管していますが、残念ながら現在の進捗率はまだ半分程度で、残り半分の地籍や地図作成ができていない状況です。まず、予算を確保して、そして地籍、地図の作成にこれから力を入れていかないといけないのですが、今まで何年もかけていても半分にしか至っていないということでも明らかなように、大変な手間と時間がかかる事業ということです。

　一歩一歩地道に、着実に実行するしかないのですが、藤巻部長は森ビルに所属され、これまで六本木ヒルズ等の都心の再開発を手掛けられてこられました。昨今、所有者不明の土地がいろいろと話題になり、問題視されているのですが、街づくり（再開発）を進められてきて、どのような課題に直面してこられたのでしょうか。解決策、その対応に当たってお感じになったことも含めて、具体的に事例を紹介してお話いただきたいと思います。

藤巻　六本木ヒルズは着工まで14年のうち、土地の権利変換のベースとなる土地調書をつくるのに４年かかっています。そのうちかなりの時間を都有地、国有地、区有地との官民境界の確定に割きましたし、それがこの再開発事業の課題だったのです。

　当時は所有者不明というより、白地の法定外公共物、財務省関東財務局所管で、区道であるけれども国が所有しているといった土地に関しての申請手続が煩雑でした。また、道路拡幅のための用地買収が終わっていて、既に官民境界が確定されているはずなのに、元の所有者の中で境界が確定してしまっているため、東京都に移った土地との境界が未確定で、その境界に関して再度申請し

210

なければいけないということがありました。すでに用地買収がされているにもかかわらず、境界が確定されていないといった、二重申請の手間がかなりありました。

その後、地籍問題に関して、いろいろな場でいくつかの課題を話しているうちに、法定外公共物に関しては所管自治体、例えば下水道敷であれば東京都下水道局、区道であれば港区等に移管されて、そのあたりは非常に改善されました。現在、法定外公共物は、区道なら区、都道なら都にいけばよいのです。一方、これからまだ都心においても用地買収、道路拡幅事業の予定もあるので、その折に、ある民間土地を買収するときに、当然買収線で境界を確定するので、この時点で買収者と元の所有者の間で境界確定書を取り交わしておいていただければ、官民境界確定が終わっていることになりますので、そのような制度を織り込んでいただきたいと思っています。

最近では、官民境界の申請はスピード化されていますが、以前は3〜4カ月もかかっていました。再開発事業にかかわらず、その分時間のロスとなりますので、都市計画道路の用地買収や拡幅の折には買収地は官民境界が確定されている制度を実現していただきたいと思います。

盛山 今伺ったことは、全く存じませんでした。道路の拡幅などの公共事業を進めるときには、当然、官民境界の確定はされているものとばかり思っていましたが、実際にはそうでない事例があるのですね。

藤巻 原因としては買収部門と境界確定部門が全く別なので、買収する部門は買収するだけになります。その後の権利の境界を確定しておくという発想はないようです。

盛山 私も長く公務員を務めておりましたが、行政の縦割りの典型のように感じられますね。

藤巻 見事に縦割りの弊害です。

盛山 六本木ヒルズの場合には、400筆ほどの土地について、所有者、境界の確定作業に4年かかられたと伺っていますが、そのうちの官民境界確定で3年かかったということですね。

官民の境界確定と民々の境界確定

盛山 今の官民の境界確定以外で民地の関係でお困りになった事例は何かございますか。

第四編 各分野における課題

藤巻 実際の公簿面積よりも自分が所有している土地面積が大きくても、自分が想定するラインよりも手前側といわれると、了承いただけない場合ですね。「お隣さんは公簿面積より少なく、おたくは公簿面積より広い。ここは境界として妥当ですよ」と説明しても、そこをトータルで納得してもらうのはかなり大変でした。それはもう民々同士における気持ちの問題ですからね。

あと、所有者不明の土地が一筆だけありまして、1坪強ぐらいの土地だったのですが、そこは、固定資産税の課税標準額を下回っていて、行政も課税していないし、所有者は負担もないので、そのまま放置している。登記住所は港区にあるけれども、実際には居住していないといった物件でした。

そこに関しては、公図をずっと眺めていて、これは環状3号線の道路買収の残地じゃないかとたまたま思いつきました。そこで、元の環状3号線の買収時の前所有者を追いかけて、比較的近くにある会社の社長の親族ということが分かりました。すると、所有者はアメリカに住んでいたのです。アメリカ在住の方と土地売買など取引をするのはとても大変です。例えば境界確定申請には駐米の日本大使館や領事館で本人のサイン証明等も取得していただく必要がありますから。最終的には、所有者からその方のお兄さんにその1坪強の土地を買っていただき、そしてお兄さんから当社が買って、境界画定したことがありました。

盛山 それは、普通の人ではできませんね。藤巻部長だからこそ、3号道路に考えが至って気付くことができたのでしょうが、一般の方ではとても無理です。

藤巻 そうですね。私は土地境界を画定していく段階では、公図を俯瞰的に見るといった習慣が身についていましたので、何とか気づけて対応できました。

盛山 登記上の所有者が真の所有者かどうか、調べるのは大変です。住所も変わっているかもしれませんし、相続されていれば名前も変わっていることもあります。どうやってうまく真の所有者を把握できるのか。いざ、交渉が必要となった場合に、所有者にどうコンタクトしていくのかは大変難しいですね。それにしても、外国にいるところまで、よくたどり着かれたものです。

藤巻 そこにたどり着くのには、2年以上かかりました。

盛山 わずか1坪のためにですね。その1坪は共有ではない1坪だったのですね。そのような1坪程度の土地が残ること自体はレアケースでしょうね。

藤巻 都心部においては、2m×5mの3坪ぐらいの土地があれば、駐車場1台分として貸せますので、有効活用もできますし、固定資産税の課税対象にも

なってくるので、所有者不明という状態が生じることは少ないと思います。しかし、その土地が課税標準以下だと使えなくて放置されるのです。都心部の状況がレアケースだとしても、少し郊外になれば、東京都でも所有者不明はあり得ることと思います。

盛山 先ほどの話は、民々の場合でも同じなのでしょうが、所有者、関係者全員に集まってもらって合意をとることが、一番難しいところではないかと思いますけれど、その際、どのように関係者を集めて、合意を得ることができたのでしょうか。

藤巻 幸い、六本木ヒルズのときには、大勢の関係者、共有者がいるのはマンションしかありませんでした。共有土地でも、相続を受けて3、4名の共有のものはありましたけれども、数10人単位での共有はマンションが対象でした。昭和30、40年代のもので、非常に古いマンションが多く、幸いにそこはすべて、敷地測量面積が公簿面積より少し広かったために、マンションの人たちの同意は取りやすかったのです。

盛山 都心だからこそ、昭和30年代の古いマンションが残っていたということですね。

▶ 変則型登記について

盛山 藤巻部長は、これ迄、変則型登記でご苦労されることはなかったということですね。入会地等では、名前だけ載っていて、その他何名という変則型登記が多いようですが。

藤巻 それはなかったですね。おそらく都心部に変則型登記はないのではないでしょうか。

盛山 ないのでしょうね。地方ではかなりあるとは思いますが、わかりました。

六本木ヒルズの場合には、所有者が不明の方は一人だけだったということですが、今後、森ビルが再開発を手掛けられるときに、所有者が不明の方が出てきた場合、先ほど1坪の方を探されるのに丸々2年以上かかったという話でしたが、どこまで手間暇をかけられるものでしょうか。

藤巻 再開発事業の場合は、最終的に再開発組合が公法人として権利変換計画の認可を取らなければいけませんので、弁護士に依頼して、権利者の戸籍をたどっていくことから、やらざるを得ません。一般の方が、例えば地籍調査に協

第四編　各分野における課題

力するために、相続登記をするためにそこまでやるかというとかなり難しいと思います。

盛山　そうですね。一般の方の場合には藤巻部長のように調べるということは非現実的なのでしょうね。

藤巻　これは私の経験したケースではないのですが、森ビルの再開発のケースで、昔、相続が発生して、遺産分割協議が終わっており、安心してそのまま使い続けている方がいました。いざ、取引きしましょうとなった時に、お父さんの先妻の子供たちが判明して、そこには100人ぐらいの相続人が発生していました。結局、百数十人の方と交渉せざるを得えませんから、裁判をして、一つひとつ段階的に確定して、現在の真の相続人に登記をしたことがありました。その事例では2年ぐらいの期間がかかりました。

盛山　時間だけでなく、費用も相当かかりますね。

　先ほど再開発の場合には、やらないといけないといわれましたが、どこまでやらないといけないのでしょうか。相続登記をある程度公的な目的のためにするのであれば、真の所有者が分からない人や反対する人がいる場合でも、例えば、金銭供託を含めて考えていかなければならない、私は今後の課題であると、考えています。

藤巻　都心に限らず、郊外の古いマンションだと、お父さんが亡くなったけれども、子供さんたちはすべてそれぞれ別に自宅を持っていて、管理組合に相続人の通知をしてこないことがあります。管理費も修繕積立金も滞納している場合です。そこで長期修繕計画を立てようとしても、連絡がつかない問題が実際に起こっています。

　長期修繕の場合だけでなく、耐震性に問題のあるかなり古いマンションで、新築時に比べて現行法規で許容される容積が大きくなる場合には、ディベロッパーを入れて建替えをしようとする。ただ、その際に真の所有者が見つからない場合、供託制度等の建替えに寄与する制度を大幅に使いやすくしていかないと、そこに住んでいる人たちの安全性そのものがずっと脅かされ続けることにもなりかねません。

　管理組合だと、現実問題として、弁護士を雇って、2年も3年もかけて相続人を突き止めることは、そこまでお金も手間もかけられない。建替えにつながる何らか軽減措置は必要になってくると思います。

盛山　今回の所有者不明土地特措法の制定に当たって、森ビルや不動産協会のご協力を賜ったわけですが、この特措法と農林水産関係の2本の法律と合わせ

て、３本の法律を成立させました。これらの３本の法律について、どのような
評価をしておられますでしょうか。

藤巻　今回の西日本豪雨などのいろいろな自然災害の例を見ても、まず公共目
的に基づいて、所有者が判明しなくても迅速に利活用できるようになること
は、すごくプラスだと思います。一方で、先ほど言われた、例えば市街地再開
発事業のような許認可を受けた公法人の再開発組合が実施する事業に関して
は、所有権の問題に関わりますから所有者を探さざるを得ない。ある一定程度
のところで、土地の所有権に関して権利変換の対象にでき、収益を得られる床
なりに強制変換して、収益に関しては供託するような、少し簡易な制度を制定
しないと今後は問題が生じてくると思います。都心はいいですけれども、東京
都内でも少し離れた郊外だと、おそらく所有者不明のマンション区分所有者が
出てきて、再開発事業でも障害が起こってくるのではないかと思います。

土地の放棄、寄附について

盛山　現在、東京を中心とする都心は、需要が高くなり、地価が底を打って上
昇に転じています。しかし、地方では過疎化が進んでいますし、地方のそれほ
ど悪くないところでも、資産価値が相当程度落ちていて、売買がなかなか成立
しないようです。需要が都心部に集中して、地方の田畑や山林の値がつかない
ことは想像できたのですが、最近、地方の家屋敷を管理できないから放棄をし
たい、市町村に寄附をしたいという話を伺いました。田畑ではなく、家屋敷の
土地であっても、売買できないという話でした。

　森ビルが扱っているところでは、そのような土地はあまりないと思うのです
けれども、こういう土地の放棄、寄附という仕組み、受け皿についてどのよう
にお考えでしょうか。

藤巻　私も新潟の出身で、帰省して駅前がシャッター通りになっている状態を
見ると、これは大変だなと思います。

　まず二つの問題、空き家問題と土地問題に分かれて、あと受け皿の問題だと
思います。受け皿問題は絶対避けて通れないと思います。日本の人口はどんど
ん減っていて、所有者の数そのものが減っています。これだけ一人っ子世代が
出てきて、かつ結婚しなくなっている。そして、一人っ子同士が結婚して、そ
の子供が結婚しなかったら、６人分ぐらいの相続財産が国にいくしかなくなる
のです。今から20年後には相続人のいない財産が大量に発生することを覚悟し

第四編　各分野における課題

て、受け皿を用意しておかないと国土は荒廃していくと思います。

　国民が減っている一方で、東京を強くして世界と戦う状態をつくらないと、日本という国そのものが沈む。その状況の中で、日本の国土全体を保全していくにはどうすればいいか。そうすると、ある程度東京に資産、資源を集中化して、そこで上がった利益をどう地方に還流していって、国土保全に金を使わせるか。そう考えたときに思いついたのが、ちょうど話題になっていた法人事業税の配分です。その配分の中に、ある一定部分を国土保全予算といった目的税化してはどうかと思っています。

　地方で中心市街地以外の土地に関して自由に開発を進めさせると、結局、そこに上水、下水を通し、電線を通し、インフラ投資をせざるを得ない。地方都市は、どちらかというと、コンパクトシティ化していかなければならないのに、市街化調整区域の開発行為へまるで無制限のように許可を出している。それは地方都市が自分の首を絞めているのと一緒ではないでしょうか。

　立地適正化計画の誘導区域以外に開発許可を出さないようにすることが重要です。市街化調整区域の土地を所有者不明の人に持ち続けられても、ご近所が迷惑するだけです。家に帰る途中に空き家があり、そこは草ぼうぼうで車も通れないから、近所の人がその家の庭の木を刈らなければいけなくなるというのは、近隣にとってはかなりの負担です。だからといって、その土地を地方自治体が所有すると固定資産税が入らなくなり、維持管理費がかかります。しかし、人口減少時代の国土保全という観点で見ると、いずれ避けては通れない道です。企業活動によって得たお金を国土保全に回せるような税制の仕組みができないかと思っています。

　それと、今、地方で空き家が増えている。相続人が家屋を持ちたくないといっているのは、何が問題かというと、中古住宅の流通市場が育っていないからです。現在、日本全体に820万戸もある空き家の取引促進のために中古住宅市場の整備は必要であると思います。市街地中心部ではある程度中古住宅、中古マンションの取引市場は機能していますが、問題は地方にある戸建て住宅をどう市場化していくかだと思います。

　人口が減って、世帯数が減っていく中で、どうやって空き家に市場価値を持たせるかを考えなければいけない。中古住宅で仮に耐震性がないといっても、工務店なり専門家が入って、きちんと構造から見直しをして、補強をして、内装をやれば、現実問題として新築住宅よりもずっと安く供給できます。

盛山　そこは、国土交通省でも安心R住宅や検査の制度を含め、中古住宅を流

通させるように動き出したところではあります。アメリカは、中古住宅にうまく住んでいて、家の周りの環境、街路、ご近所も含めて、上手な街づくりをして、その地域の地価や評価を高くし、その家も買ったときよりも高く売れるようにしようという発想ですね。そうすると、築100年を超えても、きちんと流通できることになりますから、日本はこれから考え直さないといけないところですね。

藤巻 本当に考え直さないと、若い人たちは住宅を所有するよりも借りることになり、もう買わなくなってしまいます。

盛山 それは車もそうですけれどもね。

藤巻 その人たちにとっては、新築である必要はないのです。中古住宅できれいにリフォームされ、快適な住宅や特徴のある住宅が供給されていれば、家賃も安くなるし、そちらを選ぶと思うのです。

盛山 土地の放棄の話をいたしますと誰がそれを受けるかが問題です。増田研究会でも取り上げられ、増田座長は、第三者的な機関を設けて所有するのが適切だろうといわれています。

　私は、確かに所有はそういう手段があるのかもしれませんが、管理も考えないといけないと思います。今回、6月に自民党が出した提言でも、所有から管理へと、権利の上に眠る者は許さずという考え方です。管理をすることが大事です。所有権については第三者機関が所有することは考えられても、管理することになると第三者機関が管理をすることは非現実的ではないかと思います。

　私は、昨年、母を亡くしたのですが、鹿児島の徳之島という島に不動産がありました。そのような地方の不動産を土地勘のない東京の組織の人が管理できるはずがありません。そのようなことを考えると、住民に一番近い基礎自治体である市町村が管理せざるを得ないのではないかと思うのです。市町村は今、特定の使いたいという目的がある土地でない限り、寄附を受け付けません。それは管理に費用がかかるし、また、その管理をするためには人も要るからです。だから受

藤巻部長

第四編　各分野における課題

盛山議員

け付けられない。その費用や人の問題が解決すれば、受け入れてもらうべきところ、管理をしてもらうべきところは、市町村しかないと思うのです。

藤巻　私もそう思います。

盛山　そうすると、先ほどの法人事業税についてですが、財源をどのようにするかは別にして、国だけで制度ができるわけではありませんし、また地方だけで制度ができるわけでもありません。国と地方公共団体が協力をして、国は何らかの予算措置、法的な裏打ちをし、そして、管理は市町村にやってもらうという新たな制度を作ることが必要だと思います。

藤巻　地域を一番良く分かっているところでしかないと思います。

盛山　地方に生れ育ったけれども、就職で都会に出て、結婚をして、子供や孫ができて、都会で生活している。出身の地方には今さら戻れない。そして父母が亡くなり、地方の不動産を管理できないケースがこれからも増えていくと思います。藤巻部長がおっしゃったように、一人っ子、または、子供がいない、結婚しないという状況になれば、今でも深刻な管理についての課題がもっと加速化することになると思います。

土地の所有と管理について

盛山　土地の管理も、どの程度までの管理を所有者に義務付けるか、持たせるかについては、また少し別の議論もしなくてはなりませんが、管理することができないと声を上げている人が増えています。今でもいらっしゃいますし、これからも一層増えるでしょう。そのような状況の中で、土地の放棄、寄附の受け皿、そして誰が管理をするのかという問題は、待ったなしだと思います。管理を市町村がするのであれば、所有も、国や第三者機関ではなくて、市町村にやってもらえばよいのではないかと、増田座長に申し上げたのです。この点について、どのようにお考えでしょうか。

藤巻　土地を保有するだけの第三者機関はあまり現実的ではないなと私は思い

ます。先ほどのいかに地域をコンパクトシティ化していくかということを考えると、それこそ市街地の空き地になっているところに、郊外の一軒家の人を移転させるとか、そういうことをトータルで考えていけるのは、やはり基礎自治体しかないと思っています。

　私の田舎は、雪国なので、空き家になればもう取り壊さざるを得ません。放っておけば雪でつぶれます。また、自治体としても、住んでいる家が一軒でもあれば、どんなに先でも除雪車を入れるしかない。だから、大雪の年はその除雪費用で財政が赤字になる。ならば、ここから先にはもう住宅はない、除雪しなくていいという状態をつくることが、その基礎自治体にとってはプラスであると思います。そういう判断ができるためには、市街地に土地を持っていて、郊外の土地と交換提案とかできる状態でないと無理だと思います。

盛山　納得できる話です。私は、自民党国土交通部会長で、国土交通省の予算を担当しているのですが、公共事業は悪者視されて、今はピーク時の予算の2分の1から3分の1ぐらいに減っています。今の公共事業、道路、橋、上下水道、鉄道もそうですが、それらの予算で何にお金が必要かというと、新たに何かをつくるのではなく、維持更新にお金が必要になっているわけですから、藤巻部長がおっしゃったように、特に積雪寒冷地においては、道路の除雪も大変でしょうし、道路の舗装を含めてのメンテナンスにかなりの費用がかかるわけです。

　私は、本来、安全・安心の暮らしを実現するためには、過疎地にお住まいの方に、道路や上下水道、電気、ガスが整備され、最低限の生活ができるように保障する代わりに、市街地の中心に住んでくださいとお願いする状況になってきていると考えています。安全・安心の暮らしを実現することが国や地方公共団体の役回りです。しかし、予算がなくて、すべての地域に対してできないのであれば、何らかの提案をして、ある程度まとまったところにお住まいをしていただくしかないのではないかと思います。

藤巻　これだけ市町村合併をしても、地方自治体の人口は減っている。だから、すべての要望を地方自治体が応えようと思っても、これからはますます難しい時代がやってくると思います。これまでの人口が増えて、産業が発展することを前提とした国土計画や、地方自治体の計画ではなくて、いかに地域をコンパクトに効率よく運営し、持続可能な社会をつくる等、地方自治体の基本計画の考え方も変えていくべきだと思います。産業振興とか誘致とか発展とかいう言葉ではなく、いかにそこにいる人たちが効率よく、余計なお金をかけずに

219

第四編　各分野における課題

住み続けられるかです。そのためにこそ、将来に負担を残すようなところにお金を使うのではなく、就業の場をつくり、若者に仕事を与えるべきだと思うのです。

不動産登記制度について

盛山　今の話とも絡みますが、登記は対抗要件ということが民法の大原則になっています。日本では、不動産の売買によって権利の移転の効果を発生させるのに売買契約と合わせて登記の義務付けが必要であるとはなっておりません。これを見直す議論もないわけではないのですが、法務省、国土交通省や関係の方々の議論を聞いていても、さすがに民法の大原則を直すということをおっしゃる方はいらっしゃいません。

　しかし、登記の義務付けについては考えるべきではないかという方は、いらっしゃいます。登記の義務付けについては、法律に規定することはできるかもしれませんが、実際に実効性が上がるかどうかが問題です。どうすれば登記をしてもらえるようになるのかが難しいとおっしゃる方もいらっしゃいます。

　登記と死亡を含めての住民票や戸籍との連携とか、あるいは不動産登記制度をどのように改めていったらよいのか。これまで六本木ヒルズ以外でもいろいろなところでご苦労されておられると思うので、真の所有者を把握するためには何が必要とお考えでしょうか。

藤巻　所有者「不明」という言葉が表すように、これは情報の問題ですね。データが相互に参照し合っていない。先ほどの登記の義務付けについては、結局、不動産を買った人は登記するわけです。

盛山　買うときは通常、登記の手続きを行いますからね。

藤巻　登記されていないのは、相続の場合ですね。ほとんどの登記未了は相続登記が未了であるという問題が多分80％以上じゃないでしょうか。であるとしたら、相続登記をさせる方法を考えなければいけない。そうすると民法にも絡む問題となります。また、相続登記をするコストを考えるとすごいですから、そこを何とか軽減できないかと思うのです。

　相続登記をどうやってさせるか。それは法定相続が煩わしい、遺産分割が煩わしい、その問題を解決すると、多分80％以上解決する。土地を買って登記していない人なんてほぼいませんよね。私は移転登記を義務化するべきだと思うのですけれども、そのときに、相続登記の義務化にどう有効な手段が打てるの

220

かを考えるべきだと思うのです。

　例えば、ある一定期間で義務化したとしましょう。一定期間、この10年間で相続登記を完了したら、登録免許税は5分の1だとか、インセンティブを与えないとまず無理だと思うのです。

盛山　例えば相続では、遺産の分割がすんなり決まる人がいれば、それは簡単に登記されるのでしょうが、そこで揉めるケースも決して少なくないと思います。登記したくても、遺産の分割が決まらない限り登記できません。

藤巻　そのときには法定相続人で強制登記する。法定相続人8名とか20名で、相続人が決まっていれば法務局が強制的に登記してしまうのです。

盛山　後で、実際の分割が決まってから、登記をしなさいということですね。

藤巻　そうです。遺産分割協議で揉めるのは財産を持っている人だけです。持っていない人は揉めません。不在地主で田舎に土地を持っている人たちは、みんな放棄したがります。今は相続放棄が多く、遺産分割協議は、誰に相続財産を押しつけるかの問題になっている。遺産分割協議で揉めるのはたくさん財産を持っていて、その分け方で揉めている人だけですよ。遺産分割協議で揉めるケースがあるから、それを法制化するのはどうか、という言い方は、100人に1人か2人の問題を拡大解釈して、やるべきことを遅らせる口実にしているようにしか感じられません。

盛山　登記の義務付けをどのようにしていくか。今、九州の広さの所有者不明土地があるといわれています。まずは、これ以上増やさないことが必要であると思いますし、できれば、もっと少なくしていくために、一定の期間、5年だとか10年の期間に、インセンティブを与えて登記を推進するのも、一つの考えであると思います。国土交通省、法務省でこれから考えていかないといけない問題であると思います。今までのやり方、事例にとらわれないような形で、少し大胆なことも考えないと、うまくいかないと私自身強く感じているところです。

藤巻　先ほど、情報の問題と申し上げたことは、行政縦割りの上に、プライバシーの問題もあって、情報が横に連続していないということです。住民票、戸籍、固定資産税課税台帳、年金台帳の情報が全部ばらばらに存在しています。引っ越しや、年金の手続といった、同じ行政関係にもかかわらず、全部手続先が別なのです。この日本の制度を何とかうまく、ビッグデータの集合にしていく必要があります。または、マイナンバー登録を活用して、情報連携をやらないと不利になるという形にしていかないとまずいなと思うのです。

221

第四編　各分野における課題

イギリスでは「Tell Us Once」という行政手続きのワンストップ化が行われていると聞きました。それは「行政のどこかの窓口に1回だけいって下さい。そうすれば、あなたに関連の行政データはすべて直します」というもので、こうした行政サービスを目的に行政情報を構築しているという話でした。それに比べて、日本は程遠いなと思います。住民票や戸籍の死亡通知がきちんと法務局に連動して伝わり、「ああ、この人、真の所有者じゃないな」ということがわかるとか、そういう連携をどうつくっていくかが大きな課題と思うのです。

盛山　おっしゃるとおりだと思います。日本の法制度は、きっちりとつくられていますから、建前としては悪くないと思います。ただ、現実にはうまく動くかどうかが大きな課題になっているのです。

藤巻　目的外使用を許さないようなことですね。

盛山　そういうことですね。法律には、法の目的があり、目的を達成するための手段を具体的に決めています。確かに縦割りといわれますが、法の体系がそれぞれ個別の法で決められているため、横の連携がうまくいっていないのではないかと思います。それを、子供が減り、多死社会に突入していく日本の現状において、今のままでいいのか、どう変えていけばいいのか。死亡届と登記をリンクさせるにしても、総務省と法務省も検討をしておりますが、死亡届が市町村に提出され、住民票の訂正、戸籍の訂正をして、それを法務局に連絡することにします。仮にそうしたところで、法務局は、登記をどう変更すればよいのかと、困ってしまうことにもなるものですから、難しいです。

藤巻　しかも、複数の法務局にまたがって資産を持っている場合に見つけられないですね。

盛山　藤巻部長がおっしゃるように、とりあえず法定相続人の名前で全部強制的に変えていくことも含めて、何をどうすればいいのかをこれから考えていかなくてはならないと思います。所有者に、登記などをきちんとやらないとデメリットがあるとか、きちんと登記をすることによって、売買や建築等が今後スムーズに進むのだということを実感してもらうには、どうすればいいのかということかもしれませんね。

藤巻　そこで、自治体の死亡状況が法務局にいったときに、法務局のデータ整理の在り方が根幹的な問題だと思っています。要するに、法務局ごとでしか所有者情報が把握されていないのです。土地情報、登記情報の名寄せができていないと、日本全国にまたがって、複数の都道府県に資産を持っていた場合に把握できないでしょう。法務局の登記情報は、データ化されている時代ですか

第27章　街づくりの観点の関係者からの課題

ら、全国レベルで登記情報が把握できるようにしないといけないと思うのです。

盛山　これからの大きな課題だと思います。これまで登記に限らず、紙ベースで記録をすることが基本でした。データ化が進んできたのはここ20年くらいですから、それをどのようにリンクさせるのかが課題であると思います。

　今まで住民票などの記録を最低5年間しか保存する義務がありませんでした。これをデータ化することによって、今後は150年とすべきではないかという総務省の報告書が8月22日に発表されたばかりです。それも含めて、総務省だけでなく、各省で検討してもらわないといけません。マイナンバーの活用は、大変効果的だと思います。マイナンバー制度をつくるときに、国会でいろいろな議論がありました。対象を広げるに当たって、有権者の方から「悪用されるのではないか」と懸念されるご意見もありました。そのような不安も根強くありますから、それを払拭しながらでないと理屈の上では良いとわかっていても、国会では通らない可能性があります。一歩一歩かもしれませんが、着実にやっていかないといけないと思います。

藤巻　国が国民一人ひとりすべての情報を一元管理するとなれば、当然警戒しますね。

盛山　みんなにとってメリットのある制度にするためには、名寄せも含めて、情報化し、連携できることが大きな課題だと思います。

藤巻　大きな課題ですが、必ずやらなければいけない課題です。これから先、人口が8,000万人台に減っていくことを考えると、今手を打たないと。減ってからだと手の打ちようがないかもしれません。

盛山　大きな宿題として承りました。

再開発と所有者不明

盛山　今後の再開発を進めるに当たって、所有者不明の方の権利をどのようにするかも大きな課題ですし、所有者がわかっていても、共同住宅、共有のビルの場合の課題があります。簡単には解決できないこのような共有不動産の合意をどのように考えたらよいのでしょうか。仮に一部に反対する人がいても、大多数の人の合意があれば、金銭供託も含めて、進めることができる制度を検討する必要があると、私は考えています。何らかの制度を構築することについて、いかがお考えになりますか。

223

第四編　各分野における課題

藤巻　再開発事業の場合には、ある程度その制度が織り込まれています。権利変換計画に一部反対した人がいたとしても、公共の縦覧に供した上で、最終的には強制的な権利変換を行うということが可能になっています。それを再開発という特殊な事例だけではなく、通常のマンションの建替え等にどう普遍化していくかが課題と思います。

盛山　私の選挙区は神戸ですから、阪神・淡路大震災で毀損されたマンションがありました。その中で、相当なダメージを受け、建替えをしないといけないマンションでありましたが、所有者の皆さんの合意をとるのに時間がかかり、結局、建替えできたのが20年後となったところがありました。

　所有者がわかっていても合意をとることは難しいですね。ですから、都市再開発法の対象等の公の目的にも沿うものとして、ある程度合意ができれば、建替え等をうまく進める手立てを考えることが必要ではないでしょうか。いろいろなやり方、運用を駆使することだけでは限界があって、法的な手当てをしないとうまく進まないのではないかと私は思います。如何お考えでしょうか。

藤巻　マンション建替えの特別決議をして、管理組合側で反対者を買い取ることはありますが、それはある程度建替えによって容積も上がり、分譲床ができて、買い取り原資が確保できることが見込まれないと難しいですね。だから、その制度を使わなくても建て替えられるマンションと、そういう制度がないともう絶対に建て替えられないマンションを条件分けをしたときに、公の納得が得られる制度構築をどう行うかですね。

盛山　民法の基本的な原則でいえば、所有者全員の合意が必要になり、建物区分所有法では5分の4以上の合意が必要です。私は、このハードルをいかに下げていくかが大事なことだと考えています。合意については、例えば、5分の4以上を3分の2以上に緩和するとか、あるいは5分の3以上に緩和するとか、そのように考えていかないと進まないと思うのです。

藤巻　合意条件のほかに、マンションの安全性の問題、借家権の問題もそうですが、旧耐震基準の建物で明らかに耐震性能が0.6を割っていて、0.2とか0.3のビルを建て替えたいと思っても、借家人が粘っていて建て替えられない。これは少しおかしいと思っています。そこにいれば、その人自身も危険ですし、そのビルが倒れれば道路も閉鎖してしまう。例えば、マンション合意が3分の2であったとしても、その建物の耐震基準が明らかに0.6を下回っていて、建物を更新することが社会的にプラスになるんだということがあれば合意割合を補完できるとか、建て替えを強化、補完できるような制度との組み合わせにす

第27章　街づくりの観点の関係者からの課題

るのが一つあるような気がします。

盛山　その条件付けといいますか、こういう場合には、このように整理するなどのことを考えながら、所有権に対しても十分配慮する。他方、権利だけ主張することに対しては、管理など、別の観点も含め、多くの関係者にとって望ましい方向へ進むように、制度を設計する必要があると思います。

藤巻　緊急避難道路沿いのビルオーナーも、テナントが明け渡さないと、いくらビルが危険だとしても改修工事もできません。当然建て替えもできないビルは多いと思います。テナントに一度出てもらわないと改修工事もできませんからね。

盛山　いろいろなケースがあるでしょうね。古いマンションには昭和30年代に建てたものがありますし、都市再開発法は、昭和44年に制定されていますが、再開発ビルも50年ぐらい経っているものがありますし、もう待ったなしの課題であると思います。まずは所有者不明の問題をどうするのかということをこれから考えないといけません。

　今回の所有者不明土地の特措法は、まず大きな一歩だと私は思いますが、一山越したら、もっと大きな山があって、目の前に迫ってきたという感じです。閣議決定で基本方針を定め、来年の通常国会には、変則型登記や、情報連携、先ほど150年とデータ化の話をしましたけれども、その手当ての法案を出す予定になっています。また、来年2月を目標に、民法の基本的な部分の整理をして法制審議会に諮り、再来年の国会に改正法案を上程するべく、これから検討を進めて参りたいと考えています。

国、地方公共団体への要望

盛山　最後に、藤巻部長から、国、地方公共団体に対して、所有者不明土地問題について何が必要なのか、こういうところが欠けているとか、ご注文とかございませんか。

藤巻　繰り返しになりますけれども、やはり情報ですね。行政が持っている情報を、例えば先ほどの法務局の中でさえも、ある個人がどこに持っているかを把握できていないと思います。住民票と法務局が連動していないとか、固定資産税関係、年金関係の情報も連動していないと思います。国民の理解を得ることが前提ですが、まずきちんと情報を一元化し、把握できるようにすること、国土のどこに誰が何を持っているかわからないのが日本の国の現状です。所有

225

者不明の土地、今はどの土地が不明なのかもわからない状態ですね。情報をきちんと管理する方策を検討していただくことが、まずは第一だと思います。そういう点がきちんとできてくれば、地籍調査にしても、いろいろな問題にしても、必ず情報のベースデータとして使えていくと思うのです。

盛山 情報の連携は大事なことであると思いますが、情報の利活用・管理に対して不安を感じておられる国民の方が多数いらっしゃるのも事実です。何かインセンティブでもなければ具体的には進みませんが、例えば登記も含めて、どのようにすればメリットを感じていただけるのでしょうか。

藤巻 そのインセンティブが難しいですね。情報をきちんと提供することがメリットになるという方法をどう考えるかですね。

盛山 そこは、ポイントですね。

藤巻 ポイントだと思います。行政に情報を与えると、何か覗かれるんじゃないか、知られるんじゃないかと不安になる人がいます。それに対して、きちんと情報を与えること、あなたにとって将来的にプラスになりますよという周知をどうやるかですね。

盛山 例えば、「10年間でこれをこうすれば、これだけ簡単でお得にできるようにしますが、ただし、そのためにはマイナンバーとの連携もセットが条件です。」とするのも一つかもしれませんね。

藤巻 地籍調査や相続登記の促進については、日本全国一律にする方法もありますが、この間の西日本の豪雨被害とか、地震などの状況を見ていると、豪雨被害の緊急地域や避難地域に先行して適用する方法もあると思います。ほぼ想定どおりのエリアで被害が起きている西日本豪雨は適例だと思うのです。例えば、災害指定地域に関しては、何年以内にやったら登録免許税は5分の1でいいとか。そのことによって、メリットを受ける国民がいて、それが周知されれば、日本全国に広げていくきっかけにはなるのではと思います。

　今は起こっていなくても、災害の可能性のある場所は、将来的に必ず所有者不明土地問題と直面してくると思います。だから、東日本大震災とか今回の豪雨被害を受けて、災害特別避難地域に指定されているところに関しては、一定期間減免するとか、部分的に実行していくことは方法論としてある気がします。

盛山 国が制度をつくる時には、全国統一の制度が基本的な考え方になるのですが、部分的な適用を設定できるかも含めて課題ですね。

藤巻 今の国民の思考として災害に対する事前対応は、非常に理由をつけやす

第27章　街づくりの観点の関係者からの課題

くなっていると思います。

盛山　災害が想定されるところはそうなのでしょうが、それ以外のところをどうするのかというところは、ひと工夫していかないといけませんね。

藤巻　まずは部分的に始めて、それでうまく実績がつくれればいいですね。

盛山　そこでメリットがあれば、他の方も納得していただけるでしょうね。私も法務省で地図の整備を担当した経験がありますが、地図の整備をするときに、土地所有者の方が境界確定で揉めることが少なくありません。

藤巻　本当に困難地域がありますからね。

盛山　道後温泉が良い例です。最終的に地図が整備され、土地の境界が確定されたら、土地の売買も安心してできますし、地価も上がります。また、建物の建て替えの際にも、はっきりとした面積を前提として、建物も目いっぱい建てることができるなど、メリットを感じていただけました。

藤巻　まさに相続多発時代ですから、相続した後、結局、売らざるを得ないのです。相続発生後に売るときには、測量が必要になりますから、測量をやった方がよいですよという言い方があると思うのです。田舎であれば、そういうきっかけでもないと土地境界確認は難しい。私の田舎は畑の中に家が建っているような状態で、何かインセンティブというか、きっかけがないと、お隣と土地の境界確定をしようという気にならないですよ。

盛山　そのきっかけには大いになりますね。

藤巻　正直いって、私が田舎に帰っても、親からきちんと教えられていないので隣地との境界はわかりません。

227

第四編　各分野における課題

盛山　それはそのとおりでしょうね。私も田舎の土地については全くわかりませんでした。ここでいいですかといわれても、「ああ、そうですか」としかいいようがありません。

藤巻　田舎であればあるほど、何かきっかけがないと無理ですね。

盛山　その現状、これからの先行きも踏まえて、現実的な解決策、どうすれば今後、負担と経費が少なく、そして地域も含めて発展につながるのか、を意識した方策を考えていく必要があるということですね。

藤巻　そうですね。

盛山　今日は、お忙しい中、誠にありがとうございました。

（平成30年 8 月22日）

第28章　農業・林業の観点からの課題

第28章
農業・林業の観点からの課題

【鼎談】

柚木　茂夫（全国農業会議所専務理事）
速水　　亨（日本林業経営者協会顧問／速水林業　代表）

▶ 地籍調査、地図作成

盛山　この通常国会で所有者不明土地の利用の円滑化等に関する特別措置法が成立いたしました。これは国土交通省と法務省の共管の法律ですが、同時に、農林水産省所管である農業経営基盤強化促進法等の一部を改正する法律と森林経営管理法の合わせて三つの法律が成立しました。今回、この法律が成立できたことは、大きな第一歩だと私は考えています。また、同時に最初の一歩を踏み出したにすぎないとも感じております。これから一層大きな山に差しかかってくるという思いです。自民党では、所有者不明土地問題の議連や特命委員会を立ち上げ、関係各省とも一緒に取り組んでいるところです。

　まず、地籍の調査、地図の作成からお話を伺いたいと思います。日本全国で地籍調査が完了しているのは半分ぐらいです。つまり、まだ半分の地籍調査ができていないということになります。土地の形状や誰が所有しているかなどを含めた、法務省や国土交通省、農林水産省、地方公共団体が行っている作業が遅れています。地方公共団体を中心に地籍調査を進めるのですが、その作業は簡単ではなく手間暇がかかります。土地家屋調査士等の専門家の手を借りながら実際の地図を作成することになります。また、予算も増額する必要もあります。土地の境界画定は難しい作業だと思います。農地も宅地と同様にそう簡単ではありません。農地は、今、耕作放棄地の問題もあり、境界を画定することは難しいし、山林は面積が広いだけにわからないことがあるのではないかと思います。

　そういう視点から、柚木専務にお伺いたいしたいと思います。境界の合意を得ることが最初だと思いますが、そこではどのようなご苦労をされているので

229

しょうか。所有者不明という土地もありますし、仮に所有者がわかっている農地であっても、関係者全員で合意するのは難しいと思いますが、どのように感じておられますか。

柚木 農業委員会が直接地籍調査をすることはないのですが、一つは、全国の地籍調査の進捗率が52％で、農地だけで見ると74％です。宅地、農地、林地で比較すると、農地が一番進んでいます。特に水田は形状が確かですから、確認もしやすいと思います。畑地はあぜ道がないため、現場確認にはいろいろ苦労があると聞いております。我々の現場は、市町村の農業委員会ですから、毎年、各農業委員会から農地に関わる問題とか、農業全体のご意見を集約して政策提案をしています。今年の提案の中に、農地の地籍調査の早期完了を強く求める意見を出させていただきました。先ほどのお話のように、地籍調査は国土交通省の所管ですが、農地は先行しやすいと思いますので、もう少し各省庁横断的に取り組んで、進捗率を上げてもらえないかということを予算のことも合わせて要望させていただきました。そのときに、現場で立ち会う人等についても、農業委員とか、今度、農業委員会法の改正でできました農地利用最適化推進委員、それぞれ地域の農地に知見の高い方々、地域のことをよく知っている方々にも、地籍調査に直接立ち会うことを含めて積極的に参画することが考えられないかということも提案をさせていただいたところです。

　今いわれたように、時間が経てばたつほど、その地域に住んでいない方々も増えていきます。農地の場合、既に74％完了しているということは、残り26％ですから、まずは農地を100％にしてはどうかと申し上げているところです。

土地の境界画定

盛山 所有者不明土地の境界画定の場合は、現在どのようにされているのですか。

柚木 隣接する農地の所有者、基本的には全員集まらなければなりませんので、最終的に筆界未定となります。できるだけ筆界未定にならないようにと思うのですが、制度的にかなり厳しくなっているようです。立ち会える人がいない場合は、最終的に筆界未定になるのですが、そこに住んでいない方については、できるだけ資料を用意して、住所がわかればそこに連絡し、そこで承諾を得られれば画定できる制度になっているようです。私自身は、地籍調査に直接の係わりがないものですから詳しくはわかりませんが、資料的に確認するとそ

第28章 農業・林業の観点からの課題

うではないかと思います。

盛山 山林の場合の境界画定についてはいかがでしょうか。

速水 林地で、地籍調査が完了したところは、多分45％ぐらいだと思います。林業を行っている林地の特徴は、広いことと、姿が変わっていくことです。つまり木を植えて、20年、30年、100年と経てば植えたときを知っている方はいなくなってします。林地をあまり見ないまま放っておいて20年経ってしまうと、自分の山はどこだったかわからないと、所有者ですらわからなくなってしまうことがあるので、境界の明確化が難しいということです。

林地は、人工的な境界が使われる場合もありますが、尾根筋境界、谷境界といった、自然の境界が多いのです。これが森林の変化、水害などで谷が掘れてしまったというと、当然どこが境界かわからなくなってしまいます。その場合は、境界の明確化が非常に難しくなります。これは農地も同じでしょうが、人を集めることも大変な上に、集まっても境界がわからないということがありますので非常に難しいと思います。

山林の場合は、登記簿と実際に山林を比較した乖離が非常に大きいのです。今まで問題なく過ごしてきたというのがあって、私の山にも一部、間に他人の山が一つ入っていて、自分の山が途切れていることになっていますが、実際は自分の山にきちんとまとまっています。このように登記だけが間違っているところもあります。私の山は、測量してあり比較的整理できているのですが、一般的には、境界が明確でない山林が多いと思います。

盛山 農地に比べて、山林、林地は、普段人が入りませんし、足場も悪いでしょうから、境界はなかなかわかりにくいですね。

速水 年輩の方だと、もう山へ行けない方がいます。車でお連れしても、問題のある境界では、「ここだけははっきりしておかなければ」といわれるのですが、到底その場所まで行けないのです。そのあたりに困難がつきまといます。

盛山 石か金属といった数十年残るもので境界がわかればよいのですが、木の杭などで印を入れてあっても、20年、30年経つと当然朽ちていきますね。

速水 林業では、「さいめ」といって、境目の木の荒皮を薄く削るのです。境界の相手方に対する面の、例えば私の場合は、荒皮を剥いで、屋号のマークを入れ、いつの年に誰が見たかを書くわけです。そして、相手方と1.8mぐらいのすき間がお互いにあくという紳士協定で、かなり長い間それで通ってきたわけです。だから、本当はその真ん中が境界なのですが、必ずそこは避けて、木を植えるのも境界の近くまで植えないで境界から一定の距離下げたところに植

231

えるのをずっと不文律としてきていたのですが、今はそんな時代ではありません。こちら側が下げると向こうが植えてくるようなことがあります。

　昔は、最低でも干支一回りの12年に一度回っていました。そうすると、はっきりした墨滴で書いてある干支がいくつか残るわけです。それが民法上も所有権の確認で使える証拠になっていたのです。私のように林業を続けている者は、山に行く機会もありますから、その時に書いてくることができますが、人手もありませんから、目印もなくなってきています。それから、知らない方々が山に入ることはありませんし、昔は自分の山を持ち専業でない方は、古い地域の山に詳しい方に管理を任せていたのですね。ところが、その方が代替わりして、ご子息が他の職業になられて管理の跡継ぎがない。山を持っている人の跡継ぎではなく、山を管理できる人の跡継ぎがいないと山の知識が消えていき、結局、所有者もわからなくなっていきます。それでは管理を森林組合にというと、残念ながら組合にそれができるような組織とはなっていない問題が若干あるわけです。

盛山　今、12年に一度回るというお話がありましたが、12年に一度回ればよいのですが、林業として成り立っていかないところが多いようですから、そのうち山に入らなくなりますね。先ほどの「さいめ」の目印が不明になっていってしまいますね。

速水　既に林業に対して意識が低下した所有者個人にとっては、不明になることは価値を見出していないので、特に問題がないのです。しかし、地域の森林管理にとっては、境界の目印がわからなくなることが一番困るわけです。農地でも、荒廃農地に至ればそういう感覚の方がいらっしゃると思います。

柚木　財産としての価値がほとんどなくなってきていますからね。

盛山　そうですね。しかも、価値がなければ税金もかかりませんからね。

速水　そうです。森林の場合は、例えば保安林は固定資産税がかかりませんし、金額的にも安いのはあります。

盛山　ご自身の土地を農地でも、林地でも、管理をしてもらうためにはどうしていったらいいのか考えないといけませんね。

速水　林業経営者の立場からいえば、林業は林地を持っている人に地代が入らなければいけないと思います。林地だけ持っている人は少ないのですが、木を植える投資をして、育林し、立木を切り、素材生産者に買ってもらうのです。その人たちが木を山から市場まで運んで、製材の流れになります。ここの地代と投資した内部利益率が山に入るのですけれども、今、この山の収益が、大きな

第28章　農業・林業の観点からの課題

規模になるにつれて全国平均が赤字になってきています。100ha 以上持っている方々が平均して赤字なのです。そうすると、山を持っていること自体、そこに投資をすること自体、意味がなくなってくる。今、スギの値段は、柱、板なら昭和50年代後半から60年代前半の高い値段の時代に戻っています。ところが、その頃は、山に戻るお金が柱や板の値段の大体20％から30％ぐらい、1万円で製品が売れていたら2,000～3,000円が山に戻ってきます。これは今のヨーロッパを見ても似たようなものなのです。ところが、日本では4％なのです。柱や板が1万円で売れても山には400円しか戻ってきません。こうなると次に育林投資することは無理ですから、結局林地を持つのが苦しくなって、森林や山を持っていても都会に出ている方が多いのです。どうにかしてほしい話が多いわけですね。特に代が変わるとそうなりますね。

盛山　そうですね。それは林地だけでなくて、今、農地も全く同じ状況ですね。

速水　どうにかしてほしいというのは、実際には非常に困りますよね。

変則型登記

盛山　変則型登記についてお伺いしたいと思います。名前が書いてあって、誰々他何名と、それを変則型登記といいます。例えば、「タムラミノル他何名」とか、そのようなものがかなりあるのです。これが問題で、多分、共有の入会権なのでしょう。代がかわるとますますわからなくなる。放棄したくても放棄しようがない。

速水　放棄のしようがないですね。日本にいない方もいらっしゃいますからね。

柚木　相続人をたどっても、場合によっては100人にもなっていますので対応が難しい。そういう変則型は、戦前にできた組織の登記が多いと思います。

速水　そうですね。山の入会権は解決しなければいけないのですけれども、それが残っていることは、それ自体が動いていなかった証拠ですから、余計に問題ですね。

盛山　そういうところが数多くあるということですね。

速水　小さいところが残ってしまったのですね。大きいところは資産的価値があったから、林地を持った別の協同組合をつくっていますからね。

柚木　集中豪雨でも問題になりましたけれども、ため池などもそういうケース

233

がかなり多いと思います。

速水 あるでしょうね、管理権の問題ですね。

柚木 管理権もありますし、代表者の方も一世代、二世代も前の方ですから、相続人の方も関心が薄くなっていると思います。

盛山 しかも、そこに住んでいない方が多いですね。土地家屋調査士や司法書士の方から伺った話では、子供の世代が都会に出て行き、山林や農地、家屋敷までも要らないといわれるケースがずいぶんと出てきていると伺いました。

速水 それは、実際どこでもありますね。

盛山 ですから、難しい話です。

速水 家屋敷も要らないといわれるケースは、この10年間ぐらいでしょうか。山に関してもその価値が減少して、林業家が山を放棄するようになってくる時代です。

盛山 林業家が林地を放棄するのですか。

速水 放棄とまではいわないですが、手をかけなくなってしまいました。

柚木 山は農地改革を行っていませんから、大きい面積を持っていますね。

速水 そういう方もいるようです。ただ、農地改革以降に、皆さん少なくとも二度、三度は相続をしていますので、かなり分散しています。だから、農地改革でまとまった時代だと、農地は集約化していますが、林地の所有を見ると分散化をしていると思います。

盛山 これは農地、林地に限らず、宅地も含めて共通の話なのですが、昔の家督相続制であった頃は、基本的に長男が相続します。ですから、土地はそっくりその次の世代へと引き継がれます。ところが、戦後、憲法が制定され、民法が改正されて、配偶者を含め、男女を問わず子供で均分相続をすることになると、一人だけに相続されるのではなく、複数名に移っていき、世代がかわり、二代、三代と相続が続いていくと、相続人が増えていきます。しかも、昔の名義で放っておいても罰則がありません。相続税は、税務署がしっかり目を光らせているのですが、登記は、登記をしなくても罰則はなく、また登記には費用がかかりますので、放っておくことになると思います。ですから、余計にわからなくなってしまっていると思います。

速水 ヨーロッパは均分相続ではなく、長子相続、長男子相続という非常にシンプルだったのです。そういう意味では、日本は、均分相続になっていながら、登記の問題も含めて、均分相続に対応したものがうまくできていないようです。私も森林の相続をやりますが、山林の登記における問題は、驚くような

コストがかかることです。1,000ha、2,000ha とか、筆数が無数にあるかような規模になると、それを全部やれば、それだけで登記費用が数百万円、一千万円とかかります。司法書士との交渉の余地はあると思いますが、それなら登記はやめようかと思うくらいの金額です。しかし、登記はきちんとしなければいけないと思います。電子化の時代で登記自体のコストダウン（負担の軽減）ということを何か考えていかないと、うまくつながっていないような気がします。

盛山　今いわれたコストや手続は、共通の課題なのですが、これを何とかしていかないと、今後、所有者不明の土地が一層増えていくという問題意識を持っています。これからどうするのか、登録免許税をどうするのか。司法書士への依頼や、それから山林の場合は特に地図、先ほど地図と実際の土地との乖離の話がありましたけれども、土地家屋調査士が間に入って測量するところから考えると費用がかかりますね。

速水　それはかかります。

盛山　そういったところをどうするかも含めて、今後の懸案だと考えております。

速水　測量証明が要るとなると、山の測量は無理かもしれないですね。証明つきの測量をやれといわれたら、少し難しいかもしれません。

柚木　そういう意味では、地籍調査を林地でもっと進めていく必要がありますね。

速水　そうですね。我々も早くやってほしいと期待しています。わからないところはわからないにしても、わかるところから徹底的にやってほしいと思います。

柚木　そうですね、わかるところからどんどんやっていくしかないと思いますね。

速水　笑い話に聞こえますが、以前、日本にあるドイツの銀行の幹部と食事をする機会があって、地籍や所在が不明確だから担保価値がないという話をしたのですけれども、彼らにとっては非常にショックだったようです。話をした途端、「えっ、本当か、本国に連絡をしなければ」、「日本の土地の70%は担保価値がないのだな」となりました。日本の国土の70%が森林ですが、そこが明確な登記ができていないのは、銀行にとっては担保価値がないことにつながるわけです。それを、「日本の国土の70%は価値がないのか」という表現をされて、私もそういう視点では考えたことがなかったと思い、かなりショックでしたね。

盛山　日本では、不動産を担保にしてお金は貸せない、そういうことにつながるわけですね。

速水 そういうことになるわけですね。少し驚きましたね。そういう視点が私にはありませんでしたので、でも現実的にはそういうことですね。

農業関係者の現状と所有者不明土地の問題

盛山 農業関係について伺いますが、戦後、農業を含む、第一次産業従事者は半分ぐらいだったのが、今は5％ぐらいに減ってしまっています。では、その人たちはどこへいったというと、多くの人は都市へ出て、農業以外の二次産業、三次産業に従事されているということです。農業自体、いろんな形で攻めの農業に転じようという形にもなって、それは大変結構な動きなのですが、一方で耕作放棄地があるのも事実です。これからどのようにして農地・林地の管理をしていけばよいとお考えでしょうか。また、それが所有者不明土地の問題とも絡むと思うのですが、いかがでしょうか。

柚木 問題の一つは、農業をやる人がどんどん少なくなっていることです。これは統計的にも毎年何万人という単位で年々経営が少なくなっています。一方で、新規就農者もここ2年間で6万人ぐらい出ています。新規就農には、自営就農（自ら農業をやる）、雇用就農（農業法人等に就職する）、さらに、新規参入（農業以外から農業に入ってくる）の三つのタイプがあります。雇用就農と新規参入は、49歳未満の若い方が7割近くを占めています。一方、自営就農で新たに就農される方の約8割は65歳以上です。要は、定年退職をされて、実家へ帰ってということです。自営就農をする方が基本的には、農地の所有者であって、先祖から受け継いでいる方々です。49歳以下の自営就農の方の比率が低いということになると、今、60歳から70歳の方が地元で頑張っていますが、そういう方の自営就農の期間もそう長くはありませんから、その次の世代をどうするのかが一番気になるところです。

そういう意味で、登記して所有者の所在を明らかにしておく必要があります。農地の場合は、所有から利用へと利用重

盛山議員

視で担い手に農地を動かしています。自分で耕作できない農地は、各県ごとの農地中間管理機構に預かってもらって、認定農業者等の担い手に集積しています。そうすることで、利用はかなり進んでくると思います。ただ、認定農業者の方々は、全国で約24万経営体ありますが、ここも高齢化の傾向が進んできております。あと、10年から20年の間に農地をしっかりと守るための体制を地域の実態に応じてどのようにつくっていくかが大きなテーマになってくると思います。

一つの手段は、農業経営の法人化です。今、農業経営の法人化は農業外からの参入法人も増加していますが、一方で地域の農業者が家族農業経営や集落営農の延長線上で、定年退職した方も含めて、一緒に農業をやっていく体制の農業法人も増加しています。それによって、若い方が農業法人に就職して所得を確保し、社会保障も完備された環境をつくることが大切になると思います。ただ、どれだけの儲けが、農業でベースアップしながら運営するために必要かということになると、農業経営の収入だけでは、難しいところもあり、一定の支援的な措置も必要ではないかと思っています。

相続未登記の農地

盛山 相続未登記の農地が、今後、当該土地だけではなくて、周りの農家に対しても何らかの影響を与えるのではないかと思うのですが、裁定制度も準備されているようですが、そのあたりはいかがですか。

柚木 相続未登記の農地があることによって、地域において何が困るかというと、利用権設定の手続をするときに（今回の法律で改善していますが）、地権者の合意がとれないため、そこだけが虫食い状態になってしまい、効率的利用を阻むことになります。また、圃場整備事業等を入れようとしても、そういう場所は外さなければなりませんし、外さないためには、権利関係者を徹底的に探索して、突き止め合意を得ていくために、相当な労力と期間、そして費用をかけなけ

柚木専務理事

ればならないことになります。

先ほどの知事裁定の制度関係では、最初、農地の利用権設定は完全に全員同意でした。全員同意が難しくなる中で、過半数の同意で利用権の設定が可能となりましたが、過半数の同意でも利用権設定ができないようなケースも出てきました。いわゆる相続未登記農地の問題が出てきましたので、これに対応するために農業委員会の公示を経て、知事裁定で農地中間管理機構に利用権が設定できるようになりました。農業委員会が公示するときに、その農地の地権者、相続人が誰であるかがわからないといけません。

例えば、相続人が5人いて、そのうちの過半の3人は行方がわからないということがあれば公示ができるということです。青森での事例ですが、相続人4人のうち3人は相続放棄をされ、手続上は公示することが可能でしたので、公示をして県に知事の裁定を求めました。県から、残り1人の方の相続権について、更なる確認が求められ、期間が7カ月ぐらいかかったのです。それから、亡くなった人の親・兄弟の居場所と農地利用の意向確認も必要ということでさらに日数がかかりました。通達上は、探索の範囲は、死亡した人の配偶者と子供までで、親、兄弟までは調べる必要はないのですが、慎重な対応が求められ最終的に2年3カ月の期間を要しています。

速水 それを県からいわれたら、大変ですね。

柚木 今回の相続未登記農地の対応の話は、そこをもう少し効率的にできるように、一歩踏み込んでいただけないかということでやっていただいたのです。

知事裁定で動いたところは、全国で7件4.58ha です。6県7市町村です。ただ、これも小さい面積の場合には、10a*（アール）以下のものにも手間をかけるということになりますので、その成果に対する費用対効果の判断は、難しいものがあると思っています。

盛山 今の点については我々も問題だと考えています。どこまで探索すれば認めてくれるのか。できるだけのことはやってくださいという気持ちはわかるのですが、だからといって、費用と時間を無限に使えるわけではないですから、ある程度、合理的にしないと利用できませんね。農地だけでなく林地でも同じ話があります。そして、担当官、部局によって、対応が異なるのでは困りますから、同じルールで、どこに行っても、ここまでやったら「わかりました」といってもらえるように統一する必要があると思います。

柚木 今回の農地制度改正では、その探索の範囲を政令で定めることになって

---

* 1 a = 100㎡

います。我々としては、従来の通達にあるように探索の範囲を亡くなられた方の配偶者と子供までということで、明確にしていただくよう要望しています。政令で探索の範囲を明確にすることで農業委員会の現場の取組みの負担が軽減され効率的な実施につながることを期待しています。行政指導を含めた対応も重要と思います。

盛山 建前上は、法律、政令、省令で書いてあれば何ら問題はないはずなのですが、実際には、運用がそうなっていないというのも現実でしょう。指導監督になりますが、そこをどのようにしていくのかということであると思います。

　共通の課題であると思いますが、林業の場合は、いかがですか。

速水 林業の場合、現在、林業自体が不活性化していますから、明確にしなければとか、そういう不確知の部分に関しての要求がないのです。林業の場合、立木持分とか、管理できるようにするのですけれども、要求自体がありません。

盛山 必要性がないのですか。

速水 森林組合あたりが間伐をやろうというときに、そこにそういう林地があったとしたら、それを除いてできるところをやればいいとなります。全部やる必要はないから、やろうと思う面積を、ちょっとこちらを増やせばいいとか、ここは削ってしまえばいいとなるのです。つまり林業の場合、島をつくれるのですね。農地の場合は平面的であるし、視覚的にも明確に荒廃農地というのが出てきたりするし、耕地整理も含めてわからない部分の不便さというのがかなり表に出てきますが、林業の場合はそれが出てきません。

盛山 林業の特徴ですね。

速水 そうです。そういうのがいくらあっても気にならないのです。困った話ではあるのですが、だから林業はほとんど適用していないのではないですか。適用する意味がないということです。

盛山 森林法で共有者不確知森林制度がありますが、それはニーズがないから使われないということですね。必要性が少ないからでしょうか。

速水 必要性が少ないというと、私は語弊があると思います。これは、やらなければいけませんし、条件が揃えばやらなければならないのですが、今の林業の状態は、そこをしなくてもどうにか管理ができると思います。

柚木 確知したところだけの作業ができればいいということですね。

速水 そうです。わかるところだけを作業していけばよいのです。でも、わからないところが少しずつ増えていけば、このままでは将来困るわけです。今の場合は、森林組合が作業をするための議論だけでみれば問題ないにしても、私

第四編　各分野における課題

は少し違うと感じています。

盛山　今回、集中豪雨災害がありました。林業の場合、手入れの行き届いているところと、放りっ放しのところでは、災害が起こる確率も違うのではないかと思います。例えば、場所によっては細い木が倒れているようなところも結構あります。ある程度手入れをして、木が大きくなり木の根が下へ伸びていれば、山の表面の部分も土砂崩れしにくいのではないかと思いますが、そのあたりはどうなのですか。

速水　立場上、いい切れないのですが、今回の広島とか、以前、神戸でもありましたが、崩壊はほとんど上部の木とは関係がないようです。

盛山　マサ土、花崗岩が崩壊していくということですか。

速水　水の流れの場所と土壌が問題で、我々の植えた木の管理で問題になるのは、表土がさらさらと流れ出る、例えば農地の水路に入るとか、崩壊の問題は、木ではなく確実に山地に問題があるのです。

　あるテレビ局の取材で、杉山がよく崩れるのではないかと聞かれましたが、間違いなく杉山はよく崩れるのです。ところが、あれは杉が悪いのではなくて、水が多いところに杉を積極的に植えているからです。だから、杉山は崩れやすいのです。それは杉が悪いのではなくて、杉が植わっているところが崩れやすいのです。間伐によって、森林の防災的機能が高まるというのは、全くうそではありません。根っこを張るとか、それは間違いなくあるのですけれども、その森林所有者の問題というよりも、多分林業の採算性、収益性とかの問題だと思っていますと答えました。

　例えば、九州で木が売れるとなれば、今まで切られなかった山が切られていくわけです。かなりの面積まで切って、最終的に循環型の林業はしにくいから次を植えないのです。これで利益が出てくるとなれば、次を植えます。だから、経済的な巡回システムの中に林業を組み込める仕組みをつくらないといけないと思っています。

盛山　それは農業であり、林業であり、農林水産政策そのものの話で、どうやってそこの地域で農業、林業を続けていくかということですね。

速水　先ほど農業で、地域で共有化して法人化すると、そこで人を雇う都府県もあるかというと、ヨーロッパ（EU）の農地政策のような、一時期では EU 予算の４割ぐらいが条件不利地域の農業補助予算でした。スイスだと農業は収入のほぼすべてが税金で賄われています。それを補助金で食っているのだという意味ではなくて、非常に誇りを持ちながら農業ができていく、そのような制

240

度はやはり大切だなと私は思うのです。

　林業に対しても、そういう考え方をとらなければいけないのですけれども、林業の場合、例えば、間伐の補助金は、今多く出ているので、間伐は進むのですが、その影響で間伐材が市場にあふれるとトータルの材価が下がっていきます。間伐補助金においても市場性を考えないといけないのです。マーケットの量を考えながら間伐補助金の調整はしてくれませんから、常に市場に木材があふれている状況です。だから、2000年ぐらいまでは需給率が上がれば、材価が上がってきたのです。今は、需給率が上がって、30％以上国産材になりました。これは非常に大きな生産です。ところが、木材価格、特に山での価格は下がりっ放しなのです。もちろん、これは間伐政策だけではありませんがその影響は大きいです。

柚木　需要と供給の関係が崩れてきたのですね。

速水　供給事業補助が、林業のメーン（主体）になっていますから、そこが最終的に森林所有者の地代分に関してゼロになっている状態が起きています。

盛山　私の後輩は、霞ヶ関の中央官庁の幹部でしたが、この間自分で農業をしたいといって役所を辞めました。長くサラリーマンでデスクワークに従事していたのですが、「自然や土に親しめるような仕事をしたい」、「体を動かして、自分の健康のためにもやりたい」という人たちが出てきています。多くの農家の方は、基本的に先祖代々の農地を引き継いでいると思いますが、近年はそう考える方が出てきて、これから増えていけば良いなと思うのですが、林業の場合、そう考える方はいるのですか。

速水　林業者では、いくつか形態があります。森林所有者、作業をする働く人たち、そして、その間に管理者という別の仕事がありまして、それらすべてが林業者です。私も林業新規参入をどうするかという議論をしています。農林水産業のうち林業が、今一番新規参入率が高くなっていて、しかも若い人が多いのです。林業就業者トータルとして、以前は十数万人だったのが今は４万人ぐらいです。そして、この４万人では、1,000万 ha の人工林は管理し切れないから減らす方向になっていきました。高齢者が多いので自動的に減ってはいくのですが、ただ若い人の新規参入率は高まってきています。だから、課題の所有者不明林地の元凶である林地所有者の扱いが、林業の場合、見えていないのだと思います。

　我々にとって悔しいのは、山持ち金持ちという時代もあったことです。それが続いていればありがたいのですけれども、実態はそうではないのです。しか

241

し、そうではないことを行政も含めて一般的に理解されていないと思います。だから、林地所有者に対して何か手を打たない限り、林業の後継者の問題も解決しないし、新規参入の妨げてしまうのです。農業も、林業も、厳しい条件からの新規参入は難しいにしても、林業において、林地購入に規制はほとんどありませんから、誰が買ってもいいのです。それでも新規参入しがたいのは、いろいろ計算すると、「今、林地を持つのは得ではないのではないか」という判断になってくるからです。今、林地は非常に安いのですが。

盛山 農地以上に林地は、管理しないといけないと思いますね。放りっ放しでよいはずはありませんから。

速水 アメリカでは、民間における森林管理業がかなり明確に確立されています。大きな投資をすると、本当にREITの林業版みたいなものがあり、林業投資をペーパーで持ってもらう。つまり直に土地所有ではなく、法人にして、その法人の証券で持ってもらう。そのとき、誰が実際に管理しているのかが大きな問題です。日本ですと、例えば住友林業の林務部門が管理していますとか、小さければ、速水林業がやっていますよとか、そういう人たちが管理することで利益が出るというのがアメリカでは現実にあるのです。

　日本では、そういうところは行政、あるいは森林組合に頼るという問題があって、なかなか末端まで掘り起こせないのです。それで、盛山先生がいわれたような、林地を持っても管理し切れないという問題になっているのです。

速水顧問

盛山 そういう点で、投資の対象には、なっていないということですね。

速水 私は数年前から、森林のファンドを実現しないと日本の林業はだめになるといっています。つまり森林所有では、いろいろな時代において大きな変化の際に、利益が出た人が投資をしています。林地のオーナーは、変わります。私の家は江戸時代から山を持っているのですが、完全に管理ができなくなった過去の人たちというのは、管理ができる新しい人たちにバトンタッチする。これはどの産業界でも当然の話です。バブル後に地価が下がり、身動きができなかった土地

第28章　農業・林業の観点からの課題

を思い切って損切りしたりして、新しい利用として投資対象になり使えるようになりました。それと同じように、林地も外部投資が行われないと管理していくのは無理だと思います。そのためには、土地を持つのではなくて、紙（証券）で持てという発想が当たり前の時代になるだろうと、それをつくってやろうと思って動いていました。なかなかうまくいってませんが。

　世界を見ると日本だけ林業が赤字なのです。世界中で、そういう投資に価値を見出しています。アメリカに至っては、林業に投資したものが、S&P500の投資の率よりも倍ぐらい利益が出ているのです。だから、林業のREITというのが次々にできたのです。それを管理するTIMOという組織もできて、そのTIMO自体が自分たちの優位性をどう証明するのかに苦労するという、極めて正常な経済活動が動き始めている。ニュージーランドとかでも、小さな所有者たちをまとめてそういうファンドに変えていくという動きもあります。

　そういう意味で、森林所有者にもう一度視点を当て、地代としてのメリット、育林に投資するならどのぐらいで育林投資が循環していくのかに注目していくべきです。林地に関しての所有者不明の問題は、行政が動いて、価値が出てくれば、みんな欲が出てきて紛争が起きれば、どこかで線が引かれて解決に向かうと思います。価値がなく紛争が起きないから、所有者不明地ばかりになってしまったという話なのですね。

不動産の放棄

盛山　速水顧問は、積極的、前向きな方だと思います。では、管理できないから、放棄したいという方についてどう考えられますか。つまり、地方公共団体は、山林だけではなく、農地、家屋敷、宅地であっても受け付けないというのが原則ですが、それは市町村にしても管理に費用がかかりますし、誰が管理するかということにもなりますから、無償でも受けないことが多いのです。こういった状況をどう考えられますか。現実に持ち切れないよという方が増えています。先祖代々その地域に住んで、子供や孫の世代になり、都会に行ってしまい、年に1回も帰らない人からすると、よくわからない土地を何とかしてほしいということになると思いますが、そのあたりはどうお考えですか。

柚木　農地を寄附したいという話は聞いています。農業会議所で新規就農者の相談活動をしていて、そのマッチングをします。そういうときに、今、政策的には「所有」から「利用」ですから、「農地の所有者は、所有農地をしっかり

243

第四編　各分野における課題

耕作してください」であったのを、「自分で耕作できないのであれば、できる人に貸してください」という話で進めています。しかし、所有者も80歳ぐらいになると「息子同士がけんかをしても困るから、もう処分したい」「買ってもらいたいが、条件が悪いので買ってもらえない」「若い人でやりたい人がいるのなら、寄附するからうまくやってくれないか」という話もあります。我々も、所有から利用重視の政策としては、それはそれで進めていかなければいけないんですが、同時に、所有権の移転も含んだ場合に、受け皿となる機関をしっかりと設置する必要があると思います。

　都道府県の農地中間管理機構は、今農地の貸し借り中心に行っていますが、特例事業での所有権取得も、前の農地保有合理化事業と同様に行えます。現状は買って売るということですが、リスクもあります。寄附であれば実質的な費用負担なしで所有権を取得し、担い手となる農業者に利用権設定することも考えられるのではないか。もう少し視野を広げて、農地の利用重視という中で、所有権を放棄しようとする人の農地の受け皿としての機能を農地中間管理機構等が持つことによって、農業法人や新規就農者が効率的な耕作ができる形で利用権設定等の提供を考えていく必要があるのではないか。今、ナショナル・トラスト運動の中で、日本ナショナル・トラスト協会が寄附による自然の質の高い土地（農地は除く）の受入れを行っており、現在37カ所の実績があるようです。そのような取組みを農地とか林地で何か考えられるかどうか。土地を寄附する人だけではなくて、国民の方々にも農地、林地を守っていくための一定の金銭的な寄附を募る、税金とは別にそのような社会的な運動みたいなことが一つ考えられるのかどうかと思います。

盛山　柚木専務のお話と共通することを、元岩手県知事の増田先生が増田研究会で提言しておられます。増田先生には、「特別の機構で、組織をつくってうまく機能すると思いますか」、「その機構は、東京に本部があって、東京の人が地方の現場をわかるはずがないでしょう」、「そうすると肥大化した組織になるし、結局現場にある地元の市町村とか、地元の誰かが管理をしないと無理だと思います」と申し上げました。今、地元の市町村が受け付けられないのは、市町村だって費用がかかるし、管理をどうしようかということがあるから受け付けられないのです。「機構をつくるにしても、市町村が受け入れられるような手だてを考えて、市町村が管理をする方がよいのではないのか」という話をしているところです。

柚木　農地の場合は、各県ごとに農地中間管理機構ができています。また、各

市町村にある行政委員会としての農業委員会、それと私どもの全国・都道府県の農業委員会ネットワーク機構（全国農業会議所、都道府県農業会議）という組織がありますから、そこが連携をとることによって、きめの細かい対応に結びついてくるのではないかと考えております。

盛山　なるほど。農業の場合には、現実に進んでいるのであれば、それがよいですね。

柚木　利用権を中心に動いていますが、そこに寄附や相続放棄した農地の所有権の対応をする機能ができるのではないかという感じです。

盛山　利用だけではなくて、所有を含めてですね。

柚木　各県ごとの農地中間管理機構が寄附等による農地を所有して、多様な農地利用に結びつけることが可能かどうか、課題は多いと思いますが、検討する必要があると思います。

速水　管理機構の仕組みもシンプルな方がよいでしょうね。私は、評議員を受けているのですが、議論はありますね。

柚木　そうですね。機構の仕組みについての議論は、各方面からいろいろありました。当時、産業競争力会議等からの意見は、「農地は、今まで狭い集落単位でやったので外からの参入がなかなか難しい。それはもっと広げるべきだ」という話ですが、だた、我々現場の立場でいうと、「農地は基本的にはそこに住んで暮らして耕作する人を中心に話し合いや調整をしないとうまくはいかないのですよ」といった議論がありました。

盛山　林業の場合はどうですか。

速水　林業の場合は、やはり市町村中心にならざるを得ないと思います。今度、新しい森林経営管理法案が５月に成立しましたが、市町村を非常に重視してきています。ところが、市町村の実力は、林業の場合は非常に低いのです。ただし、行政の流れの中でここまで市町村にいろんな意味で権限を移譲していますので、戻れないと思うのです。私は、三重県で林業アカデミー大学校の世話をしていますが、そこで市町村の職員の育成、林業部門を育てる教育システムを組んでおり、その「教育システム」で林業の知識を学んでもらうようにしています。また、市町村に林業の相談窓口を置いて、市町村の外や県外からでも相談できる場所をつくらなければと思います。

　実際に市町村有林があります。問題は、県の「公社造林」というものがあり、昔でいう国の緑資源公団もですが、今は森林総合研究所の中に入っています。入れたお金が全部資産に計上されていきますから、非常に大きな資産を持

第四編　各分野における課題

ちながら、実際には材価が下がっているので巨大な含み損を持っています。

　公的管理というと行政関係者や公社公団組織だと見がちなのですけれども、市町村に直接所有させてしまい、そこで管理をうまく動かしていくということであり、予算で見ていくのであればうまくいきますよね。公社公団は、借入れでやるから損失隠しのような姿になっていくと思います。だから、市町村では、融資ではなく、予算化して、毎年償却できるようにしていくとよいと思います。例えば公的資金の償却のようなものです。民間企業が行う償却をできる形にすれば資産として残らないと思います。そして、売却したときは、収益を歳入に組み入れられるようにすればいいわけです。

森林経営管理法について

盛山　今回の森林経営管理法についてはどんな評価をしておられますか。

速水　それ自体が動き出せば何らかの形でまとまっていくと思います。山林の所有権の上に新しい権利をつくったのだと思います。経営管理権という新しい権利ができて、これは市町村に付されるものです。その経営管理権に基づき経営管理実施権というのをつくるのですけれども、正直いえば、山側とかの関係者との議論が少なかったですね。

　動かしながら考えればよいのだろうとは思うのですが、今回に限ってはかなり議論が少なかったので心配です。権利を新しくつくるわけですから、法的に専門的な内容ですね。そういう意味では、議論のしようがなかったのだろうと思います。役所の方からすれば、非常に難しかっただろうなと。それも急いでやらなければいけないこともあっただろうと思うので、わからなくもないのですが、それでもやはり議論が少なかったなと思います。皆さんによくわからないままに、「えっ、突然できてきたな」といわれます。私どもは近いところで見ていたので、何となくできそうだなという感じでつかんでいて、形になってからご相談いただいて、「そうか」というような話なのです。

　今回の問題である森林所有者というものが、森林に対して少し軽視されているのです。今までは、所有者と一緒になって木を育てることが大事だったのですけれども、今度は木を切る人たち、素材生産者が中心になって、木を切った後はその人たちが手入れをしなさいよと、対象が変わってきたのです。

　森林所有者や育てる人たちは、極めて属地的なものです。技術的にも少し長く続いているみたいなところがありますが、素材生産者は、利益が出る山に向

246

かって移動していくのです。そして、彼らは収入と販売価格なのです。だから、立木で仕入れて、丸太を売り上げて利益が出てくる。ところが、育林の場合は、投資をして、内部利益率を長期に見て、インフレヘッジな部分も考えながら、最終的に、利益なのか、資産維持なのか判断して売っていきます。そういうものと全然違う体質のところに今回管理の重きを置いていると思います。私は、素材生産も行いますから、立場でいえばどちらでもよいところがあるのですが、森林所有者という立場から見ると、今後いろいろ問題は整理していかざるを得ないだろうと思います。

農業経営基盤強化促進法等の一部改正について

盛山 柚木専務は、農業経営基盤強化促進法等の一部改正についてどのような評価をしておられますか。

柚木 これは市町村・農業委員会の現場で苦労しているところを補うものと思っています。それは相続未登記農地について、なかなか手を出せなかったところを効率的な探索等の手続により、動かせるようにすること、農地中間管理機構に預けられるようにすることです。

それからもう一つは、今までは民法の関係もあり、短期の5年の貸借期間ということになっていました。昨年の土地改良法の改正で、機構に預けたけれども、中山間で条件が悪いところは借り手がないので、機構に預けたものについては所有者の負担なしで一定の圃場整備ができるという制度なのですが、圃場整備するためには、5年ではとてもできません。ですから貸借期間は、長くなければ困りますので、何とかなりませんかと申し上げてきました。今回、20年となり、圃場整備事業にも十分対応できることになりました。この点は、そういう条件不利地域で、なおかつ相続未登記農地を含むようなところを農地として再整備して、担い手の方々にきちんと借りてもらう取組みは、かなり前向きにできる体制が整ったと思っています。

農業委員会も、農地を出したい人は、多くおられますし、借り手がいなくて遊休化したケースが多い状況の中で、所有者の方も自分でまたやろうという方は少なかったですが、圃場整備の事業を所有者の負担なくできるとなれば、地域においては、農地として効率利用をしてもらいたいところを今回の制度で手続的にも利用権設定ができるようになることは大きい改正の中身だと思っています。

247

第四編　各分野における課題

盛山　今のお話のように、農林水産省と、「農業、林業の話が十二分にできていたのか。ある程度までは進んできましたが、これから１年、２年かけて、来年の通常国会に何が出せるか、再来年の通常国会に何が出せるか」について、これからも検討を続けていかなければならないと考えています。これは大きな第一歩だと思いますが、まだ最初の一歩にすぎません。これから大きな検討を進める必要があります。例えば基本的なところで、登記は所有権の移転とは直接関係がなく、今の民法では対抗要件ということになっています。国によっては、その登記が必要だというところもあります。今回を契機にどう考えるのかということです。また、相続のときに、登記には義務付けがありません。これを死亡届とリンクして義務付けをしていくべきかどうか。仮に義務付けをしていく場合には、費用が相当程度かかる土地を保有されている方がおられますから、登録免許税等の税金を下げる負担軽減の措置問題もあれば、司法書士や土地家屋調査士の費用をどう考えていくかという問題もあります。正直そう簡単には結論が出ない、頭が痛い問題ですが、これから我々はそれに取り組んで参ります。

> ## 国に対する要望

盛山　今後の取組みに対して、農林水産省、農政局、森林管理局、あるいは法務省や国土交通省に、ご注文、ご意見はございますか。

速水　林業の場合は、地方はほぼ国有林ですから、我々は、国、県、市町村の流れの中にいますけれども、植林した森林、手入れをした森林は、最初から何回も測量をしています。しかし、その測量が何の蓄積にもなっていません。例えば、一つの林地があるとします。本来、林地の境界は、その端を４カ所測って、ただ、次に植林をするために木を植えます。そうすると、隣の木が大きいから少し影になるから、少し内側に植えて植林面積はせまくなり、ここに大きな石があるから、そこは植えないから、石を省いて測量をするわけです。これを「植林面積」としてカウントします。次に枝打ちをして、その補助金をもらうとします、まず成長の早い山腹の下から中ほどまで枝打ちしたけれども、上部はしなかった場合、測量は、枝打ちしたところなのです。常に同じ林地を何度も測量しますから、その林地の面積を100％とすると、90％植えましたよ、55％枝打ちしましたよと実際の写真を撮ってきます。今はドローンで撮影した写真でも提出してよいことになっています。つまり、最初の測量を明確にして

おけば、あとはある程度作業の割合でやっていけばいいだろうとなれば、この最初の測量を大事にするのです。それがこの林地の記録として残っていけば、自動的にその林地の測量図ができていくわけです。

これは完了検査の問題もありますが、同じ林地を毎回測量し続けていく、その測量が一回限りでそのあとは無駄なものになっていくのです。それでいて所有者不明、境界不画定という議論が出てくるのが余りにもむなしいというか、もったいない気がします。森林地は、農地とは全然違うので常に測量をしています。今は GPS など新たな技術が出てきましたので、林地の境界がしっかりとわかる形に変えていくと、強い武器になっていくのがわかっているのに、使い切れていないのが問題だと思います。

盛山 承りました。柚木専務は、いかがですか。

柚木 農地の場合は、農地台帳、これは法定台帳になっていまして、同時に関連した地図を公表することになっています。今、全国農業会議所では、「全国農地ナビ」という、全国の農地を一筆ごとにインターネットでピンを立てて公表しております。ただ、農地台帳については、固定資産の課税台帳、住民基本台帳等との照合を行っていますが、個人情報保護の関係で苦労があるのも事実です。

これは今、政府全体でも検討されていると思いますが、土地に関する情報のプラットフォームが、これからは必要ではないかと思います。我々も、規制改革会議の意見もありますが、今まで、各市町村単位で農地台帳の管理をして、地図化も図ってきました。それを、全国一元的なクラウドシステムで、情報の集約と閲覧ができるよう取り組んでいます。農地が大体5,200万筆ありますので、それを全部1個1個情報管理するための体制整備や運営の改善などまだいろいろな課題があります。また、担い手への農地の利用集積の状況や遊休化の実態等を把握するためには、地図情報の整備が重要ですが、地図の更新は地籍調査による最新の地籍図があることが不可欠です。農地の地籍調査の進捗率は現在74％ですから、関係機関・組織の連携により早期に完了させることで農地情報の整備・公表の取組みもより拡充されていくものと思います。

それからもう一つ、平成21年の農地法の改正で、農地の場合は、相続等が行われた場合に農業委員会に届け出る制度ができて、届出の件数・面積ともに増加しています。市町村の住民課等に死亡届が出ると同時に農業委員会にも農地の相続の届出をしてもらうということで関係部局での横の連携も図られています。しかし、農業委員会によっては、遺産分割協議が終わって、登記完了後に

249

第四編　各分野における課題

届出を受け付けている場合もあります。届出制度の趣旨からいえば、相続発生と同時に相続人を把握し、その後の農地利用の方向付けを行うことが重要ですので、そのあたりの趣旨の徹底を含めて、制度運用の改善を図り、早期に届出をしていただくようにしなければなりません。そのあたりは理解度といいますか、農地の所有者をはじめ農地行政を執行される農業委員会の関係者の方々を含めて、理解促進と周知徹底に努めなければいけないと思っています。

盛山　何のためにこの制度があるのか、制度の意味をよく周知、PRし、研修、その他を含めて取り組まなければなりませんね。マニュアル化することもよいかもしれません。融通が利かないとか、応用が利かないということはいくらでもあると思います。それについてもどうしていくのか。担当部局によって対応が変わるというのも困りますし、全員が同じように理解をしてもらい、これはこうですねというようになれば、それだけでも相当変わると思います。

速水　林業も林地台帳をつくりますからね。林地台帳もなかなか大変そうですね。

柚木　農地の所有と利用を分離して、利用を重視して、効率的な利用を行っていくことはそのとおりです。一方で、所有と利用が分離すればするほど所有のところをしっかりして、このデータ化をしておかないといけないと思います。

速水　農地と林地の相続放棄が個別にできるとおもしろいですね。

盛山　共有であっても個別に、ということですか。

速水　相続放棄は、林地だけ相続放棄とか、農地だけ相続放棄というのはできないのです。でも、今は農地の状態、林地の状態、林業も特にそうなのですけ

250

第28章　農業・林業の観点からの課題

れども、これだけは個別に扱ったほうがうまくいくのではないかと思うときがあります。先ほどの公的管理が、市町村で管理できるとか、国になってしまうと余計困るのかもしれませんが、相続放棄には何らかの対応があってもよい気がしますね。

盛山　例えば、家屋敷は要ります。また、家屋敷の横の菜園は自分で管理します。それ以外の田畑は、要りませんから寄附します。林地のこの部分はもう要りませんから寄附します。そういうことですよね。

速水　森林所有者は、今度、林地も管理の責任を持つわけですね。そうすると、管理の責任を持つということは、管理できない人が出てきたときに、それを許容してやれるというガス抜きみたいなところが必ずなければいけないはずです。そういう意味では、相続のときに、次の世代が、もう僕たちは管理できないから、これだけは相続金額から抜いてほしいと、これだけは財団に寄附するみたいなことができるということですね。それは農地でもあってもよいと思います。

柚木　農地の場合は、平成21年の農地法改正で、農地の権利を持っている人の責務規定というのが農地法に入っています。

　一方、使えなくなったときはどうするか、農地の場合は、農地中間管理機構に預ける意思を持ってもらうことが重要です。平成29年の税制改正により、農地中間管理機構に10年以上の期間で農地を預けた場合は、「固定資産税の課税を軽減する」。一方、「預ける意思がなく農地を荒らしている人は固定資産税の課税を強化する」ということになっています。これから土地全体についても所有している人の責務は、議論になると思いますけれども、自らの土地の管理ができなくなった場合の公的な管理の仕組みは検討しておく必要があると思います。

速水　そうですね。責任をつくったときに、責任が果たせないで、法律違反といったらおかしいけれども、そういう捉え方ができてしまうのは大変だろうなと思います。だから、どこかでガス抜きが要る、圧縮（歪み）を抜くところが要るとなると、相続のときにそこだけが放棄できるとか、地方都市の近郊にある林地も、それによって緑地が守られたり、変な開発にならないことができるかもしれませんし、そのあたりを上手に考えていったら、都市の公園がうまくいきかけたときもありますから、そういうこともあり得るのだろうと私は思っています。

盛山　お忙しい中、お集まりいただき、色々なお話をお伺いすることができま

251

第四編　各分野における課題

した。誠にありがとうございました。

（平成30年8月1日）

第29章
弁護士の観点からの課題

【鼎談】

菊地裕太郎（日本弁護士連合会会長）
大坪　和敏（日本弁護士連合会事務次長）

▶ 地籍調査、地図作成、土地の境界画定について

盛山　今日は、お忙しい中お集まりいただきまして、ありがとうございます。今回の所有者不明土地の特別措置法の成立に当たり、日本弁護士連合会にはいろいろな形で、党の議論を含め、御協力をいただきまして、感謝とともに御礼を申し上げます。

本日は、いくつか論点がございますので、順次お尋ねさせていただきたいと思います。

まず、なぜ所有者不明土地の問題が大きくとりあげられるようになってきたのかについてです。これは国土交通省、法務省が中心となって行っている地籍調査、地図作成が、現実には全国の半分程度しか進んでいないということです。残り半分についてこれから作業をしないといけないのですが、その点では、課題の一つとして、まず予算を充実させて進めていくことが必要です。

法務省は、大きな予算を持っておりませんでしたが、最近では少し増えつつあるところです。しかし、それでも今の予算規模では、地図の作成を完成させるのに100年近くかかるのではないかといわれています。これではいけないと思いますので、これからも予算の充実に取り組んでいきたいと思います。

ではなぜ地籍調査、地図作成が遅れているかということですが、土地の境界画定が一番大きい問題ではないかと思います。関係するお隣同士の所有者に集まってもらい、「間違いなくここが境界ですね」と関係者全員で合意をして、境界を画定し、地図をつくっていくということが必要です。現実には不在地主の方も多いですし、お隣にお住まいの方がいたとしても、所有者全員の合意をとるのが難しいことではないかと思います。

第四編　各分野における課題

　第二次世界大戦前の明治憲法や民法の時代では、家制度や家督相続制度があ
りましたから、限定された所有者が代々引き継いでいく形で、所有権が分割さ
れることが少なかったと思われます。昭和22年に民法が改正されて以降、配偶
者もお子さんも男女を問わず均等相続をすることになり、所有者が増えていき
ました。そして、それが二代、三代とそのまま放りっ放しになって、真の所有
者が登記簿に記載されないことになりつつあります。

　何らかの事業を進める場合に所有者の探索がどこまで必要かということです
が、このような不明所有者の探索、あるいは合意について、不明所有者をすべ
て探索して所有者全員の合意を得ることが本来のあるべき姿ですが、どの程度
まで合意をとらなければいけないとお考えですか。

菊地　共有地の場合、境界画定の法律的な意味は何ですかということが問題と
なります。保存行為ですか、管理行為ですか、処分行為ですかということで
す。今の民法だと、保存行為だと共有者１人ですることが可能なのです（民法
252条ただし書）。だから、私道の舗装、穴のあいたところを直す行為は保存行
為だから、共有者の１人がやろうといえば、法律的にはよいですよとそれは済
んじゃうんですね。ところが、この境界確認がどれに該当するかというと、一
般的には処分行為と考えられ、共有物の変更となるため共有者の全員同意が必
要だということになります（民法251条）。ここは非常にネックになっています
ね。

　例えば、隣地がマンションだった場合、100戸、200戸のマンションですと本
当に苦労するのです。全員の同意を取得するなんてほとんどあり得ないわけで
すよ。この場合に、実務的には、理事会決議と総会決議でよいではないかとい
うところで処理をするとか、いろいろな工夫はされていますが、共有地の境界
画定の同意は、過半数でよいかぐらいのところで割り切らないと、実現するこ
とはかなり難しいと思います。立法的なものか、ガイドラインか、そのあたり
の整理をしないと、これはなかなか解決がつかないと思います。

盛山　おっしゃるとおりですね。

菊地　是非、そのあたりを検討していただきたいと思います。

盛山　これは今後の大きな課題だと思いますし、今、菊地会長がいわれたこと
は、所有者不明でなく、所有者がわかっていても大きな課題であるということ
です。共同のビル、マンションを建て始めて、もう築50年、60年が経ちつつあ
ります。当然、それらが、待ったなしの大きな課題になってきます。今後我々
は、建物の区分所有等に関する法律の改正か、何らかの立法的措置をしなけれ

第29章　弁護士の観点からの課題

ばならないと思いますし、大きな課題だと思っています。

菊地　マンションの建替えも、将来的に大変な問題を抱えていますね。

変則型登記について

盛山　次に変則型登記をご存知かと思いますが、昔の入会地とか、共有地の場合です。この問題を1年後の通常国会に向けて、法務省が法案の提出準備を進めているわけですが、変則型登記についてアドバイスはございますか。

菊地　私の発言は、日弁連においてオーソライズされた統一見解でないものですから、日弁連の代表意見と捉えられると問題があるので、それはお断りした上で私見ということになります。変則型登記というのは故事来歴をいろいろと含んでいますので、現地の古老や自治会のヒアリングを行ったり、地歴を調べたりすることになります、入会権は民法でいうと「総有」に当たりますが、入会地の登記名義が個人の50年前の人の名前になっていたり、あるいは登記簿上共有代表者1人だったりします。つまり、これは変則型で現在の登記名義人を探しても見つからないということが起こるわけです。そういった場合に、その土地が公共性のあるものであれば、例えばこの土地を事業者なりが登記の申請ができるようにする。つまり、市町村が、これはまさに公共性のあるものだから、事業者の名義でこういう形で開発するといった、活用方法を図ることができるようにする。そういう形で一つの登記名義に集約した土地を立法なり、自治体が形成していく必要があるのではないでしょうか。

盛山　そうですね。これから亡くなる方が増えていく「多死社会」が訪れると予想されています。登記が義務付けになっていませんから、変則型登記だけでなく、一般の登記についても、これ以上所有者不明の状態、現在の登記が真の所有者を示していない状態、この乖離がこれ以上広がることがないようにしていくにはどうしていったらいいのかが大きなポイントだと思っております。現在、法務省において「登記制度・所有権の在り方等に関する研究会」で検討を進めているところです。

所有者不明土地特措法等について

盛山　今回成立致しました所有者不明土地の特措法、そして農林水産省所管の農業経営基盤強化促進法、森林経営管理法、この3本の法律につきまして、評

255

第四編　各分野における課題

価はいかがでしょうか。

菊地　特措法はよくできた法律ではないでしょうか。現状、これが第一弾といわれていますけれども、周知をして所有者が出てこない場合に、公共目的という制約の中で10年間の利用権を定める方向ですから、過渡的には非常にリーズナブルというか、抑制的で、うまくできていると思います。それから、農業経営基盤強化促進法も計画を立てて、やる気のある農耕従事者を育てていくということでは非常に大きな意味があるでしょうし、森林関係でも自治体が管理を受託して、それを再委託して、林業なり森林を守るための伐採もできますし、これをうまく運用すれば結構有益な法律となると思っています。

盛山　そうですね。国土交通省、法務省共管の所有者不明と農林水産省所管の二つの法律は、性格が違うところもあります。先日、農業関係の方、林業関係の方ともお話ししたのですが、それなりの評価はいただいております。ただ、私は十分実態がわかっていなかったこともあるのですが、林業は、山林をお持ちの方と実際に林業を経営する人が分離されているようですね。山持ちの方が必ずしも現地に住んで、林業をやっていない場合もあるようです。また、驚いたことは、境界を画定するときに杭を打つのではなく木を目印とすることでした。山林は、20年、30年、50年経てば変わりますから、我々が普通考えている宅地の目印と違い、植林した木や山筋とか尾根筋を目印にするのだそうです。ずいぶんと違うものだと思いました。

菊地　地形の変化とともに境界も変わっていくような感じなのですか。

盛山　そうかもしれませんね。先ほど評価をいただいた３本の法律は、今、我々ができる手立ての中で、問題になっているところを何らか解決しようとした結果です。つまり、所有は少し後回しにしても、まず利用の観点から進めようという意味では、この３本の法律は大きな一歩だと思うのです。ただ、大きな一歩ではありますが、ひと山越えると、もっと大きな山がそびえているのが見えてきたというのが正直な感じです。

登記制度について

盛山　民法の登記についての基本的な原則ですが、効力要件主義でなく、所有権の移転に登記は必要ではないという対抗要件主義が採用されています。このことをどうお考えになりますか。国によっては登記を効力要件にしているところもあります。このあたりの評価はいかがでしょうか。

菊地 その議論の発端が、相続を契機とした登記義務というか、相続登記の促進のためには、効力要件にした方がいいのではないかというような気がするのですね。ただ、我が国では民法制定以来、対抗要件主義でずっときていますから、これを効力要件にするということは、物権法の大転換であり実務上大変な混乱を招くだろうという点があります。それから登記を効力要件にしても、今度は登記と実体が乖離していく。要するに、相続登記をしなければ一体どうなるのかということになって、それは所有権がどこへ行くのかという新たな問題に逢着するんですよね。そうすると、登記が効力要件だといったところで、要らない土地については相続登記を促進することには大してならないのかなと思います。登記は土地の公示制度だという概念は対抗要件と別にありますから、その公示機能をもっと強化した形で登記というものを考えればいいので、根っこのところはそれほど手を入れる必要はないのかなという感じがします。

盛山 確かに、法務省、山野目先生も、そこは同じようなお考えでした。今後、真の所有者を登記の上で、どう表示するかということになりますと、効力要件は今の原則のままでいくということであれば、登記の義務化を考えざるを得ないように思います。他方、どうやって実効性を確保していくのかは、これまた悩ましいところでありまして、相続でもめないケースであれば何ら問題はないのですが、現実には、何人かの相続人の方がいれば、財産をどのように配分するかが簡単に決まらないケースも少なくないと思います。相続の場合、そのあたりの実効性の確保を考えた上で、登記の義務化といったことについて何かお考えがございませんか。

菊地 遺産分割の話が出ましたが、法定相続分で登記をする分には相続人が単独申請でできるわけです。だから、所有者不明を避けるという意味では、法定相続分でとりあえず登記をする。登記原因は相続とし、法定相続分で登記をする。あとは遺産分割をするのかしないのかは共同相続人の問題ですが、遺産分割協議が成立した後にもう1回登記をすれば、遺産分割という登記原因でできますので、とりあえず法定相続分で登記をさせるということが考えられます。それをどう促進したらよいかが次の課題になります。遺産分割協議をして、不動産を取得した相続人がいれば、そういう人たちは放っておいても、いずれは登記をします。問題は、そんな不動産は要らないという相続人たちの場合をどうするか。そこで、とりあえず法定相続で登記をすればよいのです。そうすると、誰がそれを申請するのですかという問題になってきます。

　一番厄介なのは、実務上も相続の情報です。この度の法定相続情報証明制度

第四編　各分野における課題

は、つくっていただいて非常によかったと思います。この制度を充実させてい
くと登記官がこれをつくって、相続人の誰か1人に「登記してよ」と催促する
ことが考えられます。そこまでやってもらうと、あとは申請もそんなに大した
ことではない。不動産登記申請の際の登録免許税のことはあるにしても、そこ
までの段取りが整備されたのですから、半数ぐらいの方は登記するのではない
かと思います。

盛山　うまく進めばいいですね。私自身も、昨年、母が亡くなりましたので、
法定相続情報一覧図の写しをつくってもらいまして、銀行その他の手続が円滑
にと進み、便利だなと感じました。ただ、制度は便利なものですが、菊地会長
がいわれたように、さらに実際に登記の手続をしていただけるかが次のハード
ルになります。

　登録免許税のお話が出ましたが、費用面では登録免許税だけでなく、一般の
方の場合、御自身で登記ができる方はそういないと思いますので、専門家に依
頼する費用もかかるでしょう。私も普通の人よりは少しは慣れているとは思い
ますが、それでも戸籍や住民票、その附票を入手して戸籍の連続性を証明して
いくなど、一連の手続に相当な手間や時間がかかりました。これはなかなか手
間のかかる手続です。

菊地　そうですね。

盛山　相続登記の義務化や相続情報の取り扱いは、死亡の際、まず市町村に死
亡届が出されて、いかにその情報を法務局に連携していくのかにも係わってき
ます。行政における組織の縦割り、あるいは現在の法体系で書いていないこ
と、つまり法の目的以外のことをそれぞれの法律間でどのようにうまく連携さ
せていくのかというところも今後の課題です。死亡届の扱いにつきましては、
法務省、総務省が検討を始めております。

　しかし、死亡届が提出されて市町村から法務局に連絡がなされても、それで
本当に登記の手続をしてくれるのでしょうか。そのあたりで何か良い仕組みを
整備しておかないと、真の所有者をあらわさない登記がそのまま残ってしまう
といった、これまでのように問題が広がっていく状況は改善されないと思うの
です。

菊地　弁護士会の立場からでは、登記の義務化については義務の内容にもより
ますが「登記をしないと制裁が加わります」といった、何か過度な負担をかけ
て登記を促進させる制度とすることは、なかなか抵抗があるかもしれません。
土地基本法に土地所有者の管理義務を明記したらどうかという話もあります。

第29章　弁護士の観点からの課題

これは土地所有者の責任という意味では一つの考え方で、そこからいろいろな制度論が発生するかもしれませんが、それに実体法的な効力が出てくることになると、国民もうかうか土地を持っていられなくなります。例えば、所有していた土地で崖崩れが起きたら所有者の責任ということにストレートに波及しますので、そこはかなり慎重にやらなければいけません。職権で登記をさせるというのは、先ほどの変則型登記などの例外は別として、それが一般的になると、法律実務的にはかなり抵抗感はありますね。

> ## 所有から管理へ

盛山　法律の実務もそうでしょうし、菊地会長がいわれた土地基本法の改正、所有から管理のところも大きな概念の変更だと思います。今年、豪雨災害が結構ございました。私の選挙区でも土砂崩れなどもございました。これら防災対策を含めて、どこまで管理の責任を設定すべきなのか、これは議論しなければならない課題だろうと思います。一般的な災害を想定して、擁壁をつくったり、土留めをしたりすればよいということなのか、ただし、今回の豪雨災害のように花崗岩が風化してできた真砂土斜面で地すべりが発生し、大きな災害になったところはさすがに想定外、そういったところは別だということにもなろうかと思うのです。やはり管理をどう考えていくかは大きな課題です。

　現在、土地を管理できないから放棄をしたいという方がたくさん出てきています。それも、林地、農地だけではなく、宅地まで、そのような声が上がるようになっています。個人が管理できないのであれば、それを誰に管理をしてもらうべきなのだろうか。それは、市町村か、別の第三の機関か、そしてその費用を誰が見ていくのだろうか。誰が管理する義務を負うかは大きな課題です。

　今回の自民党の特命委員会、政務調査会の決定でも、所有権が絶対というよりは、「所有から管理へ」と管理にもっと踏み込んでいくべきではないかと我々は申し上げております。その点についてはいかがですか。

菊地　いわゆる所有権の絶対性とか土地神話は、確かに今や時代遅れかなという気がします。そうなると、土地の利活用という面から、今後は土地をどう管理するのかという問題にフォーカスをしていかないと所有権のドグマから逃げ切れないという感じがします。盛山先生がいわれる方向性は、私としては、これから土地を考える上では一つのベースになるのではないかとは思います。

盛山　ありがとうございます。

259

第四編　各分野における課題

盛山議員

大坪 補足いたしますと、所有権者には、崖が崩れそうになっていたら崩れないように手当てをするなど、本来は不動産を管理する義務もあるのです。それがネックになって、管理できなくて手放したい方もいらっしゃいます。だから、不動産の所有者には「管理」という意識が弱いということであれば、今後は自分の土地は自分で管理しなければいけないということをもっと皆さんに知っていただく必要が本当はあるのかもしれませんね。

盛山 平成26年に議員立法で空家等対策の推進に関する特別措置法を制定しました。空家の管理ができていない、いわゆるごみ屋敷、猫屋敷になっている問題や道路側に立ち木が伸びていたり、家屋が傾いている場合もあり、市町村を中心に手を入れられるようにしようとしたのですが、大坪次長がいわれたことはその次の段階ですね。

不動産の寄附について

盛山 私が驚いたのは、林地はともかく、宅地まで放棄したいという人が出てきたことです。岐阜県に事務所をお持ちの日本土地家屋調査士会の林前会長は、地元でそのようなお声が出るようになって困っているのだとおっしゃっておられました。前会長の御近所の方から農地林地だけではなく家屋敷ですら、もう管理できないので何とかならないかとご相談を受けたということです。つまり、お子さんが都会に出て行き、しかも、どちらかというと地方は、経済的にも沈滞し、地価が下落し、ほとんど価値がないような形になっていて、売ろうにもなかなか売れない、値がつかない。これではとても管理までできないという声も増えているので、「こういったところを何とか考えてくれないか」と相談を受けたのです。

増田寛也さんが座長の所有者不明土地問題研究会でも、不動産の所有権放棄について議論されています。私もこれは大変重要なことだと思うのですが、一

般的には、市町村は公共的な使用の目的がある土地以外は寄附を受け付けないというのが現状です。それは市町村の立場からすればもっともな対応です。使う当てもない土地などを取得しても困ります。そして、管理するにはお金と人手もかかります。高度経済成長の時期が典型ですが、地方から大都市圏へと移動が進み、移動先の都市で家庭をつくり、今や自分たちの次の世代になっています。そのような方が、両親や先祖の家屋敷、あるいは田畑、山林を相続されて困っている状況が現実だろうと思います。大坪次長がいわれましたが、そういう方に相続不動産の管理を負わせるのは、非現実的ではないかと思います。そういう点では、所有者不明の土地であり、管理がなされない家屋も含めた不動産をこれ以上増やさないようにするためには、放棄、寄附という制度を正面から捉えていかないといけないのではないかと思うのですが、どのようにお考えですか。

菊地 究極的には不動産の放棄や寄附を認める方向しかないかもしれません。いろんな仕組みをつくっても、どうにもその不動産は要らない、ギブアップですといったときに、それの受け皿をどうするかが問題になります。やはり自治体への寄附というものは必要になってくると思います。そこで問題になるのは、どういう要件で自治体などが寄附を受け入れるかということです。家屋敷の土地を寄附したいといっても、そこには建物が残っていて、それが老朽化していれば解体費用もかかりますので。寄附を受けたところは大変なことになります。それから、自治体としては固定資産税の問題も出てきます。そうすると、所有制限をするのか、利活用の問題になるのか。一律に寄附を受け入れますよということには、かなりのリスクを覚悟しなければいけないとなると、受入れの要件と、受入れ先と、その後の利活用というものがある程度見えた形での受入れシステムをつくらざるを得ないでしょうね。

大坪 それも本来は国でやっていかないといけないと思います。現状では、例えば海外の方が水源などの確保のために安く地方などの土地を買うという話も聞き

菊池会長

第四編　各分野における課題

ます。そういうことを防ぐには、市町村がそれを受け入れるというのは現実的ではありません。今でも不動産などについて相続税の物納もなかなか受け入れられない状況にあります。市町村としては取得後の管理の負担もあって簡単に取得はできないわけです。ある程度、国の政策として、管理されなくなった土地や建物をどうするか考えていく必要があるのだろうと思います。

盛山　先日、増田研究会のメンバーの一員でもある久元神戸市長と話をしました。自治体の立場としては、国で制度をつくらないと自治体だけで考えるのは無理だよということでした。そのとおりだと私も思います。増田研究会では、特別な組織をつくり、その組織が所有をするというアイデアになっています。

　所有は、国、第三の機関ということでもよいかもしれませんが、現実に管理をするのは、国とか、特別の機関では無理ですよと、私は増田座長に申し上げました。もし特別の機関が管理をすれば、各地に出先機関を設けないといけませんし、コスト面や現実的な管理のことを考えると、それは無理ではないでしょうか。管理は地元に詳しい市町村にお願いせざるを得ないと思います。そうすると、管理とセットで所有権を扱うことも考え方の一つとしてあるのではないですかと申し上げたわけです。いずれにせよ、ただ単に市町村に押しつけることではなくて、その費用負担を含めて、どのようにしていくかを考えないといけないと思います。

　もともと家制度で、基本的には長子相続で不動産が分散しないような形であったのが、昭和22年に今の民法になって、それ以来70年以上経過しているわけですから、当時は考えもしなかったような現状になってきたということではないかと思います。少子高齢化、大都市への集中、地方の姿と、これからの将来像を含めて考えていかないと、不動産の放棄と管理について、誰が、誰の費用で管理するのかのスキームを構築できないのではないかと私は考えます。

　寄附と放棄、その在り方を考えることは待ったなしの課題の一つです。ただ、具体的なところ、その条件付けというのでしょうか、そこはもちろん別の問題だろうと思います。土地の所有、管理もそうですし、それとあわせての放棄、寄附も、方向性を決めていかないといけない大きな課題だろうと思います。

▶ 相続登記の推進方策について

盛山　先ほど菊地会長も、登録免許税の件も含め、登記の義務化をどのように

第29章　弁護士の観点からの課題

具体的にするのかについて話されましたが、このあたりを具体的に実効性が上がるようにするにはどうすれば良いのでしょうか。法律で何々しなければならない、義務付けをすると規定することはできるでしょうが、法定したからといって、みんなが実行することになるということでは決してないと思います。そうすると、現実にどうすればいいのかが大きな課題になると思うのです。これについては何かお考えがございますか。

菊地　所有者不明土地は、広義でいえば九州ぐらいの面積があるとのことです。ただ、それでも数百万筆になるわけで、これを一挙に解決するとなると、なかなか難しいのだろうと思います。国の政策として、一定の期間、思い切って「えいやあ」で一度整理してみるのも一つの方法かもしれないですね。期間は５年ぐらいで、国がかなりの資金を投入して一旦整理しましょうと。日本の国土ですから、一旦国の責任で整理した上で、今後、新たな相続発生時にどうしますかということを考えたらよいと思います。それは先ほど盛山先生もいわれたとおり、死亡届と土地の登記とのリンクをしながら進めていくのは一つの方法かもしれないですね。

　現状で、大量にあるものを順次整理していく方法では、やはり利活用のために望まれる土地という限られたものしか整理されていかない。それ以外の置き去りにされた土地はどんどん増えていくという形になって、それではモグラの頭を叩いているようなもので、全然整理が追いつかない。そうならないように、ある期間、国が費用を負担するから、それは条件があるのでしょうが、一斉にやりませんかというのは一つの方法のような気もします。

盛山　一つのアイデアですね。とにかくこれからどうしたら増やさずに済むのか。このまま放っておくと、相続人が複数名いるということは、ネズミ算式に増えるということになりますので、今の段階でこれ以上増やさないように食いとめるかということは、これから先に向けてできる話だろうと思いますね。

菊地　これから相続が発生したところから順次やっていきますよといっても、やっていないところがどんどんネズミ算式に増えていくという事態になると、どう頑張っても、これはなかなか追いつかないですね。

盛山　地籍や地図の問題とも絡みまして、これは相当大きな問題だと思います。また、地図というと「地図作成にはすごくお金がかかるんですよ」と林業の方から伺いました。今はドローンも使用して地積図の作成をしておられるようですが、「林地が何筆にもたくさん分かれていて、それらのすべてについて登記しなければならないのですよ」といわれて、なるほどと思ったのですが、

263

第四編　各分野における課題

大坪事務次長

そのような地図作成・登記費用のことも含めて考えていかないと、現実的な解決策にならないと思います。名案がなくて弱っているのです。

大坪　一部の登記手続は今よりもう少し簡略化した方がよいとは思います。例えば登記の住所変更は、多分司法書士に頼むと数万円かかるのでしょうけれども、免許証の住所変更ですと一般の人が普通に警察署に行ってできますよね。登記の住所の変更も本当はそれほど難しくないはずです。そういうところを簡略化して、普通の人でもできるようにするとか、あと相続の登記も、先ほど相続人が単独でできるという話がありましたけれども、もう少し簡略化して一般の人が簡単にできるようにしていったら、所有者不明の土地は減っていくのかなという気がします。

盛山　例えば住所変更は、市町村に住所の変更届を出しますね。その情報と法務局の登記をリンクすることができれば、それだけでもかなり変わりますね。普通、住所変更したからといって法務局には行きませんね。

菊地　住所の変更登記はまずしないと思います。

盛山　売買、相続など、登記の必要に直面して初めて、所有者の住所の変更等についてその経緯をたどることが必要になります。逆に、時間が経過しているからこそ住所の変更等をつなぐ証明をとるために苦労するわけです。そのようなことも含め、これから行政も縦割りのままではなくて、どうしていくかを考えていかなくてはなりません。

不動産の処分の合意のあり方について

盛山　相続登記にお金がかかり、それをどうしていくのかの問題もありましたし、所有権放棄の問題もありましたけれども、共有不動産の処分の合意のとり方をこれからどうしていくかも大きな問題です。私の地元の阪神・淡路大震災で建替えが必要になったマンションのうち、建替えが完成するまでに20年ぐら

いかかったというところもあります。このままでは危なくて住めない状況になっても、マンション全員の皆さんの合意をとることは難しいという実例です。所在不明の方が1人、2人いるために建替えが進まないということは、良い在り方だとはとても思えません。このようなことについて、菊地会長も先ほど立法的な解決もといわれましたけれども、現実的に動かしていくには何が必要なのだろうか、あるいは今の制度それ自体が建前の上では決して悪くない制度であっても、現実には使い勝手が悪く、うまく動かないということもあります。そういう点で、共有の土地、建物という不動産の処分、そこに所有者不明土地問題も絡めてということですが、何らかお考えはございますか。

菊地 所有者不明の老朽化したマンションの管理・処分は、不在者財産管理人とか相続財産管理人をつけてやるしかないのですね。調査の結果、所有者がわかっても、かなり遠方に住んでいるとか、外国に住んでいるといった場合には面倒なことになります。ただし、法定相続人がわかれば建替えの手続は進みます。法定建替えでは、5分の4の同意要件をとりましたということになると、権利変換されて区分所有のマンションができ上がるということになりますから、大多数の区分所有者が同意していれば、所有者不明の場合や相続未登記の区分があっても何とかできないことはないのです。これはマンションの建替事業や、都市再開発法における都市再開発も同じ手法なので、所有者が判明すれば何とか手続は進みます。ただ、区分所有者がいない、どこにいるかわからないというのは大変ですね。家庭裁判所で財産の管理人から選任してからという作業をせざるを得ないですから。

盛山 何らかの公的な枠組みとセットでなければ、私的な合意形成だけでは難しいとは思うのですが、そのようなことを合理的にできないかと思います。それは民法の共有地処分についての全員同意の特例である建物区分所有法の5分の4以上（区分所有法62条1項）であるとか何分の何以上とするのがよいのかどうかも含めての議論であると思います。ある程度の合意形成ができれば、これはこうしましょうという解決方策が必要ではないかと考えます。なおかつ、所有者が見つからない、本来所有者がここだと登記上名前が残っていても、現実にはそこから先が見つけられない、このような人も含めて、区分所有権処分に際して金銭供託の利用等も含めていかないと、建替えがうまく動かないのではないかという気がしてなりません。

　昭和44年に都市再開発法ができてから、49年経過しています。都市再開発のビルが建設されてから50年近く経っていますので、経済的な理由からも、そろ

そろ建て直さないといけないビルやマンションがあります。そのようなビルの建替えをこれから進めていくためには何が必要なのでしょうか。先ほどの所有と管理の問題にも絡むのですが、そういったことを含めて、今の日本の置かれている状況を踏まえ、これから、手当てしなければいけない法律の議論をしていくべきであると思うのです。

　森ビルが六本木ヒルズの再開発をされるときに、所有者の探索や裁判などいろいろなことを含めて、4年から7年近くかかったようです。それは、森ビルだからできたのであり、あるいは東京の地価の高い、利用価値の高いところだったから、それが可能だったのかもしれません。しかし、そのように地価が高くない再開発であれば、その手間を含めて誰ができるのかということになります。弾力的に再開発が進むようにすべきであると考えます。所有権を侵害するつもりはありませんが、登記上の所有者に連絡もつかないことがままあるという現在の登記制度の在り方を見直すべきであると考えます。真の所有者をどのようにうまく把握できるようにしていくのか、不動産登記法の見直しを法務省で検討していますが、この点は今回の見直しの大きなポイントだと思うのです。

真の所有者の把握に向けて

盛山　所有者が外国に行かれている場合、外国に行ってからのその後の住所が把握できないという例も結構あるようです。もっと深刻な問題は外国人所有の不動産です。外国人の方に売買をされた時点の住所は、登記簿に残っても、その後、20年、30年経ったときに、どうやって所有者を捕捉するのかということになります。この点について、解決するためのアドバイスはございますか。

菊地　外国人が不動産をお持ちになって、その不動産を処分などするというのは大変な作業です。本当に海外にそのような住所はあるのか確認するところから始まり、結局所有者が捕捉ができないという事例はかなりあります。一時期、外国人にマンションは売らない、なぜなら管理費は払ってこないし、請求しようとしてもどうにもならないといった話になったときに、仲介業者が責任を持ちます、所有者からある程度管理費用を預託してもらって、その上で連絡、管理、所在調査もすべてやりますという制度がありました。そういう場合の責任体制というか、継続して管理を含む仲介をする制度がないと、その後は建替えなどが問題になってどうにもならないケースが出てくるという気がいた

します。これは権利制限としてあまり好ましくはないのかもしれないけれども、所有者不明の土地が増加して問題となっている今の我が国の不動産をめぐる全体の流れからすると、そういう外国人所有の土地などが、将来は所有者不明土地と同じように、いろんな問題を惹起する可能性はありますね。

盛山　同感です。日本人であっても海外に行かれて、それからの捕捉は難しいわけですから、外国人所有の場合はもっと難しいと思うのです。どうすれば連絡がつくのか。登記上の住所に連絡をして連絡がつかない場合には、金銭供託その他も含めて、何らかの処分をすることがあり得るということも含めて制度設計をしていかなければならないと思います。

菊地　日本の場合は、外国人も所有権の形で不動産を移転せざるを得ません。利用権ではないですから、何らかの手当てが必要になってくると思います。

盛山　外国人の土地所有を禁ずる法体系ではありませんから、そういう点ではオープンでよいとは思います。しかし、その後に何らか利用する、あるいは処分をしなければならないときに、どのようにすれば所有者と連絡がとれて、公的な利用をうまく促進することができるのかということです。

菊地　今後の立法の進め方ですが、都市再開発法や、マンション建替え円滑化法などの中に、法体系として多岐にまたがる手当てをパーツとして盛り込んでいく部分と、全体として所有権は管理を伴うということや、所有者不明土地に関しては登記義務を課すなどという大枠でやるのと、二つの流れがあると思います。大枠をつくるというのは、私ども弁護士会も含めて大きな議論が必要です。制度ができるまでの間、問題の処理がストップしているというのも耐えがたいところがあって、先ほどの特措法のように、できるところからは手をつけていくことも必要です。外周を埋めて本丸にどう切り込むかというのが、これから立法に携わる方々の知恵と勇気ではないでしょうか。

盛山　政府が閣議決定で決めた方針では、来年の通常国会に変則型登記その他の部分の手当てをする法改正を提出することになっています。また、来年の2月頃を目標に法務省の法制審議会にかけられるように、民法、不動産登記法の議論をまとめて、それを再来年の国会に提出しようとしています。ある人からは、そんなまどろっこしいペースと批判されますが、私は法務省の法制審議会でのご審議を考えると、そんな短期間でうまくまとめられるのかと思っておりますし、これから1年半ぐらいが大変重要な議論のタイミングになっていくと考えております。大坪次長は、どのようにお考えでしょうか。

大坪　日弁連としては、人権擁護団体の立場から、法制度化にあたって個人の

第四編　各分野における課題

財産権を不当に侵害するようなことにならないように配慮していただく意見を述べることになります。ただ個人的には、例えば共有の問題についても、原則を変更して建替え決議に区分所有者及び議決権の各5分の4の要件が課されていますけれども、こういう所有者不明土地の問題が出てきて社会問題化していますので、区分所有法の建替え決議のように、ある程度国で政策として法制度を変えていただくことも必要なのではないかと思います。そして、法律で決まったところを弁護士が動かすということなのだろうと思っています。ですから、所有者不明土地の問題認識は弁護士も持っていますので、例えば登記の義務化に対して日弁連としていろいろ否定的な意見を述べるかもしれないのですが、解決しなければいけないという考えは一緒ですから、最終的には政治の力によって何らかの良い法律、制度をつくっていただきたいと思っています。

盛山　ありがとうございます。私は国土交通省の出身ということから自民党の都市再開発議連の事務局長を務めておりますが、その観点で申しますと、区分所有法の5分の4の決議は、まだハードルが高いですね。可能であれば、都市計画等の公的な枠組みとセットで考えて、2分の1ぐらいまでにハードルを下げていきたいところです。2分の1は少し無茶だろうという声も出てくるかと思いますが、それでは、5分の4を3分の2ではどうですか、または、5分の3ならどうですかとか、もう少し弾力的にできないかと思います。あわせて、所有権に対する補償、賠償、それが金銭供託ということでよいのかも含めて、多くの方々に納得していただける結論をまとめていきたいと考えています。街も古くなっていきますし、都市の活力もなくなっていきますから、どこかで線引きをして再開発を進めなければなりません。今回、所有者不明土地問題でいろいろな議論が出てきていますから、少し枠を広げて、所有者がわかっているところであっても所有者不明と同じように、少し外縁を広げる形で、管理や所有権に対しての変更の合意の在り方などを議論していって、まとめていきたいと私は願っています。

▶ 国、地方公共団体に対する要望

盛山　いろいろな議論が出ましたが、国や地方公共団体に対して、実務でお感じになっていることで、これからの議論に当たって、このようにしないといけないのではないかとお考えになっておられることはございますか。

菊地　先ほどの登記制度についての登録免許税の減額も含めて簡素化とか、

IT の時代ですから、IT 技術を活用することで、もっとできることはあるのではないかと思います。自分でも登記ができるぐらいの簡略化を、是非法務局も含めて工夫をしてもらいたいということがあります。

それから市町村レベルで、民法では所有者のない不動産は国庫に帰属する（民法239条２項）、権利を主張する者がない未処分の相続財産は、国庫に帰属する（民法959条）となっており、国が持つ立て付けになっていますが、管理という部分では、やはり市町村がどれだけ頑張れるかということだろうと思うのです。それは街づくりも含めて、どうやったら街が活性化するのか、利活用の中で土地を維持する工夫ができるのか、これは大きな問題だろうと思います。国は、固定資産税分の減収を補塡するなど一部負担をして、土地持ちでもよいとは思うのですけれども、是非、街づくりも含めて、市町村レベルではこの問題を頑張ってほしいと思います。

盛山 今のお話については、久元市長と話して感じたことですが、所有者不明土地の面積があるほどには、固定資産税の減収に現実にはつながっていないことです。その理由は、死亡者課税をしているからです。つまり、不動産の名義人に対して課税通知を出しておくと、それを相続人の誰かが払ってくれているというのが一つ。それから、課税基準点以下の土地、家屋、不動産がある程度存在していて、そういうところに対しては税金を取れないものですから、市町村もあまり所有者を把握する必要性を感じていない。しかし、現実には、そのような土地がかなりあります。財産価値がないから課税点以下になるのですが、面積としてはそれなりに広いと思います。そういうところを含めて、地方税の担当の方は、ご自身が責任を有する不動産の税金のことしか考えないわけです。ご担当者は、それぞれの法体系に従ってご自身の仕事は一所懸命やっておられるわけですが、ご自身の責任範囲以外の分野のところまで積極的に取り組もうとはなさっていない。私は、そういったことも、70数年経って、大きな課題になっているのではないかと感じるのですね。

大坪次長は、いかがですか。

大坪 私も菊地会長と同じように不動産の事件を扱うことが比較的多いのですけれども、これまで相続人が多すぎたりして司法書士が相続登記をすることができなくて、困って弁護士に頼んでくるという案件などもあります。関東大震災で戸籍が消失して戸籍では所有者がわからないなど、何代も相続登記をしていなくて昔の名義のままという土地について、戸籍を遡って、最終的に現在実際に使っている人の名義に登記をするという依頼がよくあるのです。多少時間

はかかるかもしれませんが最終的には、いろいろ法的な制度を使うと全部解決できるので、弁護士として今まで所有者不明の土地をそんなに問題と思っていませんでした。おそらく地方の弁護士も不動産の事件を比較的多く扱っていたり、知識を持っている人は多いだろうと思います。でも、なかなかそういう人たちの専門的な知識や経験を地方の自治体とかも活用できていないのだろうなと思います。費用も高いでしょうし。確かに1件1件ということで考えると弁護士費用も高くなるのかもしれないですけれども、もう少し業務を簡素化するなどして日常的な業務になれば、弁護士費用もそれほど高くならずに、相続登記をするとか、所有者不明土地の解決のための手続をとるということができていくのだろうと思います。そういう意味では、全国にたくさんいる弁護士の専門的な知識・経験をもっと活用していただくと、もう少し所有者不明土地の問題を解決する方向につながっていくのだろうという気がしています。

盛山 ありがとうございます。最近、マスコミも所有者不明土地について取り上げるようになりました。「全く知らなかった田舎の土地に市町村から「税金を払え」と通知が来て、大変な費用である。それを解消しようとすると裁判上の手続をとらないといけないことが判明し、数百万円の費用がかかる。」という新聞記事もございました。

　個人の方々にとっては思ってもみない形の費用で、それを解決するにはお金がかかることもあり、先延ばしになっているのではないかと思います。先ほど菊地会長がおっしゃったように、「これから5年とか10年とか、集中改革期間を設けて、その間にこういうことをしたら特例でやります。」というようなこ

とも含めて、集中的にこの問題にある程度取り組まないと、所有者不明土地の増加を食い止めることは難しいのではないかと感じております。

　今日は、お忙しい中お集まり頂きまして、誠にありがとうございました。これからも、民法、不動産登記法、その他の問題について、日弁連の先生方には、いろいろな形で御協力をお願いすることと思いますので、今後ともどうぞよろしくお願い申し上げます。

（平成30年8月21日）

第四編　各分野における課題

第30章
行政書士の観点からの課題

【寄稿】　所有者不明土地とともに
　　　　　　～行政書士の担うべき役割～

遠田　和夫（日本行政書士会連合会会長）

　所有者不明土地問題が我が国において喫緊の課題であるといわれてから、既に数年が経過している。この間様々な検討がなされ、特別措置法を始めとする法整備や法改正等、様々な施策が実施されつつある。内容的には、所有者不明土地について、所有権絶対を若干後退させ、官の主導の下、一定範囲で利用権の設定を可能とするなどの、積極的な施策も含まれている。

　ただ、もともと、我が国において、人口の減少と都市部集中、そして限界集落の増大がある以上、所有者不明土地の増加は不可避である。しかも、都市部に点在する所有者不明土地と、地方にある所有者不明土地とでは著しく様相が異なり、一筋縄ではいかないといった実情がある。そのために、なかなか対応に決定打というものがないというのが実際であるようにも見える。

　このような中で、われわれ行政書士はどのような役割を担うことができるのであろうか。若干の考察をしてみたい。

1．まず、このことに関わると思われる行政書士側の事情について確認する。

　　その最も重要なものは、現在の行政書士職の実態であろう。行政書士がいわゆる代書業として出発したことは歴史的事実である。しかし、その後の時代の変遷や法改正を経て、今や、行政書士は、許認可を中心とする官公署提出書類や権利義務または事実証明に関する書類という、極めて広範囲の書類の原則的な独占的作成権を根城としながら、事件性のない法律事務や非法律事務一般に関わる国民にとって一番身近な専門家として、行政に関する手続の円滑な実施に寄与するとともに、あわせて国民の利便に資する役割を担っている。例えば、土地に関わる許認可申請一つを取ってみても、単に机上で申請書を作成しているわけではなく、俯瞰的に法令等の規制、用途、土地の現況、所有者等を調査し、国民と行政の架け橋として関係する役所との折衝

272

第30章　行政書士の観点からの課題

を行い、また地域の関係者への説明を行い同意を得るなどの、地域における
コーディネーターとしての役割も担いつつ、その集大成として許認可申請に
つなげているのである。

　このほか、一定年数の公務員経験で有識者となり得ることに基づく多数の
公務員 OB・OG 行政書士の存在や、行政書士会の官民からの業務受託につ
いて所官庁である総務省よりこれを可とする公式見解（平成22年3月31日付
総行行第71号）が示されており、それに対応する実績もあることなども重要
な事情であると思われる。

2．さて、以上のような諸事情を所有者不明土地問題に投影したとき、今日の
　行政書士の担うべき役割は、どのようなものとして浮かび上がるのであろう
　か。

①おそらく、地方に置き忘れられた土地、所有者も不在で管理する者もな
　く、経済的価値も見出されない土地（静かにしかし確実に増殖しているの
　であろうが）については、残念ながら、当面、政治及び行政サイドに国家
　的な規模での私権の制限や財政面を含めた抜本的な施策や制度が考案され
　ることを期待しつつ、それが実現した場合に、その施策や制度と国民をつ
　なぐ架け橋として役割を担い得ることくらいしか見通せない。

②これに対して、都市部に点在する所有者不明土地、特に流通すべき経済的
　価値のある、いわば活きている土地については、積極的に関わり得ると言
　える。

　まず、先に述べた官主導の施策に対しては、その前提として、所有者不明
であることの確定に官からの業務受託等の形で協力することができる。行政
書士は戸籍調査の専門家であると裁判所でも認められている（いわゆる家系
図裁判における最高裁判所判決中の補足意見参照）ところであり、最後の登
記を起点に調査を進めることが可能である。そして、流通すべき経済価値が
あるということは当該土地の取得や利用に興味を示す者があり得るというこ
となので、所有者不明であることが確定した後、先に述べたような形で、そ
の者と官との架け橋としてまた地域のコーディネーターとして、官主導の利
用権の設定等についての申請や契約に力を発揮することができるはずであ
る。土地の利用分野に関わっている現在の行政書士にとって、得意分野と言
えるし、かつての行政マン・ウーマンたる行政書士の存在は、事柄の円滑な
推進に必ず役立つはずである。

　ところで、土地利用活動の現場に関わっている者として、活きている土地

273

第四編　各分野における課題

であれば立ち返って民間活力の利用ということがないのか、あるとすれば、そのレベルで行政書士は上記と同様な幅広い役割を担い得るのではないかという点について述べておきたい。

　即ち、「所有者不明」といいながら、真には所有者不明ではなく、官にとっては不明ではないか不明でなくすることができるものが、個人情報保護の立場から民には情報がもたらされずそのために民としては「所有者不明」であるといったものがあるように感じる。戸籍謄抄本や住民票の写し等の第三者による取得について、土地の有効利用等の経済活動を理由としては、個人情報保護の立場からする「正当な理由」の要求を満たすことができず、戸籍謄抄本や住民票の写し等が交付されないのが、戸籍事務や住民基本台帳事務の実際であり、そのことが、そもそもの入り口のところでネックとなっているように思える。先述の所有権絶対の若干の後退が、個人の尊重にやや振れすぎた振り子の公共の福祉側へ振り戻しであるとすれば、真摯な経済活動については「正当な理由」となり得るような運用があってもよいのではないか。それが認められれば、後は、行政書士として調査等を行い、所有者確定に至ることも可能となり、依頼者によるその後の活動に導くことができることになる。そして、その後の過程においては、民間の自主的な経済活動として、行政書士もその総合力をもって寄与しつつ、土地の有効利用等へ自然につながっていき、「所有者不明土地問題」という国家的問題として俎上に上がる前に、問題の軽減に役立つことがあり得るのではないだろうか。もちろん地上げ等の問題はあり得るが、それは知恵の絞りどころということではないかと思う。

　これまで行政書士は、いわば黒子として種々の手続きの世界で行政手続の円滑な実施や国民の利便に資してきたわけであるが、我々としては、現在、そこで蓄積してきた知見を、皆様にもご認識いただき、今少し広い形で利活用していただきたいと考えている。その先駆けとして、当面の「所有者不明土地問題」において、行政書士として貢献ができることを切に願っている。

第31章
不動産鑑定士の観点からの課題

【寄稿】 所有者不明土地問題と不動産の価値について

稲野邉　俊（日本不動産鑑定士協会連合会副会長）

1．はじめに

　所有者不明土地に係る問題点としては、次の二つがあるといわれている。

　一つ目は、公共事業等を進めようとする際に、所有者不明土地があることにより事業地をスムーズに入手することができず、事業の進捗に支障をきたすことであり、二つ目は、その前提として、相続登記等がきちんとされておらず、登記を見てもすぐには所有者が誰だかわからない不動産が存在しており、そのような状態の不動産が次第に増加しつつあることである。登記が正確にされていて、実際の所有者と一致していれば、所有者不明土地という事態は生じない。

　本年6月に「所有者不明土地の利用の円滑化等に関する特別措置法」が国会で成立し、公共事業等を行うに際しては、従前事業を進める上での障害となっていた所有者不明土地について、かなりの改善が図られた。ただし所有者不明土地をこれ以上出さない方策については登記制度の問題を含めて引き続きの検討がされている。

　そもそも所有者不明土地はなぜ生じるのか、相続が発生してもなぜ相続登記をしないのか、この点を解明しないと所有者不明土地を生じさせない方法を検討することはできないと考える。本稿においては、所有者不明土地がどのような経緯で生じるに至ったかを、土地価格の推移等を照らし合わせて検討していきたいと思う。

　なお戦前においては、家督相続制が取られており、相続登記をしない問題はあったかもしれないが、相続によって共有状態になるといった事態は生じなかったと考えられ、所有者不明地問題の発生することは少なかったと思われる。

第四編　各分野における課題

２．土地価格の推移について

　戦後の経済復興が一段落した昭和30年代以降の我が国の長期的な地価動向について
みてみると、昭和30年代半ばの高度経済成長期、昭和40年代後半の「列
島改造ブーム」の時期、そして昭和60年代のいわゆるバブル期の３度にわたっ
て地価が高騰し、その間も第１次オイルショックの影響による一時的な地価下
落（昭和50年頃）はあったものの、ほぼ一貫して地価上昇が続いていたが、バ
ブル崩壊以降は20年以上の長期にわたる地価下落局面が続き、ここにきてよう
やく底を打ち、上昇に変わりつつある。

(1)　昭和30年代半ばの地価高騰

　昭和30年代半ばの地価高騰は、高度経済成長の中で重厚長大産業への構造転
換に伴い、工業用地に対する需要が急増したことの影響が大きい。また、都市
への人口集中に伴う宅地需要の急増や、投機的な土地需要の発生も背景として
挙げられる。この時期においては、工業地の上昇率が、ほぼ一貫して商業地・
住宅地の上昇率を上回っている点が特徴的である。

(2)　昭和47～48年の地価高騰

　昭和47～48（1972～1973）年の地価高騰は、大都市及びその周辺地域への人
口集中に加えて、高度経済成長に伴う所得水準の向上などによって戦後最大の
住宅ブームを迎えたことによる住宅地の需要の増大の影響が大きい。また、こ
れに企業の事業用地に対する需要やニクソンショック（昭和46年）後の金融緩
和により生じた過剰流動性と当時の「列島改造ブーム」を受けた投機的な需要
が加わったことも背景として挙げられる。この時期においては、住宅地の上昇
率が商業地・工業地の伸びを上回っている点が特徴的である。

(3)　昭和60年代の地価高騰

　昭和60年代からの地価高騰は、プラザ合意以降の内需拡大政策による我が国
経済の国際化の進展などに伴い、業務機能や中枢管理機能の東京への一極集中
傾向が強まり、都心部でのオフィスビル用地に対する需要が拡大したことなど
がきっかけとなって始まった。このバブル期においては、「土地神話」を背景
とした地価に対する過剰な値上がり期待の存在や企業などによる仮需的・投機
的な性格を有する土地取引の頻発などが背景として挙げられる。

(4)　バブルの崩壊

　その後、平成２（1990）年に当時の大蔵省から出された「土地関連融資の抑

第31章　不動産鑑定士の観点からの課題

制について」（いわゆる「総量規制」）などによって、急激な信用収縮が起こり、結果として地価も下落に転換し、その後「失われた20年」とも呼ばれる長期低迷状態となった。

この間にそれまで戦後一貫して増えていた我が国の人口が、減少に転じた。

⑸　最近の地価動向

J-REAT の創設など不動産証券化の進展などがあって、平成15（2003）年頃から持ち直し傾向があったものの、平成20（2008）年のリーマンショックなどによって再び下落傾向に転じたが、アベノミクス効果やインバウンド需要の拡大などによりここにきて上昇に転じた。

⑹　地価上昇の経緯について

このように戦後においては、まずは産業の発展に伴い工業地の需要が高まったことに端を発して地価が上昇した。一方で昭和40年代に秋田県の八郎潟が干拓されるまでは、食糧難ということから農業生産の拡大が求められ、開墾等により農地が拡大していったが、その後コメ余りとなり、米作の減反が行われるようになってから状況が変わることとなる。そして東京を中心とする大都市への人口集中に伴い、住宅地の需要が高まり、都市部の住宅地を中心に地価が上昇した。バブル期においては、東京への一極集中ということでまずは商業地、次いで住宅地が上昇した。バブル崩壊以降は、長期にわたって地価は下落した。一方で我が国の人口も減少に転じてきており、今後も長期にわたり減少していくと見込まれている。

　＊本項目については（公社）日本不動産鑑定士協会連合会発行『不動産鑑定士50
　　年の歩み』P.46「Ⅱ. データでみる土地価格」による。

３．不動産の価値について

不動産の価値は一般に、

⑴　その不動産に対して我々が認める効用
⑵　その不動産の相対的希少性
⑶　その不動産に対する有効需要

この三者の相関結合によって生じるとされている。不動産の価格とは不動産の経済価値を、貨幣額をもって表示したものである（国土交通省『不動産鑑定評価基準』「第1章不動産の鑑定評価に関する基本的考察　第1節不動産とその価格」）。

ある有名商業地にある土地を例にとると、当該商業地は全国屈指の有名商店

277

第四編　各分野における課題

街にあり、土地上に建物を建てて賃貸に出すと出店希望者が多く、非常に高い家賃を取ることができたり、あるいは同様な土地を入手するのは大変に困難であり、数多くの需要者が競って入手したがる状況にある。このような土地については非常に高い価格がつくことになる。

しかし、所有者不明土地となるような土地とは、欲しがる者が存在せず、売るにも売れなかったり、所有者にとっても当面使い道のない土地であり、市場ではほぼ値が付かないことが多い。

4．所有者不明土地が生じる要因について

⑴　相続の発生と財産について

一人の人が亡くなって相続が発生した場合に通常どのようなことが行われるかを考えてみる。

相続人が相続放棄をしない限り、被相続人の所有する債権債務、一身専属のものを除くすべての財産は相続人が継承することになる。相続財産のうち動産については、必要なもの、あるいは継承できるもの（相続人が価値を認める物）は引き継ぐが、そうでないものは売ったり、売れなければ廃棄処分するのが通常であろう。不動産、特に土地については不要な物件でも廃棄処分ということはできないので、相続人の間で遺産分割するか、そのまま共有状態で放置するかということになってしまう。

自分で必要性を感じて購入した土地であれば、自分のものであるという認識の下に登記等をすることになるが、相続によりたまたま入手した物件については、なかなか自分のものという認識が働くことはないのではないかと思われる。

⑵　不動産の相続に関して

相続が発生した際に、遺産分割協議が整わず、あるいは相続手続きがなされずに、相続登記が行われない要因についてはいくつか考えられる。

①他に相続人がおらず、相続登記をしなくても相続不動産を使用するのに支障がないケース。

②相続不動産が農地や森林で、相続人が所在地から離れた場所に住んでいて相続不動産について経済的価値を見出しにくいケース。

③相続不動産が雑種地等の有効活用が難しい物件で、相続以前より放置されていたようなケース。

相続された不動産が価値のある物件であるのなら、相続人が直接に利用した

り、相続人が市場で売却することができ、その物件は、有効に活用できる者の手にわたることになる。一般に市場での価値を認めることが難しい物件である場合には、市場で有効活用をすることができる者へ譲渡するということが実現させることは難しい。不動産の価値は、経済価値だけで把握していいのかという観点からの検討も必要である。

国土を形成する土地についてはいくつかの利用形態から構成されている。

①居住の用に供されている住宅地

②工場生産の基盤である工場地

③商業取引がされている商業地

④農業生産に供されている農地

⑤森林

居住の用に供される土地については、人口が減少に向かう状況下ではこれ以上増大することは考えにくい。世帯数の増加に応じて新築住宅の供給拡大が政策的にも行われてきたが、世帯数を上回る住宅が存在するに至り、空き家対策が問題となっている。

工業地については、円高等の進展により、工場は国内から海外に移転してしまい、国内でのこれ以上の拡大は考えにくくなっている。通販の拡大により、流通業務施設用地に対する需要が一時拡大したが、今後さらに拡大するかは不透明である。

商業地については、人口が集中するところで求められるものであり、需要の少ないところでは成立しにくい。

農地については、農業の形態が変わってきて、農業工場といった形態も出現してきて広大な土地に粗放的な農業生産を行うといった形態は考えにくい。

森林については、生産活動としての林業のさらなる拡大は見通しがたい。ただし国土の環境維持の観点からの森林の拡大は考えられるのではないかと思われる。我が国の国土では、森林の占める割合は圧倒的に高く（全国土の約7割そのうちの国有林は30％程度を占める）、次いで農地であり（全国土の約13％）、住宅地・商業地・工業地からなる宅地のウェートは低い（約5％・残りは道路・水路・原野・その他）。

水資源の保全等森林の果たす役割は大きく、林業が廃ってきているからといって、森林をないがしろにすることは間違った考えである。地球温暖化が懸念されている現在において、環境の保全にも十分に重点を置いて検討を進めることが重要である。

第四編　各分野における課題

土地の個別の利用を考えた場合には、最有効使用を前提とした利用方法、即ち目先の収益性に重点を置いた利用方法が前提となってしまい、環境保全といった地球規模の利益を前提とした考えに至ることは難しい。

所有者不明土地になってしまうような土地であっても、所有者個人にとっては目先で何の利益を生まない土地であっても、大きな目で見ると重要な役割を果たす土地となることが考えられる。

所有者不明土地といっても様々な状況の土地がある。用途分類から見ると、森林があり、農地があり、地方における宅地があり、都市部における宅地がある。これらの用途分類ごとに将来の所有者不明土地を出さない工夫が必要となる。

5．不動産の評価を行うに際しての支障について

不動産は土地及び建物で構成されるが、その土地あるいは建物上に種々の権利が設定されていることもあり、当事者が不明である場合には、権利の設定の有無等が明確にならず、対象不動産を確定させることが不十分なことがあり得る。現地実地調査の状況から不動産鑑定士が対象不動産の現状を把握し、確定することがあり得るが、土地とその上に建つ建物の名義が異なるような場合にはなかなか困難な問題が生じることもある。

通常は所有者不明土地上で事業を営もうとする依頼者が、対象不動産の権利関係を明確にし、不動産鑑定士はその依頼内容に問題がないかを確認した上で鑑定評価を行うことになると思われる。

6．どうあるべきか

本稿において、所有者不明土地問題が生じるようになった経緯について、我が国における地価動向や経済状況からの分析を試みた。基本的には経済的価値の問題が登記をしないことにつながっていると考えられる。法により相続登記を強制するという考え方もあると思われるが、過料を課する程度では登記費用との兼ね合いで、登記はなかなか進まないのではないかと思われる。

ここで考えておく必要があるのは、自分の意志で購入したものについては、自分で始末を考えるであろうが、相続でたまたま取得したものについては、なかなか所有意識が働かないということである。相続したものであっても、不要なものであればコストがかかっても廃棄処分を考えるであろうことである。やはり所有者が継続しての所有を望まない土地については、ランドバンクといっ

280

第31章　不動産鑑定士の観点からの課題

た公的な組織が何らかの形での持参金付きの（処分費用負担の上での）引き取りを認めることも必要であると思われる。ただし、不要地といっても様々なものが考えられる。開発業者が地上げを行って、虫食い状態で放置された土地、開発残地として崖の部分だけが残ってしまった土地、経済的合理性に反して敷地分割を行い残地として残った土地、このような土地は経済活動の残りであり、押し付けられても困る物件であろう。山林の一角であるとか、休耕田等、こうした物件については隣接する森林や田畑と一体利用できないか考えることが必要であろう。休耕田のはざまにある住む人のいなくなった農家住宅は田畑に戻すことを考える必要がある。

　土地所有者の責務として最終的な処分責任を課して、そのための仕組みづくりを考えるべきと思われる。

281

第四編　各分野における課題

第32章
税理士の観点からの課題

【寄稿】

平井　貴昭（日本税理士会連合会常務理事・調査研究部長）

　所有者不明土地問題の解決に向け、官民を挙げて様々な検討がなされているが、税制面からアプローチしたものは多くない。ここでは、税務の専門家の立場から、主に税制上の課題に触れることとしたい。

1．土地を手放すための仕組みに係る税務上の課題

　「経済財政運営と改革の基本方針2018」（平成30年6月15日閣議決定）においては、所有者不明土地問題への対策の一つとして、管理不全な土地等について、土地を手放すための仕組みを検討すると明記され、その受け皿となる組織の創設が想定されている。

　この受け皿組織の在り方を検討するに当たっては、土地所有権の移転に伴う税務上の取扱いを整理しておく必要がある。一例として、所得税法59条1項1号に規定する、法人に財産の贈与または遺贈した場合には時価による譲渡があったものとみなすとする「みなし譲渡」、また、その特例である租税特別措置法40条1項後段に規定する、国等に対して財産を寄附した場合の譲渡所得の非課税措置の適用関係が問題となる。

　この点、受け皿組織は公的な性格を持ったものが想定されていること、モラルハザードに相当するケースなど一定の場合には受け取りを拒否することが想定されていることなどから、租税特別措置法40条1項後段の非課税措置を適用することが適当であると考えられる。その際には、適用要件を緩和することも併せて検討すべきである。

2．三学会合同「所有者不明土地研究会」の提言

　（公社）日本不動産学会、（公社）都市住宅学会及び資産評価政策学会の三学会合同の「所有者不明土地研究会」（座長＝岩崎政明明治大学専門職大学院法務研究科教授）が平成30年4月25日に取りまとめた提言では、租税法上の制

第32章　税理士の観点からの課題

度の整備案として、次のようなものを示している（一部割愛して引用）。

---

(1)　**固定資産税の滞納処分として所有者不明土地の強制徴収を進める運用**

　固定資産税は、登記簿等に所有者として登記等されている者を納税義務者として賦課されるところ、納税通知書が不達郵便として返却され、かつ通常の行政情報によっては死亡・転出等の事実が認識されず、かつ公示送達等一定の通知手段によっても一定の期間内に所有者が現れない場合には、所有者不存在であることを推定する法制度を設け、対象不動産に対する滞納処分として強制徴収することを容易にすべきである。

(2)　**固定資産税係る占有使用者課税の導入**

　いわゆる死亡者課税には法的な根拠がないため、これに代えて、所有者不明土地・建物に係る占有使用者課税の制度を導入すべきである。

　具体的には、地方税法343条4項が「市町村は、固定資産税の所有者の所在が震災、風水害、火災その他の事由によって不明である場合においては、その使用者を所有者とみなして、これを固定資産課税台帳に登録し、その者に固定資産税を課することができる」と規定しているところ、政令等で「その他の事由」に所有者不明の場合を含めることが考えられる。

(3)　**相続登記の回避による相続税の租税回避に対する対策**

　相続人にとって不要な土地・建物について、相続人の合意により相続登記をせず、相続税の課税財産からも除くことにより、相続税の回避が行われた場合には、隠ぺい仮装行為として重加算税を賦課したり、悪質な偽りその他不正な行為が認められるときには租税逋脱犯として処罰することにより、間接的に相続登記を強制すべきである。

(4)　**不要不動産の寄附を促進するための所得税に係る給付つき税額控除の導入**

　現在、所得税法上の所得控除制度の見直しが進められているところ、寄附控除については、給付つき税額控除に改正することによって、高齢者や年金生活者のような所得の少ない者でも、（経済的価値はあるが）不要な不動産を国・公共団体に寄附することにより還付金を受けられるようにして、不要不動産の整理を促進すべきである。

※提言全文（（公社）日本不動産学会 HP）：http://www.jares.or.jp/dl/0425_suggestion.pdf

---

　これらの提言の内容については、今後、丁寧に検証する必要があるが、税制

第四編　各分野における課題

面から問題解決を試みる画期的なものであることは間違いない。この研究会には、小職もオブザーバーとして参加しており、引き続き動向を注視していきたい。

3　法定相続情報証明制度の活用

　法定相続情報証明制度が普及すれば、様々な手続の煩雑さにより相続登記がされないまま放置されてしまう傾向が改善すると考えられる。

日本税理士会連合会において、相続税申告書に添付することとされている戸籍謄本に代え、法定相続情報一覧図の写しの添付を認めるよう要望した結果、平成30年度税制改正においてこれが実現した。また、相続税の基礎控除の引下げにより、相続税の課税割合が、平成26年分は4.4%であったものが平成27年分は8.0%に上昇し、税理士が相続に関与する機会も増えてきている。税理士としては、相続税申告において法定相続情報証明制度を活用することで制度の普及を図るとともに、納税者に相続登記の必要性を説明していくことが必要であると考えている。

第33章
宅地建物取引業の観点からの課題(1)

【寄稿】 所有者不明土地等に係る課題について

坂本　久（全国宅地建物取引業協会連合会会長）

　我々、（公社）全国宅地建物取引業協会連合会（通称「全宅連」）は、全国に約10万社の会員を有する宅建業界最大の団体である。

　全宅連では、2017年、組織と会員業者の将来像を明らかにするため「ハトマークグループビジョン2020」をとりまとめ、個々の会員業者の目指すべき理想像として「地域に寄り添い、生活サポートのパートナー」になることを掲げた。

　単に不動産取引を成約して終わりではなく、地域住民からのあらゆる相談・ニーズに対応できる「地域守りの担い手」になること。これが我々中小宅建業者の目指すべき在り方だと考えた。

　このように地域密着を旨とする我々中小宅建業者にとって、所有者不明土地の問題は、空き家・空き地問題等と並び、現場で直面する大きな課題の一つとなっている。

　例えば、維持管理が不適切で、粗大ごみや廃品等が不法投棄されるなど、衛生上・安全上問題が生じている土地について、地元宅建業者が近隣住民から相談を受ける場合があるが、相談を受けた宅建業者が、物件の管理等について所有者と連絡をとろうとしても所在がわからず有効な手立てが打てないことがある。

　また、例えば公道に接していない土地で、水道等の配管を私道（他人の敷地）内に設置しなければならないような場合は、当該敷地の所有者の同意が必要になる。このとき、敷地の所有者が不明である場合には、同意の手続きが行えず取引が前に進まないといったケースが多々ある。

　以上のように所有者不明土地問題は、個別の不動産のみならず、その不動産の所在する地域の価値を低下させるとともに、不動産の有効利用や流通を阻害する大きな要因となり得る。

第四編　各分野における課題

　そうした意味で、今般成立した所有者不明土地利用円滑化法は主に公共的事業をターゲットにしたスキームではあるが、問題の解消に向けた大きな一歩であり、法律制定に携わった関係者の方々に心より敬意を表したい。

　今後はさらに議論を深め、先に述べたような民間レベルでの問題解決が可能となるよう次なる対策を期待したい。

最後に、所有者不明土地を含む空き地・空き家問題を改善するための方策として以下の4点を提案し、この稿のまとめとさせていただく。

1．所有者不明土地に対応するための相続登記に係る税制優遇措置等を講じること

　　相続登記が円滑に行われていないことが、所有者不明土地が発生する最大の要因であることを踏まえ、例えば相続発生後3年以内に相続登記をした場合の登録免許税を免除あるいは軽減する措置を創設すべきである。

　　なお、将来的には、相続登記を義務化するべきである。

2．相続登記を促進するため創設された「法定相続情報証明制度」について、申出の代理人となれる資格者に宅地建物取引士を含めること

　　宅地建物取引士は、不動産取引に付随して相続に係る相談等を受ける場合が多い。空き地・空き家の利活用促進のためにも、不動産取引の実務を担う宅地建物取引士を資格者代理人に含めるべきである。

3．急増する空き地・空き家の流通促進を図るため、住宅ストック流通の担い手である宅建業者に対して、空き地・空き家に係る所有者情報を開示できる仕組みを構築すること

4．不要となった空き地・空き家の寄付を受け入れるための制度づくりを検討すること

　　現状、自治体へ空地・空き家の寄付を申し出てても、行政利用の可能性が低いという利用で受け入れられず、このことが管理も利活用もされない放置不動産を生み出す原因となっている。ついては自治体の寄付の受け入れを推進するための制度づくりが必要である。

第34章
宅地建物取引業の観点からの課題(2)

【寄稿】　所有者不明土地問題から見たこれからの
　　　　　宅地建物取引業界の危機的状況について

原嶋　和利（全日本不動産協会理事長）

　現在大きな社会問題として注目されている所有者不明土地によって引き起こされる経済的な損失は2040年に累計で約6兆円に上るといわれ、危機感を募らせるものである。経済不況によって我々宅地建物取引業者に及ぼす影響は大きい。しかし、所有者不明土地の根底にある影響が経済的な要因だけであるなら、宅地建物取引業者としては少し違和感がある。所有者不明土地の宅地建物取引業における本当の意味での課題について考察してみることとする。

　まず、所有者不明土地問題に関して、『日本不動産学会誌』№122 2017年Vol.31 №3（平成29年12月27日発行）では各分野の有識者による論説が掲載されており、専門的な問題定義から検討、解決策といった意見は同誌の各論説に譲ることとする。詳しくは同誌を参照していただくこととし、各論説に共通する要点は大まかに次のとおりである。

○所有者不明土地の原因
　1．不動産登記制度の不備
　2．土地情報基盤の不整合性
　3．各種手続きの煩雑及び負担
○所有者不明土地によって引き起こされる問題
　1．税の徴収不全
　2．災害や害虫被害の発生による国土管理不全
　3．取引の煩雑化や取引費用の高額化における不経済化
○所有者不明土地の問題解決策
　1．登記制度の義務化また登記権利要件の変更
　2．所有権放棄や消滅時効といった所有権の概念の修正
　3．登記等の手続きの簡素化及び費用負担軽減や税制の在り方の修正
　4．地籍調査の推進、土地台帳の整備、その他情報の保持

第四編　各分野における課題

　所有者不明土地に対する権利関係者がネズミ算式に増えていくことで人物特定が難しくなること自体は問題であるが、移民受け入れなどの抜本的な解決策がないまま人口減少が進み、将来においては権利関係者となる人が減り、最終的に取引をする人数は減ることが予想される。

　2015年に国土交通省により「所有者の所在の把握が難しい土地への対応方策に関する検討会」が立ち上げられ、大きな社会問題として警鐘が鳴り、2018年６月の国会で「所有者不明土地の利用の円滑化等に関する特別措置法」が可決成立するなど、現在、所有者不明土地の問題は大きな課題として取り上げられており、徐々にではあるが問題解決に向けた取り組みや対策が進むことで、課題を打破していけるのではないかと考えている。

　これからの宅地建物取引業においては、所有者不明土地の拡大が経済的な要因というよりも、一般消費者の不動産（土地・建物）に対する意識の変化が大きなテーマとなるものと考えている。

　我々宅地建物取引業者が扱う商品である不動産が一般消費者にとって魅力的な商品に見えなくなっている。不動産＝負動産、つまりは資産ではなく負担という認識が増えつつあり、これこそが根底の問題であり、宅地建物取引業界の取り組むべき課題である。不動産という資産を持つことに対するインセンティブの欠如、これは国の主要産業の衰退を意味しているのではないだろうか。

　また、需要となる生産年齢人口が6,400万人程度に減少するという予測が出ており、所有者不明土地の拡大により不動産の供給不足となるというよりは、土地という資産を持とうという消費者ニーズの減少による市場規模の縮小が問題になるのではないか。消費者ニーズの減退が所有者不明土地を増大させているという見方を持つことも重要である。

　（公社）全日本不動産協会では、政策要望の中で所有権の放棄を認める新たな制度を制定するとともに、一旦、国庫に帰属させるなどの方策を要望している。これは土地の所有者や真の権利者が感じる管理負担や税負担等の負の外部要因をなくすだけではなく、土地等を求めるニーズを高めることにもつながるものである。

　人は利己的であり、負担となったものを手放す際に欲しい人物が現れれば、何かしらを要求し、一般的な取引の中で無償譲渡が成立するのは難しい。取引が成立しなければ、権利者はそのまま土地を放置するかもしれないリスクが生まれる。こうした障壁を取り除くためにも、一度国庫への帰属や地方公共団体への移譲などの方法により、欲しい人のところに目的物が届くようにすれば、

第34章　宅地建物取引業の観点からの課題⑵

隠れた需要の発現につながる。その際の取引額の一部を国庫に帰属するなどを
した場合に、管理費として回収するといったフローも有効な手段であり、所有
者不明土地の問題解決につながるのではないか。今後検討が予定されている土
地基本法の改正議論にも期待を寄せている。

　今回、当協会から要望している政策要望は所有者不明土地の問題解決等に注
力を注ぎ、不動産に対する需要を促進するためにも、不動産税制の在り方や固
定資産税の算出方法の見直しといった税制改革を要望しているところである。

　所有者不明土地問題の解決と需要の底上げを図ることは、これからの宅地建
物取引業界にとって、重要な課題であり、当協会としても更なる研究や問題改
善に向けた取組みに努めて参りたい。

あとがき

　所有者不明土地は、相続が生じても登記がなされないことなどを原因として発生し、管理の放置による環境悪化を招くほか、公共事業の用地買収、災害の復旧・復興事業の実施や民間の土地取引の際に、所有者の探索に多大な時間と費用を要するなど、大きな支障となり、国民経済にも著しい損失を生じさせています。

　人口減少・超高齢社会が進展し、今後、大量の相続の発生に伴い登記名義と所有者のずれが拡大することになれば、国民経済活動にもさらなる悪影響が出るおそれがあります。相続多発時代を迎えようとする中、所有者不明土地等問題の解決は喫緊の課題となっております。

　さらに、所有者不明土地の問題解決に当たっては、所有者不明土地の解消とともに、こうした土地の発生を抑制するための抜本的な解決策が必要です。この問題を解決するためには土地所有権や登記制度の在り方など財産権の基本的な在り方に立ち返って、土地に関する基本制度についての根本的な検討を行う必要があります。

　本文に記載した通り、かねてより問題意識をお持ちであった豊田俊郎参議院議員のご発案で、保岡興治元法務大臣をはじめとする本問題に関心を有する議員で平成28（2016）年10月に議員連盟を発足させ、関係省庁にもご協力いただいて検討を開始しました。平成29（2017）年4月には、所有者不明土地について法制上の措置も含め早急に対策を講ずる必要があることから、「自由民主党政務調査会にしかるべき組織を立ち上げること」等を内容とする提言をまとめました。

　この提言を受けて、同月には、自由民主党の政務調査に特命委員会を設置して、野田毅委員長の下、検討を加速化させ、翌5月に、「所有者不明土地等問題に関して法制上の措置が必要なものについては、次期通常国会への関連法案の提出を目指す」と記載した中間とりまとめを行いました。

　政府では法案の検討を行い、翌平成30（2018）年3月には、所有者不明土地に関する3法を国会に提出し、同年5〜6月に3法は成立し、所有者不明土地問題について大きく前進したところです。

これらの３法の成立が確実になった同年５月24日の自由民主党政調審議会で、特命委員会が提案した「所有者不明土地等に関する特命委員会とりまとめ」が了承され、所有から利用重視へ理念の転換が図られ、６月１日に開催された所有者不明土地等対策の推進のための関係閣僚会議で、基本方針（所有者不明土地等問題対策推進のための工程表を含む）が決定されました。

　この基本方針に基づいて各省は関係者と協議を重ねながら作業を進めているところですが、本文にも記載した通り、「一山を越えたら、さらに大きな山がそびえている」という感じです。

　これ以上の所有者不明土地の増加をくい止め、さらに、所有者不明土地の減少を図ることには様々な課題がありますが、今後、人口減少、大都市への集中が進展していくことを考えると、待ったなしの課題となっています。

　本書が読者の皆様に所有者不明土地問題についてのご理解を少しでも深めて頂くことができれば、これに勝る喜びはありません。

　今後とも、特命委員会、議員連盟、法務・国土交通の分野の皆様と共に、この問題の解消に向けて、しっかりと着実に取り組んでいきたいと考えております。

衆議院議員

盛山　正仁

参考資料

参考資料

資料—1 ①

総合土地対策要綱

昭和 63 年 (1988 年) 6 月 28 日
閣議決定

　東京都心部を端緒とした今回の急激な地価高騰は, 各般の施策によりようやく沈静化の方向にあるが, 今後一層需給両面にわたる対策を講じ地価の適正化を推進することは, 国民生活の安定等のため極めて重要な課題である。
　政府は, 引き続き, 関係地方公共団体との緊密な連携と協力の下一体となって総合的な施策を講ずるものとし, 臨時行政改革推進審議会の「地価等土地対策に関する答申」(以下「答申」という。)を最大限に尊重し, 下記の方針により所要の施策を実施に移すほか, 関係地方公共団体等に対し必要な指導又は要請を行うものとする。

記

第1　土地対策の基本的認識

　政府は, 以下の基本的認識の下に国民の理解と協力を得つつ土地対策の推進を図るものとする。
① 土地の所有には利用の責務が伴うこと。
② 土地の利用に当たっては公共の福祉が優先すること。
③ 土地の利用は計画的に行われなければならないこと。
④ 開発利益はその一部を社会に還元し, 社会的公平を確保すべきこと。
⑤ 土地の利用と受益に応じて社会的な負担は公平に負うべきものであること。

第2　土地対策の推進

1　首都機能, 都市・産業機能等の分散
　(1)　行政機能等の分散
　　ア 「国の機関等の移転について」(昭和63年1月22日閣議決定)に沿つて, 移転候補機関の見直し, 追加を行いつつ調整を進め, 早期に実施する。
　　イ 政治・行政機能等の中枢的機関の移転再配置について, 幅広い観点から本格的検討に着手する。
　　ウ 臨時行政調査会及び旧臨時行政改革推進審議会の答申等の趣旨に沿つて, 地方への権限委譲等を推進する。
　(2)　高度な都市機能の適正配置

参考資料

資料—1②

　東京圏以外において大規模な諸機能の集積を持つ地域に，その集積を生かした特色ある全国的，国際的中枢機能の分担を進めることとし，これに必要な高度な経済機能，国際交流機能，文化・学術・研究機能等の集積に関する施策及び関係機関の移転再配置を推進する。

　（3）都市・産業機能の分散

　　ア　地方における高度な情報・通信基盤の整備，産業高次機能の集積その他都市整備等のための施策及び東京圏における業務核都市等整備のための施策の重点的，効率的実施に努める。

　　イ　経済・社会構造等の変化を踏まえ，現行の各種地域開発立法及び計画制度の見直しを行い，関連制度・施策の体系化を図る。

　　ウ　全国1日交通圏の構築等交通，情報・通信体系の整備を効率性に配慮しつつ進め，選択性が高く，低コストで高い効果を発揮するネットワークの形成を図る。

2　宅地対策等の推進

　（1）都市・宅地開発の推進

　　ア　宅地開発の推進

　　　ア　宅地開発を計画的に推進するものとし，以下の措置を講ずる。

　　　　・　東京等大都市圏について宅地の供給に関する方針を策定し，それに従って優良な住宅地開発を促進することとし，大都市地域における優良宅地開発の促進に関する緊急措置法（昭和63年法律第47号）等の活用を図る。

　　　　・　また，適正な開発者負担制度の確立と規制の緩和を進めつつ，民間事業者に対するインセンティブ付与のための各般の措置を推進する。

　　　　・　ミニ開発，非優良開発に対する規制の強化について検討を行い，所要の措置を講ずるとともに，集落地域整備法（昭和62年法律第63号）の活用を図る。

　　　イ　宅地開発等指導要綱の行き過ぎ是正について引き続き指導を徹底する。また，宅地開発に伴う費用負担について，その制度の在り方を検討する。

　　　ウ　ア及びイの施策と並行しつつ，東京圏における都市計画等の広域調整を踏まえ，周辺地方公共団体の住宅地開発抑制の方針の見直しを図る。

　　　エ　宅地開発等に関連する許認可等事務について，臨時行政調査会及び旧臨時行政改革推進審議会の答申の趣旨に沿って，その簡素化・迅速化等の改善合理化を引き続き推進する。

　　イ　都市再開発の促進

　　　ア　都市再開発により土地の高度利用を図る必要がある地区については，都市再開発方針において，さらに明確な位置付けを行うとともに，市街地再開発促進区域制度等の一層の活用，再開発地区計画等を活用した総合的な都市再開発の段階的誘導の推進を図る。また，木造賃貸住宅地区総合整備事業等の事業促進のため

295

参考資料

資料—1③

の制度の改善を行う。

　イ　民間による都市再開発について，優良なプロジェクトに対する規制の緩和，計画立案等の支援体制の充実，助成措置等必要な公的支援措置を講ずる。また，再開発を円滑に行うため，地域内居住の借家人等のための公的住宅確保対策等援護措置の充実を図る。

　ウ　宅地開発と交通アクセス整備の一体的推進

　答申の指摘に沿って，宅地開発と交通アクセス整備の一体的推進を図ることとし，事業主体，国，地方公共団体等の役割の明確化等実施体制の確立を図り，立法措置を含めこれに必要な制度等の整備を行う。

　エ　東京湾沿岸地域等における大規模開発プロジェクトの推進

　東京臨海部等の大規模開発プロジェクトについて，答申の指摘に沿って，各プロジェクト間の分担機能等の調整，業務開発と住宅開発の調和，関連社会資本の整備等を図り，関係地方公共団体，民間等の創意をいかしつつ，推進する。このため，必要に応じ関係省庁及び関係地方公共団体等による協議の場を設けるとともに，必要な制度の整備を図る。

（2）　土地の有効・高度利用の促進

　ア　市街化区域内農地の宅地化推進

　東京等大都市地域の市街化区域内農地については，生産緑地地区等都市計画において，宅地化するものと保全するものとの区分の明確化を図ることを基本として，以下の措置を一体として講ずる。

　　ア　保全すべき農地については，市街化調整区域への逆線引きを行うほか，生産緑地地区制度を見直し，生産緑地地区の指定を行うことにより都市計画上の位置付けの明確化を図る。

　生産緑地地区制度を見直すに当たって，指定要件を見直すほか，生産緑地地区に指定する農地については，転用制限の強化，転用する場合に地方公共団体が優先的に先買いできる制度の整備等の措置を講ずる。

　　イ　その他の農地については，土地区画整理促進区域の指定，地区計画，農住組合制度等の活用等を積極的に進め，計画的な宅地化を図る。

　また，これに併せ，農地所有者による賃貸住宅の建設を促進するため，資金の確保，経営指導その他公的援助の拡充について検討する。

　　ウ　イの農地に係る各種税制については，アの方策との関連において，宅地との均衡を考慮しつつ，税制調査会に諮るなど見直しを検討する。この検討はアの方策の具体化と一体的に行う。

　イ　工場跡地，未利用埋立地など低・未利用地の利用促進

　　ア　大都市圏において，有効・高度利用を図るべき地域における一定面積以上の低・未利用地の総点検を行うこととし，所要の措置を講ずる。

参考資料

資料—1 ④

　　イ　都市計画等土地利用計画に沿って土地所有者に対する有効・高度利用の指導を推進するとともに，工業専用地域，工業地域等の用途地域及び臨港地区の指定の必要な見直し並びに都市基盤施設等の整備等を行う。

　　ウ　土地の利用状況に着目し，一定の基準に基づいた遊休地の特定とその利用促進措置を含む新たな制度を創設するため，関係法律の見直しを行うとともに，利用促進のためのインセンティブの付与，地方公共団体が優先的に先買いできる制度の整備等を行う。

　　エ　ウの遊休地に係る制度の創設と併せて，低・未利用地に係る特別土地保有税の見直しを検討する。

　ウ　空中及び地下の利用

　　ア　道路，鉄道等の施設の上空について，都市環境，防災面等に配慮しつつ適切な利用を図るため，都市計画，建築規制等の見直しを行うとともに，関係法律の改正その他の所要の措置を講ずる。

　　イ　未利用容積の移転により土地の高度利用を促進するため，特定街区等既存の都市計画制度等の活用を図るほか，既存建築物の未利用容積の移転を都市環境の保全に配意しつつ行い得るよう制度の改善を進める。

　　ウ　地下の公共的利用を計画的に促進するため，利用調整のルール，利用計画について検討するとともに，防災面も含めた地下利用技術の開発を促進する。

　また，都心部への鉄道の乗入れや大都市の道路，水路等社会資本整備の円滑化に資するよう，大深度地下の公的利用に関する制度を創設するため，所要の法律案を次期通常国会に提出すべく準備を進める。

3　住宅対策の推進

　（1）　政府による対策目標と計画の樹立

　大都市圏における良質な住宅の確保を目標とし，地域・所得階層等に応じ，良質な住宅の供給を促進するため，官民の適切な役割分担を前提として計画の策定を進める。

　（2）　住宅供給の積極的推進

　　ア　住宅地に適する国公有地，工場跡地，埋立地の活用等による住宅プロジェクトを積極的に推進する。

　　イ　住宅供給に係る優良プロジェクト及び民間の計画的かつ優良な住宅供給について，容積率等規制の重点的緩和措置その他の公的支援措置の活用と拡充により，その推進を図る。この場合，土地所有者による良質な賃貸住宅等の供給については，特に配慮する。また，住宅供給に資する都市再開発事業を重点的に実施する。

　　ウ　東京等大都市圏の一部地域において，一定基準の業務系開発に伴う住宅開発義務等制度の創設など業務と住宅との調和ある開発の確保措置を講ずべく所

参考資料

資料—1 ⑤

要の検討を進める。

(3) 公的住宅供給の推進

ア　民間供給の補完と質的向上に資するため，東京等大都市圏において，答申の指摘に沿って，公的主体による供給を推進することとし，必要な施策を講ずる。

また，住宅ニーズにこたえた公的賃貸住宅の供給の多様化及びそれに対応した家賃の設定について検討する。

イ　既存の公的住宅の管理の適正化及び家賃の適正・均衡化を図るとともに，既居住者対策に配慮しつつ，公的住宅の建て替えによる高度化を促進する。

(4) 住宅取得対策の充実

ア　大都市に立地する企業が従業員の持家取得の自助努力を援助し，また，従業員住宅の貸与等を行うことを奨励し，その促進のための措置を講ずることとし，所要の措置を検討する。

イ　国民の自助努力を前提とした計画的な持家取得が可能となるよう融資等の施策の重点化を図る。

(5) 借地・借家法の見直し

借地法（大正10年法律第49号）及び借家法（大正10年法律第50号）の見直しを，早期に結論を得るべく，引き続き推進する。

4　土地利用計画の広域性・詳細性の確保等

(1) 土地利用・都市施設整備における都市計画等の広域性の確保

ア　首都圏整備計画等大都市圏整備計画について，マスタープランとしての機能の充実を図ることとし，計画内容の改善及び計画の策定・実施に係る具体的調整の強化を図る。

イ　都市計画の広域調整に関し，既存の制度の活用を図るほか，国・地方公共団体間及び関係地方公共団体相互間の調整・協議の充実を図る。

(2) 都市計画の詳細性の確保

ア　特別用途地区，地区計画等の活用などにより地域指定，用途制限，容積率規制等用途規制の詳細化を図る。

イ　新たな開発地域における地区計画の開発との一体的策定の推進等により地区計画の策定を推進するため，所要の措置を講ずる。

(3) 土地利用計画の実効性確保方策の充実等

ア　大都市中心部等の高度利用を促進すべき一定の地域において，高度利用地区の積極的指定，市街地再開発促進区域制度等の活用を図るとともに，利用促進のための公的支援措置の整備等必要な制度の改善を図る。

イ　最低敷地面積の確保に留意した関係制度の活用及び改善の検討を行うとともに，高度利用を図るべき地区については，可能な限り，地区計画等を活用して敷地

参考資料

資料—1 ⑥

規模に応じた容積率を付与し，敷地の共同化を通じて高度利用を促進する。

ウ 都市計画制度と建築確認・許可制度の運用主体の連携強化を図るとともに，都市計画の実効性を確保するため違法建築に対する取締りの強化等に努める。

（4） 線引き，用途地域の指定の見直し等

ア 東京都等における線引き及び用途地域等の指定の見直し，商業地域等における北側斜線制限型高度地区の廃止等規制の見直し，特定街区，総合設計制度の積極的活用の推進を図る。

イ 都市計画区域内における臨港地区の指定・変更及び同地区内の開発について，港湾管理者と都市計画決定権者間の調整・協議の強化を図るとともに，都市計画決定権者からの申出によっても協議を行う体制の整備を図るため，所要の措置を講ずる。

5 都市基盤施設整備の促進
（1） 都市基盤施設整備の促進
ア 投資の計画化とその着実な実施

ア 答申の指摘に沿って，大都市における都市基盤施設の整備を着実に実施することとし，首都圏整備計画等に従い，実効性を確保した重点的な実施計画・スケジュールの策定及び実施を進める。

イ 都市計画がなされたまま長期にわたり事業実施に至っていない計画について，推進方策の検討を行いつつ，事業実施スケジュールの策定に努める。

イ 開発利益の還元等

ア 特定の地域に受益が限定された開発プロジェクトで受益が特定しやすい社会資本整備に係る適切な受益者負担方式について，既存制度の活用を含め検討し，その導入及び積極的活用を進める。また，社会資本整備に関連して用途，容積率等の変更が行われる場合に開発者負担により当該社会資本の整備を図るなどの制度について検討し，その導入を進める。

鉄道整備に伴う周辺地域の開発利益の適切な還元方策の確立を早期に図るべく検討を進める。

イ 都市計画税について，住民に対しその目的，使途等の明確化，周知を図り，その活用を推進するよう地方公共団体を指導する。

ウ 都市集積の受益に対応した負担制度について税の活用の可能性を含め検討するとともに，社会資本整備の財源を圏域内で広域的に確保し運用する方策について検討する。

ウ 民間能力の活用

都市基盤施設たる社会資本の整備について，民間資金の積極的導入を図るとともに整備事業の主体として民間事業者の適切な活用を図るため，既存制度の活用を含

299

参考資料

資料—1 ⑦

め必要な方策の充実に努める。

（2）用地取得の円滑化

　ア　住民合意の円滑な形成

　社会資本整備の計画に係る住民合意の円滑な形成のため，都市計画制度の活用について起業者を指導するとともに，各社会資本整備事業の実施手続等の改善を図る。また，引き続き環境アセスメント等の適切な実施に努める。

　イ　土地収用制度・運用の改善

　　ア　土地収用制度の適時適切な運用を図るものとし，答申の指摘に沿つて，改善措置を講ずる。

　　イ　このほか，代替地対策その他用地取得円滑化のための措置について所要の改善を検討する。

　ウ　公共用地等の先買い制度の拡充等

　　ア　社会資本整備用地，都市再開発用地等の先行取得を促進するため，都市計画制度等において，私人間の土地売買の機会に地方公共団体等が優先的に先買いできる制度の拡充を図る。

　　イ　公有地の拡大の推進に関する法律（昭和47年法律第66号）の先買い協議制度について，届出面積の引下げ等を図るなど見直しを行う。

　　ウ　公共用地等の先買い等先行取得を進めるため，所要の資金調達の円滑化を図る。

　　エ　社会資本整備用地を確保するため，土地区画整理事業，市街地再開発事業等を積極的に活用することとし，当該用地を事業区域に含むこれらの事業等の迅速な実施を図る。

　エ　公共用地等の効率的利用

　複数の公共公益施設の複合的整備及び公共公益施設とその他の施設との一体的整備を進めるとともに，未利用容積率や地下の適切な活用を図る。このため，必要な制度の見直しを行う。

6　地価形成の適正化

（1）土地取引の適正化

　ア　緊急土地対策要綱の着実な実施等

　　ア　緊急土地対策要綱（昭和62年10月16日閣議決定）の着実な実施を引き続き推進する。これに基づき，国土利用計画法（昭和49年法律第92号）による規制区域の指定のための所要の準備を整える。また，引き続き地価動向の把握，地価情報の提供の充実を図る。

　　イ　大規模開発プロジェクト関連予定地等について，土地取引の状況に応じ，監視区域の先行的指定を行うとともに，必要がある場合には規制区域制度の活用を

参考資料

資料—1⑧

図る。

　　イ　不動産取引市場の整備

　　　ア　専属専任媒介契約制度の導入に伴う不動産取引情報の義務登録制の活用等による広域的な不動産取引情報システムの整備を促進する。

　　　イ　不動産業規制の見直しを進め，免許基準の強化，取引主任者制度の改善を始めとする施策を強力に推進し，不動産業の健全化を図る。

　（2）　土地評価制度の見直し

　　ア　地価公示制度・運用の見直し

　　　ア　地価公示制度について，鑑定評価基準及びその運用の見直し，標準地の適切かつ安定的な設定等を進めるとともに，公表に当たっては，制度の趣旨，適切な利用方法等の周知に努める。また，都道府県地価調査について，同制度との関連において適切な活用を進める。

　　　イ　地価変動の著しい地域について，短期的な地価変動に係る速報的な公的地価情報の提供を行う。

　　イ　公的土地評価の適正化，相互関連の確保

　　　ア　相続税評価について，相続税の性格を考慮し地価公示との均衡を図りつつ，その適正化を推進する。

　　　イ　固定資産税評価について，固定資産税の性格を考慮し地価公示との関係に十分配慮しつつ，その均衡化，適正化を推進する。また，評価に際して地価公示関係資料の活用を図るよう地方公共団体を指導する。

　　　ウ　上記ア，イにより公的土地評価の適正化等を推進するため，国土庁，大蔵省及び自治省による連携体制を整備する。

　　　エ　固定資産税評価については，個人のプライバシーの保護に配慮しつつ，評価の適正の確保に資するため，基準地等に係る路線価の公開を行うなど適切な措置を講ずるよう地方公共団体を指導する。

7　土地税制の活用

　　以下について，税制調査会に諮るなど検討を進める。

　（1）　土地保有課税の適正化

　　ア　特別土地保有税について，引き続きその運用の厳正化に努めるとともに，2（2）イに従い見直す。

　　イ　特定市街化区域農地に対する固定資産税の課税の適正化措置に関し，長期営農継続農地制度等について，2（2）アに従い見直す。

　（2）　土地の相続税上の取扱いの適正化

　　2（2）アに従い，市街化区域内農地のうち保全すべき農地として都市計画上明確な位置付け措置がなされないものについて，相続税の納税猶予制度を見直すなど，

301

参考資料

資料―1⑨

取扱いの適正化を図る。
　（3）　その他の税制上の措置
　　　ア　借入金による土地取得等を通ずる税負担回避行為に対処し，あわせて土地の仮需要を抑制するため，所要の税制上の歯止め措置を講ずる。
　　　イ　都市・宅地開発の推進，土地の有効・高度利用の促進等のための税制の在り方について，関連制度・施策の整備を踏まえて，引き続き検討する。

8　国公有地の利活用等
　（1）　都市施設，都市再開発，住宅建設の用地としての活用
　未利用の国有地については，その規模，立地条件等を勘案しつつ，都市施設，都市再開発の用地としての活用に努める。大都市地域においては，住宅建設適地を公共的住宅プロジェクトの用地として活用することに配慮する。
　（2）　国有地の有効・高度利用の計画的推進
　庁舎，宿舎，大学等国有地上の施設のうち，老朽化しかつ非効率な利用となっているものについて，その位置，周辺の環境等の立地条件を踏まえ，集約立体化，移転再配置を計画的に進める。この場合，合築方式等の高度利用方策の活用について考慮する。
　（3）　国有地及び旧国鉄用地の処分
　国有地及び旧国鉄用地の処分については，既定方針及び緊急土地対策要綱に従い，今後とも適切に実施する。また，運輸省及び日本国有鉄道清算事業団は，地価を顕在化させない土地の処分方法の検討を引き続き進め，速やかに結論を得て，具体化可能なものについて実施に移す。
　（4）　公有地の利活用及び処分
　公有地の利活用及び処分については，国有地に準じて行うよう地方公共団体に要請する。

9　土地に関するデータの整備
　（1）　答申の指摘に沿って，土地に関するデータベースの計画的整備及びデータの各省庁間利用の推進を図る。
　（2）　地籍調査について，進捗の遅れている都市地域においてその計画的推進を図る。このため，土地区画整理事業等他事業による確定測量成果の積極的活用を始め推進方策を検討する。

10　土地行政の総合調整の推進等
　（1）　総合調整の推進
　　　ア　土地対策の推進に当たり，土地対策関係閣僚会議の積極的活用を図る。ま

参考資料

資料─1 ⑩

た，個別の重要問題について，必要に応じ，ハイレベルの会議を機動的に開催し，調整を行う。

　イ　国土庁は，内閣官房に協力して，土地対策関係閣僚会議の事務局機能の十全な発揮を図ることとし，本要綱の実施状況のフォローアップなどその実施の推進に当たるものとする。

（2）国と地方公共団体及び地方公共団体相互間の連携協力の充実

　国，地方公共団体を通じて総合的，一体的な土地対策の円滑な実施を図るため，答申の指摘に沿って，国と地方公共団体及び地方公共団体相互間の連絡協議及び調整の充実を図る。

303

参考資料

資料―2

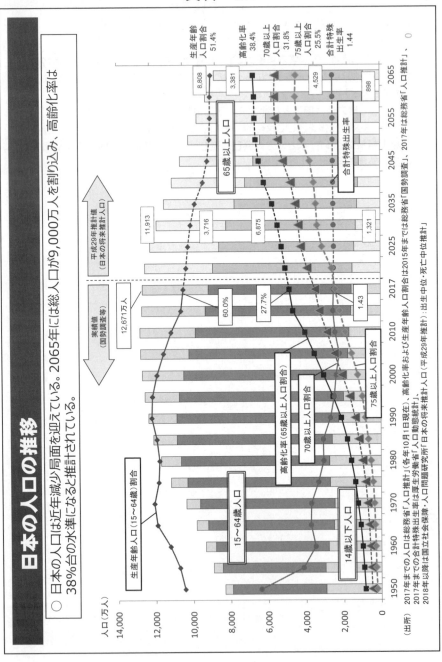

参考資料

資料ー3①

「所有者不明土地等に関する特命委員会　とりまとめ」
～所有から利用重視へ理念の転換　『土地は利用するためにある』～

平成３０年５月２４日
自由民主党政務調査会

■はじめに

　近年、相続時の未登記などを原因として、いわゆる「所有者不明土地等」が急増しており、所有者不明土地問題研究会（座長：増田寛也氏）の推計によれば、所有者不明土地の面積は約 410 万 ha に相当し、2040 年には約 720 万 ha に及ぶことが見込まれている。こうしたことが管理の放置による地域の環境悪化を招くほか、公共事業の用地買収や民間の土地取引の際、所有者の探索に多大な時間と費用が必要となり、国民経済に著しい損失を生ぜしめている。

　今後、土地の円滑な利用を可能とする仕組みに迅速に転換していくことが、我が国の成長戦略を加速化していく上での重要な鍵となる。人口減少・超高齢化社会が進展し、相続多発時代を迎えようとしている今、所有者不明土地等問題の解決は、一刻の猶予も許されない喫緊の政策課題である。

　本委員会では、昨年６月に、具体的な法整備を含む「中間とりまとめ」を策定し、政府に対して早急に実効策を講じるよう申し入れたところであるが、その後、関係省庁の協力により、今国会に、「所有者不明土地の利用の円滑化等に関する特別措置法案」等の法案が提出され、第一弾としての取り組みが進展しつつある。

　これにとどまらず、所有者不明土地問題の解決のためには、所有権の在り方や登記制度等、土地所有に関する基本制度そのものに関する検討が必要となることから、引き続き、本委員会では、本年３月以降合計３回の委員会を開催し、有識者や民間団体、関係省庁からのヒアリングを行い、精力的な議論を重ねてきたところである。

　所有者不明土地は、土地の所有権が利用権に比べて過剰なほど保護され、所有者本来の責任が軽視されてきたことが、今日の大きな問題を招いた原因ともいえる。国民の権利については、憲法第１２条等に規定されているように、国民は濫用してはならず、常に公共の福祉のために利用する責任を負っている。

　本委員会として、今後は、土地に対する公共性や責任を踏まえ、利用を重視する理念を尊重して土地の利用を最大限に進めるという観点から、制度の根本に立ち返った議論を進めていく必要がある。

　本とりまとめを踏まえ、所有者不明土地等対策について、憲法の趣旨も踏ま

305

参考資料

資料一3 ②

えながら計画的に法整備を図る等、政府全体として総合的な施策の推進を図っていくことが何より重要である。

　なお、安全保障と土地法制の検討にあたっても、土地の管理に対する考え方については、本委員会の提言に留意して検討を進められるべきである。

■提言

〇国会提出法案の円滑な施行

・所有者不明土地の利用の円滑化等に関する特別措置法案（以下「特措法案」という。）について、法案成立後、速やかに、政省令、ガイドラインの整備等を進め、新制度の普及啓発を図るとともに、地方協議会の設置等を通じ、地方公共団体への助言や人的支援を積極的に行うべきである。また、新制度や長期相続登記未了土地の解消事業を促進するため、組織・定員を含めた体制の強化や予算要求、税制改正を検討すべきである。

・農業経営基盤強化促進法等の一部を改正する法律や森林経営管理法案について、法案成立後、速やかに、新制度の普及啓発を図るとともに、新制度を活用した農地、森林経営管理の集積・集約化を積極的に進めるべきである。

〇土地所有者の責務

・憲法12条では、憲法が国民に保障する自由及び権利について、国民は濫用してはならず、常に公共の福祉のためにこれを利用する責任を負うこと、憲法29条では、私有財産は正当な補償の下に公共のために用いることができることが明記されている。所有者不明土地問題についても、憲法の原則に則り、土地所有者がこうした責任を負うことを踏まえた上で土地所有に関する基本制度の見直しを進めていく必要がある。

・土地基本法においては公共の福祉が優先され、民法でも私権は公共の福祉に適合しなければならない旨が規定されているにもかかわらず、これまで所有権を重視しすぎていたことが、所有者不明土地が円滑に利用されてこなかった原因にもなっている。また、利用・取引にあたっての事業者・国民の責務は規定されているが、管理にあたっての責務や所有者に明確に焦点をあてた責務は規定されておらず、近隣環境や地域の景観を悪化させている。

　今後、利用重視の理念の下、土地基本法を抜本的に改正することを視野に、土地の適切な利用・管理を確保する上での土地所有者の責務及びそれを実現す

306

参考資料

資料―3③

るために必要な方策の検討を進めるべきである。

○土地収用の的確な活用と運用
・特措法案により、収用委員会に代わり都道府県知事が補償金の額等を裁定すること等を通じ、公共事業における収用手続の合理化・円滑化が見込まれる。これまで一部の公共事業において、用地取得の遅延により事業進捗に影響が生じた場合もあることから、上述の土地に対する公共性や責任を踏まえ、利用を重視する理念を尊重する観点から、公共事業の迅速な実施に向けた土地収用の的確な活用及び運用に取り組むべきである。

○登記制度の見直し、相続登記の促進等
・相続時に不動産登記が適切になされないことが、所有者不明土地問題の原因の一つになっていることから、登記の義務化も視野に入れ、相続等が生じた場合に、これを登記に反映させるための仕組みについて検討すべきである。

・法定相続情報証明制度の円滑な運用に努めるほか、更なる相続登記に係る国民の負担軽減を図り、相続登記を促進させる措置を講ずるべきである。また、新たに創設する法務局における自筆証書遺言の保管制度は、遺産に関する権利義務関係の早期確定に資することにより、相続登記を促進することが可能となるものであり、制度の円滑導入に向けて体制の整備をすべきである。

○変則型登記の解消
・歴史的経緯により表題部所有者の氏名・住所が正常に記録されていない不動産登記（変則型登記）については、所有者の探索の際に極めて多大な労力を要するため、用地取得や適切な土地の管理、筆界確定の際の大きな支障となっている。

　今後、少子高齢化の進展や地域コミュニティの減少により、所有者の探索がますます困難となることが予測されている現状においては、その解消が喫緊の課題である。このため、変則型登記を正常な登記の状態に改めるための法改正を速やかに検討するとともに、組織・定員を含め必要となる体制を整備して早急に対応すべきである。

○土地の円滑な利活用を促す仕組み
・土地が適切に管理されないまま放置されることで、地域の環境悪化や有効な土

参考資料

資料―3 ④

地利用を阻害する実態が生じている。このため、地域福利増進事業による所有者不明土地の利用の更なる拡充について、特措法案成立後の施行状況も踏まえて検討を進める。

・さらに、所有権を含む民事基本法制の抜本的見直しを視野に、自ら土地の管理を行うことが難しい所有者が土地を手放し、受け皿となる団体等が適切に管理や利用を行うことができる仕組みや、長期間放置された土地の所有権のみなし放棄の制度について、関係省庁が一体となって検討を行うべきである。

・所有者不明土地との境界確定や隣地使用に関する土地利用の規律、一部の所有者が不明な場合の共有地の管理や分割について一定のルールを定める等、空き家や区分所有建物の取扱い、民間の再開発事業の推進にも配慮しながら、土地利用の円滑化を図る仕組みを検討すべきである。

・所有者不明土地については、供託を活用して、補償金の支払を確保することにより、利活用を拡大することが可能と考えられ、地域福利増進事業の仕組みも踏まえながら、官民の事業における所有者不明土地の利用の更なる円滑化を図る仕組みを検討すべきである。

○土地所有者情報を円滑に把握できる仕組み

・関係行政機関が土地所有者の所在を的確に把握する上で、登記簿と戸籍等の連携により所有者探索を円滑に行うための制度を構築する必要がある。その前提として、戸籍副本データ管理システムの仕組みを利用したシステムの構築に関する戸籍法等の法整備や体制整備等を速やかに検討すべきである。

・こうした制度を構築するまでの間においても、自治体の協力による登記手続きの促進や関係機関から自治体への照会による所有者情報の把握の取り組みを進めるとともに、関係機関が連携して所有者探索を円滑に行うため、住民基本台帳の保存期間の延長についても検討すべきである。

・土地所有者に関する記録については、不動産登記簿、固定資産課税台帳、農地、林地台帳等、行政目的ごとに異なる台帳が整備されてきており、このことが各台帳間の情報共有や所有者情報の円滑な把握を困難にしている面がある。各台帳間の情報の共通化や連携を速やかに行い、最新の所有者情報を行政機関が把

握できる仕組みの構築を進めるべきである。

○地籍調査の促進、登記所備付地図の整備

・地籍調査は、インフラ整備や災害復旧事業等を実施する上での基礎データとなっているが、未だ進捗率は約５２％にすぎないことから、2020 年度から始まる第 7 次国土調査事業十箇年計画の策定に向けて、境界確認の合理化等調査の迅速化、災害想定地域等の優先地域での調査区域の重点化を進め、地籍調査を一層推進すべきである。また、地籍調査等の過程で得られた情報の利活用の促進等について検討を行うべきである。

・登記所備付地図作成作業については、特に都市部や被災地において地籍を明確化するために実施されており、地籍調査と同様、土地の重要な情報基盤であることから、筆界特定制度を活用した新たな取り組みの検討を含め、登記所備付地図の整備を一層推進すべきである。

○関連業団体、不動産関係団体との連携協力

・所有者不明土地問題への対応を的確に行うためには、司法書士、行政書士、不動産鑑定士、土地家屋調査士や不動産関係団体等と地方公共団体、地域コミュニティ等との連携体制の構築が重要となるが、相談窓口の設置や相続手続きの支援などを通じ、所有者不明土地の発生を予防するために、積極的な役割を果たすべきである。

■今後に向けて

　我が国は、超高齢化社会を迎え、今後大量の相続が発生する中、所有者不明土地問題等への対応は喫緊の課題である。そのためには、土地所有に関する基本制度など国民的な議論が必要な事項についても、大胆に期限を区切って審議会等での検討を進める必要がある。

　その中でも、次期通常国会への法案提出が可能なものについては、速やかに制度設計の具体化を図るべきである。

参考資料

資料—4①

所有者不明土地等対策の推進に関する基本方針

平成30年6月1日
所有者不明土地等対策の推進のための関係閣僚会議

　所有者不明土地は、相続が生じても登記がされないことなどを原因として発生し、管理の放置による環境悪化を招くほか、公共事業の用地買収、災害の復旧・復興事業の実施や民間の土地取引の際に、所有者の探索に多大な時間と費用を要するなど、国民経済にも著しい損失を生じさせている。

　人口減少・超高齢社会が進展し、相続多発時代を迎えようとする中、所有者不明土地等問題の解決は喫緊の課題となっている。

　このため、国会提出法案の成立後の円滑な施行を図るとともに、別添工程表のとおり、土地所有に関する基本制度や民事基本法制の見直し等の重要課題については、2018年度中に制度改正の具体的方向性を提示した上で、2020年までに必要な制度改正を実現する。また、変則型登記を正常な登記に改めるために必要な法制度については、次期通常国会に法案を提出するなど、期限を区切って着実に対策を推進する。

1　国会提出法案の円滑な施行

　第196回国会に提出した「所有者不明土地の利用の円滑化等に関する特別措置法案」（以下、「特措法案」という。）他関連法案の成立後、速やかに、政省令、ガイドラインの整備等を進め、新制度の普及啓発を図るとともに、新制度や長期相続登記未了土地の解消事業など必要な事業推進のため、組織・定員を含めた体制の強化や予算要求、税制改正要望を検討する。

　また、地方協議会の設置や関係団体との連携、協力を通じ、地方公共団体に対する助言や人的支援を実施する。

2　土地所有に関する基本制度の見直し

　土地の公共性を踏まえ、土地の管理や利用に関して所有者が負うべき責務や、その責務の担保方策に関して、必要な措置の具体的な方向性を来年2月を目途にとりまとめる。その後、関係審議会等において法改正に向けた作業を進め、2020年に予

参考資料

資料─4 ②

定している民事基本法制の見直しとあわせて土地基本法等の見直しを行う。

3 地籍調査等の着実な実施、登記所備付地図の整備

　土地の適切な利用の基礎データとなる地籍調査に関し、一部の所有者が不明な場合を含めて調査を円滑かつ迅速に進めるための措置や、地籍調査等の過程で得られた情報の利活用の促進策等について、必要な措置の方向性を来年2月を目途にとりまとめる。

　その後、法改正に向けた作業を進め、2020 年度から始まる第 7 次国土調査事業十箇年計画の策定とあわせ、国土調査法等の見直しを行う。あわせて、地籍を明確化するための情報基盤である登記所備付地図についても、筆界特定制度の活用等により整備を推進する。

4 変則型登記の解消

　表題部所有者の氏名、住所が正常に記録されていない変則型登記がされている土地は、所有者の探索の際に極めて多大な労力を要するため、用地取得や適切な土地の管理、筆界確定の際の支障となっている。

　このため、変則型登記を正常な登記に改めるために必要な法制度の整備に向けた作業を進め、次期通常国会へ提出するとともに、組織・定員を含め必要となる体制を速やかに整備する。

5 登記制度・土地所有権等の在り方、相続登記の促進

　現行法上、土地所有権の内容は法令の制限に服し、公共の福祉優先の理念に基づく立法が妨げられるものではないことを明確にしつつ、相続等が生じた場合に、相続登記の義務化等を含め、これを登記に反映させるための仕組みや、管理不全な土地等について、土地を手放すことができる仕組み（所有権の放棄、その帰属先等）、長期間放置された土地の所有権のみなし放棄の制度のほか、民事における土地利用の円滑化を図る仕組み（相隣関係、共有、財産管理制度等）など、登記制度・土地所有権等の在り方について検討し、来年2月を目途にこれらの仕組みの構築に向けた具体的方向性や検討課題を幅広く提示する。

　その後、法制審議会において、法案要綱の策定に向けた作業を進め、2020 年に予定している土地基本法等の見直しとあわせて民事基本法制の見直しを行う。

　また、法定相続情報証明制度の円滑な運用や法務局における遺言書の保管制度

311

参考資料

資料—4 ③

の円滑な導入に向けた体制の整備に加え、更なる相続登記に係る国民の負担軽減を図り、相続登記の促進に取り組む。

6 所有者不明土地の円滑な利活用、土地収用の活用及び運用

　所有者不明土地が適切に管理され、円滑に利活用が行われるよう、特措法案の施行状況も踏まえつつ、地域福利増進事業の拡充、供託の活用、共有地の管理等を円滑化するための更なる方策等について、建物の取り扱いや民間の再開発事業等にも配慮しながら検討する。

　また、収用手続きの合理化・迅速化のための新制度の円滑な運用を図るとともに、用地取得の円滑化等、公共事業の迅速な実施に向けた土地収用の的確な活用及び運用に取り組む。

7 土地所有者情報を円滑に把握する仕組み

　不動産登記を中心にした登記簿と戸籍等の連携により、関係行政機関が土地所有者の情報を円滑に把握できる仕組みを構築することを目指す。このため、来年、戸籍の副本を法務局が管理する戸籍副本データ管理システムの仕組みを利用して、特定の行政機関等に対して戸籍情報を提供するための法整備やシステムの設計、開発等を行う。その上で、2020年に登記簿と戸籍等を連携するために必要な制度の整備を行う。

　こうした制度を構築するまでの間においても、自治体の協力による登記手続きの促進や、住民基本台帳等を活用した関係機関から自治体への照会による所有者情報の把握の取組を進め、関係機関の協力による所有者情報の把握を着実に実施する。また、総務省の住民基本台帳制度等のあり方に関する研究会の中間報告も踏まえ、住民票等の除票の保存期間の延長についても引き続き検討する。

　さらに、土地に関する各台帳間の情報連携の高度化のためシステムの整備に向けた検討を進める。

8 関連分野の専門家等との連携協力

　今後の所有者不明土地等問題への対応及び検討にあたっては、関連分野の専門家等と地方公共団体、地域コミュニティ等との連携体制を構築しつつ、これらの意見等を十分踏まえながら対応する。

参考資料

資料—5

所有者不明土地等問題 対策推進のための工程表

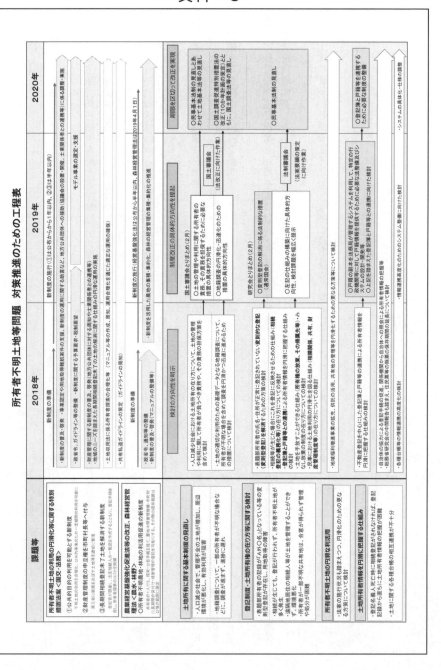

参考資料

資料―6

所有者不明土地の利用の円滑化等に関する特別措置法案に対する附帯決議

衆議院国土交通委員会

平成三十年五月二十三日

政府は、本法の施行に当たっては、次の諸点に留意し、その運用について遺漏なきを期すべきである。

一　裁定主体である都道府県知事が地域福利増進事業者又は土地収用法に定める起業者となる場合には、裁定の透明性及び公平性が確保されるよう、必要な措置を講ずること。

二　現に所有者が不明となっている土地についての相続登記を促進するため、相続により土地の所有権を取得した者が当該土地の相続登記を行おうとする場合において、所有者不明土地の相続人の負担軽減を図ること。

三　所有者不明土地の発生を抑制するためには相続登記の促進が必要であることから、市町村から登記官に登記名義人の死亡の情報が伝達されるなど、登記官がその死亡事実を把握することができるようにして、共同相続人に遺産分割の協議や相続登記を促す仕組みを検討すること。

四　財産管理制度の円滑な利用を図るため、複数の土地共有者が不在者であるときは、不在者財産管理人は、複数の土地共有者を代理することができる仕組みを検討すること。

五　土地の管理の放置を防ぐため、土地の所有権の放棄の在り方について検討すること。

参考資料

資料―7①

所有者不明土地の利用の円滑化等に関する特別措置法案に対する附帯決議

平成三十年六月五日
参議院国土交通委員会

政府は、本法の施行に当たり、次の諸点について適切な措置を講じ、その運用に万全を期すべきである。

一　裁定主体である都道府県知事が地域福利増進事業者又は土地収用法に定める起業者となる場合には、裁定の透明性及び公平性が確保されるよう、必要な措置を講ずること。

二　現に所有者が不明となっている土地についての相続登記を促進するため、相続により土地の所有権を取得した者が当該土地の相続登記を行おうとする場合において、所有者不明土地の相続人の負担軽減を図ること。

三　所有者不明土地の発生を抑制するためには相続登記の促進が必要であることから、市町村から登記官に登記名義人の死亡の情報が伝達されるなど、登記官がその死亡事実を把握することができるようにして、共同相続人に遺産分割の協議や相続登記を促す仕組みを検討すること。

四　財産管理制度の円滑な利用を図るため、複数の土地共有者が不在者であるときは、不在者財産管理人は、複数の土地共有者を代理することができる仕組みを検討すること。

五　本法に基づく制度が効果的かつ適切・円滑に運用されるよう、丁寧で分かりやすいガイドライン等の整備、説明会の開催などを通じて、地方公共団体や関係する専門家等に対し制度を周知するとともに、所有者探索に有効な方策の情報共有に努めること。

315

参考資料

資料―7②

六　所有者不明土地の発生の抑制・解消に向けて、関係府省が一体となって土地に関する基本的な制度の在り方等について可能な限り早期に検討を行い、所要の措置を講ずるよう努めること。その際、土地の管理の放置を防ぐため、土地の所有権の放棄の在り方や使われないまま放置されている土地の管理等に係る新たな「受け皿」づくりについても検討すること。

　右決議する。

参考資料

資料―8

農業経営基盤強化促進法等の一部を改正する法律案に対する附帯決議

農業生産の基盤である農地は、国民のための限られた資源であり、かつ、地域における貴重な資源であることを踏まえ、農地の利用の効率化及び高度化の促進が図られるよう、政府は、本法の施行に当たり、左記事項の実現に万全を期すべきである。

記

一　相続未登記農地の発生を防ぐため、相続等による権利取得に際しての農地法第三条の三の届出義務の周知を図るとともに、相続登記の重要性について啓発を図ること。また、相続未登記農地問題の抜本的解決に向けて、登記制度及び土地所有の在り方、行政機関相互での土地所有者に関する情報の共有の仕組み等について早期に検討を進め、必要な措置を講じること。

二　農作物栽培高度化施設に係る農林水産省令を定めるに当たっては、周辺の農地に係る営農条件に支障を及ぼさないよう当該施設の規模等について必要な基準を定めるとともに、農地の面的集積や農業の有する多面的機能の発揮への影響について考慮すること。また、現場における運用に当たり、混乱が生じないよう、基準は具体的に定めること。加えて、施設の周囲や複数の施設を一体として扱うことによって広範囲をコンクリート等で覆うことを許容するなど、法改正の趣旨を逸脱する運用が行われることがないようにすること。

三　底面をコンクリート等で覆った農作物栽培高度化施設の適正な利用を確保するため、農業委員会による利用状況調査、勧告等が適時に行われるようにすること。また、適切な利用が行われていない場合には、速やかに必要な是正措置が講じられるようにすること。

四　農業委員会が、共有者不明農用地等に係る不確知共有者の探索や農作物栽培高度化施設に係る業務を円滑に実施すること
ができるよう、必要な支援及び体制整備を図ること。

右決議する。

平成三十年四月四日
衆議院農林水産委員会

317

資料—9

農業経営基盤強化促進法等の一部を改正する法律案に対する附帯決議

平成三十年五月十日
参議院農林水産委員会

農業生産の基盤である農地は、国民のための限られた資源であり、かつ、地域における貴重な資源であることを踏まえ、農地の利用の効率化及び高度化の促進が図られるよう、政府は、本法の施行に当たり、次の事項の実現に万全を期すべきである。

一 相続未登記農地の発生を防ぐため、相続等による権利取得に際しての農地法第三条の三の届出義務の周知を図るとともに、相続登記の重要性について啓発を図ること。また、相続未登記農地問題の抜本的解決に向けて、登記制度及び土地所有の在り方、行政機関相互での土地所有者に関する情報の共有の仕組み等について早期に検討を進め、必要な措置を講じること。

二 農作物栽培高度化施設に係る農林水産省令を定めるに当たっては、周辺の農地に係る営農条件に支障を及ぼさないよう当該施設の規模等について必要な基準を定めるとともに、農地の面的集積や農業の有する多面的機能の発揮への影響について考慮すること。また、現場における運用に当たり、混乱が生じないよう、基準は具体的に定めるとともに、農業委員会が適切に判断できるようきめ細かく方針を示すこと。加えて、施設の周囲や複数の施設を一体として扱うことによって広範囲をコンクリート等で覆うことを許容するなど、法改正の趣旨を逸脱する運用が行われることがないようにすること。

三 底面をコンクリート等で覆った農作物栽培高度化施設の適正な利用を確保するため、農業委員会による利用状況調査、勧告等が適時に行われるようにすること。また、適切な利用が行われていない場合には、速やかに必要な是正措置が講じられるようにすること。

四 貸し出した農地に農作物栽培高度化施設が設置される農地の所有者には、民法上の手続き、当該施設が利用されなくなった場合に発生しうる責務などについて、必要な事項が伝わるよう体制整備すること。

五 農業委員会が、共有者不明農用地等に係る不確知共有者の探索や農作物栽培高度化施設に係る業務を円滑に実施することができるよう、必要な支援及び体制整備を図ること。

右決議する。

資料—10①

森林経営管理法に対する附帯決議

平成三十年四月十七日
衆議院農林水産委員会

我が国の林業は、木材価格の低迷、森林所有者の世代交代等により、森林所有者の経営意欲の低下や所有者不明森林が増加するなど、依然として厳しい状況にある。このような中、持続可能な森林経営に向けて、森林の管理の適正化及び林業経営の効率化の一体的な促進を図ることは、森林の有する多面的機能の発揮及び林業・山村の振興の観点から極めて重要である。また、森林吸収源対策に係る地方財源確保のため、平成三十一年度税制改正において創設するとされている森林環境税（仮称）及び森林環境譲与税（仮称）については、創設の趣旨に照らし、その使途を適正かつ明確にする必要がある。

よって政府は、本法の施行に当たり、左記事項の実現に万全を期すべきである。

記

一　本法を市町村が運用するに当たって、「森林の多面的機能の発揮」「公益的機能の発揮」「生物多様性の保全」について、十分に配慮するよう助言等の支援を行うこと。

二　経営管理権及び経営管理実施権の設定等を内容とする新たな森林管理システムが現場に浸透し、林業の効率化及び森林管理の適正化の一体的な促進が円滑に進むよう、都道府県及び市町村と協力して、不在村森林所有者を含む森林所有者、森林組合、民間事業者など、地域の森林・林業関係者に本法の仕組みの周知を徹底すること。また、経営管理実施権の設定に当たっては、市町村が地域の実情に応じた運用ができるものとすること。

三　市町村が区域内の森林の経営管理を行うに当たっては、その推進の在り方について広く地域住民の意見が反映されるよう助言等の支援を行うこと。

四　経営管理実施権を設定した林業経営者に対して、市町村が指導監督体制の確立に努めるよう助言等の支援を行うこと。さらに、国は、民間事業者の健全な育成を図るため、森林に関する高度の知識、技術、経営に関する研修計画を企画し、実施すること。　経営管理実施権の設定に当たっては、生産性（生産量）の基準だけでなく、作業の質、持続性、定着性な

319

資料―10②

どの評価基準も重視すること。

五　森林の育成には、林業労働力の確保・育成は不可欠であり、林業就業者の所得の向上、労働安全対策をはじめとする就業条件改善に向けた対策の強化を図ること。

六　所有者不明森林の発生を防ぐため、相続による権利取得に際しての森林法第十条の七の二の届出義務の周知を図るとともに、相続登記等の重要性について啓発等による権利取得に際しての森林法に係る問題の抜本的解決に向けて、登記制度及び土地所有の在り方、行政機関相互での土地所有者に関する情報の共有の仕組み等について早期に検討を進め、必要な措置を講じること。

七　経営管理権集積計画の策定に当たり、まず前提となる森林法の趣旨にのっとった、林地台帳の整備、森林境界の明確化等に必要な取組に対する支援を一層強化すること。

八　市町村が、市町村森林整備計画と調和が保たれた経営管理権集積計画の作成等の新たな業務を円滑に実施することができるよう、フォレスター等の市町村の林業部門担当職員の確保・育成を図る仕組みを確立するとともに、林業技術者等の活用の充実、必要な支援及び体制整備を図ること。

九　市町村が、「確知所有者不同意森林」制度を運用するに当たって、森林所有者の意向等を的確に把握し、同意を取り付けるため十分な努力を行うよう助言等の支援を行うこと。

十　「災害等防止措置命令」制度の運用に資するよう、国は、災害等の防止と森林管理の関係についての科学的知見の蓄積に努めること。

十一　路網は、木材を安定的に供給し、森林の有する多面的機能を持続的に発揮していくために必要な造林、保育、間伐等の施業を効率的に行うために不可欠な生産基盤であることから、路網整備に対する支援を一層強化すること。なお、路網整備の方法によっては土砂災害を誘発する場合もあることから、特段の配慮をすること。

十二　森林資源の循環利用を図るため、新たな木材需要を創出するとともに、これらの需要に対応した川上から川下までの

参考資料

資料—10③

安定的、効率的な供給体制を構築すること。また、森林管理の推進に向けて、その大きな支障の一つである鳥獣被害に係る対策を含め、主伐後の植栽による再造林、保育を確実に実施する民間事業者が選定されるよう支援するとともに、他の制度との連携・強化を図ること。

十三　自伐林家や所有者から長期的に施業を任されている自伐型林業者等は、地域林業の活性化や山村振興を図る上で極めて重要な主体の一つであることから、自伐林家等が実施する森林管理や森林資源の利用等の取組等に対し、更なる支援を行うこと。

十四　地球温暖化防止のための森林吸収源対策に係る地方財源の確保のため創設するとされている森林環境税（仮称）及び森林環境譲与税（仮称）については、その趣旨に沿って、これまでの森林施策では対応できなかった森林整備等に資するものとすること。

右決議する。

321

参考資料

資料—11①

森林経営管理法案に対する附帯決議

我が国の林業は、木材価格の低迷、森林所有者の世代交代等により、森林所有者の経営意欲の低下や所有者不明森林が増加するなど、依然として厳しい状況にある。このような中、持続可能な森林経営に向けて、森林の管理の適正化及び林業経営の効率化の一体的な促進を図ることは、森林の有する多面的機能の発揮及び林業・山村の振興の観点から極めて重要である。また、森林吸収源対策に係る地方財源確保のため、平成三十一年度税制改正において創設するとされている森林環境税（仮称）及び森林環境譲与税（仮称）については、創設の趣旨に照らし、その使途を適正かつ明確にする必要がある。

よって政府は、本法の施行に当たり、次の事項の実現に万全を期すべきである。

一　本法を市町村が運用するに当たって、「森林の多面的機能の発揮」「公益的機能の発揮」「人工林から自然林への誘導」「生物多様性の保全」について、十分に配慮するよう助言等の支援を行うこと。

二　経営管理権及び経営管理実施権の設定等を内容とする新たな森林管理システムが現場に浸透し、林業の効率化及び森林管理の適正化の一体的な促進が円滑に進むよう、都道府県及び市町村と協力して、不在村森林所有者を含む森林所有者、森林組合、民間事業者など、地域の森林・林業関係者に本法の仕組みの周知を徹底すること。また、経営管理実施権の設定に当たっては、超長期的な多間伐施業を排除することとな

平成三十年五月二十四日
参議院農林水産委員会

参考資料

資料—11②

く、市町村が地域の実情に応じた運用ができるものとすること。

三　市町村が区域内の森林の経営管理を行うに当たっては、その推進の在り方について広く地域住民の意見が反映されるよう助言等の支援を行うこと。

四　経営管理実施権を設定した林業経営者に対して、市町村が指導監督体制の確立に努めるよう助言等の支援を行うこと。さらに、国は、民間事業者の健全な育成を図るため、森林に関する高度の知識、技術、経営に関する研修計画を企画し、実施すること。経営管理実施権の設定に当たっては、生産性（生産量）の基準だけでなく、作業の質、持続性、定着性、地域経済への貢献、労働安全などの評価基準も重視すること。

五　森林の育成には、林業労働力の確保・育成は不可欠であり、小規模事業体の経営者や従業員を含む林業就業者の所得の向上、労働安全対策をはじめとする就業条件改善に向けた対策の強化を図ること。

六　所有者不明森林の発生を防ぐため、相続等による権利取得に際しての森林法第十条の七の二の届出義務の周知を図るとともに、相続登記等の重要性について啓発を図ること。また、所有者不明森林に係る問題の抜本的解決に向けて、登記制度及び土地所有の在り方、行政機関相互での土地所有者に関する情報の共有の仕組み等について早期に検討を進め、必要な措置を講じること。

七　経営管理権集積計画の策定に当たり、まず前提となる森林法の趣旨にのっとった、林地台帳の整備、森

323

参考資料

資料—11③

林境界の明確化等に必要な取組に対する支援を一層強化すること。

八　市町村が、市町村森林整備計画と調和が保たれた経営管理権集積計画の作成等の新たな業務を円滑に実施することができるよう、フォレスター等の市町村の林業部門担当職員の確保・育成を図る仕組みを確立するとともに、林業技術者等の活用の充実、必要な支援及び体制整備を図ること。

九　市町村が、「確知所有者不同意森林」制度を運用するに当たって、森林所有者の意向等を的確に把握し、同意を取り付けるため十分な努力を行うよう助言等の支援を行うこと。

十　「災害等防止措置命令」制度の運用に資するよう、国は、災害等の防止と森林管理の関係についての科学的知見の蓄積に努めること。

十一　路網は、木材を安定的に供給し、森林の有する多面的機能を持続的に発揮していくために必要な造林、保育、間伐等の施業を効率的に行うために不可欠な生産基盤であることから、路網整備に対する支援を一層強化すること。なお、路網整備の方法によっては土砂災害を誘発する場合もあることから、特段の配慮をすること。

十二　森林資源の循環利用を図るため、新たな木材需要を創出するとともに、これらの需要に対応した川上から川下までの安定的、効率的な供給体制を構築すること。また、適正な森林管理の推進に向けて、その大きな支障の一つである鳥獣被害に係る対策を含め、主伐後の植栽による再造林、保育を確実に実施する

参考資料

資料—11④

民間事業者が選定されるよう支援するとともに、森林法による伐採後の造林命令など他の制度との連携・強化を図ること。

十三　自伐林家や所有者から長期的に施業を任されている自伐型林業者等は、地域林業の活性化や山村振興を図る上で極めて重要な主体の一つであることから、自伐林家等が実施する森林管理や森林資源の利用の取組等に対し、更なる支援を行うこと。

十四　地球温暖化防止のための森林吸収源対策に係る地方財源の確保のため創設するとされている森林環境税（仮称）及び森林環境譲与税（仮称）については、その趣旨に沿って、これまでの森林施策では対応できなかった森林整備等に資するものとし、その使途の公益性を担保し、国民の理解が得られるものとすること。

右決議する。

325

参考資料

資料―12

所有者不明土地の利用の円滑化等に関する特別措置法

（平成30年6月6日成立、6月13日公布、平成30年法律第49号）

背景・必要性

○ 人口減少・高齢化の進展に伴う土地利用ニーズの低下や地方から都市等への人口移動等を背景とした土地の所有意識の希薄化等により、所有者不明土地（※）が全国的に増加している。
（※）不動産登記簿等の公簿情報等により調査してもなお所有者が判明しない、又は判明しても連絡がつかない土地。
○ 今後、相続機会が増加する中で、所有者不明土地の一層の増加が見込まれる。
○ 公共事業の推進等の様々な場面において、所有者の特定等のための多大なコストを要し、円滑な事業実施への大きな支障となっている。

直接事業の用地取得業務においてあい隆案件となっている要因

・不動産登記簿上で所有者の所在が確認できない土地の割合：約 20％
・探索の結果、最終的に所有者の所在が判明しない土地（狭義の所有者不明土地）：0.41％

経済財政運営と改革の基本方針2017（平成29年6月9日閣議決定）（抜粋）
・所有者を特定することに困難な土地について、地域の実情に応じた適切な利用や管理が図られるよう、……公的機関の関与により地域ニーズに対応した幅広い公共的利用を可能とする新たな仕組みの構築、……等について、必要となる法案の次期通常国会への提出を目指す。

法律の概要

1. 所有者不明土地を円滑に利用する仕組み 【公布後1年以内施行（平成31年6月1日施行）】

反対する権利者がおらず、建築物が無い又は簡易な構造で小規模なものに限り、地域住民等の利益となる事業に供する場合（所有権の取得）
① 公共事業における収用手続の合理化・円滑化（所有権の取得）
○ 国、都道府県知事等が事業認定（※）した事業について、収用委員会に代わり都道府県知事が裁定
（※）マニュアル作成等により、認定を円滑化
（審理手続を省略、権利取得裁決・明渡裁決を一本化）
② 地域福祉増進事業の利用権の設定
○ 都道府県知事が公益性を確認、一定期間の公告
○ 市区町村長の意見を通じた上で、都道府県知事が公益性・妥当性を判断、利用権（上限10年間）を設定
（所有者が現れ明渡しを求める場合は期間満了後に原状回復、異議がない場合は延長可能）

地域福祉増進事業の利用のイメージ

ポケットパーク（公園）（出典）杉並区

直売所（購買施設）（出典）広島県

2. 所有者の探索を合理化する仕組み 【公布後6月以内施行（平成30年11月15日施行）】

所有者の探索に当たり、原則として登記簿、住民票、戸籍など客観性の高い書類を調査することとする（※）合理化を実施。
① 土地等利用権に関する情報の利用及び提供
○ 土地の所有者の探索のために必要な公的情報（固定資産課税台帳、地籍調査票等）について、行政機関が利用できる仕組みを創設
② 長期相続登記等未了土地に係る不動産登記法の特例
○ 長期間、相続登記等がされていない土地について、登記官が、長期相続登記等未了土地である旨を登記簿に記録することができる等の制度を創設

3. 所有者不明土地を適切に管理する仕組み 【公布後6月以内施行（平成30年11月15日施行）】

財産管理制度に係る民法の特例
○ 所有者不明土地の適切な管理のために特に必要がある場合に、地方公共団体の長等が家庭裁判所に対し財産管理人の選任等を請求可能にする制度を創設
（※）民法上、利害関係人又は検察官のみが財産管理人の選任請求を認めている

【目標・効果】
○ 所有者不明土地の収用手続に要する期間（収用手続の移行から取得まで）：約1/3短縮（約31→21カ月）
○ 地域福祉増進事業における土地の利用権の設定数：施行後10年間で累計100件

参考資料

資料―13

所有者不明土地の利用の円滑化等に関する特別措置法施行令について（平成30年政令第308号）

ポイント

➤ 土地の所有者の探索の方法等を明確化。
➤ 現在では効果が得られる見込みが少なくなっている地元精通者や近隣住民への聞き取り調査、遠方への訪問については実施不要とし、所有者探索を合理化。

土地の所有者の探索の方法（法第2条第1項関係）

● 法において、「所有者不明土地」とは、相当な努力が払われたと認められるものとして政令で定める方法により探索を行ってもなお所有者の全部又は一部を確知することができない土地とされている。
● 相当な努力が払われたと認められる方法は、土地所有者確知必要情報（※1）を取得するために①～④の全ての措置をとる方法とする。
　① 土地の登記事項証明書の交付を請求すること
　② 当該土地の占有者その他の土地所有者確知必要情報を保有していると思料される者（※2）に対し、当該情報の提供を求めること
　③ 土地の所有者と思料される者が記録されている住民基本台帳その他の土地の所有者の登記名簿又は登記所の登記記録に記録されている親族 等の登記記録に対し、当該情報の提供を求めること
　④ 所有者と思料される者に対し、書面の送付する措置（※4）をとること

（※1）土地の所有者の氏名及び住所その他の所有者を確知するために必要な情報
（※2）土地の所有権以外の権利者、固定資産課税台帳・地籍調査票等を備える都道府県知事又は市町村長、探索の過程で所在が判明した親族 等
（※3）戸籍簿、戸籍の附票、法人の登記簿 等
（※4）書面の送付又は訪問のいずれか

特定所有者不明土地に存することが許容される簡易建築物の要件（法第2条第2項関係）

● 法において、地域福利増進事業や土地収用法の特例の対象となる「特定所有者不明土地」とは、所有者不明土地のうち、有効な建築物が存せず、かつ、特別の用途に供されていない土地とされている。
● 簡易な構造の建築物を除く建築物が存せず、かつ、特別の用途に供されていない土地とされている。
● 簡易な構造の建築物とは、物置、作業小屋等であって、階数が1で、床面積が20平方メートル未満のものとする。

地域福利増進事業に該当する事業（法第2条第3項関係）

● 法において、地域福利増進事業とは、道路、公園等の整備に関する事業のほか、政令で定める事業とされている。政令で定める事業は、
● 被災市町村の区域内やその周辺の地域が著しく荒廃している区域内における購買施設及び教養文化施設の整備に関する事業
● 国又は地方公共団体による庁舎等の整備に関する事業 等
とする。

327

資料—14

所有者不明土地法の円滑な運用に向けた地域支援（平成31年度国土交通省関係予算 54百万円）

○ 平成30年6月に成立した「所有者不明土地の利用の円滑化等に関する特別措置法」の円滑な運用、積極的な活用のため、権利者探索の経験の浅い実務者向けの具体的な課題に即した平易な手引書や、空き地関連情報の外部提供による利用希望者とのマッチング・適切な管理方策の促進等についての運用マニュアル等を作成、取組の普及を促進。

○「所有者が分からない土地」を「地域に役立つ土地」へと積極的に活用するため、地域福利増進事業に係る取組を支援しながら、事業手法の地域への普及を促進。

○ 市町村実務者等のニーズを踏まえて、権利者探索等の土地関係事務に関する講習会、講演会等を全国で開催し、さらに市町村に細やかに市町村を支援。

■ 施策概要

1. 権利者探索、所有者情報の外部提供に係る手引き等の作成

(1) 権利者探索、所有者情報の外部提供に係る手引き等の作成
- ▶ 市町村実務者等における二ーズの調査、把握（即地的な課題抽出）
- ▶ 市町村職員向けのわかりやすい権利者探索の手引き等の作成
- ▶ 地方整備局等向けの「職員派遣対応マニュアル」の作成

(2) 管理不全の空き地関連情報等の外部提供、利用・管理の促進
- ▶ 管理不全の空き地関連情報等の外部提供について、所有者の同意のもと、所有者情報の外部提供先等を行い、広
- 〈利用希望者とのマッチングや適正管理を促すためのマニュアル等を作成〉

[所有者情報の外部提供イメージ]

① 管理不全の空き地等の相談
② 所有者への連絡先等の照会
③ 所有者への一般的な連絡先
④ 相談窓口の案内
⑤ 利用・管理の相談、所有者情報の外部提供
⑥ 利用希望者と所有者の接触

（住民等／空き地担当局／税務部局等／所有者／NPO法人・事業者等）

3. 講習会・講演会の開催等
- ▶ 地域のニーズを踏まえて、用地事務や所有者不明土地の管理・活用等に関する講習会の開催
- ▶ 職員を派遣した市町村に対するフォローアップの実施

※ 国が事務局となる「所有者不明土地連携協議会（仮称）」の活動等として実施

2. 地域福利増進事業に係る取組支援・事業の普及
- ▶ 地域福利増進事業について、所有者の探索、地域の合意形成、所有者不明土地における利用権の設定等に関する取組的な取組の支援を通じて、事業化のノウハウ等の整理・分析、他地域への普及を促進

[事業のイメージ]

直売所（購買施設）

ポケットパーク（公園）（出典）長岡市

■ 効果

○ 新法に対応した市町村職員のスキルアップ、全国的な用地事務の底上げ、早期の事業進捗・効果発現
○ 未利用地を活用した地域の福祉・利便の増進、所有者不明土地の管理の適正化、地域環境の保全

参考資料

資料―15①

農業経営基盤強化促進法等の一部を改正する法律案の概要
(平成30年5月11日成立、5月18日公布、平成30年法律第23号)

背景

(1) 全農地の約2割(93.4万ha)を占める相続未登記農地等は、共有者の探索等がネックとなり、農地の集積・集約化を阻害
(2) 農作物栽培の効率化・高度化を図る為農業用ハウスの底面を全面コンクリート張りしようとすると、農地転用の許可が必要となり、農地のまま設置することができない。

法律案の概要

1. 相続未登記農地等の利用の促進

(1) 所有者不明農地について、相続人の一人(固定資産税等を負担している者等)が農地中間管理機構に貸付けできるよう、農業委員会の探索・公示手続きを経て、不明な所有者の同意を得たとみなすことができる制度を創設
農業委員会による不明者の探索は、一定の範囲に限定(基盤強化法、農地法)

(2) 共有持分の過半を有する者の同意((1)のみなし同意を含む。)を得て、又は、知事裁定を経て設定される利用権の存続期間の上限を「5年」から「20年」に延長(基盤強化法、農地法)

相続人の貸付け意向等
不明者の探索の要請【市町村】
探索・公示【農業委員会】
不明者のみなし同意
農用地利用集積計画の作成・公告【市町村】
農地中間管理機構への利用権の設定

2. 底面の全部がコンクリート等で覆われた農業用施設の取扱い

(1) 農業用ハウス等を農地に設置するに当たって、農業委員会に届け出た場合には、内部を全面コンクリート張りとした場合であっても、農地転用に該当しないものとする。(農地法等)

【環境制御システムの導入】

施行期日

公布の日(平成30年5月18日)から起算して6月以内で政令で定める日 (平成30年11月16日施行)

参考資料

資料—15②

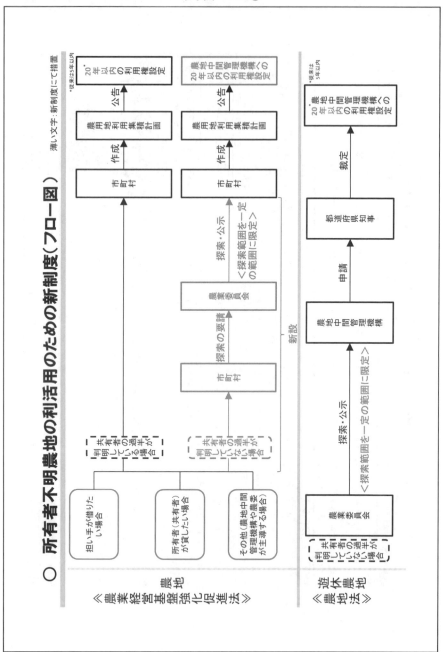

参考資料

資料—16①

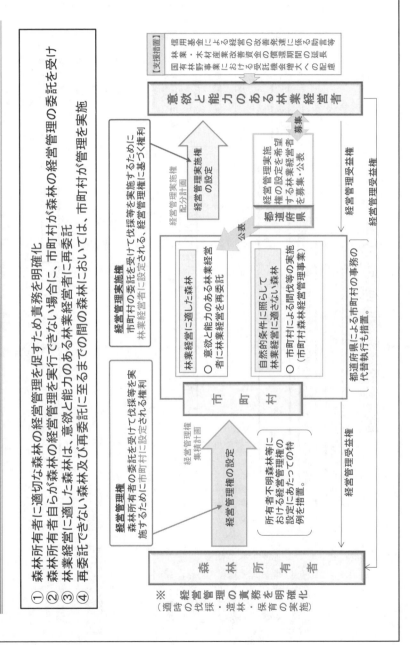

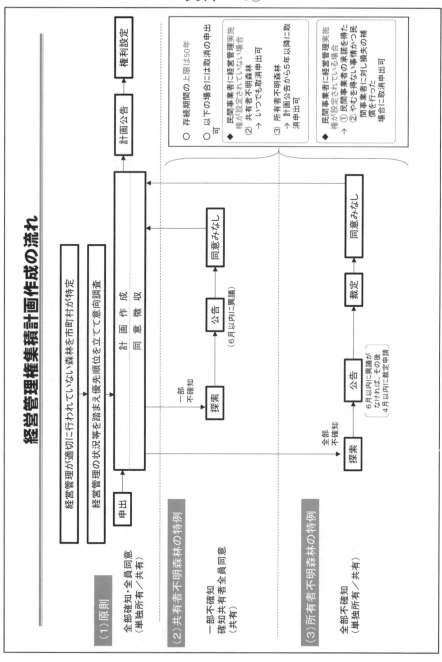

関係法令

関係法令（所有者不明土地の利用の円滑化等に関する特別措置法）

○所有者不明土地の利用の円滑化等に関する特別措置法

（平成三十年六月十三日　法律第四十九号）

目次

　第一章　総則（第一条・第二条）

　第二章　基本方針等（第三条—第五条）

　第三章　所有者不明土地の利用の円滑化のための特別の措置

　　第一節　地域福利増進事業の実施のための措置

　　　第一款　地域福利増進事業の実施の準備（第六条—第九条）

　　　第二款　裁定による特定所有者不明土地の使用（第十条—第二十六条）

　　第二節　特定所有者不明土地の収用又は使用に関する土地収用法の特例

　　　第一款　収用適格事業のための特定所有者不明土地の収用又は使用に関する特例（第二十七条—第三十六条）

　　　第二款　都市計画事業のための特定所有者不明土地の収用又は使用に関する特例（第三十七条）

　　第三節　不在者の財産及び相続財産の管理に関する民法の特例（第三十八条）

　第四章　土地の所有者の効果的な探索のための特別の措置

　　第一節　土地所有者等関連情報の利用及び提供（第三十九条）

　　第二節　特定登記未了土地の相続登記等に関する不動産登記法の特例（第四十条）

　第五章　雑則（第四十一条—第四十八条）

　第六章　罰則（第四十九条—第五十一条）

　附則

　　　第一章　総則

　（目的）

第一条　この法律は、社会経済情勢の変化に伴い所有者不明土地が増加していることに鑑み、所有者不明土地の利用の円滑化及び土地の所有者の効果的な探索を図るため、国土交通大臣及び法務大臣による基本方針の策定について定めるとともに、地域福利増進事業の実施のための措置、所有者不明土地の収用又は使用に関する土地収用法（昭和二十六年法律第二百十九号）の特例、土地の所有者等に関する情報の利用及び提供その他の特別の措置を講

334

関係法令（所有者不明土地の利用の円滑化等に関する特別措置法）

じ、もって国土の適正かつ合理的な利用に寄与することを目的とする。

（定義）

第二条 この法律において「所有者不明土地」とは、相当な努力が払われたと認められるものとして政令で定める方法により探索を行ってもなおその所有者の全部又は一部を確知することができない一筆の土地をいう。

2 この法律において「特定所有者不明土地」とは、所有者不明土地のうち、現に建築物（物置その他の政令で定める簡易な構造の建築物で政令で定める規模未満のもの（以下「簡易建築物」という。）を除く。）が存せず、かつ、業務の用その他の特別の用途に供されていない土地をいう。

3 この法律において「地域福利増進事業」とは、次に掲げる事業であって、地域住民その他の者の共同の福祉又は利便の増進を図るために行われるものをいう。

　一　道路法（昭和二十七年法律第百八十号）による道路、駐車場法（昭和三十二年法律第百六号）による路外駐車場その他一般交通の用に供する施設の整備に関する事業

　二　学校教育法（昭和二十二年法律第二十六号）による学校又はこれに準ずるその他の教育のための施設の整備に関する事業

　三　社会教育法（昭和二十四年法律第二百七号）による公民館（同法第四十二条に規定する公民館に類似する施設を含む。）又は図書館法（昭和二十五年法律第百十八号）による図書館（同法第二十九条に規定する図書館と同種の施設を含む。）の整備に関する事業

　四　社会福祉法（昭和二十六年法律第四十五号）による社会福祉事業の用に供する施設の整備に関する事業

　五　病院、療養所、診療所又は助産所の整備に関する事業

　六　公園、緑地、広場又は運動場の整備に関する事業

　七　住宅（被災者の居住の用に供するものに限る。）の整備に関する事業であって、災害（発生した日から起算して三年を経過していないものに限る。次号イにおいて同じ。）に際し災害救助法（昭和二十二年法律第百十八号）が適用された同法第二条に規定する市町村の区域内において行われるもの

　八　購買施設、教養文化施設その他の施設で地域住民その他の者の共同の福祉又は利便の増進に資するものとして政令で定めるものの整備に関する事業であって、次に掲げる区域内において行われるもの

関係法令（所有者不明土地の利用の円滑化等に関する特別措置法）

  イ 災害に際し災害救助法が適用された同法第二条に規定する市町村の区域

  ロ その周辺の地域において当該施設と同種の施設が著しく不足している区域

 九 前各号に掲げる事業のほか、土地収用法第三条各号に掲げるもののうち地域住民その他の者の共同の福祉又は利便の増進に資するものとして政令で定めるものの整備に関する事業

 十 前各号に掲げる事業のために欠くことができない通路、材料置場その他の施設の整備に関する事業

4 この法律において「特定登記未了土地」とは、所有権の登記名義人の死亡後に相続登記等（相続による所有権の移転の登記その他の所有権の登記をいう。以下同じ。）がされていない土地であって、土地収用法第三条各号に掲げるものに関する事業（第二十七条第一項及び第三十九条第一項において「収用適格事業」という。）を実施しようとする区域の適切な選定その他の公共の利益となる事業の円滑な遂行を図るため当該土地の所有権の登記名義人となり得る者を探索する必要があるものをいう。

  第二章 基本方針等

（基本方針）

第三条 国土交通大臣及び法務大臣は、所有者不明土地の利用の円滑化及び土地の所有者の効果的な探索（以下「所有者不明土地の利用の円滑化等」という。）に関する基本的な方針（以下「基本方針」という。）を定めなければならない。

2 基本方針においては、次に掲げる事項を定めるものとする。

 一 所有者不明土地の利用の円滑化等の意義及び基本的な方向

 二 所有者不明土地の利用の円滑化等のための施策に関する基本的な事項

 三 特定所有者不明土地を使用する地域福利増進事業に関する基本的な事項

 四 特定登記未了土地の相続登記等の促進に関する基本的な事項

 五 前各号に掲げるもののほか、所有者不明土地の利用の円滑化等に関する重要事項

3 国土交通大臣及び法務大臣は、基本方針を定めようとするときは、関係行政機関の長に協議しなければならない。

4 国土交通大臣及び法務大臣は、基本方針を定めたときは、遅滞なく、これを公表しなければならない。

関係法令（所有者不明土地の利用の円滑化等に関する特別措置法）

5　前二項の規定は、基本方針の変更について準用する。

　（国の責務）

第四条　国は、所有者不明土地の利用の円滑化等に関する施策を総合的に策定
し、及び実施する責務を有する。

2　国は、地方公共団体その他の者が行う所有者不明土地の利用の円滑化等に
関する取組のために必要となる情報の収集及び提供その他の支援を行うよう
努めなければならない。

3　国は、広報活動、啓発活動その他の活動を通じて、所有者不明土地の利用
の円滑化等に関し、国民の理解を深めるよう努めなければならない。

　（地方公共団体の責務）

第五条　地方公共団体は、所有者不明土地の利用の円滑化等に関し、国との適
切な役割分担を踏まえて、その地方公共団体の区域の実情に応じた施策を策
定し、及び実施する責務を有する。

　　　第三章　所有者不明土地の利用の円滑化のための特別の措置

　　　　第一節　地域福利増進事業の実施のための措置

　　　　　第一款　地域福利増進事業の実施の準備

　（特定所有者不明土地への立入り等）

第六条　地域福利増進事業を実施しようとする者は、その準備のため他人の土
地（特定所有者不明土地に限る。次条第一項及び第八条第一項において同
じ。）又は当該土地にある簡易建築物その他の工作物に立ち入って測量又は
調査を行う必要があるときは、その必要の限度において、当該土地又は工作
物に、自ら立ち入り、又はその命じた者若しくは委任した者に立ち入らせる
ことができる。ただし、地域福利増進事業を実施しようとする者が国及び地
方公共団体以外の者であるときは、あらかじめ、国土交通省令で定めるとこ
ろにより、当該土地の所在地を管轄する都道府県知事の許可を受けた場合に
限る。

　（障害物の伐採等）

第七条　前条の規定により他人の土地又は工作物に立ち入って測量又は調査を
行う者は、その測量又は調査を行うに当たり、やむを得ない必要があって、
障害となる植物又は垣、柵その他の工作物（以下「障害物」という。）の伐
採又は除去（以下「伐採等」という。）をしようとするときは、国土交通省
令で定めるところにより当該障害物の所在地を管轄する都道府県知事の許可
を受けて、伐採等をすることができる。この場合において、都道府県知事

337

関係法令（所有者不明土地の利用の円滑化等に関する特別措置法）

は、許可を与えようとするときは、あらかじめ、当該障害物の確知所有者（所有者で知れているものをいう。以下同じ。）に対し、意見を述べる機会を与えなければならない。

2　前項の規定により障害物の伐採等をしようとする者は、国土交通省令で定めるところにより、その旨を、伐採等をしようとする日の十五日前までに公告するとともに、伐採等をしようとする日の三日前までに当該障害物の確知所有者に通知しなければならない。

3　第一項の規定により障害物の伐採等をしようとする者は、その現状を著しく損傷しないときは、前二項の規定にかかわらず、国土交通省令で定めるところにより当該障害物の所在地を管轄する都道府県知事の許可を受けて、直ちに伐採等をすることができる。この場合においては、伐採等をした後遅滞なく、国土交通省令で定めるところにより、その旨を、公告するとともに、当該障害物の確知所有者に通知しなければならない。

（証明書等の携帯）

第八条　第六条の規定により他人の土地又は工作物に立ち入ろうとする者は、その身分を示す証明書（国及び地方公共団体以外の者にあっては、その身分を示す証明書及び同条ただし書の許可を受けたことを証する書面）を携帯しなければならない。

2　前条第一項又は第三項の規定により障害物の伐採等をしようとする者は、その身分を示す証明書及び同条第一項又は第三項の許可を受けたことを証する書面を携帯しなければならない。

3　前二項の証明書又は書面は、関係者の請求があったときは、これを提示しなければならない。

（損失の補償）

第九条　地域福利増進事業を実施しようとする者は、第六条又は第七条第一項若しくは第三項の規定による行為により他人に損失を与えたときは、その損失を受けた者に対して、通常生ずべき損失を補償しなければならない。

2　前項の規定による損失の補償については、損失を与えた者と損失を受けた者とが協議しなければならない。

3　前項の規定による協議が成立しないときは、損失を与えた者又は損失を受けた者は、政令で定めるところにより、収用委員会に土地収用法第九十四条第二項の規定による裁決を申請することができる。

　　　　第二款　裁定による特定所有者不明土地の使用

関係法令（所有者不明土地の利用の円滑化等に関する特別措置法）

（裁定申請）

第十条 地域福利増進事業を実施する者（以下「事業者」という。）は、当該事業を実施する区域（以下「事業区域」という。）内にある特定所有者不明土地を使用しようとするときは、当該特定所有者不明土地の所在地を管轄する都道府県知事に対し、次に掲げる権利（以下「土地使用権等」という。）の取得についての裁定を申請することができる。

一　当該特定所有者不明土地の使用権（以下「土地使用権」という。）

二　当該特定所有者不明土地にある所有者不明物件（相当な努力が払われたと認められるものとして政令で定める方法により探索を行ってもなおその所有者の全部又は一部を確知することができない物件をいう。第三項第二号において同じ。）の所有権（次項第七号において「物件所有権」という。）又はその使用権（同項第八号において「物件使用権」という。）

2　前項の規定による裁定の申請（以下この款において「裁定申請」という。）をしようとする事業者は、国土交通省令で定めるところにより、次に掲げる事項を記載した裁定申請書を都道府県知事に提出しなければならない。

一　事業者の氏名又は名称及び住所

二　事業の種別（第二条第三項各号に掲げる事業の別をいう。）

三　事業区域

四　裁定申請をする理由

五　土地使用権の目的となる特定所有者不明土地（以下この款（次条第一項第二号を除く。）において単に「特定所有者不明土地」という。）の所在、地番、地目及び地積

六　特定所有者不明土地の所有者の全部又は一部を確知することができない事情

七　土地使用権等の始期（物件所有権にあっては、その取得の時期。以下同じ。）

八　土地等使用権（土地使用権又は物件使用権をいう。以下同じ。）の存続期間

3　前項の裁定申請書には、次に掲げる書類を添付しなければならない。

一　次に掲げる事項を記載した事業計画書

　イ　事業により整備する施設の種類、位置、規模、構造及び利用条件

　ロ　事業区域

　ハ　事業区域内にある土地で特定所有者不明土地以外のもの及び当該土地

339

関係法令（所有者不明土地の利用の円滑化等に関する特別措置法）

　　　　にある物件に関する所有権その他の権利の取得に関する計画（次条第一
　　　　項第五号において「権利取得計画」という。）
　　　ニ　資金計画
　　　ホ　土地等使用権の存続期間の満了後に特定所有者不明土地を原状に回復
　　　　するための措置の内容
　　　ヘ　その他国土交通省令で定める事項
　　二　次に掲げる事項を記載した補償金額見積書
　　　イ　特定所有者不明土地の面積（特定所有者不明土地を含む一団の土地が
　　　　分割されることとなる場合にあっては、当該一団の土地の全部の面積を
　　　　含む。）
　　　ロ　特定所有者不明土地にある所有者不明物件の種類及び数量
　　　ハ　特定所有者不明土地等（特定所有者不明土地又は当該特定所有者不明
　　　　土地にある所有者不明物件をいう。以下この款において同じ。）の確知
　　　　所有者の全部の氏名又は名称及び住所
　　　ニ　特定所有者不明土地等の確知権利者（土地又は当該土地にある物件に
　　　　関し所有権以外の権利を有する者であって、相当な努力が払われたと認
　　　　められるものとして政令で定める方法により探索を行ってもなお確知す
　　　　ることができないもの以外の者をいう。次条第五項及び第十七条第一項
　　　　において同じ。）の全部の氏名又は名称及び住所並びにその権利の種類
　　　　及び内容
　　　ホ　土地使用権等を取得することにより特定所有者不明土地所有者等（特
　　　　定所有者不明土地等に関し所有権その他の権利を有する者をいう。以下
　　　　この款において同じ。）が受ける損失の補償金の見積額及びその内訳
　　三　事業区域の利用について法令の規定による制限があるときは、当該法令
　　　の施行について権限を有する行政機関の長の意見書
　　四　事業の実施に関して行政機関の長の許可、認可その他の処分を必要とす
　　　る場合においては、これらの処分があったことを証する書類又は当該行政
　　　機関の長の意見書
　　五　その他国土交通省令で定める書類
　4　前項第三号及び第四号の意見書は、事業者が意見を求めた日から三週間を
　　経過してもこれを得ることができなかったときは、添付することを要しな
　　い。この場合においては、意見書を得ることができなかった事情を疎明する
　　書類を添付しなければならない。

関係法令（所有者不明土地の利用の円滑化等に関する特別措置法）

5　事業者は、裁定申請をしようとするときは、当該裁定申請に係る事業の内容について、あらかじめ、協議会の開催その他の国土交通省令で定める方法により、住民の意見を反映させるために必要な措置を講ずるよう努めなければならない。

（公告及び縦覧）

第十一条　都道府県知事は、裁定申請があったときは、当該裁定申請に係る事業が次の各号に掲げる要件のいずれにも該当するかどうかを確認しなければならない。

一　事業が地域福利増進事業に該当し、かつ、土地の適正かつ合理的な利用に寄与するものであること。

二　土地使用権の目的となる土地が特定所有者不明土地に該当するものであること。

三　土地等使用権の存続期間が事業の実施のために必要な期間を超えないものであること。

四　事業により整備される施設の利用条件がその公平かつ適正な利用を図る観点から適切なものであること。

五　権利取得計画及び資金計画が事業を確実に遂行するため適切なものであること。

六　土地等使用権の存続期間の満了後に第二号の土地を原状に回復するための措置が適正かつ確実に行われると見込まれるものであること。

七　事業者が事業を遂行する十分な意思と能力を有する者であること。

八　その他基本方針に照らして適切なものであること。

2　都道府県知事は、前項の規定による確認をしようとするときは、あらかじめ、地域住民その他の者の共同の福祉又は利便の増進を図る見地からの関係市町村長の意見を聴かなければならない。

3　都道府県知事は、第一項の規定による確認をしようとする場合において、前条第四項の規定により意見書の添付がなかったときその他必要があると認めるときは、裁定申請に係る事業の実施について関係のある行政機関の長の意見を求めなければならない。

4　都道府県知事は、第一項の規定による確認の結果、裁定申請に係る事業が同項各号に掲げる要件のいずれにも該当すると認めるときは、国土交通省令で定めるところにより、次に掲げる事項を公告し、前条第二項の裁定申請書及びこれに添付された同条第三項各号に掲げる書類を当該公告の日から六月

341

関係法令（所有者不明土地の利用の円滑化等に関する特別措置法）

間公衆の縦覧に供しなければならない。

一　裁定申請があった旨

二　特定所有者不明土地の所在、地番及び地目

三　次のイ又はロに掲げる者は、縦覧期間内に、国土交通省令で定めるところにより、その権原を証する書面を添えて、都道府県知事に当該イ又はロに定める事項を申し出るべき旨

　　イ　特定所有者不明土地又は当該特定所有者不明土地にある物件に関し所有権その他の権利を有する者であって、前条第二項の裁定申請書、同条第三項第一号の事業計画書又は同項第二号の補償金額見積書に記載された事項（裁定申請書にあっては、同条第二項第一号及び第六号に掲げる事項を除く。）について異議のあるもの　当該異議の内容及びその理由

　　ロ　特定所有者不明土地の所有者であって、前条第三項第二号の補償金額見積書に特定所有者不明土地の確知所有者として記載されていないもの（イに掲げる者を除く。）　当該特定所有者不明土地の所有者である旨

四　その他国土交通省令で定める事項

5　都道府県知事は、前項の規定による公告をしようとするときは、あらかじめ、国土交通省令で定めるところにより、裁定申請があった旨を、前条第三項第二号の補償金額見積書に記載された特定所有者不明土地等の確知所有者及び確知権利者に通知しなければならない。

（裁定申請の却下）

第十二条　都道府県知事は、前条第一項の規定による確認の結果、裁定申請に係る事業が同項各号に掲げる要件のいずれかに該当しないと認めるときは、当該裁定申請を却下しなければならない。

2　都道府県知事は、前条第四項の規定による公告をした場合において、同項の縦覧期間内に同項第三号イの規定による申出があったとき又は同号ロに掲げる者の全てから同号ロの規定による申出があったときは、当該公告に係る裁定申請を却下しなければならない。

3　都道府県知事は、前二項の規定により裁定申請を却下したときは、遅滞なく、国土交通省令で定めるところにより、その理由を示して、その旨を当該裁定申請をした事業者に通知しなければならない。

（裁定）

第十三条　都道府県知事は、前条第一項又は第二項の規定により裁定申請を却下する場合を除き、裁定申請　をした事業者が土地使用権等を取得するこ

342

関係法令（所有者不明土地の利用の円滑化等に関する特別措置法）

とが当該裁定申請に係る事業を実施するため必要かつ適当であ　ると認めるときは、その必要の限度において、土地使用権等の取得についての裁定をしなければならない。

2　前項の裁定（以下この条から第十八条までにおいて単に「裁定」という。）においては、次に掲げる事項を定めなければならない。

　一　特定所有者不明土地の所在、地番、地目及び面積

　二　土地使用権等の始期

　三　土地等使用権の存続期間

　四　土地使用権等を取得することにより特定所有者不明土地所有者等が受ける損失の補償金の額

3　裁定は、前項第一号に掲げる事項については裁定申請の範囲を超えてはならず、同項第三号の存続期間については裁定申請の範囲内かつ十年を限度としなければならず、同項第四号の補償金の額については裁定申請に係る補償金の見積額を下限としなければならない。

4　都道府県知事は、裁定をしようとするときは、第二項第四号に掲げる事項について、あらかじめ、収用委員会の意見を聴かなければならない。

5　収用委員会は、前項の規定により意見を述べるため必要があると認めるときは、その委員又はその事務を整理する職員に、裁定申請に係る特定所有者不明土地又は当該特定所有者不明土地にある簡易建築物その他の工作物に立ち入り、その状況を調査させることができる。

6　前項の規定により立入調査をする委員又は職員は、その身分を示す証明書を携帯し、関係者の請求があったときは、これを提示しなければならない。

7　第五項の規定による立入調査の権限は、犯罪捜査のために認められたものと解してはならない。

　（裁定の通知等）

第十四条　都道府県知事は、裁定をしたときは、遅滞なく、国土交通省令で定めるところにより、その旨及び前条第二項各号に掲げる事項を、裁定申請をした事業者及び当該事業に係る特定所有者不明土地所有者等で知れているものに文書で通知するとともに、公告しなければならない。

　（裁定の効果）

第十五条　裁定について前条の規定による公告があったときは、当該裁定の定めるところにより、裁定申請をした事業者は、土地使用権等を取得し、特定所有者不明土地等に関するその他の権利は、当該事業者による当該特定所有

343

関係法令（所有者不明土地の利用の円滑化等に関する特別措置法）

者不明土地等の使用のため必要な限度においてその行使を制限される。

（損失の補償）

第十六条 裁定申請をした事業者は、次項から第六項までに定めるところにより、土地使用権等を取得することにより特定所有者不明土地所有者等が受ける損失を補償しなければならない。

2 損失の補償は、金銭をもってするものとする。

3 土地使用権等の取得の対価の額に相当する補償金の額は、近傍類似の土地又は近傍同種の物件の借賃その他の当該補償金の額の算定の基礎となる事項を考慮して定める相当の額とする。

4 特定所有者不明土地の一部を使用することにより残地の価格が減じ、その他残地に関して損失が生ずるときは、当該損失を補償しなければならない。

5 特定所有者不明土地の一部を使用することにより残地に通路、溝、垣その他の工作物の新築、改築、増築若しくは修繕又は盛土若しくは切土をする必要が生ずるときは、これに要する費用を補償しなければならない。

6 前三項の規定による補償のほか、土地使用権等を取得することにより特定所有者不明土地所有者等が通常受ける損失は、補償しなければならない。

（補償金の供託）

第十七条 裁定申請をした事業者は、裁定において定められた土地使用権等の始期までに、当該裁定において定められた補償金を特定所有者不明土地所有者等で確知することができないもの（補償金の供託の対象となる特定所有者不明土地等の共有持分の割合が明らかでない場合にあっては、当該特定所有者不明土地等の確知所有者及び確知権利者を含む。）のために供託しなければならない。

2 前項の規定による補償金の供託は、当該特定所有者不明土地の所在地の供託所にするものとする。

（裁定の失効）

第十八条 裁定申請をした事業者が裁定において定められた土地使用権等の始期までに当該裁定において定められた補償金の供託をしないときは、当該裁定は、その時以後その効力を失う。

（土地等使用権の存続期間の延長）

第十九条 第十五条の規定により土地使用権等を取得した事業者（以下「使用権者」という。）は、第十三条第一項の裁定において定められた土地等使用権の存続期間（第四項において準用する第十五条の規定により土地等使用権

関係法令（所有者不明土地の利用の円滑化等に関する特別措置法）

の存続期間が延長された場合にあっては、当該延長後の存続期間。第三項及び第二十四条において同じ。）を延長して使用権設定土地（第十五条の規定により取得された土地使用権の目的となっている土地をいう。以下同じ。）の全部又は一部を使用しようとするときは、当該存続期間の満了の日の九月前から六月前までの間に、当該使用権設定土地の所在地を管轄する都道府県知事に対し、土地等使用権の存続期間の延長についての裁定を申請することができる。

2　第十条（第一項及び第五項を除く。）から第十二条までの規定は、前項の規定による裁定の申請について準用する。この場合において、次の表の上欄に掲げる規定中同表の中欄に掲げる字句は、それぞれ同表の下欄に掲げる字句に読み替えるものとするほか、必要な技術的読替えは、政令で定める。

第十条第二項	次に掲げる事項	第一号から第六号まで及び第八号に掲げる事項
第十条第二項第五号	土地使用権の目的となる特定所有者不明土地（以下この款（次条第一項第二号を除く。）において単に「特定所有者不明土地」という。）	第十九条第一項に規定する使用権設定土地（その一部を使用しようとする場合にあっては、当該使用に係る土地の部分に限る。以下単に「使用権設定土地」という。）
第十条第二項第六号並びに第三項第一号ハ及びホ並びに第二号イ及びロ並びに第十一条第四項第二号及び第三号	特定所有者不明土地	使用権設定土地
第十条第二項第八号	存続期間	存続期間を延長する期間及び当該延長後の存続期間
第十条第三項第一号ホ及び第十一条第一項第六号	存続期間	延長後の存続期間
第十条第三項第二号ハからホまで及び第十一条第五項	特定所有者不明土地等	使用権設定土地等
第十条第三項第二号ハ	特定所有者不明土地又は当該特定所有者不明土地	使用権設定土地又は当該使用権設定土地

345

関係法令（所有者不明土地の利用の円滑化等に関する特別措置法）

第十条第三項第二号ホ	土地使用権等を取得する	土地等使用権の存続期間を延長する
	特定所有者不明土地所有者等	使用権設定土地所有者等
第十一条第一項第二号	特定所有者不明土地	所有者不明土地
第十一条第一項第三号	存続期間	存続期間を延長する期間
第十一条第四項	六月間	三月間

3　都道府県知事は、前項において準用する第十二条第一項又は第二項の規定により第一項の規定による裁定の申請を却下する場合を除き、同項の規定による裁定の申請をした使用権者が有する土地等使用権の存続期間を延長することが当該申請に係る事業を実施するため必要かつ適当であると認めるときは、その必要の限度において、土地等使用権の存続期間の延長についての裁定をしなければならない。

4　第十三条（第一項を除く。）から前条までの規定は、前項の裁定について準用する。この場合において、次の表の上欄に掲げる規定中同表の中欄に掲げる字句は、それぞれ同表の下欄に掲げる字句に読み替えるものとするほか、必要な技術的読替えは、政令で定める。

第十三条第二項	次に掲げる事項	第一号、第三号及び第四号に掲げる事項
第十三条第二項第一号	特定所有者不明土地	第十九条第一項に規定する使用権設定土地（その一部を使用しようとする場合にあっては、当該使用に係る土地の部分に限る。以下単に「使用権設定土地」という。）
第十三条第二項第三号	存続期間	存続期間を延長する期間及び当該延長後の存続期間
第十三条第二項第四号並びに第十六条第一項及び第六項	土地使用権等を取得する	土地等使用権の存続期間を延長する

関係法令（所有者不明土地の利用の円滑化等に関する特別措置法）

第十三条第二項第四号	特定所有者不明土地所有者等	使用権設定土地所有者等（使用権設定土地等（使用権設定土地又は当該使用権設定土地にある第十条第一項第二号に規定する所有者不明物件をいう。以下同じ。）に関し所有権その他の権利を有する者をいう。以下同じ。）
第十三条第三項	存続期間	土地等使用権の存続期間を延長する期間
第十三条第五項、第十六条第四項及び第五項並びに第十七条第二項	特定所有者不明土地	使用権設定土地
第十四条、第十六条第一項及び第六項並びに第十七条第一項	特定所有者不明土地所有者等	使用権設定土地所有者等
第十五条	は、土地使用権等を取得し	が有する土地等使用権の存続期間は、延長され
第十五条及び第十七条第一項	特定所有者不明土地等	使用権設定土地等
第十六条第三項	土地使用権等の取得	土地等使用権の存続期間の延長
第十七条第一項及び前条	において定められた土地使用権等の始期	による延長前の土地等使用権の存続期間の満了の日

（標識の設置）

第二十条 使用権者は、国土交通省令で定めるところにより、使用権設定土地の区域内に、当該使用権設定土地が地域福利増進事業の用に供されている旨を表示した標識を設けなければならない。ただし、当該区域内に設けることが困難であるときは、事業区域内の見やすい場所にこれを設けることができる。

2 何人も、前項の規定により設けられた標識を使用権者の承諾を得ないで移

関係法令（所有者不明土地の利用の円滑化等に関する特別措置法）

転し、若しくは除却し、又は汚損し、若しくは損壊してはならない。

（裁定に基づく地位の承継）

第二十一条 相続人、合併又は分割により設立される法人その他の使用権者の一般承継人（分割による承継の場合にあっては、当該使用権者が実施する事業の全部を承継する法人に限る。）は、当該使用権者が有していた第十三条第一項の裁定（第十九条第三項の裁定を含む。以下この款において単に「裁定」という。）に基づく地位を承継する。

（権利の譲渡）

第二十二条 使用権者は、土地使用権等の全部又は一部を譲り渡そうとするときは、国土交通省令で定めるところにより、都道府県知事の承認を受けなければならない。この場合において、当該使用権者は、土地使用権等の全部を譲り渡そうとするときはその実施する事業の全部を、土地使用権等の一部を譲り渡そうとするときはその実施する事業のうち当該土地使用権等の一部に対応する部分を併せて譲り渡さなければならない。

2 都道府県知事は、前項の承認をしたときは、国土交通省令で定めるところにより、その旨を公告しなければならない。

3 第一項の承認に係る土地使用権等の全部又は一部を譲り受けた者は、使用権者が有していた裁定に基づく地位を承継する。

（裁定の取消し）

第二十三条 都道府県知事は、使用権者が次の各号のいずれかに該当するときは、裁定（前条第一項の承認を含む。以下この条において同じ。）を取り消すことができる。

一 この法律又はこの法律に基づく命令の規定に違反したとき。

二 実施する事業が第十一条第一項各号（第二号を除き、第十九条第二項において準用する場合を含む。）に掲げる要件のいずれかに該当しないこととなったとき。

三 正当な理由なく裁定申請（第十九条第一項の規定による裁定の申請を含む。）に係る事業計画に従って事業を実施していないと認められるとき。

2 都道府県知事は、前項の規定により裁定を取り消したときは、国土交通省令で定めるところにより、その旨を公告しなければならない。

3 裁定は、前項の規定による公告があった日以後その効力を失う。

（原状回復の義務）

第二十四条 使用権者は、土地等使用権の存続期間が満了したとき又は前条第

関係法令（所有者不明土地の利用の円滑化等に関する特別措置法）

一項の規定により裁定が取り消されたときは、使用権設定土地を原状に回復し、これを返還しなければならない。ただし、当該使用権設定土地を原状に回復しないことについてその確知所有者の全ての同意が得られたときは、この限りでない。

（原状回復命令等）

第二十五条　都道府県知事は、前条の規定に違反した者に対し、相当の期限を定めて、使用権設定土地を原状に回復することを命ずることができる。

2　都道府県知事は、前項の規定により使用権設定土地の原状回復を命じようとする場合において、過失がなくて当該原状回復を命ずべき者を確知することができず、かつ、その違反を放置することが著しく公益に反すると認められるときは、その者の負担において、当該原状回復を自ら行い、又はその命じた者若しくは委任した者に行わせることができる。この場合においては、相当の期限を定めて、当該原状回復を行うべき旨及びその期限までに当該原状回復を行わないときは、都道府県知事又はその命じた者若しくは委任した者が当該原状回復を行うべき旨を、あらかじめ、公告しなければならない。

3　前項の規定により使用権設定土地の原状回復を行おうとする者は、その身分を示す証明書を携帯し、関係者の請求があったときは、これを提示しなければならない。

（報告及び立入検査）

第二十六条　都道府県知事は、この款の規定の施行に必要な限度において、使用権者（裁定申請をしている事業者でまだ土地使用権等を取得していないもの及び使用権者であった者を含む。以下この項において同じ。）に対し、その事業に関し報告をさせ、又はその職員に、使用権者の事務所、使用権設定土地その他の場所に立ち入り、その事業の状況若しくは事業に係る施設、帳簿、書類その他の物件を検査させ、若しくは関係者に質問させることができる。

2　第十三条第六項及び第七項の規定は、前項の規定による立入検査について準用する。

　　　　第二節　特定所有者不明土地の収用又は使用に関する土地収用法の特例

　　　　　第一款　収用適格事業のための特定所有者不明土地の収用又は使用に関する特例

（裁定申請）

349

関係法令（所有者不明土地の利用の円滑化等に関する特別措置法）

第二十七条 起業者（土地収用法第八条第一項に規定する起業者をいう。以下同じ。）は、同法第二十条の事業の認定を受けた収用適格事業について、その起業地（同法第十七条第一項第二号に規定する起業地をいう。）内にある特定所有者不明土地を収用し、又は使用しようとするときは、同法第二十六条第一項の規定による告示があった日（同法第三十一条の規定により収用又は使用の手続が保留されていた特定所有者不明土地にあっては、同法第三十四条の三の規定による告示があった日）から一年以内に、当該特定所有者不明土地の所在地を管轄する都道府県知事に対し、特定所有者不明土地の収用又は使用についての裁定を申請することができる。

2　前項の規定による裁定の申請（以下この款において「裁定申請」という。）をしようとする起業者は、国土交通省令で定めるところにより、次に掲げる事項を記載した裁定申請書を都道府県知事に提出しなければならない。

一　起業者の氏名又は名称及び住所

二　事業の種類

三　収用し、又は使用しようとする特定所有者不明土地（以下この款（次条第一項各号列記以外の部分及び第二十九条第一項を除く。）において単に「特定所有者不明土地」という。）の所在、地番、地目及び地積

四　特定所有者不明土地の所有者の全部又は一部を確知することができない事情

五　特定所有者不明土地に関する所有権その他の権利を取得し、又は消滅させる時期

六　特定所有者不明土地等（特定所有者不明土地又は当該特定所有者不明土地にある物件をいう。次項第二号ハ及び第三十一条第三項において同じ。）の引渡し又は当該物件の移転の期限（第三十二条第二項第三号において「特定所有者不明土地等の引渡し等の期限」という。）

七　特定所有者不明土地を使用しようとする場合においては、その方法及び期間

3　前項の裁定申請書には、次に掲げる書類を添付しなければならない。

一　土地収用法第四十条第一項第一号の事業計画書に記載すべき事項に相当するものとして国土交通省令で定める事項を記載した事業計画書

二　次に掲げる事項を記載した補償金額見積書

イ　特定所有者不明土地の面積（特定所有者不明土地を含む一団の土地が分割されることとなる場合にあっては、当該一団の土地の全部の面積を

関係法令（所有者不明土地の利用の円滑化等に関する特別措置法）

含む。）

ロ　特定所有者不明土地にある物件の種類及び数量

ハ　特定所有者不明土地等の確知所有者の全部の氏名又は名称及び住所

ニ　特定所有者不明土地の確知関係人（土地収用法第八条第三項に規定する関係人（ホにおいて単に「関係人」という。）であって、相当な努力が払われたと認められるものとして政令で定める方法により探索を行ってもなお確知することができないもの以外の者をいう。次条第二項において同じ。）の全部の氏名又は名称及び住所並びにその権利の種類及び内容

ホ　特定所有者不明土地を収用し、又は使用することにより特定所有者不明土地所有者等（特定所有者不明土地の所有者又は関係人をいう。以下同じ。）が受ける損失の補償金の見積額及びその内訳

三　その他国土交通省令で定める書類

（公告及び縦覧）

第二十八条　都道府県知事は、裁定申請があった場合においては、起業者が収用し、又は使用しようとする土地が特定所有者不明土地に該当しないと認めるときその他当該裁定申請が相当でないと認めるときを除き、国土交通省令で定めるところにより、次に掲げる事項を公告し、前条第二項の裁定申請書及びこれに添付された同条第三項各号に掲げる書類を当該公告の日から二週間公衆の縦覧に供しなければならない。

一　裁定申請があった旨

二　特定所有者不明土地の所在、地番及び地目

三　次のイ又はロに掲げる者は、縦覧期間内に、国土交通省令で定めるところにより、その権原を証する書面を添えて、都道府県知事に当該イ又はロに定める事項を申し出るべき旨

イ　特定所有者不明土地所有者等又は特定所有者不明土地の準関係人（土地収用法第四十三条第二項に規定する準関係人をいう。）であって、前条第二項の裁定申請書又は同条第三項第二号の補償金額見積書に記載された事項（裁定申請書にあっては、同条第二項第一号、第二号及び第四号に掲げる事項を除く。）について異議のあるもの　当該異議の内容及びその理由

ロ　特定所有者不明土地の所有者であって、前条第三項第二号の補償金額見積書に特定所有者不明土地の確知所有者として記載されていないもの

351

関係法令（所有者不明土地の利用の円滑化等に関する特別措置法）

　　　（イに掲げる者を除く。）　当該特定所有者不明土地の所有者である旨

　四　その他国土交通省令で定める事項

2　都道府県知事は、前項の規定による公告をしようとするときは、あらかじ
　め、国土交通省令で定めるところにより、裁定申請があった旨を、前条第三
　項第二号の補償金額見積書に記載された特定所有者不明土地の確知所有者及
　び確知関係人に通知しなければならない。

　　　（裁定申請の却下）

第二十九条　都道府県知事は、裁定申請があった場合において、起業者が収用
　し、又は使用しようとする土地が特定所有者不明土地に該当しないと認める
　ときその他当該裁定申請が相当でないと認めるときは、当該裁定申請を却下
　しなければならない。

2　都道府県知事は、前条第一項の規定による公告をした場合において、同項
　の縦覧期間内に同項第三号イの規定による申出があったとき又は同号ロに掲
　げる者の全てから同号ロの規定による申出があったときは、当該公告に係る
　裁定申請を却下しなければならない。

3　都道府県知事は、前二項の規定により裁定申請を却下したときは、遅滞な
　く、国土交通省令で定めるところにより、その理由を示して、その旨を当該
　裁定申請をした起業者に通知しなければならない。

　　　（裁定手続の開始の決定等）

第三十条　都道府県知事は、裁定申請があった場合においては、前条第一項又
　は第二項の規定により当該裁定申請を却下するときを除き、第二十八条第一
　項の縦覧期間の経過後遅滞なく、国土交通省令で定めるところにより、特定
　所有者不明土地の収用又は使用についての裁定手続の開始を決定してその旨
　を公告し、かつ、当該特定所有者不明土地の所在地を管轄する登記所に、当
　該特定所有者不明土地及び当該特定所有者不明土地に関する権利について、
　特定所有者不明土地の収用又は使用についての裁定手続の開始の登記を嘱託
　しなければならない。

2　土地収用法第四十五条の三の規定は、前項の裁定手続の開始の登記につい
　て準用する。

3　第一項の規定による裁定手続の開始の決定については、行政手続法（平成
　五年法律第八十八号）第三章の規定は、適用しない。

　　　（土地収用法との調整）

第三十一条　裁定申請に係る特定所有者不明土地については土地収用法第三十

関係法令（所有者不明土地の利用の円滑化等に関する特別措置法）

九条第一項の規定による裁決の申請をすることができず、同項の規定による裁決の申請に係る特定所有者不明土地については裁定申請をすることができない。

2　裁定申請に係る特定所有者不明土地については、土地収用法第二十九条第一項の規定は、適用しない。

3　裁定申請に係る特定所有者不明土地等については、土地収用法第三十六条第一項の規定にかかわらず、同項の土地調書及び物件調書を作成することを要しない。

4　裁定申請に係る特定所有者不明土地について、第二十八条第一項の規定による公告があるまでの間に土地収用法第三十九条第二項の規定による請求があったときは、当該裁定申請は、なかったものとみなす。

5　裁定申請について第二十八条第一項の規定による公告があったときは、当該裁定申請に係る特定所有者不明土地については、土地収用法第三十九条第二項の規定による請求をすることができない。

6　第二十九条第二項の規定により裁定申請が却下された場合における当該裁定申請に係る特定所有者不明土地についての土地収用法第二十九条第一項及び第三十九条第一項の規定の適用については、これらの規定中「一年以内」とあるのは、「特定期間（当該事業に係る特定所有者不明土地（所有者不明土地の利用の円滑化等に関する特別措置法（平成三十年法律第　　　号）第二条第二項に規定する特定所有者不明土地をいう。）について同法第二十七条第一項の規定による裁定の申請があつた日から同法第二十九条第二項の規定による処分に係る同条第三項の規定による通知があつた日までの期間をいう。）を除いて一年以内」とする。

（裁定）

第三十二条　都道府県知事は、第二十九条第一項又は第二項の規定により裁定申請を却下するとき及び裁定申請が次の各号のいずれかに該当するときを除き、裁定申請をした起業者が当該裁定申請に係る事業を実施するため必要な限度において、特定所有者不明土地の収用又は使用についての裁定をしなければならない。

一　裁定申請に係る事業が土地収用法第二十六条第一項の規定により告示された事業と異なるとき。

二　裁定申請に係る事業計画が土地収用法第十八条第二項の規定により事業認定申請書に添付された事業計画書に記載された計画と著しく異なると

353

関係法令（所有者不明土地の利用の円滑化等に関する特別措置法）

き。

2　前項の裁定（以下この款において単に「裁定」という。）においては、次に掲げる事項を定めなければならない。

一　特定所有者不明土地の所在、地番、地目及び面積

二　特定所有者不明土地に関する所有権その他の権利を取得し、又は消滅させる時期

三　特定所有者不明土地等の引渡し等の期限

四　特定所有者不明土地を使用する場合においては、その方法及び期間

五　特定所有者不明土地を収用し、又は使用することにより特定所有者不明土地所有者等が受ける損失の補償金の額

六　第三十五条第二項の規定による請求書又は要求書の提出があった場合においては、その採否の決定その他当該請求又は要求に係る損失の補償の方法に関し必要な事項

3　裁定は、前項第一号及び第四号に掲げる事項については裁定申請の範囲を超えてはならず、同項第五号の補償金の額については裁定申請に係る補償金の見積額を下限としなければならない。

4　都道府県知事は、裁定をしようとするときは、第二項第五号に掲げる事項について、あらかじめ、収用委員会の意見を聴かなければならない。

5　収用委員会は、前項の規定により意見を述べるため必要があると認めるときは、その委員又はその事務を整理する職員に、裁定申請に係る特定所有者不明土地又は当該特定所有者不明土地にある簡易建築物その他の工作物に立ち入り、その状況を調査させることができる。

6　第十三条第六項及び第七項の規定は、前項の規定による立入調査について準用する。

　　（裁定の通知等）

第三十三条　都道府県知事は、裁定をしたときは、遅滞なく、国土交通省令で定めるところにより、その旨及び前条第二項各号に掲げる事項を、裁定申請をした起業者及び当該事業に係る特定所有者不明土地所有者等で知れているものに文書で通知するとともに、公告しなければならない。

　　（裁定の効果）

第三十四条　裁定について前条の規定による公告があったときは、当該裁定に係る特定所有者不明土地について土地収用法第四十八条第一項の権利取得裁決及び同法第四十九条第一項の明渡裁決があったものとみなして、同法第七

関係法令（所有者不明土地の利用の円滑化等に関する特別措置法）

章の規定を適用する。

（損失の補償に関する土地収用法の準用）

第三十五条　土地収用法第六章第一節（第七十六条、第七十七条後段、第七十八条、第八十一条から第八十三条まで、第八十六条、第八十七条及び第九十条の二から第九十条の四までを除く。）の規定は、裁定に係る特定所有者不明土地を収用し、又は使用することにより特定所有者不明土地所有者等が受ける損失の補償について準用する。この場合において、同法第七十条ただし書中「第八十二条から第八十六条まで」とあるのは「所有者不明土地の利用の円滑化等に関する特別措置法（平成三十年法律第　　　号。以下「所有者不明土地法」という。）第三十五条第一項において準用する第八十四条又は第八十五条」と、「収用委員会の裁決」とあるのは「都道府県知事の裁定」と、同法第七十一条中「権利取得裁決」とあり、並びに同法第七十三条、第八十四条第二項及び第八十五条第二項中「明渡裁決」とあるのは「所有者不明土地法第三十二条第一項の裁定」と、同法第八十条中「前二条」とあるのは「所有者不明土地法第三十五条第一項において準用する前条」と、同法第八十四条第一項中「起業者、土地所有者又は関係人」とあるのは「起業者」と、同項及び同条第二項、同条第三項において準用する同法第八十三条第三項から第六項まで並びに同法第八十五条中「収用委員会」とあるのは「都道府県知事」と、同法第八十四条第二項、同条第三項において準用する同法第八十三条第三項及び同法第八十五条第二項中「裁決を」とあるのは「裁定を」と、同条第一項中「起業者又は物件の所有者」とあるのは「起業者」と読み替えるものとするほか、必要な技術的読替えは、政令で定める。

2　前項において準用する土地収用法第七十九条の規定による請求又は同項において準用する同法第八十四条第一項若しくは第八十五条第一項の規定による要求をしようとする起業者は、裁定申請をする際に、併せて当該請求又は要求の内容その他国土交通省令で定める事項を記載した請求書又は要求書を都道府県知事に提出しなければならない。

（立入調査）

第三十六条　都道府県知事は、この款の規定の施行に必要な限度において、その職員に、裁定申請に係る特定所有者不明土地又は当該特定所有者不明土地にある簡易建築物その他の工作物に立ち入り、その状況を調査させることができる。

2　第十三条第六項及び第七項の規定は、前項の規定による立入調査について

355

関係法令（所有者不明土地の利用の円滑化等に関する特別措置法）

準用する。

第二款　都市計画事業のための特定所有者不明土地の収用又は使用に関する特例

第三十七条　施行者（都市計画法（昭和四十三年法律第百号）第四条第十六項に規定する施行者をいう。第三項において同じ。）は、同法第五十九条第一項から第四項までの認可又は承認を受けた都市計画事業（同法第四条第十五項に規定する都市計画事業をいう。第三十九条第一項及び第四十六条第二号において同じ。）について、その事業地（同法第六十条第二項第一号に規定する事業地をいう。）内にある特定所有者不明土地を収用し、又は使用しようとするときは、当該特定所有者不明土地の所在地を管轄する都道府県知事に対し、特定所有者不明土地の収用又は使用についての裁定を申請することができる。

2　第二十七条第二項及び第三項、第二十八条から第三十条まで並びに第三十一条第一項及び第三項から第五項までの規定は、前項の規定による裁定の申請について準用する。この場合において、第二十七条第二項中「起業者は」とあるのは「施行者（都市計画法第四条第十六項に規定する施行者をいう。以下同じ。）は」と、同項第一号、第二十八条第一項並びに第二十九条第一項及び第三項中「起業者」とあるのは「施行者」と、第二十七条第三項第一号及び第二号ニ、第二十八条第一項第三号イ、第三十条第二項並びに第三十一条第一項及び第三項から第五項までの規定中「土地収用法」とあるのは「都市計画法第六十九条の規定により適用される土地収用法」と読み替えるものとするほか、必要な技術的読替えは、政令で定める。

3　都道府県知事は、前項において準用する第二十九条第一項又は第二項の規定により第一項の規定による裁定の申請（以下この項において「裁定申請」という。）を却下するとき及び裁定申請が次の各号のいずれかに該当するときを除き、裁定申請をした施行者が当該裁定申請に係る事業を実施するため必要な限度において、特定所有者不明土地の収用又は使用についての裁定をしなければならない。

一　裁定申請に係る事業が都市計画法第六十二条第一項の規定により告示された事業と異なるとき。

二　裁定申請に係る事業計画が都市計画法第六十条第一項第三号（同法第六十三条第二項において準用する場合を含む。）の事業計画と著しく異なるとき。

関係法令（所有者不明土地の利用の円滑化等に関する特別措置法）

4　第三十二条（第一項を除く。）から前条までの規定は、前項の裁定につい
て準用する。この場合において、第三十三条中「起業者」とあるのは「施行
者（都市計画法第四条第十六項に規定する施行者をいう。以下同じ。）」と、
第三十四条及び第三十五条中「土地収用法」とあり、及び「同法」とあるの
は「都市計画法第六十九条の規定により適用される土地収用法」と、同条第
一項中「起業者」」とあるのは「施行者」」と、同条第二項中「起業者」とあ
るのは「施行者」と読み替えるものとするほか、必要な技術的読替えは、政
令で定める。

　　　第三節　不在者の財産及び相続財産の管理に関する民法の特例
第三十八条　国の行政機関の長又は地方公共団体の長（次条第五項において
「国の行政機関の長等」という。）は、所有者不明土地につき、その適切な
管理のため特に必要があると認めるときは、家庭裁判所に対し、民法（明治
二十九年法律第八十九号）第二十五条第一項の規定による命令又は同法第九
百五十二条第一項の規定による相続財産の管理人の選任の請求をすることが
できる。

　　第四章　土地の所有者の効果的な探索のための特別の措置
　　　第一節　土地所有者等関連情報の利用及び提供
第三十九条　都道府県知事及び市町村長は、地域福利増進事業、収用適格事業
又は都市計画事業（以下「地域福利増進事業等」という。）の実施の準備の
ため当該地域福利増進事業等を実施しようとする区域内の土地の土地所有者
等（土地又は当該土地にある物件に関し所有権その他の権利を有する者をい
う。以下同じ。）を知る必要があるときは、当該土地所有者等の探索に必要
な限度で、その保有する土地所有者等関連情報（土地所有者等と思料される
者に関する情報のうちその者の氏名又は名称、住所その他国土交通省令で定
めるものをいう。以下この条において同じ。）を、その保有に当たって特定
された利用の目的以外の目的のために内部で利用することができる。

2　都道府県知事及び市町村長は、地域福利増進事業等を実施しようとする者
からその準備のため当該地域福利増進事業等を実施しようとする区域内の土
地の土地所有者等を知る必要があるとして土地所有者等関連情報の提供の求
めがあったときは、当該土地所有者等の探索に必要な限度で、当該地域福利
増進事業等を実施しようとする者に対し、土地所有者等関連情報を提供する
ものとする。

3　前項の場合において、都道府県知事及び市町村長は、国及び地方公共団体

関係法令（所有者不明土地の利用の円滑化等に関する特別措置法）

以外の者に対し土地所有者等関連情報を提供しようとするときは、あらかじめ、当該土地所有者等関連情報を提供することについて本人（当該土地所有者等関連情報によって識別される特定の個人をいう。）の同意を得なければならない。ただし、当該都道府県又は市町村の条例に特別の定めがあるときは、この限りでない。

4　前項の同意は、その所在が判明している者に対して求めれば足りる。

5　国の行政機関の長等は、地域福利増進事業等の実施の準備のため当該地域福利増進事業等を実施しようとする区域内の土地の土地所有者等を知る必要があるときは、当該土地所有者等の探索に必要な限度で、当該土地に工作物を設置している者その他の者に対し、土地所有者等関連情報の提供を求めることができる。

　　　　第二節　特定登記未了土地の相続登記等に関する不動産登記法の特例

第四十条　登記官は、起業者その他の公共の利益となる事業を実施しようとする者からの求めに応じ、当該事業を実施しようとする区域内の土地につきその所有権の登記名義人に係る死亡の事実の有無を調査した場合において、当該土地が特定登記未了土地に該当し、かつ、当該土地につきその所有権の登記名義人の死亡後十年以上三十年以内において政令で定める期間を超えて相続登記等がされていないと認めるときは、当該土地の所有権の登記名義人となり得る者を探索した上、職権で、所有権の登記名義人の死亡後長期間にわたり相続登記等がされていない土地である旨その他当該探索の結果を確認するために必要な事項として法務省令で定めるものをその所有権の登記に付記することができる。

2　登記官は、前項の規定による探索により当該土地の所有権の登記名義人となり得る者を知ったときは、その者に対し、当該土地についての相続登記等の申請を勧告することができる。この場合において、登記官は、相当でないと認めるときを除き、相続登記等を申請するために必要な情報を併せて通知するものとする。

3　登記官は、前二項の規定の施行に必要な限度で、関係地方公共団体の長その他の者に対し、第一項の土地の所有権の登記名義人に係る死亡の事実その他当該土地の所有権の登記名義人となり得る者に関する情報の提供を求めることができる。

4　前三項に定めるもののほか、第一項の規定による所有権の登記にする付記についての登記簿及び登記記録の記録方法その他の登記の事務並びに第二項

関係法令（所有者不明土地の利用の円滑化等に関する特別措置法）

の規定による勧告及び通知に関し必要な事項は、法務省令で定める。

　　第五章　　雑則

（職員の派遣の要請）

第四十一条　地方公共団体の長は、地域福利増進事業等の実施の準備のためその職員に土地所有者等の探索に関する専門的な知識を習得させる必要があるときは、国土交通省令で定めるところにより、国土交通大臣に対し、国土交通省の職員の派遣を要請することができる。

（職員の派遣の配慮）

第四十二条　国土交通大臣は、前条の規定による要請があったときは、その所掌事務又は業務の遂行に著しい支障のない限り、適任と認める職員を派遣するよう努めるものとする。

（地方公共団体の援助）

第四十三条　地方公共団体は、地域福利増進事業を実施しようとする者その他の所有者不明土地を使用しようとする者の求めに応じ、所有者不明土地の使用の方法に関する提案、所有者不明土地の境界を明らかにするための措置に関する助言、土地の権利関係又は評価について特別の知識経験を有する者のあっせんその他の援助を行うよう努めるものとする。

（手数料）

第四十四条　都道府県は、第二十七条第一項又は第三十七条第一項の規定による裁定の申請に係る手数料の徴収については、当該裁定の申請をする者から、実費の範囲内において、当該事務の性質を考慮して損失の補償金の見積額に応じ政令で定める額を徴収することを標準として条例を定めなければならない。

（権限の委任）

第四十五条　この法律に規定する国土交通大臣の権限は、国土交通省令で定めるところにより、その一部を地方整備局長又は北海道開発局長に委任することができる。

（事務の区分）

第四十六条　この法律の規定により都道府県が処理することとされている事務のうち次に掲げるものは、地方自治法（昭和二十二年法律第六十七号）第二条第九項第一号に規定する第一号法定受託事務とする。

　一　第二十八条、第二十九条、第三十条第一項、第三十二条第一項、第三十三条、第三十五条第一項において準用する土地収用法第八十四条第二項、

関係法令（所有者不明土地の利用の円滑化等に関する特別措置法）

第八十五条第二項及び第八十九条第一項、第三十五条第一項において準用する同法第八十四条第三項において準用する同法第八十三条第三項から第六項まで並びに第三十六条第一項に規定する事務（同法第十七条第一項各号に掲げる事業又は同法第二十七条第二項若しくは第四項の規定により国土交通大臣の事業の認定を受けた事業に関するものに限る。）

二　第三十七条第二項において準用する第二十八条、第二十九条及び第三十条第一項、第三十七条第三項、同条第四項において準用する第三十三条、同項において準用する第三十五条第一項において準用する土地収用法第八十四条第二項、第八十五条第二項及び第八十九条第一項、第三十七条第四項において準用する第三十五条第一項において準用する同法第八十四条第三項において準用する同法第八十三条第三項から第六項まで並びに第三十七条第四項において準用する第三十六条第一項に規定する事務（都市計画法第五十九条第一項から第三項までの規定により国土交通大臣の認可又は承認を受けた都市計画事業に関するものに限る。）

（省令への委任）

第四十七条　この法律に定めるもののほか、この法律の実施のため必要な事項は、国土交通省令又は法務省令で定める。

（経過措置）

第四十八条　この法律に基づき命令を制定し、又は改廃する場合においては、その命令で、その制定又は改廃に伴い合理的に必要と判断される範囲内において、所要の経過措置（罰則に関する経過措置を含む。）を定めることができる。

第六章　罰則

第四十九条　第二十五条第一項の規定による命令に違反した者は、一年以下の懲役又は三十万円以下の罰金に処する。

第五十条　次の各号のいずれかに該当する者は、三十万円以下の罰金に処する。

一　第十三条第五項（第十九条第四項において準用する場合を含む。）又は第三十二条第五項若しくは第三十六条第一項（第三十七条第四項においてこれらの規定を準用する場合を含む。）の規定による調査を拒み、妨げ、又は忌避した者

二　第二十条第一項又は第二項の規定に違反した者

三　第二十六条第一項の規定による報告をせず、若しくは虚偽の報告をし、

関係法令（所有者不明土地の利用の円滑化等に関する特別措置法）

又は同項の規定による検査を拒み、妨げ、若しくは忌避し、若しくは同項の規定による質問に対して答弁をせず、若しくは虚偽の答弁をした者

2　前項（第二号（第二十条第二項に係る部分に限る。）に係る部分に限る。）の規定は、刑法（明治四十年法律第四十五号）その他の罰則の適用を妨げない。

第五十一条　法人の代表者又は法人若しくは人の代理人、使用人その他の従業者が、その法人又は人の業務に関し、前二条の違反行為をしたときは、行為者を罰するほか、その法人又は人に対して各本条の罰金刑を科する。

　　附　則（抄）

（施行期日）

1　この法律は、公布の日から起算して六月を超えない範囲内において政令で定める日から施行する。ただし、第三章第一節及び第二節、第四十四条、第四十六条並びに第六章並びに附則第三項の規定は、公布の日から起算して一年を超えない範囲内において政令で定める日から施行する。

（検討）

2　政府は、この法律の施行後三年を経過した場合において、この法律の施行の状況について検討を加え、必要があると認めるときは、その結果に基づいて必要な措置を講ずるものとする。

関係法令（所有者不明土地の利用の円滑化等に関する特別措置法施行令）

〇所有者不明土地の利用の円滑化等に関する特別措置法施行令

（平成三十年十一月九日　政令第三百八号）

内閣は、所有者不明土地の利用の円滑化等に関する特別措置法（平成三十年法律第四十九号）第二条第一項、第二項並びに第三項第八号及び第九号、第九条第三項、第十条第一項第二号及び第三項第二号ニ（同法第十九条第二項において準用する場合を含む。）、第二十七条第三項第二号ニ（同法第三十七条第二項において準用する場合を含む。）、第四十条第一項並びに第四十四条並びに同法第三十五条第一項（同法第三十七条第四項において準用する場合を含む。）において準用する土地収用法（昭和二十六年法律第二百十九号）第八十八条の二の規定に基づき、この政令を制定する。

（土地の所有者の探索の方法）

第一条　所有者不明土地の利用の円滑化等に関する特別措置法（以下「法」という。）第二条第一項の政令で定める方法は、土地の所有者の氏名又は名称及び住所又は居所その他の当該土地の所有者を確知するために必要な情報（以下この条において「土地所有者確知必要情報」という。）を取得するため次に掲げる措置をとる方法とする。

一　当該土地の登記事項証明書の交付を請求すること。

二　当該土地を現に占有する者その他の当該土地に係る土地所有者確知必要情報を保有すると思料される者であって国土交通省令で定めるものに対し、当該土地所有者確知必要情報の提供を求めること。

三　第一号の登記事項証明書に記載されている所有権の登記名義人又は表題部所有者その他の前二号の措置により判明した当該土地の所有者と思料される者（以下この号及び次号において「登記名義人等」という。）が記録されている住民基本台帳、法人の登記簿その他の国土交通省令で定める書類を備えると思料される市町村の長又は登記所の登記官に対し、当該登記名義人等に係る土地所有者確知必要情報の提供を求めること。

四　登記名義人等が死亡し、又は解散していることが判明した場合には、当該登記名義人等又はその相続人、合併後存続し、若しくは合併により設立された法人その他の当該土地の所有者と思料される者が記録されている戸籍簿若しくは除籍簿若しくは戸籍の附票又は法人の登記簿その他の国土交

通省令で定める書類を備えると思料される市町村の長又は登記所の登記官に対し、当該土地に係る土地所有者確知必要情報の提供を求めること。

五　前各号の措置により判明した当該土地の所有者と思料される者に対して、当該土地の所有者を特定するための書面の送付その他の国土交通省令で定める措置をとること。

（簡易建築物の要件）

第二条　法第二条第二項の政令で定める簡易な構造の建築物は、物置、作業小屋その他これらに類するものとする。

2　法第二条第二項の政令で定める規模は、階数二及び床面積二十平方メートルとする。

（地域住民等の共同の福祉又は利便の増進に資する施設）

第三条　法第二条第三項第八号の政令で定める施設は、次に掲げるものとする。

一　購買施設

二　教養文化施設

（土地収用法第三条各号に掲げるもののうち地域住民等の共同の福祉又は利便の増進に資するもの）

第四条　法第二条第三項第九号の政令で定めるものは、次に掲げるものとする。

一　国、地方公共団体又は土地改良区（土地改良区連合を含む。次号において同じ。）が設置する用水路、排水路又はかんがい用のため池

二　国、都道府県又は土地改良区が土地改良法（昭和二十四年法律第百九十五号）による土地改良事業の施行に伴い設置する用排水機又は地下水源の利用に関する設備

三　鉄道事業法（昭和六十一年法律第九十二号）による鉄道事業者又は索道事業者がその鉄道事業又は索道事業で一般の需要に応ずるものの用に供する施設

四　独立行政法人鉄道建設・運輸施設整備支援機構が設置する鉄道又は軌道の用に供する施設

五　軌道法（大正十年法律第七十六号）による軌道又は同法が準用される無軌条電車の用に供する施設

六　道路運送法（昭和二十六年法律第百八十三号）による一般乗合旅客自動車運送事業（路線を定めて定期に運行する自動車により乗合旅客の運送を

関係法令（所有者不明土地の利用の円滑化等に関する特別措置法施行令）

行うものに限る。）又は貨物自動車運送事業法（平成元年法律第八十三号）
による一般貨物自動車運送事業（特別積合せ貨物運送をするものに限る。）
の用に供する施設

七　港湾法（昭和二十五年法律第二百十八号）による港湾施設又は漁港漁場
整備法（昭和二十五年法律第百三十七号）による漁港施設

八　日本郵便株式会社が日本郵便株式会社法（平成十七年法律第百号）第四
条第一項第一号に掲げる業務の用に供する施設

九　電気通信事業法（昭和五十九年法律第八十六号）による認定電気通信事
業者がその認定電気通信事業の用に供する施設（同法の規定により土地等
を使用することができるものを除く。）

十　電気事業法（昭和三十九年法律第百七十号）による一般送配電事業、送
電事業、特定送配電事業又は発電事業の用に供する電気工作物

十一　ガス事業法（昭和二十九年法律第五十一号）によるガス工作物

十二　水道法（昭和三十二年法律第百七十七号）による水道事業若しくは水
道用水供給事業、工業用水道事業法（昭和三十三年法律第八十四号）によ
る工業用水道事業又は下水道法（昭和三十三年法律第七十九号）による公
共下水道、流域下水道若しくは都市下水路の用に供する施設

十三　市町村が消防法（昭和二十三年法律第百八十六号）により設置する消
防の用に供する施設

十四　都道府県又は水防法（昭和二十四年法律第百九十三号）による水防管
理団体が水防の用に供する施設

十五　国又は地方公共団体が設置する庁舎

十六　独立行政法人水資源機構が設置する独立行政法人水資源機構法（平成
十四年法律第百八十二号）による水資源開発施設又は愛知豊川用水施設

（収用委員会の裁決の申請手続）

第五条　法第九条第三項の規定により土地収用法第九十四条第二項の規定によ
る裁決を申請しようとする者は、国土交通省令で定める様式に従い、次に掲
げる事項を記載した裁決申請書を収用委員会に提出しなければならない。

一　裁決申請者の氏名又は名称及び住所

二　相手方の氏名又は名称及び住所

三　地域福利増進事業の種別（法第二条第三項各号に掲げる事業の別をい
う。）

四　損失の事実

364

関係法令（所有者不明土地の利用の円滑化等に関する特別措置法施行令）

五　損失の補償の見積り及びその内訳

六　協議の経過

（物件の所有者の探索の方法）

第六条　法第十条第一項第二号の政令で定める方法は、物件の所有者の氏名又は名称及び住所又は居所その他の当該物件の所有者を確知するために必要な情報（以下この条において「物件所有者確知必要情報」という。）を取得するため次に掲げる措置をとる方法とする。

一　当該物件（建物又は立木であるものに限る。）の登記事項証明書の交付を請求すること。

二　当該物件を現に占有する者その他の当該物件に係る物件所有者確知必要情報を保有すると思料される者であって国土交通省令で定めるものに対し、当該物件所有者確知必要情報の提供を求めること。

三　第一号の登記事項証明書に記載されている所有権の登記名義人又は表題部所有者その他の前二号の措置により判明した当該物件の所有者と思料される者（以下この号及び次号において「登記名義人等」という。）が記録されている住民基本台帳、法人の登記簿その他の国土交通省令で定める書類を備えると思料される市町村の長又は登記所の登記官に対し、当該登記名義人等に係る物件所有者確知必要情報の提供を求めること。

四　登記名義人等が死亡し、又は解散していることが判明した場合には、当該登記名義人等又はその相続人、合併後存続し、若しくは合併により設立された法人その他の当該物件の所有者と思料される者が記録されている戸籍簿若しくは除籍簿若しくは戸籍の附票又は法人の登記簿その他の国土交通省令で定める書類を備えると思料される市町村の長又は登記所の登記官に対し、当該物件に係る物件所有者確知必要情報の提供を求めること。

五　前各号の措置により判明した当該物件の所有者と思料される者に対して、当該物件の所有者を特定するための書面の送付その他の国土交通省令で定める措置をとること。

（土地等の権利者の探索の方法）

第七条　法第十条第三項第二号ニ（法第十九条第二項において準用する場合を含む。）の政令で定める方法は、土地等（土地又は当該土地にある物件をいう。以下この条において同じ。）の権利者（土地等に関し所有権以外の権利を有する者をいう。以下この条において同じ。）の氏名又は名称及び住所又は居所その他の当該土地等の権利者を確知するために必要な情報（以下この

365

関係法令（所有者不明土地の利用の円滑化等に関する特別措置法施行令）

条において「土地等権利者確知必要情報」という。）を取得するため次に掲げる措置をとる方法とする。

一　当該土地等（物件にあっては、建物又は立木であるものに限る。）の登記事項証明書の交付を請求すること。

二　当該土地等を現に占有する者その他の当該土地等に係る土地等権利者確知必要情報を保有すると思料される者であって国土交通省令で定めるものに対し、当該土地等権利者確知必要情報の提供を求めること。

三　第一号の登記事項証明書に記載されている所有権以外の権利の登記名義人その他の前二号の措置により判明した当該土地等の権利者と思料される者（以下この号及び次号において「登記名義人等」という。）が記録されている住民基本台帳、法人の登記簿その他の国土交通省令で定める書類を備えると思料される市町村の長又は登記所の登記官に対し、当該登記名義人等に係る土地等権利者確知必要情報の提供を求めること。

四　登記名義人等が死亡し、又は解散していることが判明した場合には、当該登記名義人等又はその相続人、合併後存続し、若しくは合併により設立された法人その他の当該土地等の権利者と思料される者が記録されている戸籍簿若しくは除籍簿若しくは戸籍の附票又は法人の登記簿その他の国土交通省令で定める書類を備えると思料される市町村の長又は登記所の登記官に対し、当該土地等に係る土地等権利者確知必要情報の提供を求めること。

五　前各号の措置により判明した当該土地等の権利者と思料される者に対して、当該土地等の権利者を特定するための書面の送付その他の国土交通省令で定める措置をとること。

　（土地の関係人の探索の方法）

第八条　法第二十七条第三項第二号ニ（法第三十七条第二項において準用する場合を含む。）の政令で定める方法は、土地の関係人の氏名又は名称及び住所又は居所その他の当該土地の関係人を確知するために必要な情報（以下この条において「土地関係人確知必要情報」という。）を取得するため次に掲げる措置をとる方法とする。

一　当該土地又は当該土地にある物件（建物又は立木であるものに限る。）の登記事項証明書の交付を請求すること。

二　当該土地又は当該土地にある物件を現に占有する者その他の当該土地に係る土地関係人確知必要情報を保有すると思料される者であって国土交通

関係法令（所有者不明土地の利用の円滑化等に関する特別措置法施行令）

省令で定めるものに対し、当該土地関係人確知必要情報の提供を求めること。

三　第一号の登記事項証明書に記載されている所有権その他の権利の登記名義人又は表題部所有者（土地の所有権の登記名義人及び表題部所有者を除く。）その他の前二号の措置により判明した当該土地の関係人と思料される者（以下この号及び次号において「登記名義人等」という。）が記録されている住民基本台帳、法人の登記簿その他の国土交通省令で定める書類を備えると思料される市町村の長又は登記所の登記官に対し、当該登記名義人等に係る土地関係人確知必要情報の提供を求めること。

四　登記名義人等が死亡し、又は解散していることが判明した場合には、当該登記名義人等又はその相続人、合併後存続し、若しくは合併により設立された法人その他の当該土地の関係人と思料される者が記録されている戸籍簿若しくは除籍簿若しくは戸籍の附票又は法人の登記簿その他の国土交通省令で定める書類を備えると思料される市町村の長又は登記所の登記官に対し、当該土地に係る土地関係人確知必要情報の提供を求めること。

五　前各号の措置により判明した当該土地の関係人と思料される者に対して、当該土地の関係人を特定するための書面の送付その他の国土交通省令で定める措置をとること。

（損失の補償に関する細目）

第九条　法第三十五条第一項（法第三十七条第四項において準用する場合を含む。）において準用する土地収用法第八十八条の二の損失の補償に関する細目については、土地収用法第八十八条の二の細目等を定める政令（平成十四年政令第二百四十八号）第一条から第七条まで、第十一条、第十二条、第十六条から第十九条まで及び第二十六条の規定を準用する。この場合において、同令第十九条第一項第一号イ中「明渡裁決」とあるのは「所有者不明土地の利用の円滑化等に関する特別措置法（平成三十年法律第四十九号）第三十二条第一項の裁定（以下この項において単に「裁定」という。）」と、同号ロ及びハ並びに同項第二号及び第三号中「明渡裁決」とあるのは「裁定」と読み替えるものとする。

（特定登記未了土地につき相続登記等がされていない期間）

第十条　法第四十条第一項の政令で定める期間は、三十年とする。

（手数料）

第十一条　法第四十四条の政令で定める額は、次の各号に掲げる場合の区分に

関係法令（所有者不明土地の利用の円滑化等に関する特別措置法施行令）

応じ、それぞれ当該各号に定める額とする。

一　損失の補償金の見積額が十万円以下の場合　二万七千円

二　損失の補償金の見積額が十万円を超え百万円以下の場合　二万七千円に損失の補償金の見積額の十万円を超える部分が五万円に達するごとに二千七百円を加えた金額

三　損失の補償金の見積額が百万円を超え五百万円以下の場合　七万五千六百円に損失の補償金の見積額の百万円を超える部分が十万円に達するごとに三千四百円を加えた金額

四　損失の補償金の見積額が五百万円を超え二千万円以下の場合　二十一万千六百円に損失の補償金の見積額の五百万円を超える部分が百万円に達するごとに三千五百円を加えた金額

五　損失の補償金の見積額が二千万円を超え一億円以下の場合　二十六万四千百円に損失の補償金の見積額の二千万円を超える部分が四百万円に達するごとに四千八百円を加えた金額

六　損失の補償金の見積額が一億円を超える場合　三十六万百円

　　　附　則（抄）

（施行期日）

第一条　この政令は、法の施行の日（平成三十年十一月十五日）から施行する。ただし、第五条から第九条まで及び第十一条の規定は、法附則第一項ただし書に規定する規定の施行の日（平成三十一年六月一日）から施行する。

関係法令（所有者不明土地の利用の円滑化等に関する特別措置法施行規則）

○所有者不明土地の利用の円滑化等に関する特別措置法施行規則

（平成三十年十一月九日　国土交通省令第八十三号）

　所有者不明土地の利用の円滑化等に関する特別措置法（平成三十年法律第四十九号）第三十九条第一項、第四十一条、第四十五条及び第四十七条並びに所有者不明土地の利用の円滑化等に関する特別措置法施行令（平成三十年政令第三百八号）第一条第二号から第五号までの規定に基づき、所有者不明土地の利用の円滑化等に関する特別措置法施行規則を次のように定める。

　　（土地所有者確知必要情報を保有すると思料される者）

第一条　所有者不明土地の利用の円滑化等に関する特別措置法施行令（以下「令」という。）第一条第二号の国土交通省令で定める者は、次に掲げるもの（国の行政機関の長又は地方公共団体の長（以下「国の行政機関の長等」という。）が所有者不明土地の利用の円滑化等に関する特別措置法（以下「法」という。）第三十八条の規定による命令又は相続財産の管理人の選任の請求をしようとする場合にあっては、第五号から第八号までに掲げるものを除く。）とする。ただし、第二号、第三号、第十号イ並びに第十一号イ及びロに掲げる者については、令第一条第一号から第四号までに掲げる措置により判明したものに限る。

一　当該土地を現に占有する者

二　当該土地に関し所有権以外の権利を有する者

三　当該土地にある物件に関し所有権その他の権利を有する者

四　令第一条第五号に規定する措置をとってもなお当該土地の所有者の全部又は一部を確知することができなかった場合においては、当該措置の対象者

五　当該土地の固定資産課税台帳を備えると思料される市町村の長（当該土地が特別区の区域内にある場合にあっては、都の知事）

六　当該土地の地籍調査票を備えると思料される都道府県の知事又は市町村の長

七　当該土地が農地である場合においては、その農地台帳を備えると思料される農業委員会が置かれている市町村の長

八　当該土地が森林の土地である場合においては、その林地台帳を備えると

369

関係法令（所有者不明土地の利用の円滑化等に関する特別措置法施行規則）

思料される市町村の長

九　当該土地が所有者の探索について特別の事情を有するものとして国土交通大臣が定める土地である場合においては、国土交通大臣が定める者

十　当該土地の所有者と思料される者が個人である場合においては、次に掲げる者

　イ　親族

　ロ　当該土地の所有者と思料される者が日本の国籍を有し、かつ、外国に住所を有すると思料される場合であって、探索を行う者が国の行政機関の長等である場合においては、在外公館の長

十一　当該土地の所有者と思料される者が法人である場合においては、次に掲げる者

　イ　当該法人の代表者

　ロ　当該法人が合併以外の事由により解散した法人である場合においては、清算人又は破産管財人

　ハ　イ又はロに掲げる者が記録されている住民基本台帳、戸籍簿若しくは除籍簿又は戸籍の附票を備えると思料される市町村の長

（土地の所有者と思料される者が記録されている書類）

第二条　令第一条第三号の国土交通省令で定める書類は、次に掲げるものとする。

一　当該土地の所有者と思料される者が個人である場合においては、次に掲げる書類

　イ　住民基本台帳

　ロ　戸籍簿又は除籍簿

　ハ　戸籍の附票

二　当該土地の所有者と思料される者が法人である場合においては、当該法人の登記簿（当該法人が地方自治法（昭和二十二年法律第六十七号）第二百六十条の二第七項に規定する認可地縁団体である場合にあっては、地方自治法施行規則（昭和二十二年内務省令第二十九号）第二十一条第二項に規定する台帳）

2　令第一条第四号の国土交通省令で定める書類は、次に掲げるものとする。

一　当該土地の所有者と思料される者が個人である場合においては、前項第一号イからハまでに掲げる書類

二　当該土地の所有者と思料される者が法人である場合においては、当該法

関係法令（所有者不明土地の利用の円滑化等に関する特別措置法施行規則）

人の登記簿

（土地の所有者を特定するための措置）

第三条 令第一条第五号の国土交通省令で定める措置は、次に掲げるもののいずれかとする。

一 当該土地の所有者と思料される者（未成年者である場合にあっては、その法定代理人を含む。次号において同じ。）に対する書面の送付

二 当該土地の所有者と思料される者への訪問

（土地所有者等関連情報）

第四条 法第三十九条第一項の国土交通省令で定める情報は、本籍、出生の年月日、死亡の年月日及び連絡先とする。

（都道府県知事等に対する土地所有者等関連情報の提供の請求手続）

第五条 法第三十九条第二項の規定による土地所有者等関連情報の提供の求めをしようとする者（以下この条において「請求者」という。）は、次に掲げる事項を記載した情報提供請求書を土地所有者等（法第三十九条第一項に規定する土地所有者等をいう。以下同じ。）を知る必要がある土地（以下「対象土地」という。）の所在地を管轄する都道府県知事又は市町村長に提出しなければならない。

一 請求者の氏名又は名称及び住所

二 対象土地の所在及び地番

三 事業の種類及び内容

四 土地所有者等関連情報の提供を求める理由

五 前各号に掲げるもののほか、土地所有者等関連情報の提供について必要な事項

2 前項の情報提供請求書には、次に掲げる書類（請求者が国の行政機関の長等である場合にあっては、第一号、第三号、第四号及び第六号に掲げるものを除く。）又は次条第一項に規定する書面を添付しなければならない。

一 請求者の住民票の写し又はこれに代わる書類（請求者が法人である場合にあっては、当該法人の登記事項証明書）

二 対象土地の登記事項証明書

三 事業の実施に関して行政機関の長の許可、認可その他の処分を必要とする場合においては、これらの処分があったことを証する書類又は当該行政機関の長の意見書

四 前号に掲げるもののほか、事業を実施する意思を有することを疎明する

371

関係法令（所有者不明土地の利用の円滑化等に関する特別措置法施行規則）

書類

五　土地所有者等の探索の過程において得られた前項第四号に掲げる事項を明らかにする書類

六　請求者（法人である場合にあっては、その役員）が暴力団員による不当な行為の防止等に関する法律（平成三年法律第七十七号）第二条第六号に規定する暴力団員又は同号に規定する暴力団員でなくなった日から五年を経過しない者（次条第三項第六号において「暴力団員等」という。）に該当しないことを誓約する書類

（土地所有者等を知る必要性を証する書面の交付）

第六条　地域福利増進事業等（法第三十九条第一項に規定する地域福利増進事業等をいう。以下この項において同じ。）の実施の準備のため当該地域福利増進事業等を実施しようとする区域内の土地の土地所有者等を知る必要があるとして土地所有者等関連情報の提供の求めをしようとする者（国の行政機関の長等を除く。以下この条において「請求者」という。）は、その必要性を証する書面の交付を対象土地の所在地を管轄する市町村長に求めることができる。

2　前項の規定による書面の交付の求めをしようとする請求者は、次に掲げる事項を記載した交付請求書を対象土地の所在地を管轄する市町村長に提出しなければならない。

一　請求者の氏名又は名称及び住所

二　対象土地の所在及び地番

三　事業の種類及び内容

四　土地所有者等関連情報の提供を求める理由

五　土地所有者等関連情報の提供を求めるために必要な氏名及び本籍又は住所

六　前各号に掲げるもののほか、土地所有者等関連情報の提供について必要な事項

3　前項の交付請求書には、次に掲げる書類を添付しなければならない。

一　請求者の住民票の写し又はこれに代わる書類（請求者が法人である場合にあっては、当該法人の登記事項証明書）

二　対象土地の登記事項証明書

三　事業の実施に関して行政機関の長の許可、認可その他の処分を必要とする場合においては、これらの処分があったことを証する書類又は当該行政

関係法令（所有者不明土地の利用の円滑化等に関する特別措置法施行規則）

　機関の長の意見書

　四　前号に掲げるもののほか、事業を実施する意思を有することを疎明する書類

　五　土地所有者等の探索の過程において得られた前項第四号に掲げる事項を明らかにする書類

　六　請求者（法人である場合にあっては、その役員）が暴力団員等に該当しないことを誓約する書類

　（土地に工作物を設置している者等に対する土地所有者等関連情報の提供の請求手続）

第七条　法第三十九条第五項の規定による土地所有者等関連情報の提供の求めをしようとする国の行政機関の長等は、次に掲げる事項を記載した情報提供請求書を対象土地に工作物を設置している者その他の者に提出しなければならない。

　一　当該求めをする国又は地方公共団体の機関の名称

　二　対象土地の所在及び地番

　三　事業の種類及び内容

　四　土地所有者等関連情報の提供を求める理由

　五　前各号に掲げるもののほか、土地所有者等関連情報の提供について必要な事項

2　前項の情報提供請求書には、次に掲げる書類を添付しなければならない。

　一　対象土地の登記事項証明書

　二　土地所有者等の探索の過程において得られた前項第四号に掲げる事項を明らかにする書類

　（職員の派遣の要請手続）

第八条　法第四十一条の規定による職員の派遣の要請をしようとする地方公共団体の長は、次に掲げる事項を記載した職員派遣要請書を国土交通大臣に提出しなければならない。

　一　事業の種類及び内容

　二　派遣を要請する理由

　三　前二号に掲げるもののほか、職員の派遣について必要な事項

　（権限の委任）

第九条　法第四十一条に規定する国土交通大臣の権限は、地方整備局長及び北海道開発局長に委任する。ただし、国土交通大臣が自ら行うことを妨げな

373

関係法令（所有者不明土地の利用の円滑化等に関する特別措置法施行規則）

い。

　　　附　則（抄）

　（施行期日）

第一条　この省令は、法の施行の日（平成三十年十一月十五日）から施行する。

関係法令（所有者不明土地の利用の円滑化等に関する特別措置法に規定する不動産登記法の特例に関する省令）

〇所有者不明土地の利用の円滑化等に関する特別措置法に規定する不動産登記法の特例に関する省令

（平成三十年十一月十五日　法務省令第二十八号）

　所有者不明土地の利用の円滑化等に関する特別措置法（平成三十年法律第四十九号）の施行に伴い、並びに同法第四十条第四項及び不動産登記令（平成十六年政令第三百七十九号）第二十七条の規定に基づき、所有者不明土地の利用の円滑化等に関する特別措置法に規定する不動産登記法の特例に関する省令を次のように定める。

　（法定相続人情報）

第一条　登記官は、所有者不明土地の利用の円滑化等に関する特別措置法（以下「法」という。）第四十条第一項の規定により長期相続登記等未了土地（法第二条第四項の特定登記未了土地に該当し、かつ、当該土地の所有権の登記名義人の死亡後三十年間を超えて相続による所有権の移転の登記その他の所有権の登記がされていない土地をいう。以下同じ。）の所有権の登記名義人となり得る者の探索を行った場合には、当該長期相続登記等未了土地の所有権の登記名義人に係る法定相続人情報を作成するものとする。

2　法定相続人情報には、次の各号に掲げる事項を記録するものとする。

　一　被相続人である所有権の登記名義人の氏名、出生の年月日、最後の住所、登記簿上の住所及び本籍並びに死亡の年月日

　二　前号の登記名義人の相続人（被相続人又はその相続人の戸籍及び除かれた戸籍の謄本又は全部事項証明書により確認することができる相続人となり得る者をいう。以下この項において同じ。）の氏名、出生の年月日、住所及び当該登記名義人との続柄（当該相続人が死亡しているときにあっては、氏名、出生の年月日、当該登記名義人との続柄及び死亡の年月日）

　三　第一号の登記名義人の相続人（以下この項において「第一次相続人」という。）が死亡している場合には、第一次相続人の相続人（次号において「第二次相続人」という。）の氏名、出生の年月日、住所及び第一次相続人との続柄（当該相続人が死亡しているときにあっては、氏名、出生の年月日、当該第一次相続人との続柄及び死亡の年月日）

　四　第二次相続人が死亡しているときは、第二次相続人を第一次相続人と、第二次相続人を第一次相続人の相続人とみなして、前号の規定を適用す

375

る。当該相続人（その相続人を含む。）が死亡しているときも、同様とする。

五　相続人の全部又は一部が判明しないときは、その旨

六　作成番号

七　作成の年月日

3　前項第六号に規定する作成番号は、十二桁の番号とし、登記所ごとに第一項の法定相続人情報を作成する順序に従って付すものとする。

4　登記官は、第一項の法定相続人情報を電磁的記録で作成し、これを保存するものとする。

（付記登記）

第二条　法第四十条第一項の事項の登記は、付記登記によってするものとする。

（登記の手続等）

第三条　登記官は、職権で法第四十条第一項の事項の登記をしようとするときは、職権付記登記事件簿に登記の目的、立件の年月日及び立件の際に付した番号並びに不動産所在事項を記録するものとする。

2　法第四十条第一項の法務省令で定める事項は、第一条第二項第五号及び第六号に規定する事項とする。

（勧告等）

第四条　法第四十条第二項に規定する勧告は、次に掲げる事項を明らかにしてするものとする。

一　長期相続登記等未了土地に係る不動産所在事項及び不動産番号

二　所有権の登記名義人となり得る者

2　法第四十条第二項に規定する通知は、次に掲げる事項を明らかにしてするものとする。

一　長期相続登記等未了土地の所在地を管轄する登記所

二　登記の申請に必要な情報

（帳簿等）

第五条　登記所には、法定相続人情報つづり込み帳及び職権付記登記事件簿を備えるものとする。

2　法定相続人情報つづり込み帳には、不動産登記規則（平成十七年法務省令第十八号）第十九条の規定にかかわらず、関係地方公共団体の長その他の者への照会書の写し、提出された資料、法定相続人情報の内容を書面に出力し

関係法令（所有者不明土地の利用の円滑化等に関する特別措置法に規定する不動産登記法の特例に関する省令）

たもの及び第二条の付記登記に関する書類をつづり込むものとする。

（保存期間）

第六条　次の各号に掲げる情報の保存期間は、当該各号に定めるとおりとする。

一　法定相続人情報　付記登記を抹消した日から三十年間

二　職権付記登記事件簿に記録された情報　立件の日から五年間

2　法定相続人情報つづり込み帳の保存期間は、作成の年の翌年から十年間とする。

（登記の抹消）

第七条　登記官は、法第四十条第一項の事項の登記がされた所有権の登記名義人について所有権の移転の登記をしたとき（これにより当該登記名義人が所有権の登記名義人でなくなった場合に限る。）は、職権で、当該法第四十条第一項の事項の登記の抹消の登記をするとともに、抹消すべき登記を抹消する記号を記録しなければならない。

（添付情報の省略）

第八条　表題部所有者又は登記名義人の相続人が登記の申請をする場合において、当該表題部所有者又は登記名義人に係る法定相続人情報の作成番号（法定相続人情報に第一条第二項第五号に規定する事項の記録がないものに限る。）を提供したときは、当該作成番号の提供をもって、相続があったことを証する市町村長（特別区の区長を含むものとし、地方自治法（昭和二十二年法律第六十七号）第二百五十二条の十九第一項の指定都市にあっては、区長又は総合区長とする。次項において同じ。）その他の公務員が職務上作成した情報の提供に代えることができる。

2　表題部所有者の相続人が所有権の保存の登記の申請をする場合又は登記名義人の相続人が相続による権利の移転の登記の申請をする場合において、法定相続人情報の作成番号（法定相続人情報に当該相続人の住所が記録されている場合に限る。）を提供したときは、当該作成番号の提供をもって、登記名義人となる者の住所を証する市町村長その他の公務員が職務上作成した情報の提供に代えることができる。

附則

この省令は、法の施行の日（平成三十年十一月十五日）から施行する。

関係法令（農業経営基盤強化促進法（抄））

○農業経営基盤強化促進法（抄）

（昭和五十五年五月二十八日　法律第六十五号）

最終改正　平成三十年　五月一八日法律第二十三号

農用地利用増進法をここに公布する。

　　農業経営基盤強化促進法

目次

　第一章　総則（第一条—第四条）

　第二章　農業経営基盤の強化の促進に関する基本方針等

　　第一節　農業経営基盤強化促進基本方針及び農業経営基盤強化促進基本構
　　　　　想（第五条・第六条）

　　第二節　農地中間管理機構の事業の特例等（第七条—第十一条の十）

　　第三節　農地利用集積円滑化団体（第十一条の十一—第十一条の十五）

　第三章　農業経営改善計画及び青年等就農計画等

　　第一節　農業経営改善計画（第十二条—第十四条の三）

　　第二節　青年等就農計画（第十四条の四—第十四条の十二）

　　第三節　認定農業者等への利用権の設定等の促進（第十五条・第十六条）

　第四章　農業経営基盤強化促進事業の実施等

　　第一節　農業経営基盤強化促進事業の実施（第十七条）

　　第二節　利用権の設定等の促進

　　　第一款　農用地利用集積計画（第十八条—第二十一条）

　　　第二款　共有者不明農用地等に係る農用地利用集積計画の同意手続の特
　　　　　　例（第二十一条の二—第二十一条の五）

　　　第三款　利用権設定等促進事業の推進（第二十二条）

　　第三節　農用地利用改善事業の実施の促進（第二十三条—第二十六条）

　　第四節　委託を受けて行う農作業の実施の促進等（第二十七条）

　第五章　雑則（第二十八条—第三十四条）

　第六章　罰則（第三十五条）

　附則

　　第四章　農業経営基盤強化促進事業の実施等

関係法令（農業経営基盤強化促進法（抄））

第一節　農業経営基盤強化促進事業の実施

第十七条　同意市町村は、農業経営基盤強化促進事業の趣旨の普及を図るととも
に、基本構想に従い農業経営基盤強化促進事業を行うものとする。

2　同意市町村は、市街化区域においては、農業経営基盤強化促進事業を行わ
ないものとする。

第二節　利用権の設定等の促進

第一款　農用地利用集積計画

（農用地利用集積計画の作成）

第十八条　同意市町村は、農林水産省令で定めるところにより、農業委員会の
決定を経て、農用地利用集積計画を定めなければならない。

2　農用地利用集積計画においては、次に掲げる事項を定めるものとする。

一　利用権の設定等を受ける者の氏名又は名称及び住所

二　前号に規定する者が利用権の設定等（その者が利用権の設定等を受けた
後において行う耕作又は養畜の事業に必要な農作業に常時従事すると認め
られない者（農地所有適格法人、農地利用集積円滑化団体、農地中間管理
機構、農業協同組合、農業協同組合連合会その他政令で定める者を除く。
第六号において同じ。）である場合には、賃借権又は使用貸借による権利
の設定に限る。）を受ける土地の所在、地番、地目及び面積

三　第一号に規定する者に前号に規定する土地について利用権の設定等を行
う者の氏名又は名称及び住所

四　第一号に規定する者が設定又は移転を受ける利用権の種類、内容（土地
の利用目的を含む。）、始期又は移転の時期、存続期間又は残存期間並びに
当該利用権が賃借権である場合にあつては借賃並びにその支払の相手方及
び方法、当該利用権が農業の経営の委託を受けることにより取得される使
用及び収益を目的とする権利である場合にあつては農業の経営の委託者に
帰属する損益の算定基準並びに決済の相手方及び方法

五　第一号に規定する者が移転を受ける所有権の移転の後における土地の利
用目的並びに当該所有権の移転の時期並びに移転の対価並びにその支払の
相手方及び方法

六　第一号に規定する者が利用権の設定等を受けた後において行う耕作又は
養畜の事業に必要な農作業に常時従事すると認められない者である場合に
は、その者が賃借権又は使用貸借による権利の設定を受けた後において農
用地を適正に利用していないと認められる場合に賃貸借又は使用貸借の解

379

関係法令（農業経営基盤強化促進法（抄））

　　除をする旨の条件

　七　前号に規定する者にあつては、農林水産省令で定めるところにより、毎
　　年、その者が賃借権又は使用貸借による権利の設定を受けた農用地の利用
　　の状況について、同意市町村の長に報告しなければならない旨

　八　その他農林水産省令で定める事項

3　農用地利用集積計画は、次に掲げる要件に該当するものでなければならな
　い。

　一　農用地利用集積計画の内容が基本構想に適合するものであること。

　二　前項第一号に規定する者が、利用権の設定等を受けた後において、次に
　　掲げる要件（農地所有適格法人及び同項第六号に規定する者にあつては、
　　イに掲げる要件）の全てを備えることとなること。ただし、農地利用集積
　　円滑化団体が農地売買等事業の実施によつて利用権の設定等を受ける場
　　合、農地中間管理機構が農地中間管理事業又は第七条第一号に掲げる事業
　　の実施によつて利用権の設定等を受ける場合、農業協同組合法第十条第二
　　項に規定する事業を行う農業協同組合又は農業協同組合連合会が当該事業
　　の実施によつて利用権の設定を受ける場合、同法第十一条の五十第一項第
　　一号に掲げる場合において農業協同組合又は農業協同組合連合会が利用権
　　の設定又は移転を受けるとき、農地所有適格法人の組合員、社員又は株主
　　（農地法第二条第三項第二号イからチまでに掲げる者に限る。）が当該農
　　地所有適格法人に前項第二号に規定する土地について利用権の設定等を行
　　うため利用権の設定等を受ける場合その他政令で定める場合にあつては、
　　この限りでない。

　　イ　耕作又は養畜の事業に供すべき農用地（開発して農用地とすることが
　　　適当な土地を開発した場合におけるその開発後の農用地を含む。）の全
　　　てを効率的に利用して耕作又は養畜の事業を行うと認められること。

　　ロ　耕作又は養畜の事業に必要な農作業に常時従事すると認められるこ
　　　と。

　三　前項第一号に規定する者が同項第六号に規定する者である場合にあつて
　　は、次に掲げる要件の全てを満たすこと。

　　イ　その者が地域の農業における他の農業者との適切な役割分担の下に継
　　　続的かつ安定的に農業経営を行うと見込まれること。

　　ロ　その者が法人である場合にあつては、その法人の業務執行役員等（農
　　　地法第三条第三項第三号に規定する業務執行役員等をいう。第二十条の

関係法令（農業経営基盤強化促進法（抄））

二第一項第三号において同じ。）のうち一人以上の者がその法人の行う
耕作又は養畜の事業に常時従事すると認められること。

四　前項第二号に規定する土地ごとに、同項第一号に規定する者並びに当該
土地について所有権、地上権、永小作権、質権、賃借権、使用貸借による
権利又はその他の使用及び収益を目的とする権利を有する者の全ての同意
が得られていること。ただし、数人の共有に係る土地について利用権（そ
の存続期間が二十年を超えないものに限る。）の設定又は移転をする場合
における当該土地について所有権を有する者の同意については、当該土地
について二分の一を超える共有持分を有する者の同意が得られていれば足
りる。

4　同意市町村は、第十五条第四項の規定による農業委員会の要請に基づき農
用地利用集積計画を定める場合において、その定めようとする農用地利用集
積計画の内容が当該要請の内容と一致するものであるときは、第一項の規定
にかかわらず、農業委員会の決定を経ることを要しない。

5　同意市町村は、次の各号に掲げる者が、当該各号に定める目的のために、
農林水産省令で定めるところにより第二項各号に掲げる事項の全部又は一部
を示して農用地利用集積計画を定めるべきことを申し出たときは、その申出
の内容を勘案して農用地利用集積計画を定めるものとする。

一　当該市町村の区域の全部又は一部をその事業実施地域とする農地利用集
積円滑化団体　その事業実施地域内の農用地の利用の集積を図る目的

二　第二十三条第一項の認定に係る農用地利用規程で定めるところに従い農
用地利用改善事業を行う団体又は当該市町村の区域の全部若しくは一部を
その地区の全部若しくは一部とする農業協同組合　その構成員又は組合員
に係る農用地の利用関係の改善を図る目的

三　当該市町村の区域の全部又は一部をその地区の全部又は一部とする土地
改良区　その地区内の土地改良法（昭和二十四年法律第百九十五号）第五
十二条第一項又は第八十九条の二第一項の換地計画に係る地域における農
用地の集団化と相まつて農用地の利用の集積を図る目的

（農用地利用集積計画の公告）

第十九条　同意市町村は、農用地利用集積計画を定めたときは、農林水産省令
で定めるところにより、遅滞なく、その旨を公告しなければならない。

（公告の効果）

第二十条　前条の規定による公告があつたときは、その公告があつた農用地利

関係法令（農業経営基盤強化促進法（抄））

用集積計画の定めるところによつて利用権が設定され、若しくは移転し、又は所有権が移転する。

（農用地利用集積計画の取消し等）

第二十条の二 同意市町村の長は、次の各号のいずれかに該当するときは、第十九条の規定による公告があつた農用地利用集積計画の定めるところにより賃借権又は使用貸借による権利の設定を受けた第十八条第二項第六号に規定する者に対し、相当の期限を定めて、必要な措置を講ずべきことを勧告することができる。

一　その者がその農用地において行う耕作又は養畜の事業により、周辺の地域における農用地の農業上の効率的かつ総合的な利用の確保に支障が生じているとき。

二　その者が地域の農業における他の農業者との適切な役割分担の下に継続的かつ安定的に農業経営を行つていないと認めるとき。

三　その者が法人である場合にあつては、その法人の業務執行役員等のいずれもがその法人の行う耕作又は養畜の事業に常時従事していないと認めるとき。

2　同意市町村は、次の各号のいずれかに該当するときは、農業委員会の決定を経て、農用地利用集積計画のうち当該各号に係る賃借権又は使用貸借による権利の設定に係る部分を取り消さなければならない。

一　第十九条の規定による公告があつた農用地利用集積計画の定めるところによりこれらの権利の設定を受けた第十八条第二項第六号に規定する者がその農用地を適正に利用していないと認められるにもかかわらず、これらの権利を設定した者が賃貸借又は使用貸借の解除をしないとき。

二　前項の規定による勧告を受けた者がその勧告に従わなかつたとき。

3　同意市町村は、前項の規定による取消しをしたときは、農林水産省令で定めるところにより、遅滞なく、その旨を公告しなければならない。

4　前項の規定による公告があつたときは、第二項の規定による取消しに係る賃貸借又は使用貸借は解除されたものとみなす。

5　同意市町村の農業委員会は、第十八条第二項第六号に規定する条件に基づき賃貸借若しくは使用貸借が解除された場合又は第二項の規定による農用地利用集積計画の取消しがあつた場合において、その農用地の適正かつ効率的な利用が図られないおそれがあると認めるときは、当該農用地の所有者に対し、当該農用地についての利用権の設定等のあつせんその他の必要な措置を

関係法令（農業経営基盤強化促進法（抄））

講ずるものとする。

（登記の特例）

第二十一条　第十九条の規定による公告があつた農用地利用集積計画に係る土地の登記については、政令で、不動産登記法（平成十六年法律第百二十三号）の特例を定めることができる。

　　　　第二款　共有者不明農用地等に係る農用地利用集積計画の同意手続の特例

（不確知共有者の探索の要請）

第二十一条の二　同意市町村の長は、農用地利用集積計画（存続期間が二十年を超えない賃借権又は使用貸借による権利の設定を農地中間管理機構が受けることを内容とするものに限る。次条及び第二十一条の四において同じ。）を定める場合において、第十八条第二項第二号に規定する土地のうちに、同条第三項第四号ただし書に規定する土地であつてその二分の一以上の共有持分を有する者を確知することができないもの（以下「共有者不明農用地等」という。）があるときは、農業委員会に対し、当該共有者不明農用地等について共有持分を有する者であつて確知することができないもの（以下「不確知共有者」という。）の探索を行うよう要請することができる。

2　農業委員会は、前項の規定による要請を受けた場合には、相当な努力が払われたと認められるものとして政令で定める方法により、不確知共有者の探索を行うものとする。

（共有者不明農用地等に係る公示）

第二十一条の三　同意市町村の農業委員会は、前条第一項の規定による要請に係る探索を行つてもなお共有者不明農用地等について二分の一以上の共有持分を有する者を確知することができないときは、当該共有者不明農用地等について共有持分を有する者であつて知れているものの全ての同意を得て、同意市町村の定めようとする農用地利用集積計画及び次に掲げる事項を公示するものとする。

一　共有者不明農用地等の所在、地番、地目及び面積

二　共有者不明農用地等について二分の一以上の共有持分を有する者を確知することができない旨

三　共有者不明農用地等について、農用地利用集積計画の定めるところによつて農地中間管理機構が賃借権又は使用貸借による権利の設定を受ける旨

四　前号に規定する権利の種類、内容、始期、存続期間並びに当該権利が賃

383

関係法令（農業経営基盤強化促進法（抄））

借権である場合にあつては、借賃並びにその支払の相手方及び方法

五　不確知共有者は、公示の日から起算して六月以内に、農林水産省令で定めるところにより、その権原を証する書面を添えて農業委員会に申し出て、農用地利用集積計画又は前二号に掲げる事項について異議を述べることができる旨

六　不確知共有者が前号に規定する期間内に異議を述べなかつたときは、当該不確知共有者は農用地利用集積計画について同意をしたものとみなす旨

（不確知共有者のみなし同意）

第二十一条の四　不確知共有者が前条第五号に規定する期間内に異議を述べなかつたときは、当該不確知共有者は、農用地利用集積計画について同意をしたものとみなす。

（情報提供等）

第二十一条の五　農林水産大臣は、共有者不明農用地等に関する情報の周知を図るため、地方公共団体その他の関係機関と連携し、第二十一条の三の規定による公示に係る共有者不明農用地等に関する情報のインターネットの利用による提供その他の必要な措置を講ずるように努めるものとする。

第三款　利用権設定等促進事業の推進

第二十二条　農業委員会等に関する法律第四十四条第一項に規定する機構は、利用権設定等促進事業の推進に資するため広域の見地から農用地の利用関係の調整を行う必要があると認められる場合には、関係農業委員会に対し、他の市町村における農用地の保有及び利用の現況、効率的かつ安定的な農業経営の指標等に関する資料及び情報の提供その他の協力を行うように努めるものとする。

関係法令（農業経営基盤強化促進法施行令（抄））

○農業経営基盤強化促進法施行令（抄）

（昭和五十五年　政令第二百十九号）

最終改正　平成三十年十一月九日　政令第三百十一号

　内閣は、農用地利用増進法（昭和五十五年法律第六十五号）第六条第三項第二号ただし書並びに第十一条第一項及び第五項の規定に基づき、並びに同法第十三条第二項の規定を実施するため、この政令を制定する。

（不確知共有者の探索の方法）

第七条　法第二十一条の二第二項の政令で定める方法は、共有者不明農用地等について共有持分を有する者の氏名又は名称及び住所又は居所その他の不確知共有者を確知するために必要な情報（以下この条において「不確知共有者関連情報」という。）を取得するため次に掲げる措置をとる方法とする。

一　当該共有者不明農用地等の登記事項証明書の交付を請求すること。

二　当該共有者不明農用地等を現に占有する者その他の当該共有者不明農用地等に係る不確知共有者関連情報を保有すると思料される者であつて農林水産省令で定めるものに対し、当該不確知共有者関連情報の提供を求めること。

三　第一号の登記事項証明書に記載されている所有権の登記名義人又は表題部所有者その他前二号の措置により判明した当該共有者不明農用地等の共有持分を有する者と思料される者（以下この号及び次号において「登記名義人等」という。）が記録されている住民基本台帳又は法人の登記簿を備えると思料される市町村の長又は登記所の登記官に対し、当該登記名義人等に係る不確知共有者関連情報の提供を求めること。

四　登記名義人等が死亡又は解散していることが判明した場合には、農林水産省令で定めるところにより、当該登記名義人等又はその相続人、合併後存続し、若しくは合併により設立された法人その他の当該共有者不明農用地等の共有持分を有する者と思料される者が記録されている戸籍簿若しくは除籍簿若しくは戸籍の附票又は法人の登記簿を備えると思料される市町村の長又は登記所の登記官その他の当該共有者不明農用地等に係る不確知共有者関連情報を保有すると思料される者に対し、当該不確知共有者関連情報の提供を求めること。

関係法令（農業経営基盤強化促進法施行令（抄））

　五　前各号の措置により判明した当該共有者不明農用地等の共有持分を有する者と思料される者に対して、当該共有者不明農用地等の共有持分を有する者を特定するための書面の送付その他の農林水産省令で定める措置をとること。

関係法令（農業経営基盤強化促進法施行規則（抄））

○農業経営基盤強化促進法施行規則（抄）

（昭和五十五年　農林水産省令第三十四号）

最終改正　三十年十一月十六日　農林水産省令第七十三号

農用地利用増進法（昭和五十五年法律第六十五号）第四条第一項、第二項第五号、第六項及び第八項、第五条第一項、第六条第一項、第二項第六号及び第四項、第七条第一項及び第二項並びに第十一条第四項並びに農用地利用増進法施行令（昭和五十五年政令第二百十九号）第一条第五号並びに第三条第一項及び第四項の規定に基づき、並びに同法第十三条第二項の規定を実施するため、農用地利用増進法施行規則を次のように定める。

（農用地利用集積計画の作成）

第十六条　同意市町村は、法第十八条第一項の規定により農用地利用集積計画を定めようとするときは、農用地の農業上の効率的かつ総合的な利用の促進並びに基本構想において定められた法第六条第二項第五号イ（１）の要件を備える者の農業経営の改善及びその安定を図ることを旨として、当該農用地利用集積計画の作成の時期等につき適切な配慮をするものとする。

2　同意市町村は、農用地について共有持分を有する者であつて当該農用地の管理を行つているものからの作成の申出によつて法第十八条第一項の規定により農用地利用集積計画（存続期間が二十年を超えない賃借権又は使用貸借による権利の設定を農地中間管理機構が受けることを内容とするものに限る。）を定めようとする場合は、それ以外の場合において農用地利用集積計画を定めるときと同様に、適切な配慮をするものとする。

（農用地の利用状況の報告）

第十六条の二　法第十八条第二項第七号の規定による報告は、毎事業年度の終了後三月以内に、次に掲げる事項を記載した報告書を同意市町村の長に提出して行わなければならない。

一　法第十八条第二項第六号に規定する者の氏名及び住所（法人にあつては、その名称及び主たる事務所の所在地並びに代表者の氏名）

二　前号の者が賃借権又は使用貸借による権利の設定を受けた農用地の面積

三　前号の農用地における作物の種類別作付面積又は栽培面積、生産数量及び反収

関係法令（農業経営基盤強化促進法施行規則（抄））

四　第一号の者が行う耕作又は養畜の事業がその農用地の周辺の農用地の農業上の利用に及ぼしている影響

五　地域の農業における他の農業者との役割分担の状況

六　第一号の者が法人である場合には、その法人の農地法第三条第三項第三号に規定する業務執行役員等のうち、その法人の行う耕作又は養畜の事業に常時従事する者の役職名及び氏名並びにその法人の行う耕作又は養畜の事業への従事状況

七　その他参考となるべき事項

2　前項の報告書には、次に掲げる書類を添付しなければならない。

一　前項第一号の者が法人である場合には、定款の写し

二　その他参考となるべき書類

（農用地利用集積計画に定めるべき事項）

第十七条　法第十八条第二項第八号の農林水産省令で定める事項は、同項第一号に規定する者が設定又は移転を受ける利用権の条件その他利用権の設定等に係る法律関係に関する事項（同項第四号及び第五号に掲げる事項を除く。）並びに同項第一号に規定する者の農業経営の状況とする。

（利用権の設定等に関する要件が緩和される場合）

第十八条　農業経営基盤強化促進法施行令（以下「令」という。）第六条第五号の農林水産省令で定める場合は、次に掲げる場合（第一号、第四号又は第五号に掲げる場合であつて、法第十八条第二項第二号に規定する土地（以下「対象土地」という。）を別表の上欄に掲げる土地として利用するため利用権の設定等を受けるときにあつてはその者が利用権の設定等を受けた後においてそれぞれ同表の下欄に掲げる要件を備えることとなるときに限り、第六号又は第七号に掲げる場合にあつてはその者が利用権の設定等を受けた後において対象土地を効率的に利用することができると認められることとなるときに限る。）とする。

一　耕作又は養畜の事業を行う個人又は農地所有適格法人が対象土地を農用地以外の土地として利用するため利用権の設定等を受ける場合

二　農地利用集積円滑化団体が第一条の四第二号に規定する農業構造の改善に資するための事業（法第四条第三項に規定する農地利用集積円滑化事業を除く。）の実施によつて利用権の設定等を受ける場合

三　農地所有適格法人の組合員、社員又は株主（農地法第二条第三項第二号イからチまでに掲げる者に限る。）が農地中間管理機構に対象土地につい

関係法令（農業経営基盤強化促進法施行規則（抄））

て利用権の設定を行うため利用権の設定等を受ける場合であつて、当該農地中間管理機構が当該農地所有適格法人に当該対象土地について利用権の設定を行う見込みが確実であるとき。

四　農業協同組合法（昭和二十二年法律第百三十二号）第七十二条の十第一項第二号の事業を行う農事組合法人（農地所有適格法人であるものを除く。）が対象土地を農用地以外の土地として当該農事組合法人が行う事業に供するため利用権の設定等を受ける場合

五　生産森林組合（森林組合法（昭和五十三年法律第三十六号）第九十三条第二項第二号に掲げる事業を行うものに限る。）が対象土地を農用地以外の土地として同号に掲げる事業に供するため利用権の設定等を受ける場合

六　土地改良法（昭和二十四年法律第百九十五号）第二条第二項各号に掲げる事業（同項第六号に掲げる事業を除く。）を行う法人が対象土地を農業用施設の用に供される土地として当該事業に供するため利用権の設定等を受ける場合

七　農業近代化資金融通法施行令（昭和三十六年政令第三百四十六号）第一条第六号、第八号又は第九号に掲げる法人が対象土地を農業用施設の用に供される土地として当該法人の行う事業に供するため利用権の設定等を受ける場合

（農用地利用集積計画の作成の申出）

第十九条　法第十八条第五項の規定による申出は、当該申出をしようとする農地利用集積円滑化団体、農用地利用改善事業を行う団体、農業協同組合又は土地改良区の代表者が法第十八条第二項各号に掲げる事項の全部又は一部を記載した書面を添えてするものとする。

（農用地利用集積計画の決定の公告）

第二十条　法第十九条の規定による公告は、農用地利用集積計画を定めた旨及び当該農用地利用集積計画（第十七条に規定する農業経営の状況を除く。）について、市町村の公報への掲載、インターネットの利用その他の適切な方法により行うものとする。

（農用地利用集積計画の取消しの公告）

第二十条の二　法第二十条の二第三項の規定による公告は、農用地利用集積計画のうち法第二十条の二第二項各号に係る賃借権又は使用貸借による権利の設定に係る部分を取り消した旨及び当該農用地利用集積計画のうち当該取消しに係る部分を市町村の公報に掲載することその他所定の手段により行うも

389

関係法令（農業経営基盤強化促進法施行規則（抄））

のとする。
（不確知共有者関連情報を保有すると思料される者）
第二十条の三　令第七条第二号の農林水産省令で定めるものは、次の各号に定
める者とする。
　一　当該共有者不明農用地等を現に占有する者
　二　農地法第五十二条の二の規定により農業委員会が作成する農地台帳に記
　　録された事項に基づき、当該不確知共有者関連情報を保有すると思料され
　　る者
　三　当該共有者不明農用地等の共有持分を有する者であつて知れているもの
（不確知共有者関連情報の提供を求める方法）
第二十条の四　農業委員会は、令第七条第四号の規定により当該共有者不明農
用地等に係る不確知共有者関連情報の提供を求める場合には、次に掲げる措
置をとる方法によるものとする。
　一　令第七条第三号に規定する登記名義人等（以下この条において「登記名
　　義人等」という。）が自然人である場合にあつては、当該登記名義人等が
　　記録されている戸籍簿又は除籍簿を備えると思料される市町村の長に対
　　し、当該登記名義人等が記載されている戸籍謄本又は除籍謄本（以下この
　　号において「戸籍謄本等」という。）の交付を請求し、戸籍謄本等に記載
　　されている登記名義人等の相続人を確認すること。
　二　前号において確認した相続人が記録されている戸籍の附票を備えると思
　　料される市町村の長に対し、当該相続人の戸籍の附票の写し又は消除され
　　た戸籍の附票の写しの交付を請求すること。
　三　登記名義人等が法人であり、合併により解散した場合にあつては、合併
　　後存続し、又は合併により設立された法人が記録されている法人の登記簿
　　を備えると思料される登記所の登記官に対し、当該法人の登記事項証明書
　　の交付を請求すること。
　四　登記名義人等が法人であり、合併以外の理由により解散した場合にあつ
　　ては、当該登記名義人等の登記事項証明書に記載されている清算人に対し
　　て、書面の送付その他適当な方法により当該共有者不明農用地等に係る不
　　確知共有者関連情報の提供を求めること。
（共有持分を有する者を特定するための措置）
第二十条の五　令第七条第五号の農林水産省令で定める措置は、当該共有者不
明農用地等の共有持分を有する者と思料される者に宛てて送付すべき書面を

関係法令（農業経営基盤強化促進法施行規則（抄））

書留郵便その他配達を試みたことを証明することができる方法によつて送付する措置とする。ただし、当該共有者不明農用地等の所在する市町村内においては、当該措置に代えて、共有持分を有する者と思料される者を訪問する措置によることができる。

（不確知共有者からの申出）

第二十条の六　法第二十一条の三第五号の規定による申出は、次に掲げる事項を記載した申出書（一通）を提出してしなければならない。

一　申出者の氏名又は名称及び住所

二　当該申出に係る共有者不明農用地等の所在、地番、地目及び面積

三　当該申出の趣旨

関係法令（農地法（抄））

○農地法（抄）

（昭和二十七年七月十五日　法律第二百二十九号）
最終改正　平成三十年五月十八日法律第二十三号

目次
　第一章　総則（第一条―第二条の二）
　第二章　権利移動及び転用の制限等（第三条―第十五条）
　第三章　利用関係の調整等（第十六条―第二十九条）
　第四章　遊休農地に関する措置（第三十条―第四十二条）
　第五章　雑則（第四十三条―第六十三条の二）
　第六章　罰則（第六十四条―第六十九条）
　附則

　　　　第四章　遊休農地に関する措置
　（利用状況調査）
第三十条　農業委員会は、農林水産省令で定めるところにより、毎年一回、その区域内にある農地の利用の状況についての調査（以下「利用状況調査」という。）を行わなければならない。
2　農業委員会は、必要があると認めるときは、いつでも利用状況調査を行うことができる。
　（農業委員会に対する申出）
第三十一条　次に掲げる者は、次条第一項各号のいずれかに該当する農地があると認めるときは、その旨を農業委員会に申し出て適切な措置を講ずべきことを求めることができる。
　一　その農地の存する市町村の区域の全部又は一部をその地区の全部又は一部とする農業協同組合、土地改良区その他の農林水産省令で定める農業者の組織する団体
　二　その農地の周辺の地域において農業を営む者（その農地によつてその者の営農条件に著しい支障が生じ、又は生ずるおそれがあると認められるものに限る。）
　三　農地中間管理機構
2　農業委員会は、前項の規定による申出があつたときは、当該農地について

392

関係法令（農地法（抄））

の利用状況調査その他適切な措置を講じなければならない。

（利用意向調査）

第三十二条 農業委員会は、第三十条の規定による利用状況調査の結果、次の各号のいずれかに該当する農地があるときは、農林水産省令で定めるところにより、その農地の所有者（その農地について所有権以外の権原に基づき使用及び収益をする者がある場合には、その者。以下「所有者等」という。）に対し、その農地の農業上の利用の意向についての調査（以下「利用意向調査」という。）を行うものとする。

一　現に耕作の目的に供されておらず、かつ、引き続き耕作の目的に供されないと見込まれる農地

二　その農業上の利用の程度がその周辺の地域における農地の利用の程度に比し著しく劣つていると認められる農地（前号に掲げる農地を除く。）

2　前項の場合において、その農地（その農地について所有権以外の権原に基づき使用及び収益をする者がある場合には、その権利）が数人の共有に係るものであつて、かつ、相当な努力が払われたと認められるものとして政令で定める方法により探索を行つてもなおその農地の所有者等の一部を確知することができないときは、農業委員会は、その農地の所有者等で知れているものの持分が二分の一を超えるときに限り、その農地の所有者等で知れているものに対し、同項の規定による利用意向調査を行うものとする。

3　農業委員会は、第三十条の規定による利用状況調査の結果、第一項各号のいずれかに該当する農地がある場合において、相当な努力が払われたと認められるものとして政令で定める方法により探索を行つてもなおその農地の所有者等（その農地（その農地について所有権以外の権原に基づき使用及び収益をする者がある場合には、その権利）が数人の共有に係る場合には、その農地又は権利について二分の一を超える持分を有する者。第一号、第五十三条第一項及び第五十五条第二項において同じ。）を確知することができないときは、次に掲げる事項を公示するものとする。この場合において、その農地（その農地について所有権以外の権原に基づき使用及び収益をする者がある場合には、その権利）が数人の共有に係るものであつて、かつ、その農地の所有者等で知れているものがあるときは、その者にその旨を通知するものとする。

一　その農地の所有者等を確知できない旨

二　その農地の所在、地番、地目及び面積並びにその農地が第一項各号のい

393

関係法令（農地法（抄））

ずれに該当するかの別

三　その農地の所有者等は、公示の日から起算して六月以内に、農林水産省令で定めるところにより、その権原を証する書面を添えて、農業委員会に申し出るべき旨

四　その他農林水産省令で定める事項

4　前項第三号に規定する期間内に同項の規定による公示に係る農地の所有者等から同号の規定による申出があつたときは、農業委員会は、その者に対し、第一項の規定による利用意向調査を行うものとする。

5　前項の場合において、その農地（その農地について所有権以外の権原に基づき使用及び収益をする者がある場合には、その権利）が数人の共有に係るものであるときは、農業委員会は、第三項第三号の規定による申出の結果、その農地の所有者等で知れているものの持分が二分の一を超えるときに限り、その農地の所有者等で知れているものに対し、第一項の規定による利用意向調査を行うものとする。

6　前各項の規定は、第四条第一項又は第五条第一項の許可に係る農地その他農林水産省令で定める農地については、適用しない。

第三十三条　農業委員会は、耕作の事業に従事する者が不在となり、又は不在となることが確実と認められるものとして農林水産省令で定める農地があるときは、その農地の所有者等に対し、利用意向調査を行うものとする。

2　前条第二項から第五項までの規定は、前項に規定する農地がある場合について準用する。この場合において、同条第二項中「前項」とあるのは「次条第一項」と、同条第三項第二号中「面積並びにその農地が第一項各号のいずれに該当するかの別」とあるのは「面積」と、同条第四項及び第五項中「第一項」とあるのは「次条第一項」と読み替えるものとする。

3　前二項の規定は、第四条第一項又は第五条第一項の許可に係る農地その他農林水産省令で定める農地については、適用しない。

（農地の利用関係の調整）

第三十四条　農業委員会は、第三十二条第一項又は前条第一項の規定による利用意向調査を行つたときは、これらの利用意向調査に係る農地の所有者等から表明されたその農地の農業上の利用の意向についての意思の内容を勘案しつつ、その農地の農業上の利用の増進が図られるよう必要なあつせんその他農地の利用関係の調整を行うものとする。

（農地中間管理機構等による協議の申入れ）

関係法令（農地法（抄））

第三十五条 農業委員会は、第三十二条第一項又は第三十三条第一項の規定による利用意向調査を行つた場合において、これらの利用意向調査に係る農地（農地中間管理事業の事業実施地域に存するものに限る。次条第一項及び第四十一条第一項において同じ。）の所有者等から、農地中間管理事業を利用する意思がある旨の表明があつたときは、農地中間管理機構に対し、その旨を通知するものとする。

2　前項の規定による通知を受けた農地中間管理機構は、速やかに、当該農地の所有者等に対し、その農地に係る農地中間管理権の取得に関する協議を申し入れるものとする。ただし、その農地が農地中間管理事業の推進に関する法律第八条第一項に規定する農地中間管理事業規程において定める同条第二項第二号に規定する基準に適合しない場合において、その旨を農業委員会及び当該農地の所有者等に通知したときは、この限りでない。

3　農業委員会は、第三十二条第一項又は第三十三条第一項の規定による利用意向調査を行つた場合において、これらの利用意向調査に係る農地（農業経営基盤強化促進法第四条第三項に規定する農地利用集積円滑化事業の事業実施地域に存するものに限る。）の所有者から、農地所有者代理事業（同法第四条第三項第一号イに規定する農地所有者代理事業をいう。）を利用する意思がある旨の表明があつたときは、農地利用集積円滑化団体に対し、その旨を通知するものとする。

4　第二項本文の規定は、前項の規定による通知を受けた農地利用集積円滑化団体について準用する。この場合において、第二項本文中「農地中間管理権の取得」とあるのは、「次項に規定する農地所有者代理事業の実施」と読み替えるものとする。

（農地中間管理権の取得に関する協議の勧告）

第三十六条 農業委員会は、第三十二条第一項又は第三十三条第一項の規定による利用意向調査を行つた場合において、次の各号のいずれかに該当するときは、これらの利用意向調査に係る農地の所有者等に対し、農地中間管理機構による農地中間管理権の取得に関し当該農地中間管理機構と協議すべきことを勧告するものとする。ただし、当該各号に該当することにつき正当の事由があるときは、この限りでない。

一　当該農地の所有者等からその農地を耕作する意思がある旨の表明があつた場合において、その表明があつた日から起算して六月を経過した日においても、その農地の農業上の利用の増進が図られていないとき。

395

関係法令（農地法（抄））

二　当該農地の所有者等からその農地の所有権の移転又は賃借権その他の使
　　用及び収益を目的とする権利の設定若しくは移転を行う意思がある旨の表
　　明（前条第一項又は第三項に規定する意思の表明を含む。）があつた場合
　　において、その表明があつた日から起算して六月を経過した日において
　　も、これらの権利の設定又は移転が行われないとき。

三　当該農地の所有者等にその農地の農業上の利用を行う意思がないとき。

四　これらの利用意向調査を行つた日から起算して六月を経過した日におい
　　ても、当該農地の所有者等からその農地の農業上の利用の意向についての
　　意思の表明がないとき。

五　前各号に掲げるときのほか、当該農地について農業上の利用の増進が図
　　られないことが確実であると認められるとき。

2　農業委員会は、前項の規定による勧告を行つたときは、その旨を農地中間
　管理機構（当該農地について所有権以外の権原に基づき使用及び収益をする
　者がある場合には、農地中間管理機構及びその農地の所有者）に通知するも
　のとする。

　（裁定の申請）

第三十七条　農業委員会が前条第一項の規定による勧告をした場合において、
　当該勧告があつた日から起算して二月以内に当該勧告を受けた者との協議が
　調わず、又は協議を行うことができないときは、農地中間管理機構は、当該
　勧告があつた日から起算して六月以内に、農林水産省令で定めるところによ
　り、都道府県知事に対し、当該勧告に係る農地について、農地中間管理権
　（賃借権に限る。第三十九条第一項及び第二項並びに第四十条第二項におい
　て同じ。）の設定に関し裁定を申請することができる。

　（意見書の提出）

第三十八条　都道府県知事は、前条の規定による申請があつたときは、農林水
　産省令で定める事項を公告するとともに、当該申請に係る農地の所有者等に
　これを通知し、二週間を下らない期間を指定して意見書を提出する機会を与
　えなければならない。

2　前項の意見書を提出する者は、その意見書において、その者の有する権利
　の種類及び内容、その者が前条の規定による申請に係る農地について農地中
　間管理機構との協議が調わず、又は協議を行うことができない理由その他の
　農林水産省令で定める事項を明らかにしなければならない。

3　都道府県知事は、第一項の期間を経過した後でなければ、裁定をしてはな

396

関係法令（農地法（抄））

らない。

（裁定）

第三十九条　都道府県知事は、第三十七条の規定による申請に係る農地が、前条第一項の意見書の内容その他当該農地の利用に関する諸事情を考慮して引き続き農業上の利用の増進が図られないことが確実であると見込まれる場合において、農地中間管理機構が当該農地について農地中間管理事業を実施することが当該農地の農業上の利用の増進を図るため必要かつ適当であると認めるときは、その必要の限度において、農地中間管理権を設定すべき旨の裁定をするものとする。

2　前項の裁定においては、次に掲げる事項を定めなければならない。

一　農地中間管理権を設定すべき農地の所在、地番、地目及び面積

二　農地中間管理権の内容

三　農地中間管理権の始期及び存続期間

四　借賃

五　借賃の支払の相手方及び方法

3　第一項の裁定は、前項第一号から第三号までに掲げる事項については申請の範囲を超えてはならず、同号に規定する存続期間については二十年を限度としなければならない。

4　都道府県知事は、第一項の裁定をしようとするときは、あらかじめ、都道府県機構の意見を聴かなければならない。ただし、農業委員会等に関する法律第四十二条第一項の規定による都道府県知事の指定がされていない場合は、この限りでない。

（裁定の効果等）

第四十条　都道府県知事は、前条第一項の裁定をしたときは、農林水産省令で定めるところにより、遅滞なく、その旨を農地中間管理機構及び当該裁定の申請に係る農地の所有者等に通知するとともに、これを公告しなければならない。当該裁定についての審査請求に対する裁決によつて当該裁定の内容が変更されたときも、同様とする。

2　前条第一項の裁定について前項の規定による公告があつたときは、当該裁定の定めるところにより、農地中間管理機構と当該裁定に係る農地の所有者等との間に当該農地についての農地中間管理権の設定に関する契約が締結されたものとみなす。

3　民法第二百七十二条ただし書（永小作権の譲渡又は賃貸の禁止）及び第六

397

関係法令（農地法（抄））

百十二条（賃借権の譲渡及び転貸の制限）の規定は、前項の場合には、適用しない。

（所有者等を確知することができない場合における農地の利用）

第四十一条　農業委員会は、第三十二条第三項（第三十三条第二項において読み替えて準用する場合を含む。以下この項において同じ。）の規定による公示をした場合において、第三十二条第三項第三号に規定する期間内に当該公示に係る農地（同条第一項第二号に該当するものを除く。）の所有者等から同条第三項第三号の規定による申出がないとき（その農地（その農地について所有権以外の権原に基づき使用及び収益をする者がある場合には、その権利）が数人の共有に係るものである場合において、当該申出の結果、その農地の所有者等で知れているものの持分が二分の一を超えないときを含む。）は、農地中間管理機構に対し、その旨を通知するものとする。この場合において、農地中間管理機構は、当該通知の日から起算して四月以内に、農林水産省令で定めるところにより、都道府県知事に対し、当該農地を利用する権利（以下「利用権」という。）の設定に関し裁定を申請することができる。

2　第三十八条及び第三十九条の規定は、前項の規定による申請があつた場合について準用する。この場合において、第三十八条第一項中「にこれを」とあるのは「で知れているものがあるときは、その者にこれを」と、第三十九条第一項及び第二項第一号から第三号までの規定中「農地中間管理権」とあるのは「利用権」と、同項第四号中「借賃」とあるのは「借賃に相当する補償金の額」と、同項第五号中「借賃の支払の相手方及び」とあるのは「補償金の支払の」と読み替えるものとする。

3　都道府県知事は、前項において読み替えて準用する第三十九条第一項の裁定をしたときは、農林水産省令で定めるところにより、遅滞なく、その旨を農地中間管理機構（当該裁定の申請に係る農地の所有者等で知れているものがあるときは、その者及び農地中間管理機構）に通知するとともに、これを公告しなければならない。当該裁定についての審査請求に対する裁決によつて当該裁定の内容が変更されたときも、同様とする。

4　第二項において読み替えて準用する第三十九条第一項の裁定について前項の規定による公告があつたときは、当該裁定の定めるところにより、農地中間管理機構は、利用権を取得する。

5　農地中間管理機構は、第二項において読み替えて準用する第三十九条第一項の裁定において定められた利用権の始期までに、当該裁定において定めら

関係法令（農地法（抄））

れた補償金を当該農地の所有者等のために供託しなければならない。

6　前項の規定による補償金の供託は、当該農地の所在地の供託所にするものとする。

7　第十六条の規定は、第四項の規定により農地中間管理機構が取得する利用権について準用する。この場合において、同条第一項中「その登記がなくても、農地又は採草放牧地の引渡があつた」とあるのは、「その設定を受けた者が当該農地の占有を始めた」と読み替えるものとする。

（措置命令）

第四十二条　市町村長は、第三十二条第一項各号のいずれかに該当する農地における病害虫の発生、土石その他これに類するものの堆積その他政令で定める事由により、当該農地の周辺の地域における営農条件に著しい支障が生じ、又は生ずるおそれがあると認める場合には、必要な限度において、当該農地の所有者等に対し、期限を定めて、その支障の除去又は発生の防止のために必要な措置（以下この条において「支障の除去等の措置」という。）を講ずべきことを命ずることができる。

2　前項の規定による命令をするときは、農林水産省令で定める事項を記載した命令書を交付しなければならない。

3　市町村長は、第一項に規定する場合において、次の各号のいずれかに該当すると認めるときは、自らその支障の除去等の措置の全部又は一部を講ずることができる。この場合において、第二号に該当すると認めるときは、相当の期限を定めて、当該支障の除去等の措置を講ずべき旨及びその期限までに当該支障の除去等の措置を講じないときは、自ら当該支障の除去等の措置を講じ、当該措置に要した費用を徴収する旨を、あらかじめ、公告しなければならない。

一　第一項の規定により支障の除去等の措置を講ずべきことを命ぜられた農地の所有者等が、当該命令に係る期限までに当該命令に係る措置を講じないとき、講じても十分でないとき、又は講ずる見込みがないとき。

二　第一項の規定により支障の除去等の措置を講ずべきことを命じようとする場合において、相当な努力が払われたと認められるものとして政令で定める方法により探索を行つてもなお当該支障の除去等の措置を命ずべき農地の所有者等を確知することができないとき。

三　緊急に支障の除去等の措置を講ずる必要がある場合において、第一項の規定により支障の除去等の措置を講ずべきことを命ずるいとまがないと

関係法令（農地法（抄））

き。

4　市町村長は、前項の規定により同項の支障の除去等の措置の全部又は一部を講じたときは、当該支障の除去等の措置に要した費用について、農林水産省令で定めるところにより、当該農地の所有者等に負担させることができる。

5　前項の規定により負担させる費用の徴収については、行政代執行法（昭和二十三年法律第四十三号）第五条及び第六条の規定を準用する。

関係法令（農地法施行令（抄））

○農地法施行令（抄）

（昭和二十七年　政令第四百四十五号）

最終改正　平成三十年十一月九日　政令第三百十一号

　内閣は、農地法（昭和二十七年法律第二百二十九号）及び農地法施行法（昭和二十七年法律第二百三十号）に基き、この政令を制定する。

目次

　　第一章　権利移動及び転用の制限等（第一条―第二十一条）

　　第二章　利用関係の調整等（第二十二条―第二十八条）

　　第三章　遊休農地に関する措置（第二十九条）

　　第四章　雑則（第三十条―第三十八条）

　　附則

　（不確知所有者の探索の方法）

第十八条　法第七条第三項ただし書の政令で定める方法は、同条第二項の規定による公示に係る農地又は採草放牧地の所有者の氏名又は名称及び住所又は居所その他の当該所有者であつて確知することができないものを確知するために必要な情報（以下この条において「不確知所有者関連情報」という。）を取得するため次に掲げる措置をとる方法とする。

　一　当該農地又は採草放牧地の登記事項証明書の交付を請求すること。

　二　当該農地又は採草放牧地を現に占有する者その他の当該農地又は採草放牧地に係る不確知所有者関連情報を保有すると思料される者であつて農林水産省令で定めるものに対し、当該不確知所有者関連情報の提供を求めること。

　三　第一号の登記事項証明書に記載されている所有権の登記名義人又は表題部所有者その他前二号の措置により判明した当該農地又は採草放牧地の所有者と思料される者（以下この号及び次号において「登記名義人等」という。）が記録されている住民基本台帳又は法人の登記簿を備えると思料される市町村の長又は登記所の登記官に対し、当該登記名義人等に係る不確知所有者関連情報の提供を求めること。

　四　登記名義人等が死亡又は解散していることが判明した場合には、農林水産省令で定めるところにより、当該登記名義人等又はその相続人、合併後

関係法令（農地法施行令（抄））

存続し、若しくは合併により設立された法人その他の当該農地若しくは採草放牧地の所有者と思料される者が記録されている戸籍簿若しくは除籍簿若しくは戸籍の附票又は法人の登記簿を備えると思料される市町村の長又は登記所の登記官その他の当該農地又は採草放牧地に係る不確知所有者関連情報を保有すると思料される者に対し、当該不確知所有者関連情報の提供を求めること。
五　前各号の措置により判明した当該農地又は採草放牧地の所有者と思料される者に対して、当該農地又は採草放牧地の所有者を特定するための書面の送付その他の農林水産省令で定める措置をとること。

第十九条　（略）

（準用）
第二十条　第十八条の規定は、法第十条第三項第二号、第三十二条第二項及び第三項（これらの規定を法第三十三条第二項において準用する場合を含む。）、第四十二条第三項第二号並びに第五十一条第三項第二号の政令で定める方法について準用する。

第二十一条～第二十八条　（略）

第三章　遊休農地に関する措置
第二十九条　法第四十二条第一項の政令で定める事由は、次に掲げる事由とする。
一　農作物の生育に支障を及ぼすおそれのある鳥獣又は草木の生息又は生育
二　地割れ
三　土壌の汚染

関係法令（農地法施行規則（抄））

○農地法施行規則（抄）

（昭和二十七年　農林省令第七十九号）

最終改正　平成三十年十一月十六日　農林水産省令第七十三号

農地法（昭和二十七年法律第二百二十九号）及び農地法施行令（昭和二十七年政令第四百四十五号）に基き、並びにこれらの法令を実施するため、農地法施行規則を次のように定める。

（不確知所有者関連情報を保有すると思料される者）

第六十条の二　令第十八条第二号の農林水産省令で定めるものは、次の各号に定める者とする。

一　当該農地又は採草放牧地を現に占有する者

二　農地台帳に記録された事項に基づき、不確知所有者関連情報を保有すると思料される者

三　当該農地又は採草放牧地の所有者であつて知れているもの

（不確知所有者関連情報の提供を求める方法）

第六十条の三　農業委員会は、令第十八条第四号の規定により当該農地又は採草放牧地に係る不確知所有者関連情報の提供を求める場合には、次に掲げる措置をとる方法によるものとする。

一　令第十八条第三号に規定する登記名義人等（以下この条において「登記名義人等」という。）が自然人である場合にあつては、当該登記名義人等が記録されている戸籍簿又は除籍簿を備えると思料される市町村の長に対し、当該登記名義人等が記載されている戸籍謄本又は除籍謄本（以下この号において「戸籍謄本等」という。）の交付を請求し、戸籍謄本等に記載されている登記名義人等の相続人を確認すること。

二　前号において確認した相続人が記録されている戸籍の附票を備えると思料される市町村の長に対し、当該相続人の戸籍の附票の写し又は消除された戸籍の附票の写しの交付を請求すること。

三　登記名義人等が法人であり、合併により解散した場合にあつては、合併後存続し、又は合併により設立された法人が記録されている法人の登記簿を備えると思料される登記所の登記官に対し、当該法人の登記事項証明書の交付を請求すること。

403

関係法令（農地法施行規則（抄））

　　四　登記名義人等が法人であり、合併以外の理由により解散した場合にあつ
　　　ては、当該登記名義人等の登記事項証明書に記載されている清算人に対し
　　　て、書面の送付その他適当な方法により当該農地又は採草放牧地に係る不
　　　確知所有者関連情報の提供を求めること。
　　（所有者を特定するための措置）
第六十条の四　令第十八条第五号の農林水産省令で定める措置は、当該農地又
　　は採草放牧地の所有者と思料される者に宛てて送付すべき書面を書留郵便そ
　　の他配達を試みたことを証明することができる方法によつて送付する措置と
　　する。ただし、当該農地又は採草放牧地の所在する市町村内においては、当
　　該措置に代えて、所有者と思料される者を訪問する措置によることができ
　　る。

第六十一条〜第七十一条　　（略）

　　（利用状況調査）
第七十二条　法第三十条第一項の規定による利用状況調査は、当該調査の対象
　　となる農地が法第三十二条第一項各号のいずれかに該当するかどうかについ
　　て行うものとする。
　　（農業委員会に対する申出を行うことができる団体）
第七十三条　法第三十一条第一項第一号の農林水産省令で定める農業者の組織
　　する団体は、次に掲げる団体とする。
　　一　農業協同組合
　　二　土地改良区
　　三　農業共済組合及び農業保険法（昭和二十二年法律第百八十五号）第十条
　　　第一項に規定する全国連合会（同法第百条第一項から第三項までの規定に
　　　より法第三十一条第一項第一号の市町村において共済事業を行うものに限
　　　る。）
　　四　農業経営基盤強化促進法第二十三条第一項の認定を受けた団体
　　五　農業経営基盤強化促進法第二十三条第四項に規定する特定農業法人又は
　　　特定農業団体
　　（利用意向調査）
第七十四条　法第三十二条第一項の規定による利用意向調査は、別記様式によ
　　り行うものとする。

404

関係法令（農地法施行規則（抄））

（遊休農地に係る探索の特例）

第七十四条の二 農業委員会が、法第三十二条第一項各号のいずれかに該当する農地について農業経営基盤強化促進法第二十一条の二第一項の規定による要請に係る探索を行つた場合には、当該農地について法第三十二条第二項及び第三項（これらの規定を法第三十三条第二項において準用する場合を含む。）の規定による探索を行つたものとみなす。

（所有者等を確知することができない場合における所有者等からの申出手続）

第七十五条 法第三十二条第三項第三号の規定による申出は、次に掲げる事項を記載した申出書を提出してしなければならない。

一　当該申出を行う者の氏名及び住所（法人にあつては、その名称及び主たる事務所の所在地並びに代表者の氏名）

二　当該申出に係る農地の所在、地番、地目及び面積

（所有者等を確知することができない場合の公示事項）

第七十六条 法第三十二条第三項第四号の農林水産省令で定める事項は、同項の規定による公示の日から起算して六月以内に同項第三号の規定による申出がないときは、当該公示に係る農地について、法第四十一条第二項の規定により読み替えて準用する法第三十九条第一項の規定により都道府県知事が利用権を設定すべき旨の裁定をすることがある旨とする。

（利用意向調査の対象とならない農地）

第七十七条 法第三十二条第六項の農林水産省令で定める農地は、次の各号のいずれかに該当するものとする。

一　法第三十五条第二項ただし書の規定による通知に係るもの

二　農地中間管理事業の推進に関する法律第二十条の規定により農地中間管理権に係る賃貸借又は使用貸借の解除がされたもの

三　土地収用法その他の法律により収用され、又は使用されることとなるもの

（耕作の事業に従事する者が不在となる農地）

第七十八条 法第三十三条第一項の農林水産省令で定める農地は、次の各号のいずれかに該当するものとする。

一　次に掲げる農地であつて、当該農地について耕作の事業に従事する者が不在となり、又は不在となることが確実と認められるもの

イ　その農地の所有者等（法第三十二条第一項に規定する所有者等をい

405

関係法令（農地法施行規則（抄））

う。以下同じ。）で耕作の事業に従事するものが死亡したもの

ロ　その農地の所有者等で耕作の事業に従事するものが遠隔地に転居した
もの

二　その農地の所有者等で耕作の事業に従事するものから農業委員会に対
し、その農地について耕作の事業の継続が困難であり、かつ、法第三十三
条第二項において読み替えて準用する法第三十二条第三項の規定による公
示が必要である旨の申出があつたもの

三　その農地に係る農地中間管理権（農地中間管理事業の推進に関する法律
第二条第五項第一号に掲げる権利に限る。）の残存期間が一年以下であつ
て、農地中間管理機構が過失がなくてその農地の所有者（その農地が数人
の共有に係る場合には、その農地について二分の一を超える持分を有する
者）を確知することができないもの

四　法第三十九条第一項の規定による裁定により設定された農地中間管理権
の残存期間が一年以下であるもの

五　法第四十一条第二項の規定により読み替えて準用する法第三十九条第一
項の規定による裁定により設定された利用権の残存期間が一年以下である
もの

第七十九条　法第三十三条第三項の農林水産省令で定める農地は、第七十七条
各号のいずれかに該当するものとする。

第八十条　削除

（農地中間管理権の設定に関する裁定の申請手続）

第八十一条　法第三十七条の規定による裁定の申請は、次に掲げる事項を記載
した申請書を提出してしなければならない。

一　当該申請に係る農地の所有者等の氏名及び住所（法人にあつては、その
名称及び主たる事務所の所在地並びに代表者の氏名）

二　当該申請に係る農地の所在、地番、地目及び面積

三　当該申請に係る農地の利用の現況

四　当該申請に係る農地についての申請者の利用計画の内容の詳細

五　希望する農地中間管理権の始期及び存続期間並びに借賃及びその支払の
方法

六　その他参考となるべき事項

（裁定の申請の公告）

第八十二条　法第三十八条第一項の農林水産省令で定める事項は、前条各号に

掲げる事項とする。

2　法第三十八条第一項の規定による公告は、前条各号に掲げる事項を都道府県の公報に掲載することその他所定の手段によりするものとする。

（意見書において明らかにすべき事項）

　　第八十三条　法第三十八条第二項（法第四十一条第二項の規定により準用する場合を含む。）の農林水産省令で定める事項は、次に掲げる事項（法第四十一条第二項の規定により法第三十八条第二項の規定を準用する場合にあつては、第五号に掲げる事項を除く。）とする。

一　意見書を提出する者の氏名及び住所（法人にあつては、その名称及び主たる事務所の所在地並びに代表者の氏名）

二　意見書を提出する者の有する権利の種類及び内容

三　意見書を提出する者の当該農地の利用の状況及び利用計画

四　意見書を提出する者が当該農地を現に耕作の目的に供していない理由

五　意見書を提出する者が当該農地について農地中間管理機構との協議が調わず、又は協議を行うことができない理由

六　意見の趣旨及びその理由

七　その他参考となるべき事項

（農地中間管理権の裁定の通知等）

第八十四条　法第四十条第一項の規定による通知は、法第三十九条第二項各号に掲げる事項を記載した書面でするものとする。

2　法第四十条第一項の規定による公告は、第八十一条第一号に掲げる事項及び法第三十九条第二項各号に掲げる事項につき、都道府県の公報に掲載することその他所定の手段によりするものとする。

（所有者等を確知することができない場合における利用権の設定に関する裁定の申請手続）

第八十五条　法第四十一条第一項の規定による裁定の申請は、次に掲げる事項を記載した申請書を提出してしなければならない。

一　当該申請に係る農地の所在、地番、地目及び面積

二　当該申請に係る農地の利用の現況

三　当該申請に係る農地についての申請者の利用計画の内容の詳細

四　希望する利用権の始期及び存続期間並びに借賃に相当する補償金の額

五　その他参考となるべき事項

（利用権の裁定の通知等）

関係法令（農地法施行規則（抄））

第八十六条 法第四十一条第三項の規定による通知は、同条第二項において読み替えて準用する法第三十九条第二項各号に掲げる事項を記載した書面であるものとする。

2　法第四十一条第三項の規定による公告は、当該裁定に係る農地の所有者等に係る情報及び同条第二項において読み替えて準用する法第三十九条第二項各号に掲げる事項につき、都道府県の公報に掲載することその他所定の手段によりするものとする。

　（措置命令書の記載事項）

第八十七条 法第四十二条第二項の農林水産省令で定める事項は、次に掲げる事項とする。

　一　講ずべき支障の除去等の措置の内容

　二　命令の年月日及び履行期限

　三　命令を行う理由

　四　法第四十二条第三項第一号に該当すると認められるときは、同項の規定により支障の除去等の措置の全部又は一部を市町村長が自ら講ずることがある旨及び当該支障の除去等の措置に要した費用を徴収することがある旨

2　法第四十二条第三項の規定による公告は、前項各号に掲げる事項を市町村の公報に掲載することその他所定の手段によりするものとする。

　（支障の除去等の措置に係る費用負担）

第八十八条 市町村長は、法第四十二条第四項の規定により当該支障の除去等の措置に要した費用を負担させようとする場合においては、当該農地の所有者等に対し負担させようとする費用の額の算定基礎を明示するものとする。

関係法令（森林経営管理法）

○森林経営管理法

（平成三十年六月一日　法律第三十五号）

目次

　第一章　総則（第一条―第三条）

　第二章　市町村への経営管理権の集積

　　第一節　経営管理権集積計画の作成等（第四条―第九条）

　　第二節　経営管理権集積計画の作成手続の特例

　　　第一款　共有者不明森林に係る特例（第十条―第十五条）

　　　第二款　確知所有者不同意森林に係る特例（第十六条―第二十三条）

　　　第三款　所有者不明森林に係る特例（第二十四条―第三十二条）

　第三章　市町村による森林の経営管理（第三十三条・第三十四条）

　第四章　民間事業者への経営管理実施権の配分（第三十五条―第四十一条）

　第五章　災害等防止措置命令等（第四十二条・第四十三条）

　第六章　林業経営者に対する支援措置（第四十四条―第四十六条）

　第七章　雑則（第四十七条―第五十一条）

　第八章　罰則（第五十二条・第五十三条）

　附則

**　　第一章　総則**

　（目的）

第一条　この法律は、森林法（昭和二十六年法律第二百四十九号）第五条第一項の規定によりたてられた地域森林計画の対象とする森林について、市町村が、経営管理権集積計画を定め、森林所有者から経営管理権を取得した上で、自ら経営管理を行い、又は経営管理実施権を民間事業者に設定する等の措置を講ずることにより、林業経営の効率化及び森林の管理の適正化の一体的な促進を図り、もって林業の持続的発展及び森林の有する多面的機能の発揮に資することを目的とする。

　（定義）

第二条　この法律において「森林」とは、森林法第二条第三項に規定する民有林をいう。

2　この法律において「森林所有者」とは、権原に基づき森林の土地の上に木竹を所有し、及び育成することができる者をいう。

409

関係法令（森林経営管理法）

3　この法律において「経営管理」とは、森林（森林法第五条第一項の規定によりたてられた地域森林計画の対象とするものに限る。第五章を除き、以下同じ。）について自然的経済的社会的諸条件に応じた適切な経営又は管理を持続的に行うことをいう。

4　この法律において「経営管理権」とは、森林について森林所有者が行うべき自然的経済的社会的諸条件に応じた経営又は管理を市町村が行うため、当該森林所有者の委託を受けて立木の伐採及び木材の販売、造林並びに保育（以下「伐採等」という。）（木材の販売による収益（以下「販売収益」という。）を収受するとともに、販売収益から伐採等に要する経費を控除してなお利益がある場合にその一部を森林所有者に支払うことを含む。）を実施するための権利をいう。

5　この法律において「経営管理実施権」とは、森林について経営管理権を有する市町村が当該経営管理権に基づいて行うべき自然的経済的社会的諸条件に応じた経営又は管理を民間事業者が行うため、当該市町村の委託を受けて伐採等（販売収益を収受するとともに、販売収益から伐採等に要する経費を控除してなお利益がある場合にその一部を市町村及び森林所有者に支払うことを含む。）を実施するための権利をいう。

（責務）

第三条　森林所有者は、その権原に属する森林について、適時に伐採、造林及び保育を実施することにより、経営管理を行わなければならない。

2　市町村は、その区域内に存する森林について、経営管理が円滑に行われるようこの法律に基づく措置その他必要な措置を講ずるように努めるものとする。

　　第二章　市町村への経営管理権の集積

　　　第一節　経営管理権集積計画の作成等

（経営管理権集積計画の作成）

第四条　市町村は、その区域内に存する森林の全部又は一部について、当該森林についての経営管理の状況、当該森林の存する地域の実情その他の事情を勘案して、当該森林の経営管理権を当該市町村に集積することが必要かつ適当であると認める場合には、経営管理権集積計画を定めるものとする。

2　経営管理権集積計画においては、次に掲げる事項を定めるものとする。

　一　市町村が経営管理権の設定を受ける森林（以下「集積計画対象森林」という。）の所在、地番、地目及び面積

関係法令（森林経営管理法）

二　集積計画対象森林の森林所有者の氏名又は名称及び住所

三　市町村が設定を受ける経営管理権の始期及び存続期間

四　市町村が設定を受ける経営管理権に基づいて行われる経営管理の内容

五　販売収益から伐採等に要する経費を控除してなお利益がある場合において森林所有者に支払われるべき金銭の額の算定方法並びに当該金銭の支払の時期、相手方及び方法

六　集積計画対象森林について権利を設定し、又は移転する場合には、あらかじめ、市町村にその旨を通知しなければならない旨の条件

七　第三号に規定する存続期間の満了時及び第九条第二項、第十五条第二項、第二十三条第二項又は第三十二条第二項の規定によりこれらの規定に規定する委託が解除されたものとみなされた時における清算の方法

八　その他農林水産省令で定める事項

3　前項第五号に規定する算定方法を定めるに当たっては、計画的かつ確実に伐採後の造林及び保育が実施されることにより経営管理が行われるよう、伐採後の造林及び保育に要する経費が適切に算定されなければならない。

4　経営管理権集積計画は、森林法第十条の五第一項の規定によりたてられた市町村森林整備計画、都道府県の治山事業（同法第十条の十五第四項第四号に規定する治山事業をいう。）の実施に関する計画その他地方公共団体の森林の整備及び保全に関する計画との調和が保たれたものでなければならない。

5　経営管理権集積計画は、集積計画対象森林ごとに、当該集積計画対象森林について所有権、地上権、質権、使用貸借による権利、賃借権又はその他の使用及び収益を目的とする権利を有する者の全部の同意が得られているものでなければならない。

（経営管理意向調査）

第五条　市町村は、経営管理権集積計画を定める場合には、農林水産省令で定めるところにより、集積計画対象森林の森林所有者（次条第一項の規定による申出に係るものを除く。）に対し、当該集積計画対象森林についての経営管理の意向に関する調査（第四十八条第一項第一号において「経営管理意向調査」という。）を行うものとする。

（経営管理権集積計画の作成の申出）

第六条　森林所有者は、農林水産省令で定めるところにより、その権原に属する森林について、当該森林の所在地の市町村に対し、経営管理権集積計画を

411

関係法令（森林経営管理法）

定めるべきことを申し出ることができる。

2　前項の規定による申出を受けた市町村は、当該申出に係る森林を集積計画対象森林としないこととしたときは、その旨及びその理由を、当該申出をした森林所有者に通知するように努めるものとする。

（経営管理権集積計画の公告等）

第七条　市町村は、経営管理権集積計画を定めたときは、農林水産省令で定めるところにより、遅滞なく、その旨を公告するものとする。

2　前項の規定による公告があったときは、その公告があった経営管理権集積計画の定めるところにより、市町村に経営管理権が、森林所有者に金銭の支払を受ける権利（以下「経営管理受益権」という。）が、それぞれ設定される。

3　前項の規定により設定された経営管理権は、第一項の規定による公告の後において当該経営管理権に係る森林の森林所有者となった者（国その他の農林水産省令で定める者を除く。）に対しても、その効力があるものとする。

（経営管理権集積計画の取消し）

第八条　市町村は、経営管理権を有する森林の森林所有者が次の各号のいずれかに該当する場合には、経営管理権集積計画のうち当該森林所有者に係る部分を取り消すことができる。

一　偽りその他不正な手段により市町村に経営管理権集積計画を定めさせたことが判明した場合

二　当該森林に係る権原を有しなくなった場合

三　その他経営管理に支障を生じさせるものとして農林水産省令で定める要件に該当する場合

（経営管理権集積計画の取消しの公告）

第九条　市町村は、前条の規定による取消しをしたときは、農林水産省令で定めるところにより、遅滞なく、その旨を公告するものとする。

2　前項の規定による公告があったときは、経営管理権集積計画のうち前条の規定により取り消された部分に係る経営管理権に係る委託は、解除されたものとみなす。

第二節　経営管理権集積計画の作成手続の特例

第一款　共有者不明森林に係る特例

（不明森林共有者の探索）

第十条　市町村は、経営管理権集積計画（存続期間が五十年を超えない経営管

412

関係法令（森林経営管理法）

理権の設定を市町村が受けることを内容とするものに限る。以下この款において同じ。）を定める場合において、集積計画対象森林のうちに、数人の共有に属する森林であってその森林所有者の一部を確知することができないもの（以下「共有者不明森林」という。）があり、かつ、当該森林所有者で知れているものの全部が当該経営管理権集積計画に同意しているときは、相当な努力が払われたと認められるものとして政令で定める方法により、当該森林所有者で確知することができないもの（以下「不明森林共有者」という。）の探索を行うものとする。

（共有者不明森林に係る公告）

第十一条　市町村は、前条の探索を行ってもなお不明森林共有者を確知することができないときは、その定めようとする経営管理権集積計画及び次に掲げる事項を公告するものとする。

一　共有者不明森林の所在、地番、地目及び面積

二　共有者不明森林の森林所有者の一部を確知することができない旨

三　共有者不明森林について、経営管理権集積計画の定めるところにより、市町村が経営管理権の設定を、森林所有者が経営管理受益権の設定を受ける旨

四　前号に規定する経営管理権に基づき、共有者不明森林について次のいずれかが行われる旨

　イ　第三十三条第一項に規定する市町村森林経営管理事業の実施による経営管理

　ロ　第三十五条第一項の経営管理実施権配分計画による経営管理実施権の設定及び当該経営管理実施権に基づく民間事業者による経営管理

五　共有者不明森林についての次に掲げる事項

　イ　第三号に規定する経営管理権の始期及び存続期間

　ロ　第三号に規定する経営管理権に基づいて行われる経営管理の内容

　ハ　販売収益から伐採等に要する経費を控除してなお利益がある場合において森林所有者に支払われるべき金銭の額の算定方法並びに当該金銭の支払の時期、相手方及び方法

　ニ　イに規定する存続期間の満了時及び第九条第二項、第十五条第二項又は第二十三条第二項の規定によりこれらの規定に規定する委託が解除されたものとみなされた時における清算の方法

六　不明森林共有者は、公告の日から起算して六月以内に、農林水産省令で

413

関係法令（森林経営管理法）

定めるところにより、その権原を証する書面を添えて市町村に申し出て、経営管理権集積計画又は前三号に掲げる事項について異議を述べることができる旨

七　不明森林共有者が前号に規定する期間内に異議を述べなかったときは、当該不明森林共有者は経営管理権集積計画に同意したものとみなす旨

（不明森林共有者のみなし同意）

第十二条　不明森林共有者が前条第六号に規定する期間内に異議を述べなかったときは、当該不明森林共有者は、経営管理権集積計画に同意したものとみなす。

（経営管理権集積計画の取消し）

第十三条　前条の規定により経営管理権集積計画に同意したものとみなされた森林所有者（次条第一項に規定するものを除く。）は、農林水産省令で定めるところにより、市町村の長に対し、当該経営管理権集積計画のうち当該森林所有者に係る部分を取り消すべきことを申し出ることができる。

2　市町村の長は、前項の規定による申出があったときは、当該申出の日から起算して二月を経過した日以後速やかに、当該経営管理権集積計画のうち当該森林所有者に係る部分を取り消すものとする。

第十四条　第十二条の規定により経営管理権集積計画に同意したものとみなされた森林所有者（その権原に属する森林のうち当該同意に係るものについて第三十七条第二項の規定により経営管理実施権が設定されているものに限る。）は、次の各号のいずれかに該当する場合には、農林水産省令で定めるところにより、市町村の長に対し、当該経営管理権集積計画のうち当該森林所有者に係る部分を取り消すべきことを申し出ることができる。

一　経営管理権集積計画のうち当該森林所有者に係る部分の取消しについて、当該部分に係る経営管理権に基づく経営管理実施権の設定を受けている民間事業者の承諾を得た場合

二　予見し難い経済情勢の変化その他経営管理権集積計画のうち当該森林所有者に係る部分を取り消すことについてやむを得ない事情があり、かつ、当該部分に係る経営管理権に基づく経営管理実施権の設定を受けている民間事業者に対し、当該森林所有者が通常生ずべき損失の補償をする場合

2　前条第二項の規定は、前項の規定による申出があった場合について準用する。

（経営管理権集積計画の取消しの公告）

414

関係法令（森林経営管理法）

第十五条　市町村は、第十三条第二項（前条第二項において準用する場合を含む。次項において同じ。）の規定による取消しをしたときは、農林水産省令で定めるところにより、遅滞なく、その旨を公告するものとする。

2　前項の規定による公告があったときは、経営管理権集積計画のうち第十三条第二項の規定により取り消された部分に係る経営管理権に係る委託は、解除されたものとみなす。

　　　　　第二款　確知所有者不同意森林に係る特例
　（同意の勧告）

第十六条　市町村が経営管理権集積計画を定める場合において、集積計画対象森林のうちに、その森林所有者（数人の共有に属する森林にあっては、その森林所有者のうち知れている者。以下「確知森林所有者」という。）が当該経営管理権集積計画に同意しないもの（以下「確知所有者不同意森林」という。）があるときは、当該市町村の長は、農林水産省令で定めるところにより、当該確知森林所有者に対し、当該経営管理権集積計画に同意すべき旨を勧告することができる。

　（裁定の申請）

第十七条　市町村の長が前条の規定による勧告をした場合において、当該勧告をした日から起算して二月以内に当該勧告を受けた確知森林所有者が経営管理権集積計画に同意しないときは、当該市町村の長は、当該勧告をした日から起算して六月以内に、農林水産省令で定めるところにより、都道府県知事の裁定を申請することができる。

　（意見書の提出）

第十八条　都道府県知事は、前条の規定による申請があったときは、当該申請をした市町村が希望する経営管理権集積計画の内容を当該申請に係る確知所有者不同意森林の確知森林所有者に通知し、二週間を下らない期間を指定して意見書を提出する機会を与えるものとする。

2　前項の意見書を提出する確知森林所有者は、当該意見書において、当該確知森林所有者の有する権利の種類及び内容、同項の経営管理権集積計画の内容に同意しない理由その他の農林水産省令で定める事項を明らかにしなければならない。

3　都道府県知事は、第一項の期間を経過した後でなければ、裁定をしないものとする。

　（裁定）

415

関係法令（森林経営管理法）

第十九条 都道府県知事は、第十七条の規定による申請に係る確知所有者不同意森林について、現に経営管理が行われておらず、かつ、前条第一項の意見書の内容、当該確知所有者不同意森林の自然的経済的社会的諸条件、その周辺の地域における土地の利用の動向その他の事情を勘案して、当該確知所有者不同意森林の経営管理権を当該申請をした市町村に集積することが必要かつ適当であると認める場合には、裁定をするものとする。

2　前項の裁定においては、次に掲げる事項を定めるものとする。

一　確知所有者不同意森林の所在、地番、地目及び面積

二　確知所有者不同意森林の確知森林所有者の氏名又は名称及び住所

三　市町村が設定を受ける経営管理権の始期及び存続期間

四　市町村が設定を受ける経営管理権に基づいて行われる経営管理の内容

五　販売収益から伐採等に要する経費を控除してなお利益がある場合において確知森林所有者に支払われるべき金銭の額の算定方法並びに当該金銭の支払の時期、相手方及び方法

六　確知所有者不同意森林について権利を設定し、又は移転する場合には、あらかじめ、市町村にその旨を通知しなければならない旨の条件

七　第三号に規定する存続期間の満了時及び第九条第二項、第十五条第二項又は第二十三条第二項の規定によりこれらの規定に規定する委託が解除されたものとみなされた時における清算の方法

八　その他農林水産省令で定める事項

3　第一項の裁定は、前項第一号、第三号及び第四号に掲げる事項については申請の範囲を超えないものとし、同項第三号に規定する存続期間については五十年を限度として定めるものとする。

（裁定に基づく経営管理権集積計画）

第二十条 都道府県知事は、前条第一項の裁定をしたときは、農林水産省令で定めるところにより、遅滞なく、その旨を当該裁定の申請をした市町村の長及び当該裁定に係る確知所有者不同意森林の確知森林所有者に通知するものとする。当該裁定についての審査請求に対する裁決によって当該裁定の内容が変更されたときも、同様とする。

2　前項の規定による通知を受けた市町村は、速やかに、前条第一項の裁定（前項後段に規定するときにあっては、裁決によるその内容の変更後のもの）において定められた同条第二項各号に掲げる事項を内容とする経営管理権集積計画を定めるものとする。

関係法令（森林経営管理法）

3　前項の規定により定められた経営管理権集積計画については、確知森林所有者は、これに同意したものとみなす。

（経営管理権集積計画の取消し）

第二十一条　前条第三項の規定により経営管理権集積計画に同意したものとみなされた森林所有者であって第十八条第一項の経営管理権集積計画の内容に同意しない旨の同項の意見書を提出したもの（次条第一項に規定するものを除く。）は、前条第二項の規定により定められた経営管理権集積計画について第七条第一項の規定による公告があった日から起算して五年を経過したときは、農林水産省令で定めるところにより、市町村の長に対し、当該経営管理権集積計画のうち当該森林所有者に係る部分を取り消すべきことを申し出ることができる。

2　市町村の長は、前項の規定による申出があった場合には、当該申出の日から起算して二月を経過した日以後速やかに、当該経営管理権集積計画のうち当該森林所有者に係る部分を取り消すものとする。

第二十二条　第二十条第三項の規定により経営管理権集積計画に同意したものとみなされた森林所有者であって第十八条第一項の経営管理権集積計画の内容に同意しない旨の同項の意見書を提出したもの（その権原に属する森林のうち第二十条第二項の規定により定められた経営管理権集積計画に係るものについて第三十七条第二項の規定により経営管理実施権が設定されているものに限る。）は、次の各号のいずれかに該当する場合には、農林水産省令で定めるところにより、市町村の長に対し、当該経営管理権集積計画のうち当該森林所有者に係る部分を取り消すべきことを申し出ることができる。

一　経営管理権集積計画のうち当該森林所有者に係る部分の取消しについて、当該部分に係る経営管理権に基づく経営管理実施権の設定を受けている民間事業者の承諾を得た場合

二　予見し難い経済情勢の変化その他経営管理権集積計画のうち当該森林所有者に係る部分を取り消すことについてやむを得ない事情があり、かつ、当該部分に係る経営管理権に基づく経営管理実施権の設定を受けている民間事業者に対し、当該森林所有者が通常生ずべき損失の補償をする場合

2　前条第二項の規定は、前項の規定による申出があった場合について準用する。

（経営管理権集積計画の取消しの公告）

第二十三条　市町村は、第二十一条第二項（前条第二項において準用する場合

関係法令（森林経営管理法）

を含む。次項において同じ。）の規定による取消しをしたときは、農林水産省令で定めるところにより、遅滞なく、その旨を公告するものとする。

2　前項の規定による公告があったときは、経営管理権集積計画のうち第二十一条第二項の規定により取り消された部分に係る経営管理権に係る委託は、解除されたものとみなす。

　　　　　第三款　所有者不明森林に係る特例

（不明森林所有者の探索）

第二十四条　市町村は、経営管理権集積計画を定める場合において、集積計画対象森林のうちに、その森林所有者（数人の共有に属する森林にあっては、その森林所有者の全部。次条第二号において同じ。）を確知することができないもの（以下「所有者不明森林」という。）があるときは、相当な努力が払われたと認められるものとして政令で定める方法により、確知することができない森林所有者（以下「不明森林所有者」という。）の探索を行うものとする。

（所有者不明森林に係る公告）

第二十五条　市町村は、前条の探索を行ってもなお不明森林所有者を確知することができないときは、その定めようとする経営管理権集積計画及び次に掲げる事項を公告するものとする。

一　所有者不明森林の所在、地番、地目及び面積

二　所有者不明森林の森林所有者を確知することができない旨

三　不明森林所有者は、公告の日から起算して六月以内に、農林水産省令で定めるところにより、その権原を証する書面を添えて市町村に申し出るべき旨

四　前号に規定する期間内に同号の規定による申出がないときは、所有者不明森林について、都道府県知事が第二十七条第一項の裁定をすることがある旨

五　所有者不明森林について、経営管理権集積計画の定めるところにより、市町村が経営管理権の設定を、森林所有者が経営管理受益権の設定を受ける旨

六　前号に規定する経営管理権に基づき、所有者不明森林について次のいずれかが行われる旨

　イ　第三十三条第一項に規定する市町村森林経営管理事業の実施による経営管理

ロ　第三十五条第一項の経営管理実施権配分計画による経営管理実施権の設定及び当該経営管理実施権に基づく民間事業者による経営管理

七　所有者不明森林についての次に掲げる事項

イ　第五号に規定する経営管理権の始期及び存続期間

ロ　第五号に規定する経営管理権に基づいて行われる経営管理の内容

ハ　販売収益から伐採等に要する経費を控除してなお利益がある場合において供託されるべき金銭の額の算定方法及び当該金銭の供託の時期

ニ　イに規定する存続期間の満了時及び第九条第二項又は第三十二条第二項の規定によりこれらの規定に規定する委託が解除されたものとみなされた時における清算の方法

八　その他農林水産省令で定める事項

（裁定の申請）

第二十六条　市町村が前条の規定による公告をした場合において、同条第三号に規定する期間内に不明森林所有者から同号の規定による申出がないときは、当該市町村の長は、当該期間が経過した日から起算して四月以内に、農林水産省令で定めるところにより、都道府県知事の裁定を申請することができる。

（裁定）

第二十七条　都道府県知事は、前条の規定による申請に係る所有者不明森林について、現に経営管理が行われておらず、かつ、当該所有者不明森林の自然的経済的社会的諸条件、その周辺の地域における土地の利用の動向その他の事情を勘案して、当該所有者不明森林の経営管理権を当該申請をした市町村に集積することが必要かつ適当であると認める場合には、裁定をするものとする。

2　前項の裁定においては、次に掲げる事項を定めるものとする。

一　所有者不明森林の所在、地番、地目及び面積

二　市町村が設定を受ける経営管理権の始期及び存続期間

三　市町村が設定を受ける経営管理権に基づいて行われる経営管理の内容

四　販売収益から伐採等に要する経費を控除してなお利益がある場合において供託されるべき金銭の額の算定方法及び当該金銭の供託の時期

五　所有者不明森林について権利を設定し、又は移転する場合には、あらかじめ、市町村にその旨を通知しなければならない旨の条件

六　第二号に規定する存続期間の満了時及び第九条第二項又は第三十二条第

関係法令（森林経営管理法）

二項の規定によりこれらの規定に規定する委託が解除されたものとみなされた時における清算の方法

七　その他農林水産省令で定める事項

3　第一項の裁定は、前項第一号から第三号までに掲げる事項については申請の範囲を超えないものとし、同項第二号に規定する存続期間については五十年を限度として定めるものとする。

（裁定に基づく経営管理権集積計画）

第二十八条　都道府県知事は、前条第一項の裁定をしたときは、農林水産省令で定めるところにより、遅滞なく、その旨を、当該裁定の申請をした市町村の長に通知するとともに、公告するものとする。当該裁定についての審査請求に対する裁決によって当該裁定の内容が変更されたときも、同様とする。

2　前項の規定による通知を受けた市町村は、速やかに、前条第一項の裁定（前項後段に規定するときにあっては、裁決によるその内容の変更後のもの）において定められた同条第二項各号に掲げる事項を内容とする経営管理権集積計画を定めるものとする。

3　前項の規定により定められた経営管理権集積計画については、不明森林所有者は、これに同意したものとみなす。

（供託）

第二十九条　前条第三項の規定により同意したものとみなされた経営管理権集積計画に基づき森林所有者に支払うべき金銭が生じたときは、市町村（当該同意に係る森林について第三十七条第二項の規定により経営管理実施権が設定されている場合にあっては、当該経営管理実施権の設定を受けた民間事業者）は、当該金銭の支払に代えて、当該金銭を供託するものとする。

2　前項の規定による金銭の供託は、当該森林の所在地の供託所にするものとする。

（経営管理権集積計画の取消し）

第三十条　第二十八条第三項の規定により経営管理権集積計画に同意したものとみなされた森林所有者（次条第一項に規定するものを除く。）は、当該経営管理権集積計画について第七条第一項の規定による公告があった日から起算して五年を経過したときは、農林水産省令で定めるところにより、市町村の長に対し、当該経営管理権集積計画のうち当該森林所有者に係る部分を取り消すべきことを申し出ることができる。

2　市町村の長は、前項の規定による申出があった場合には、当該申出の日か

関係法令（森林経営管理法）

ら起算して二月を経過した日以後速やかに、当該経営管理権集積計画のうち当該森林所有者に係る部分を取り消すものとする。

第三十一条　第二十八条第三項の規定により経営管理権集積計画に同意したものとみなされた森林所有者（その権原に属する森林のうち当該経営管理権集積計画に係るものについて第三十七条第二項の規定により経営管理実施権が設定されているものに限る。）は、次の各号のいずれかに該当する場合には、農林水産省令で定めるところにより、市町村の長に対し、当該経営管理権集積計画のうち当該森林所有者に係る部分を取り消すべきことを申し出ることができる。

一　経営管理権集積計画のうち当該森林所有者に係る部分の取消しについて、当該部分に係る経営管理権に基づく経営管理実施権の設定を受けている民間事業者の承諾を得た場合

二　予見し難い経済情勢の変化その他経営管理権集積計画のうち当該森林所有者に係る部分を取り消すことについてやむを得ない事情があり、かつ、当該部分に係る経営管理権に基づく経営管理実施権の設定を受けている民間事業者に対し、当該森林所有者が通常生ずべき損失の補償をする場合

2　前条第二項の規定は、前項の規定による申出があった場合について準用する。

（経営管理権集積計画の取消しの公告）

第三十二条　市町村は、第三十条第二項（前条第二項において準用する場合を含む。次項において同じ。）の規定による取消しをしたときは、農林水産省令で定めるところにより、遅滞なく、その旨を公告するものとする。

2　前項の規定による公告があったときは、経営管理権集積計画のうち第三十条第二項の規定により取り消された部分に係る経営管理権に係る委託は、解除されたものとみなす。

　　第三章　市町村による森林の経営管理

（市町村森林経営管理事業）

第三十三条　市町村は、経営管理権を取得した森林（第三十七条第二項の規定により経営管理実施権が設定されているものを除く。）について経営管理を行う事業（以下「市町村森林経営管理事業」という。）を実施するものとする。

2　市町村森林経営管理事業を実施する市町村は、民間事業者の能力の活用に配慮しつつ、当該市町村森林経営管理事業の対象となる森林の状況を踏まえ

421

関係法令（森林経営管理法）

て、複層林化その他の方法により、当該森林について経営管理を行うものとする。

（報告）

第三十四条　農林水産大臣は、市町村森林経営管理事業を実施する市町村に対し、市町村森林経営管理事業の実施状況その他必要な事項に関し報告を求めることができる。

　　　第四章　民間事業者への経営管理実施権の配分

（経営管理実施権配分計画の作成）

第三十五条　市町村は、経営管理権を有する森林について、民間事業者に経営管理実施権の設定を行おうとする場合には、農林水産省令で定めるところにより、経営管理実施権配分計画を定めるものとする。

2　経営管理実施権配分計画においては、次に掲げる事項を定めるものとする。

　一　経営管理実施権の設定を受ける民間事業者の氏名又は名称及び住所

　二　民間事業者が経営管理実施権の設定を受ける森林の所在、地番、地目及び面積

　三　前号に規定する森林の森林所有者の氏名又は名称及び住所

　四　民間事業者が設定を受ける経営管理実施権の始期及び存続期間

　五　民間事業者が設定を受ける経営管理実施権に基づいて行われる経営管理の内容

　六　第二号に規定する森林に係る経営管理権集積計画において定められた第四条第二項第五号に規定する金銭の額の算定方法並びに当該金銭の支払の時期、相手方及び方法

　七　市町村に支払われるべき金銭がある場合（次号に規定する清算の場合を除く。）における当該金銭の額の算定方法及び当該金銭の支払の時期

　八　第四号に規定する存続期間の満了時及び第四十一条第二項の規定により同項に規定する委託が解除されたものとみなされた時における清算の方法

　九　その他農林水産省令で定める事項

3　経営管理実施権配分計画は、前項第二号に規定する森林ごとに、同項第一号に規定する民間事業者の同意が得られているものでなければならない。

（民間事業者の選定等）

第三十六条　都道府県は、農林水産省令で定めるところにより、定期的に、都道府県が定める区域ごとに、経営管理実施権配分計画が定められる場合に経

422

関係法令（森林経営管理法）

営管理実施権の設定を受けることを希望する民間事業者を公募するものとする。

2　都道府県は、農林水産省令で定めるところにより、前項の規定による公募に応募した民間事業者のうち次に掲げる要件に適合するもの及びその応募の内容に関する情報を整理し、これを公表するものとする。

一　経営管理を効率的かつ安定的に行う能力を有すると認められること。

二　経営管理を確実に行うに足りる経理的な基礎を有すると認められること。

3　市町村は、経営管理実施権配分計画を定める場合には、農林水産省令で定めるところにより、前条第二項第一号に規定する民間事業者を、前項の規定により公表されている民間事業者の中から、公正な方法により選定するものとする。

4　都道府県及び市町村は、前三項の規定による公募及び公表並びに選定に当たっては、これらの過程の透明化を図るように努めるものとする。

（経営管理実施権配分計画の公告等）

第三十七条　市町村は、経営管理実施権配分計画を定めたときは、農林水産省令で定めるところにより、遅滞なく、その旨を公告するものとする。

2　前項の規定による公告があったときは、その公告があった経営管理実施権配分計画の定めるところにより、民間事業者に経営管理実施権が、森林所有者及び市町村に経営管理受益権が、それぞれ設定される。

3　前項の規定により設定された経営管理実施権は、第一項の規定による公告の後において当該経営管理実施権に係る森林の森林所有者となった者（国その他の農林水産省令で定める者を除く。）に対しても、その効力があるものとする。

4　森林所有者が第二項の規定により設定された経営管理受益権に基づき林業経営者（同項の規定により経営管理実施権の設定を受けた民間事業者をいう。以下同じ。）から支払を受けたときは、当該支払を受けた額の限度で、当該経営管理受益権に係る森林に関する第七条第二項の規定により設定された経営管理受益権に基づき市町村から支払を受けたものとみなす。

（計画的かつ確実な伐採後の植栽及び保育の実施）

第三十八条　林業経営者は、販売収益について伐採後の植栽及び保育に要すると見込まれる額を適切に留保し、これらに要する経費に充てることにより、計画的かつ確実な伐採後の植栽及び保育を実施しなければならない。

423

関係法令（森林経営管理法）

（報告）

第三十九条　市町村は、林業経営者に対し、当該経営管理実施権の設定を受けた森林についての経営管理の状況その他必要な事項に関し報告を求めることができる。

（経営管理実施権配分計画の取消し）

第四十条　市町村は、第九条第二項、第十五条第二項、第二十三条第二項又は第三十二条第二項の規定によりこれらの規定に規定する委託が解除されたものとみなされた場合には、経営管理実施権配分計画のうち当該解除に係る経営管理権に基づいて設定された経営管理実施権に係る森林に係る部分を取り消すものとする。

2　市町村は、林業経営者が次の各号のいずれかに該当する場合には、経営管理実施権配分計画のうち当該林業経営者に係る部分を取り消すことができる。

　一　偽りその他不正な手段により市町村に経営管理実施権配分計画を定めさせたことが判明した場合

　二　第三十六条第二項各号に掲げる要件を欠くに至ったと認める場合

　三　経営管理実施権の設定を受けた森林について経営管理を行っていないと認める場合

　四　経営管理実施権配分計画に基づき支払われるべき金銭の支払又はこれに代わる供託をしない場合

　五　正当な理由がなくて前条の報告をしない場合

　六　その他経営管理に支障を生じさせるものとして農林水産省令で定める要件に該当する場合

（経営管理実施権配分計画の取消しの公告等）

第四十一条　市町村は、前条の規定による取消しをしたときは、農林水産省令で定めるところにより、遅滞なく、その旨を公告するものとする。

2　前項の規定による公告があったときは、経営管理実施権配分計画のうち前条の規定により取り消された部分に係る経営管理実施権に係る委託は、解除されたものとみなす。

　　　第五章　災害等防止措置命令等

（災害等防止措置命令）

第四十二条　市町村の長は、伐採又は保育が実施されておらず、かつ、引き続き伐採又は保育が実施されないことが確実であると見込まれる森林（森林法

関係法令（森林経営管理法）

第二十五条又は第二十五条の二の規定により指定された保安林を除く。以下
この章において同じ。）における次に掲げる事態の発生を防止するために必
要かつ適当であると認める場合には、その必要の限度において、当該森林の
森林所有者に対し、期限を定めて、当該事態の発生の防止のために伐採又は
保育の実施その他必要な措置（以下「災害等防止措置」という。）を講ずべ
きことを命ずることができる。ただし、当該森林について、経営管理権が設
定されている場合又は同法第十条の九第三項の規定の適用がある場合は、こ
の限りでない。

一　当該森林の周辺の地域において土砂の流出又は崩壊その他の災害を発生
　させること。

二　当該森林の現に有する水害の防止の機能に依存する地域において水害を
　発生させること。

三　当該森林の現に有する水源の涵養の機能に依存する地域において水の確
　保に著しい支障を及ぼすこと。

四　当該森林の周辺の地域において環境を著しく悪化させること。

2　前項の規定による命令をするときは、農林水産省令で定める事項を記載し
　た命令書を交付するものとする。

　（代執行）

第四十三条　市町村の長は、前条第一項に規定する場合において、次の各号の
　いずれかに該当すると認めるときは、自らその災害等防止措置の全部又は一
　部を講ずることができる。この場合において、第二号に該当すると認めると
　きは、相当の期限を定めて、当該災害等防止措置を講ずべき旨及びその期限
　までに当該災害等防止措置を講じないときは、自ら当該災害等防止措置を講
　じ、当該災害等防止措置に要した費用を徴収することがある旨を、あらかじ
　め、公告するものとする。

一　前条第一項の規定により災害等防止措置を講ずべきことを命ぜられた森
　林所有者が、当該命令に係る期限までに当該命令に係る災害等防止措置を
　講じないとき、講じても十分でないとき、又は講ずる見込みがないとき。

二　前条第一項の規定により災害等防止措置を講ずべきことを命じようとす
　る場合において、相当な努力が払われたと認められるものとして政令で定
　める方法により当該災害等防止措置を命ずべき森林所有者の探索を行って
　もなお当該森林所有者を確知することができないとき。

三　緊急に災害等防止措置を講ずる必要がある場合において、前条第一項の

425

関係法令（森林経営管理法）

　　規定により当該災害等防止措置を講ずべきことを命ずるいとまがないとき。

2　市町村の長は、前項の規定により災害等防止措置の全部又は一部を講じたときは、当該災害等防止措置に要した費用について、農林水産省令で定めるところにより、当該森林の森林所有者から徴収することができる。

3　前項の規定による費用の徴収については、行政代執行法（昭和二十三年法律第四十三号）第五条及び第六条の規定を準用する。

4　第一項の規定により市町村の長が災害等防止措置の全部又は一部を講ずる場合における立木の伐採については、森林法第十条の八第一項本文の規定は、適用しない。

　　第六章　林業経営者に対する支援措置
　（国有林野事業における配慮等）

第四十四条　国は、国有林野の管理経営に関する法律（昭和二十六年法律第二百四十六号）第二条第二項に規定する国有林野事業に係る伐採等を他に委託して実施する場合には、林業経営者に委託するように配慮するものとする。

2　森林法第七条の二第一項に規定する国有林を所管する国の機関及び関係地方公共団体は、相互に連携を図り、林業経営者に対し、経営管理に資する技術の普及に努めるものとする。

　（指導及び助言）

第四十五条　国及び都道府県は、林業経営者に対し、経営管理実施権に基づく経営管理を円滑に行うために必要な指導及び助言を行うものとする。

　（独立行政法人農林漁業信用基金による支援）

第四十六条　独立行政法人農林漁業信用基金は、林業経営者に対する経営の改善発達に係る助言その他の支援を行うことができる。

　　第七章　雑則
　（情報提供等）

第四十七条　農林水産大臣は、共有者不明森林及び所有者不明森林に関する情報の周知を図るため、地方公共団体その他の関係機関と連携し、第十一条又は第二十五条の規定による公告に係る共有者不明森林又は所有者不明森林に関する情報のインターネットの利用による提供その他の必要な措置を講ずるように努めるものとする。

　（都道府県による森林経営管理事務の代替執行）

第四十八条　都道府県は、その区域内の市町村における次に掲げる事務の実施

関係法令（森林経営管理法）

体制の整備の状況その他の事情を勘案して、当該市町村の当該事務の全部又は一部を、当該市町村の名において管理し、及び執行すること（第三項において「森林経営管理事務の代替執行」という。）について、当該市町村に協議し、その同意を求めることができる。

一　経営管理意向調査に関する事務

二　経営管理権集積計画の作成に関する事務

三　市町村森林経営管理事業に関する事務

四　経営管理実施権配分計画の作成に関する事務

2　前項の同意があった場合には、地方自治法（昭和二十二年法律第六十七号）第二百五十二条の十六の二第一項の求めがあったものとみなす。この場合においては、同条第三項の規定は、適用しない。

3　都道府県は、森林経営管理事務の代替執行をしようとするときは、その旨及び森林経営管理事務の代替執行に関する規約を公告するものとする。森林経営管理事務の代替執行をする事務を変更し、又は森林経営管理事務の代替執行を廃止しようとするときも、同様とする。

（市町村に対する援助）

第四十九条　国及び都道府県は、市町村に対し、経営管理に関し必要な助言、指導、情報の提供その他の援助を行うように努めるものとする。

（関係者の連携及び協力）

第五十条　国、地方公共団体、森林組合その他の関係者は、林業経営の効率化及び森林の管理の適正化の一体的な促進に向けて、相互に連携を図りながら協力するように努めるものとする。

（農林水産省令への委任）

第五十一条　この法律に定めるもののほか、この法律の実施のための手続その他この法律の施行に関し必要な事項は、農林水産省令で定める。

　　第八章　罰則

第五十二条　第四十二条第一項の規定による命令に違反した者は、三十万円以下の罰金に処する。

第五十三条　法人（法人でない団体で代表者又は管理人の定めのあるものを含む。以下この項において同じ。）の代表者若しくは管理人又は法人若しくは人の代理人、使用人その他の従業者が、その法人又は人の業務又は財産に関し、前条の違反行為をしたときは、行為者を罰するほか、その法人又は人に対して同条の刑を科する。

427

関係法令（森林経営管理法）

2 法人でない団体について前項の規定の適用がある場合には、その代表者又は管理人が、その訴訟行為につき法人でない団体を代表するほか、法人を被告人又は被疑者とする場合の刑事訴訟に関する法律の規定を準用する。

　　附　則（抄）

（施行期日）

第一条　この法律は、平成三十一年四月一日から施行する。ただし、附則第六条の規定は、公布の日から施行する。

（林業経営基盤の強化等の促進のための資金の融通等に関する暫定措置法の特例）

第二条　林業経営基盤の強化等の促進のための資金の融通等に関する暫定措置法（昭和五十四年法律第五十一号）第九条に規定する資金であって林業経営者が貸付けを受けるものについての同条の規定の適用については、同条中「十二年」とあるのは、「十五年」とする。

（検討）

第三条　政府は、この法律の施行後五年を目途として、この法律の施行の状況を勘案し、必要があると認めるときは、この法律の規定について検討を加え、その結果に基づいて所要の措置を講ずるものとする。

（政令への委任）

第六条　前条に定めるもののほか、この法律の施行に関し必要な経過措置は、政令で定める。

関係法令（森林経営管理法施行令）

○森林経営管理法施行令

（平成三十年十一月二十一日　政令第三百二十号）

　内閣は、森林経営管理法（平成三十年法律第三十五号）第十条、第二十四条及び第四十三条第一項第二号並びに同法附則第二条の規定により読み替えて適用する林業経営基盤の強化等の促進のための資金の融通等に関する暫定措置法（昭和五十四年法律第五十一号）第九条の規定に基づき、この政令を制定する。

　（不明森林共有者の探索の方法）

第一条　森林経営管理法（以下「法」という。）第十条の政令で定める方法は、共有者不明森林の森林所有者の氏名又は名称及び住所又は居所その他の不明森林共有者を確知するために必要な情報（以下この条において「不明森林共有者関連情報」という。）を取得するため次に掲げる措置をとる方法とする。

　一　当該共有者不明森林の土地及びその土地の上にある立木の登記事項証明書の交付を請求すること。

　二　当該共有者不明森林の土地を現に占有する者その他の当該共有者不明森林に係る不明森林共有者関連情報を保有すると思料される者であって農林水産省令で定めるものに対し、当該不明森林共有者関連情報の提供を求めること。

　三　第一号の登記事項証明書に記載されている所有権の登記名義人又は表題部所有者その他前二号の措置により判明した当該共有者不明森林の森林所有者と思料される者（以下この号及び次号において「登記名義人等」という。）が記録されている住民基本台帳又は法人の登記簿を備えると思料される市町村の長又は登記所の登記官に対し、当該登記名義人等に係る不明森林共有者関連情報の提供を求めること。

　四　登記名義人等が死亡又は解散していることが判明した場合には、農林水産省令で定めるところにより、当該登記名義人等又はその相続人、合併後存続し、若しくは合併により設立された法人その他の当該共有者不明森林の森林所有者と思料される者が記録されている戸籍簿若しくは除籍簿若しくは戸籍の附票又は法人の登記簿を備えると思料される市町村の長又は登記所の登記官その他の当該共有者不明森林に係る不明森林共有者関連情報を保有すると思料される者に対し、当該不明森林共有者関連情報の提供を

429

関係法令（森林経営管理法施行令）

　　求めること。

五　前各号の措置により判明した当該共有者不明森林の森林所有者と思料される者に対して、当該共有者不明森林の森林所有者を特定するための書面の送付その他の農林水産省令で定める措置をとること。

　（不明森林所有者等の探索の方法）

第二条　法第二十四条及び第四十三条第一項第二号の政令で定める方法については、前条の規定を準用する。

　　　　附　則

　（施行期日）

第一条　この政令は、平成三十一年四月一日から施行する。

　（林業経営基盤の強化等の促進のための資金の融通等に関する暫定措置法施行令の特例）

第二条　法附則第二条の規定により林業経営基盤の強化等の促進のための資金の融通等に関する暫定措置法第九条の規定を読み替えて適用する場合における林業経営基盤の強化等の促進のための資金の融通等に関する暫定措置法施行令（昭和五十四年政令第二百五号）第七条第二項の規定の適用については、同項中「十二年」とあるのは、「十五年」とする。

関係法令（森林経営管理法施行規則）

○森林経営管理法施行規則

（平成三十年十二月十九日　農林水産省令第七十八号）

森林経営管理法（平成三十年法律第三十五号）及び森林経営管理法施行令（平成三十年政令第三百二十号）の規定に基づき、森林経営管理法施行規則を次のように定める。

（定義）

第一条　この省令において使用する用語は、森林経営管理法（以下「法」という。）及び森林経営管理法施行令（以下「令」という。）において使用する用語の例による。

（経営管理権集積計画に定めるべき事項）

第二条　法第四条第二項第八号の農林水産省令で定める事項は、市町村が設定を受ける経営管理権及び森林所有者が設定を受ける経営管理受益権の条件その他経営管理権及び経営管理受益権の設定に係る法律関係に関する事項（同項第三号から第五号まで及び第七号に掲げる事項を除く。）とする。

（経営管理意向調査）

第三条　法第五条の規定による経営管理意向調査は、次に掲げる事項について、書面により行うものとする。

一　当該集積計画対象森林についての経営管理の現況

二　当該集積計画対象森林についての経営管理の見通し

三　その他参考となるべき事項

（経営管理権集積計画の作成の申出）

第四条　法第六条第一項の規定による申出は、次に掲げる事項を記載した申出書を提出してするものとする。

一　申出者の氏名又は名称及び住所

二　当該申出に係る森林の所在、地番、地目及び面積

三　当該申出に係る森林についての経営管理の現況

四　その他参考となるべき事項

2　前項の申出書には、申出者が当該申出に係る森林の森林所有者であることを証する書類を添付するものとする。

（経営管理権集積計画の公告）

第五条　法第七条第一項の規定による公告は、経営管理権集積計画を定めた旨

431

関係法令（森林経営管理法施行規則）

及び当該経営管理権集積計画について、市町村の公報への掲載、インターネットの利用その他の適切な方法により行うものとする。

（経営管理権の効力が及ばない森林所有者）

第六条　法第七条第三項の農林水産省令で定める者は、国及び次に掲げる事由により法第七条第一項の規定による公告（以下この条において単に「公告」という。）の後において当該経営管理権に係る森林の森林所有者となった者とする。

一　公告の前にされた差押え又は仮差押えの執行に係る国税徴収法（昭和三十四年法律第百四十七号）による滞納処分（その例による滞納処分を含むものとし、以下この条において単に「滞納処分」という。）又は強制執行

二　公告の後にされた差押え又は仮差押えの執行に係る滞納処分又は強制執行（配当等を受けるべき債権者のうちに公告の前に対抗要件を備えた担保権者（当該経営管理権集積計画に同意した担保権者を除く。第四号において同じ。）があるものに限る。）

三　公告の前に対抗要件を備えた担保権（当該経営管理権集積計画について担保権者の同意を得たものを除く。）の実行としての競売

四　公告の後に対抗要件を備えた担保権の実行としての競売（配当等を受けるべき債権者のうちに公告の前に対抗要件を備えた担保権者があるものに限る。）

五　公告の前に仮登記がされた所有権の設定、移転、変更又は消滅に関する請求権（始期付き又は停止条件付きのものその他将来確定することが見込まれるものを含み、当該経営管理権集積計画について仮登記の登記名義人の同意を得たものを除く。）の行使

（経営管理権集積計画の取消しの公告）

第七条　法第九条第一項の規定による公告は、経営管理権集積計画のうち当該森林所有者に係る部分を取り消した旨及び当該経営管理権集積計画のうち当該取消しに係る部分について、市町村の公報への掲載、インターネットの利用その他の適切な方法により行うものとする。

（不明森林共有者関連情報を保有すると思料される者）

第八条　令第一条第二号に規定する農林水産省令で定める者は、次に掲げる者とする。

一　当該共有者不明森林の土地を現に占有する者

二　当該共有者不明森林について所有権以外の権利（登記されたものに限

関係法令（森林経営管理法施行規則）

る。）を有する者

三　経営管理意向調査により判明した当該共有者不明森林に係る不明森林共有者関連情報を有すると思料される者

四　前各号に掲げる者のほか、市町村が保有する情報（不明森林共有者の探索に必要な範囲内において保有するものに限る。）に基づき、不明森林共有者関連情報を有すると思料される者

（登記名義人等が死亡又は解散していることが判明したときの不明森林共有者関連情報の提供を求める措置）

第九条　市町村は、令第一条第四号の規定により不明森林共有者関連情報の提供を求めるときは、次に掲げる措置をとるものとする。

一　登記名義人等が自然人である場合には、当該登記名義人等が記録されている戸籍簿又は除籍簿を備えると思料される市町村の長に対し、当該登記名義人が記載されている戸籍謄本又は除籍謄本の交付を請求すること。

二　前号の措置により判明した当該登記名義人の相続人が記録されている戸籍の附票を備えると思料される市町村の長に対し、当該相続人の戸籍の附票の写し又は消除された戸籍の附票の写しの交付を請求すること。

三　登記名義人等が法人であり、合併により解散した場合には、合併後存続し、又は合併により設立された法人が記録されている法人の登記簿を備えると思料される登記所の登記官に対し、当該法人の登記事項証明書を求めること。

四　登記名義人等が法人であり、合併以外の理由により解散した場合には、当該登記名義人等の登記事項証明書に記載されている清算人に対して、書面の送付その他適当な方法により当該共有者不明森林に係る不明森林共有者関連情報の提供を求めること。

（共有者不明森林の森林所有者を特定するための措置）

第十条　令第一条第五号の農林水産省令で定める措置は、当該共有者不明森林の森林所有者と思料される者に対して、当該共有者不明森林の森林所有者を特定するための書類を書留郵便その他配達を試みたことを証明することができる方法により送付する措置とする。ただし、当該共有者不明森林の所在する市町村内においては、当該措置に代えて、当該共有者不明森林の森林所有者と思料される者を訪問する措置によることができる。

（共有者不明森林に係る経営管理権集積計画についての異議）

第十一条　法第十一条第六号の規定による申出は、次に掲げる事項を記載した

関係法令（森林経営管理法施行規則）

申出書を提出してするものとする。

一　申出者の氏名又は名称及び住所

二　当該申出に係る共有者不明森林の所在、地番、地目及び面積

三　当該申出の趣旨及びその理由

（共有者不明森林に係る経営管理権集積計画の取消しの申出）

第十二条　第十三条第一項及び第十四条第一項の規定による申出は、次に掲げる事項を記載した申出書を提出してするものとする。

一　申出者の氏名又は名称及び住所

二　当該申出に係る共有者不明森林の所在、地番、地目及び面積

三　当該申出の理由

（共有者不明森林に係る経営管理権集積計画の取消しの公告）

第十三条　法第十五条第一項の規定による公告については、第七条の規定を準用する。

（同意の勧告）

第十四条　法第十六条の規定による勧告は、当該経営管理権集積計画を添付して、当該経営管理権集積計画に同意すべき理由及び当該勧告をした日から起算して二月以内に当該経営管理権集積計画に同意しないときは法第十七条の規定により当該勧告をした市町村の長が都道府県知事の裁定を申請することがある旨を記載した書面により行うものとする。

（確知所有者不同意森林に関する裁定の申請）

第十五条　法第十七条の規定による申請は、次に掲げる事項を記載した申請書を提出してするものとする。

一　当該申請に係る確知所有者不同意森林の所在、地番、地目及び面積

二　当該申請に係る確知所有者不同意森林についての経営管理の現況

三　希望する経営管理権集積計画の内容

四　その他参考となるべき事項

（意見書）

第十六条　法第十八条第二項の農林水産省令で定める事項は、次に掲げる事項とする。

一　意見書を提出する者の氏名又は名称及び住所

二　第一号に規定する者の有する権利の種類及び内容

三　第一号に規定する者が当該経営管理権集積計画の内容に同意しない理由

四　第一号に規定する者の当該所有者不同意森林の利用の状況及び利用計画

関係法令（森林経営管理法施行規則）

五　意見の趣旨及びその理由

六　その他参考となるべき事項

（確知所有者不同意森林に関する裁定において定めるべき事項）

第十七条　法第十九条第二項第八号の農林水産省令で定める事項は、市町村が設定を受ける経営管理権及び森林所有者が設定を受ける経営管理受益権の条件その他経営管理権及び経営管理受益権の設定に係る法律関係に関する事項（同項第三号から第五号まで及び第七号に掲げる事項を除く。）とする。

（確知所有者不同意森林に関する裁定の通知）

第十八条　法第二十条第一項の規定による通知は、法第十九条第二項各号に掲げる事項、当該裁定の理由その他必要な事項を記載した書面によりするものとする。

（確知所有者不同意森林に係る経営管理権集積計画の取消しの申出）

第十九条　法第二十一条第一項及び第二十二条第一項の規定による申出については、第十二条の規定を準用する。

（確知所有者不同意森林に係る経営管理権集積計画の取消しの公告）

第二十条　法第二十三条第一項の規定による公告については、第七条の規定を準用する。

（不明森林所有者関連情報等を保有すると思料される者等）

第二十一条　第八条の規定は、令第二条において準用する令第一条第二号の農林水産省令で定める者について、第九条の規定は、令二条において準用する令第一条第四号の農林水産省令で定める措置について、第十条の規定は、令第二条において準用する令第一条第五号の農林水産省令で定める措置について、それぞれ準用する。

（不明森林所有者の申出）

第二十二条　法第二十五条第三号の規定による申出は、次に掲げる事項を記載した申出書を提出してするものとする。

一　申出者の氏名又は名称及び住所

二　当該申出に係る所有者不明森林の所在、地番、地目及び面積

（所有者不明森林の公告において定めるべき事項）

第二十三条　法第二十五条第八号の農林水産省令で定める事項は、市町村が設定を受ける経営管理権及び森林所有者が設定を受ける経営管理受益権の条件その他経営管理権及び経営管理受益権の設定に係る法律関係に関する事項（同条第七号イからニに掲げる事項を除く。）とする。

関係法令（森林経営管理法施行規則）

（所有者不明森林に関する裁定の申請）

第二十四条　法第二十六条の規定による申請については、第十五条を準用する。

（所有者不明森林に関する裁定において定めるべき事項）

第二十五条　法第二十七条第二項第七号の農林水産省令で定める事項は、市町村が設定を受ける経営管理権及び森林所有者が設定を受ける経営管理受益権の条件その他経営管理権及び経営管理受益権の設定に係る法律関係に関する事項（同項第二号から第四号まで及び第六号に掲げる事項を除く。）とする。

（所有者不明森林に関する裁定の通知）

第二十六条　法第二十八条第一項の規定による通知は、法第二十七条第二項各号に掲げる事項、当該裁定の理由その他必要な事項を記載した書面によりするものとする。

2　法第二十八条第一項の規定による公告は、法第二十七条第二項各号に掲げる事項及び当該裁定の理由につきするものとする。

（所有者不明森林に係る経営管理権集積計画の取消しの申出）

第二十七条　法第三十条第一項及び第三十一条第一項の規定による申出については、第十二条の規定を準用する。

（所有者不明森林に係る経営管理権集積計画の取消しの公告）

第二十八条　法第三十二条第一項の規定による公告については、第七条の規定を準用する。

（経営管理実施権配分計画の作成）

第二十九条　市町村は、法第三十五条第一項の規定により経営管理実施権配分計画を定めるときには、林業経営の効率化を図ることを旨として、当該経営管理実施権配分計画の作成の時期及び経営管理実施権を設定しようとする森林の所在場所等につき適切な配慮をするものとする。

（経営管理実施権配分計画に定めるべき事項）

第三十条　法第三十五条第二項第九号の農林水産省令で定める事項は、民間事業者が設定を受ける経営管理実施権並びに森林所有者及び市町村が設定を受ける経営管理受益権の条件その他経営管理実施権及び経営管理受益権の設定に係る法律関係に関する事項（同項第四号から第八号に掲げる事項を除く。）とする。

（民間事業者の公募）

第三十一条　法第三十六条第一項の規定による公募は、毎年一回以上定期的

関係法令（森林経営管理法施行規則）

に、当該公募の開始の日から三十日以上の期間を定めて、インターネットの利用その他の適切な方法により行うものとする。

（民間事業者に関する情報の整理及び公表）

第三十二条　市町村は、都道府県に対し、法第三十六条第一項の規定により応募した民間事業者の中から、同条第二項の規定に基づき都道府県が公表する民間事業者にふさわしい者を推薦することができるものとする。

2　法第三十六条第二項の規定による公表は、インターネットその他の適切な方法により行うものとする。

（民間事業者の選定）

第三十三条　市町村は、法第三十六条第三項の規定により民間事業者を選定するときには、法第三十六条第二項の規定により公表されている民間事業者に対し、法第三十五条第二項第四号から第八号までの事項について提案を求めるものとする。

2　市町村は、前項の規定に基づく提案を適切に審査し、及び評価するものとする。

3　市町村は、第一項の規定により提案を求めるに当たっては、あらかじめその旨及びその評価の方法を公表するとともに、その評価の後にその結果を公表してするものとする。

（経営管理実施権配分計画の公告）

第三十四条　法第三十七条第一項の規定による公告は、経営管理実施権配分計画を定めた旨及び当該経営管理実施権配分計画について、市町村の公報への掲載、インターネットの利用その他の適切な方法により行うものとする。

（経営管理実施権の効力が及ばない森林所有者）

第三十五条　法第三十七条第三項の農林水産省令で定める者については、第六条の規定を準用する。この場合において、第六条中「法第七条第一項」とあるのは、「法第三十七条第一項」と読み替えるものとする。

（経営管理実施権配分計画の取消しの公告）

第三十六条　法第四十一条第一項の規定による公告は、経営管理実施権配分計画のうち当該林業経営者に係る部分を取り消した旨及び当該経営管理実施権配分計画のうち当該取消しに係る部分について、市町村の公報への掲載、インターネットの利用その他の適切な方法により行うものとする。

（災害等防止措置の命令書）

第三十七条　法第四十二条第二項の農林水産省令で定める事項は、次に掲げる

437

関係法令（森林経営管理法施行規則）

事項とする。

一　講ずべき災害等防止措置の内容

二　命令の年月日及び履行期限

三　命令を行う理由

四　法第四十三条第一項各号に該当すると認められるときは、同項の規定により災害等防止措置の全部又は一部を市町村の長が自ら講ずることがある旨及び当該災害等防止措置に要した費用を徴収することがある旨

（災害等防止措置に要した費用）

第三十八条　市町村の長は、法第四十三条第二項の規定により当該災害等防止措置に要した費用を負担させようとする場合は、当該災害等防止措置を命じた森林所有者に対し負担させようとする費用の額の算定基礎を明示するものとする。

　　　附　則

（施行期日）

第一条　この省令は、平成三十一年四月一日から施行する。

参考文献

- 総務省統計局 HP
- 外務省領事局政策課「海外在留邦人数調査統計　平成30年要約版」平成30年。
- 国土交通省編『国土交通白書2015　平成26年度年次報告』平成27年7月。
- 国土交通省編『平成30年版土地白書』、平成30年。
- 国土交通省住宅局住宅政策課編集協力『住宅経済データ集　2013年（平成25年）度版』住宅産業新聞社、平成25年。
- 総務省統計局「人口推計　国勢調査結果による補間補正人口―平成17年及び22年国勢調査の結果による補間補正―」平成24年。
- 盛山正仁編著『田村元とその時代―55年体制を生きた政治家―』創英者／三省堂書店、平成27年。

著者略歴

盛山　正仁（もりやま　まさひと）

衆議院議員
自由民主党国会対策副委員長
自由民主党「所有者不明土地問題」に関する議員懇談会幹事長
自由民主党所有者不明土地等に関する特命委員会副幹事長

昭和28年12月生まれ
昭和47年3月　私立灘高等学校卒業
昭和52年3月　東京大学法学部卒業
平成25年3月　神戸大学法学研究科修了　博士（法学）
平成26年3月　博士（商学）　神戸大学

昭和52年4月　運輸省入省
昭和56年3月　経済協力開発機構（OECD）運輸・観光課
平成17年8月　国土交通省総合政策局情報管理部長で退官
平成17年9月　第44回衆議院議員総選挙で初当選
平成24年12月　法務大臣政務官兼内閣府政務官
平成26年9月　自由民主党政務調査会法務部会長
平成27年10月　法務副大臣兼内閣府副大臣
平成28年8月　法務副大臣兼内閣府副大臣（重任）
平成29年8月　自由民主党政務調査会国土交通部会長
平成30年10月　自由民主党国会対策副委員長

所有者不明土地問題の解決に向けて

―所有者不明土地の利用の円滑化等に関する特別措置法と今後の課題―

2019年1月23日　第1版第1刷発行

編　著　　盛　山　正　仁

発行者　　箕　浦　文　夫
発行所　　株式会社大成出版社

〒156―0042
東京都世田谷区羽根木1―7―11　TEL 03（3321）4131㈹
http://www.taisei-shuppan.co.jp/

©2019　盛山正仁　　　　　　　　印刷　信教印刷
落丁・乱丁はおとりかえいたします。
ISBN978―4―8028―3346―2